ABITUR-TRAINING
WIRTSCHAFT · RECHT

Kerstin Vonderau

Wirtschaft

STARK

ISBN 978-3-86668-575-8

Vorwort

Liebe Schülerinnen und Schüler,

der vorliegende Band orientiert sich inhaltlich und chronologisch konsequent am Lehrplan und enthält die prüfungsrelevanten Inhalte aus dem **Fachbereich Wirtschaft für die 11. und 12. Jahrgangsstufe**. Mit diesem Buch können Sie sich gezielt und effektiv auf den Unterricht sowie auf bevorstehende Schulaufgaben und das Abitur vorbereiten. Inhalte, die über den Lehrplan hinausgehen, werden so weit wie möglich ausgeblendet, es sei denn, sie sind zum Verständnis erforderlich.

- Das Buch bietet das in der Abiturprüfung vorausgesetzte **Basiswissen** in Form von Fakten und Zusammenhängen.
- Die starke **Vernetzung der Inhalte** wird konsequent durch Querverweise zwischen den verschiedenen Abschnitten und Kapiteln deutlich gemacht.
- **Tabellen**, **Grafiken** und **Diagramme** veranschaulichen durchgängig die Inhalte, erleichtern das Verständnis und stellen durchwegs den Realitätsbezug her.
- Das Einstiegskapitel gibt Ihnen außerdem zur Schulung Ihrer **Methodenkompetenz** einen qualifizierten Überblick über die für jede Prüfung unverzichtbaren **Operatoren** und über wesentliche **Arbeitstechniken** im Fach Wirtschaft.
- Mit den **Übungsaufgaben** am Ende jedes Kapitels können Sie das Gelernte selbstständig wiederholen und anwenden.
- Der **Lösungsteil** am Ende des Bandes ermöglicht es Ihnen, Ihren Lernerfolg direkt selbst zu überprüfen.
- Mithilfe des **Inhalts-** und des **Stichwortverzeichnisses** können Sie sich schnell einen Überblick verschaffen und direkt auf relevante Informationen zugreifen.

Ich wünsche Ihnen viel Erfolg bei der Arbeit mit diesem Buch und im Abitur!

Dr. Kerstin Vonderau

Inhalt

Vorwort

Strategien und Hinweise zum Lösen von Prüfungsaufgaben 1

1 **Operatoren und Anforderungen in Prüfungsaufgaben** 1

2 **Wichtige Arbeitstechniken** 5
2.1 Verwendung von Fachterminologie 5
2.2 Formulieren von Wirkungsketten und Arbeiten mit dem Kreislaufmodell 5
2.3 Erstellung von Übersichten zur Systematisierung 6
2.4 Interpretation von Tabellen und Grafiken 7
2.5 Interpretation von Karikaturen 8

Wirtschaftliche Zielsetzungen in der Sozialen Marktwirtschaft 9

1 **Volkswirtschaftliche Zielsetzungen** 9
1.1 Grundlagen und Begriffe 9
1.2 Die Soziale Marktwirtschaft: Wirtschaftsordnung in Deutschland 13
1.3 Die Rolle des Staates in der Sozialen Marktwirtschaft 14
1.4 Die wirtschaftspolitischen Ziele der Sozialen Marktwirtschaft 15
1.5 Zielbeziehungen 44
1.6 Soziale Marktwirtschaft im Spannungsfeld aktueller Entwicklungen ... 45

2 **Bestimmungsgrößen betriebswirtschaftlicher Entscheidungen** 51
2.1 Ziele eines Unternehmens 51
2.2 Einflussfaktoren bezüglich der Erreichung des Gewinnziels 57
2.3 Investitionsentscheidungen 64

Wirtschaftliche Problemlagen 71

1 **Analyse volkswirtschaftlicher Schwankungen** 71
1.1 Kreislaufmodell: Offene Volkswirtschaft mit staatlicher Aktivität 71
1.2 Gesamtwirtschaftliche Größen 72
1.3 Multiplikatorprozesse und Wirkungsketten im Kreislaufmodell 78
1.4 Konjunkturtheorie 80
1.5 Grenzen der Konjunkturanalyse für langfristige Entwicklungen 94

2 **Wirtschaftspolitische Grundkonzepte** 99
2.1 Klassische Nationalökonomie und Neoklassik 99
2.2 Nachfragetheorie/Fiskalisten 101
2.3 Angebotstheorie/Monetarismus/Neo-Liberalismus 107

Wirtschaftspolitische Entscheidungsfelder 115
1 **Einkommen und Beschäftigung** 115
1.1 Strukturelle Ungleichgewichte am Arbeitsmarkt 115
1.2 Lohnpolitik und Positionen der Tarifparteien 122
1.3 Staatsverschuldung und Bundeshaushalt 134
1.4 Besteuerung 140
1.5 Wirtschaftspolitische Maßnahmen und deren Wirkung auf den Arbeitsmarkt 148

2 **Geld und Währung** 154
2.1 Organisation der ESZB (Überblick) 154
2.2 Überblick über Ziele und Instrumente der Geldpolitik der ESZB 156
2.3 Offenmarktgeschäfte 158
2.4 Ständige Fazilitäten 166
2.5 Die Funktionsweise der Mindestreserve 168

3 **Wechselkurse** 172
3.1 Grundlagen 172
3.2 Devisenmarktmodell 173
3.3 Ursachen und Wirkungen von Wechselkursschwankungen 174
3.4 Alternative Wechselkurssysteme 176

4 **Außenwirtschaft** 187
4.1 Allgemeine Begründung außenwirtschaftlicher Beziehungen 187
4.2 Bedeutung und Umfang der außenwirtschaftlichen Beziehungen für die BRD 188
4.3 Ziel in der Außenwirtschaft und Zahlungsbilanz 191
4.4 Außenhandel, Leistungsbilanz und Wechselkurs 194
4.5 Außenhandelspolitik: Freihandel oder Protektionismus 194
4.6 Grenzen nationaler Wirtschaftspolitik in einer globalisierten Weltwirtschaft 205

Lösungen 209

Stichwortverzeichnis 241
Bild- und Textnachweis 246

Autorin: Dr. Kerstin Vonderau

Strategien und Hinweise zum Lösen von Prüfungsaufgaben

1 Operatoren und Anforderungen in Prüfungsaufgaben

Die Operatoren orientieren sich an den bundesweit „Einheitlichen Prüfungsanforderungen in der Abiturprüfung" (EPA) für Wirtschaft und für Recht, die Sie auf den Seiten der Kultusministerkonferenz finden.[1]

Die folgenden Seiten geben Ihnen einen **Überblick über gängige Operatoren** sowie kurze Erläuterungen zum jeweils erwarteten Anspruchsniveau der Antwort. Anschließend werden zur Verdeutlichung Beispiele (kursiv gesetzt) gegeben. Um im Abitur optimal arbeiten zu können, muss Ihnen klar sein, welcher Erwartungshorizont sich hinter den einzelnen Operatoren verbirgt.

Definieren Sie …	Reproduzieren einer Definition
Nennen Sie …	verlangt eine reine Auflistung; Spiegelstrichliste genügt theoretisch, ein einleitender Satz kann aber nicht schaden
Stellen Sie dar … Beschreiben Sie …	mehr als reines Nennen; erfordert keine ausführliche Erläuterung, aber einen geschlossenen Text, der die wesentlichen Aspekte im logischen Zusammenhang wiedergibt; Beispiele sind möglich; ggf. wird Material (z. B. Diagramm) vorgegeben
Erläutern Sie … Zeigen Sie … (auf)…	erfordert neben der Beschreibung eine weitergehende Erörterung der Inhalte; möglichst umfassende Darstellung der Kenntnisse zu einem Inhalt; Beispiele können hilfreich sein

- *Definieren Sie „Fixkosten".*
  Fixkosten sind die Kosten der Betriebsbereitschaft, die unabhängig von der Menge der produzierten Güter entstehen.
- *Nennen Sie drei Arten von Unternehmenszielen.*
  Rentabilitätsziele, ökologische Ziele, soziale Ziele.

1 www.kmk.org/dokumentation/veroeffentlichungen-beschluesse/bildung-schule/allgemeine-bildung.html

- *Beschreiben Sie zwei Ziele des Stabilitätsgesetzes.*
  Zwei Ziele des Stabilitätsgesetzes sind z. B. außenwirtschaftliches Gleichgewicht und Preisniveaustabilität. Von außenwirtschaftlichem Gleichgewicht spricht man, wenn der Außenbeitrag eines Landes weder positiv noch negativ ist, d. h., der Wert der Importe ist genauso hoch wie der Wert der Exporte (X – M = 0). Von Preisniveaustabilität spricht man, wenn der Verbraucherpreisindex einen bestimmten Wert nicht übersteigt; laut EZB soll der HVPI unter, aber nahe 2 % liegen.
- *Erläutern Sie das wirtschaftspolit. Ziel „außenwirtschaftliches Gleichgewicht".*
  Von außenwirtschaftlichem Gleichgewicht spricht man, wenn der Außenbeitrag eines Landes weder positiv noch negativ ist, d. h., der Wert der Importe = Wert der Exporte bzw. X – M = 0. Der Außenbeitrag wird über die Zahlungsbilanz ermittelt. Ein Zahlungsbilanzungleichgewicht ist aus Sicht der beteiligten Länder unerwünscht, da für das Überschussland die Gefahr einer importierten Inflation besteht, im Defizitland die Wirtschaftsentwicklung negativ ist und daher langfristig Zahlungsunfähigkeit droht.

Systematisieren Sie … Erstellen Sie eine Übersicht/Systematik …	verlangt die Ordnung einer Anzahl von Aspekten anhand eines oder mehrerer Kriterien; die Aspekte können vorgegeben, aus einem Text zu ermitteln oder Bestandteil der Lösung sein; ggf. ist auch eine grafische Lösung möglich
Grenzen Sie … voneinander ab; vergleichen Sie …	bedeutet das Herausarbeiten von Gemeinsamkeiten und Unterschieden

- *Systematisieren Sie die folgenden wirtschaftspolitischen Maßnahmen: 1) Subventionen, 2) Steuererhöhungen, 3) Mindestreserveerhöhung, 4) Abschluss flexibler Tarifverträge, 5) Leitzinssenkung.*
  Kriterium ist der wirtschaftspolitische Träger:
  Fiskalpolitik (Staat): Maßnahmen 1) und 2); Geldpolitik (EZB): Maßnahmen 3) und 5); Tarifpolitik (Tarifparteien): Maßnahme 4)
- *Grenzen Sie die Spitzenrefinanzierungsfazilität (SRF) und die Hauptrefinanzierungsgeschäfte (HRG) voneinander ab.*
  Sowohl SRF als auch HRG dienen der Refinanzierung der Geschäftsbanken (GB) und werden über Wertpapiere abgesichert. Sie unterscheiden sich allerdings in der Laufzeit (SRF über Nacht; reguläre HRG eine Woche), dem Rhythmus (SRF auf Initiative der GB; reguläre HRG wöchentlich) und der Vergabe (SRF wird mit einzelnen GB abgewickelt; HRG richtet sich an alle GB des Eurosystems).

Erklären Sie …	heißt einen Zusammenhang darstellen, also wie etwas abläuft, funktioniert, zusammenhängt …
Begründen Sie …	Herstellen des Zusammenhangs zwischen Ursache und Wirkung, d. h. erklären, „warum“; ein Fazit ist erwünscht, aber nicht zwingend

- *Erklären Sie, was man unter positiven Multiplikatorprozessen versteht.*
  Positive Multiplikatorprozesse ergeben sich infolge einmaliger positiver Impulse. So wird z. B. durch einen Investitionsschub zusätzliches Volkseinkommen geschaffen: Die Investitionen erhöhen zunächst die Einnahmen in der Investitionsgüterindustrie und damit das Volkseinkommen (Y) in Form von zusätzlichen Gewinnen oder Löhnen. Dieses zusätzliche Y wird teilweise konsumiert und zum Teil gespart. Der Konsumanteil führt zu einer Erhöhung der Einnahmen in der Konsumgüterindustrie und damit – wie oben – wiederum zu einer Erhöhung von Y. Auch diese Erhöhung wird wieder zum Teil für Konsum verwendet und erhöht erneut Y. Dieser Prozess läuft theoretisch unendlich lange mit abnehmenden Zuwachsraten von Y. Die Höhe des gesamten Y-Zuwachses hängt von der Höhe der Konsumquote ab: Je höher der Anteil des Konsums an der Y-Verwendung (d. h., je weniger gespart wird), desto höher der Gesamtzuwachs.
- *Begründen Sie, warum Gewinnmaximierung nicht das einzige Unternehmensziel sein kann.*
  Gewinnmaximierung kann nicht einziges Unternehmensziel sein, da einseitiges Gewinnstreben zu negativen Effekten führen kann, die mittelfristig die Gewinnerzielung oder die Existenz des Unternehmens gefährden können, z. B. wenn hohe Gewinne dadurch begründet sind, dass auf nötige Investitionen verzichtet wird, und das Unternehmen so mittelfristig seine Wettbewerbsfähigkeit verliert. Ein weiterer Grund sind inner- und außerbetriebliche Interessengruppen, die ihre Zielvorstellungen bis zu einem gewissen Maß ins Unternehmen einbringen können, u. a. über Gesetze (z. B. Umweltrecht), politischen oder gesellschaftlichen Druck (z. B. Ächtung von Kinderarbeit).
  Fazit: Ein Unternehmen muss immer ein ganzes Bündel an Zielen verfolgen, das durch inner- und außerbetriebliche Interessen beeinflusst wird.

Beurteilen Sie …; erörtern Sie …; betrachten Sie kritisch …; wägen Sie ab …; diskutieren Sie …; nehmen Sie Stellung …	Vor- und Nachteile, Chancen und Risiken, positive und negative Aspekte eines Inhalts müssen gegenübergestellt werden; ggf. sind unterschiedliche Perspektiven zu berücksichtigen; ein Fazit, das ein begründetes eigenes Werturteil enthält, ist erforderlich.
Analysieren Sie … **Werten Sie aus …**	Zahlen- oder Textmaterial muss vor dem Hintergrund relevanter Kriterien ausgewertet werden; die Ergebnisse sollten zunächst rein deskriptiv formuliert werden, müssen aber um Aussagen zu Übereinstimmungen oder Widersprüchen ergänzt werden; die Aufgabenform ist oft in anderen Fragestellungen „versteckt" enthalten

- *Diskutieren Sie vor dem Hintergrund der Einkommensverteilung verschiedene Gerechtigkeitskonzepte. Gehen Sie dabei auch auf M 22–M 25 und M 107 ein.*
  Vgl. Lösung zu Aufgabe 9 auf S. 212 f.
- *Analysieren Sie die in M 61 dargestellte wirtschaftliche Lage im Jahr 2009.*
  Vgl. erster Absatz der Lösung zu Aufgabe 11 a auf S. 226 f.

Berechnen Sie … **Ermitteln Sie …**	Anhand vorgegebener Daten und Sachverhalte muss eine Aufgabe mit bekannten Operationen oder Formeln gelöst werden.

- *Berechnung des Gewinnmaximums, der Gewinnschwelle oder Rentabilität*
  Vgl. Lösung zu Aufgabe 18 b, c auf S. 216 f.

2 Wichtige Arbeitstechniken

In Schulaufgaben und im Abitur können neben Fachtexten auch Karikaturen und statistisches Material als Tabelle oder Grafik vorkommen. Die folgenden Unterpunkte klären wichtige Arbeitstechniken im Wirtschaftsunterricht.

2.1 Verwendung von Fachterminologie

Da die terminologische Genauigkeit und Trennschärfe von Fachbegriffen die Umgangssprache in der Regel weit übertrifft bzw. sogar deutlich von ihr abweicht, sollte immer die einschlägige Fachterminologie verwendet werden.

- Während umgangssprachlich „Arbeitslosigkeit" generell verwendet wird, muss man fachterminologisch klar zwischen Arbeitslosenzahl, -quote und Beschäftigtenzahl unterscheiden. So kann z. B. die Arbeitslosenquote steigen, obwohl die -zahl sinkt, oder auch die Beschäftigtenzahl steigen, obwohl die Arbeitslosenzahl/-quote steigt.
- Das Wort „Arbeiter" ist fachterminologisch in der Regel nicht adäquat. „Arbeitnehmer" ist korrekt, da damit alle abhängig Beschäftigten (Arbeiter, Angestellte, Beamte) bezeichnet werden.

2.2 Formulieren von Wirkungsketten und Arbeiten mit dem Kreislaufmodell

Bei der Formulierung von Wirkungsketten im Kreislaufmodell helfen folgende Tipps:

- bei dem von der Veränderung unmittelbar betroffenen Sektor anfangen;
- alle bei diesem Sektor anliegenden Ströme suchen, die betroffen sind, und damit die Wirkung auf die Sektoren am anderen Ende des jeweiligen Stroms ermitteln; falls es sich um mehrere Sektoren handelt, entsprechend in mehrere Reaktionsketten gliedern;
- jede Kette so lange fortsetzen (nach dem Schema oben), bis man wieder beim Ausgangssektor bzw. -strom angekommen ist;
- Gesamtergebnis formulieren;
- ggf. Wirkungsgrenzen einbeziehen;
- terminologisch bei den Bezeichnungen aus dem Kreislaufmodell bleiben sowie die einzelnen Ströme und Sektoren immer genau bezeichnen;

- Merke: Egal, wo die Kette beginnt (z. B. mit einem Impuls durch C_H, I^n oder X), die Elemente und Zusammenhänge der Wirkungskette sind letztendlich immer die gleichen, da der Kreislauf den Ablauf vorgibt; lediglich der Einstiegspunkt unterscheidet sich.

Beispiel:
Zeigen Sie, dass ein autonomer Investitionsschub, z. B. durch eine bahnbrechende Erfindung, einen positiven Effekt auf die wirtschaftliche Entwicklung im Inland haben kann, aber nicht muss.

Ein durch eine Erfindung ausgelöster Investitionsschub (I^n) bei den Unternehmen (U) führt zunächst zu höheren Umsätzen und Gewinnen bei den Unternehmen (U) in der Investitionsgüterindustrie.

→ Die höheren Gewinne können sowohl das Volkseinkommen (Y) und damit den privaten Konsum (C_H) erhöhen, als auch einen weiteren Investitionsschub (I^n) bei den Unternehmen (U) auslösen.

→ Beides hat wiederum einen positiven Effekt auf die Umsätze und Gewinne in der Konsumgüter- bzw. Investitionsgüterindustrie (U) und damit auf das Volkseinkommen (Y). Die Investition kann darüber hinaus zusätzliche Arbeitsplätze schaffen und so ebenfalls eine positive Wirkung auf das Volkseinkommen (Y) haben.

→ Für den Staat (St) bedeuten höhere Einkommen (Y) und Konsumausgaben (C_H) auch höhere Einnahmen aus direkten und indirekten Steuern (T^{dir}, T^{ind}). Diese können ggf. zu höheren Konsumausgaben des Staates (C_{St}) führen und den Multiplikatorprozess weiter verstärken.

→ Wenn Konsum und Investitionen die Nachfrage bei ausländischen Anbietern (Ausl) erhöhen, steigt nur der Import (M). Dies hat keine Multiplikatorwirkung auf das Inland bzw. reduziert diese zumindest. Hier profitiert die Wirtschaft des Auslands. Falls die Haushalte ihr zusätzliches Einkommen sparen, statt zu konsumieren, schränkt dies die Multiplikatorwirkung ein.

Ergebnis: Je nachdem, ob die Investition die gesamtwirtschaftliche Nachfrage im Inland erhöht oder nicht, entstehen im Inland positive Effekte für die Wirtschaftsentwicklung oder eben nicht. Sofern ein positiver Impuls für das Inland entsteht, kann dieser in der Summe und über einen längeren Zeitraum deutlich höher sein als der ursprünglich auslösende Investitionsschub. Die Höhe des Gesamteffekts hängt u. a. von der Konsumquote ab.

2.3 Erstellung von Übersichten zur Systematisierung

Erwartet wird die Erstellung von Übersichten zur Systematisierung von z. B. Zielen, Zielbeziehungen, Instrumenten oder Wirkungsgrenzen. Übersichten können z. B. als Bäumchendiagramme, Flussdiagramme oder Tabellen erstellt werden. Es handelt sich definitiv nie um einen einfachen Text, selbst wenn dieser optisch untergliedert ist. Beispiel: vgl. M 35, M 115 und die Tabelle auf S. 28.

2.4 Interpretation von Tabellen und Grafiken

Die **Analyse** von statistischem Material erfolgt in drei Schritten:

- **Basisinformation**, d. h. wesentliche Angaben zu Inhalt bzw. Gegenstand des Schaubilds/der Tabelle herausarbeiten/angeben;
- **Beschreibung** der dargestellten Informationen (siehe unten);
- **Interpretation** der dargestellten Informationen vor dem Hintergrund der Fragestellung.

Die folgende Tabelle gibt einen Überblick über die wesentlichen Fragen, die in den drei Bearbeitungsschritten beantwortet werden müssen. Wichtig ist dabei, dass die einzelnen Aspekte nicht einfach nacheinander abgehakt, sondern aufeinander bezogen werden, sodass die Antwort in sich geschlossen ist.

Basisinformation	
Was/welcher Sachverhalt/welche Information wird dargestellt?	Titel/Überschrift und ggf. Zusatzangaben beachten
Welche Darstellungsform liegt vor?	Tabelle/Diagramm (Art des Diagramms, z. B. Linien-, Säulen-, Balken-, Flächen-, Kreis-, Torten-, Blockdiagramm)
Wie werden Zahlenwerte dargestellt, welche Einheiten werden verwendet?	• absolute Zahlen = Mengenangaben; • relative Zahlen = %; • Indexzahlen = ausgehend von einer Basiszahl, z. B. 100; werden Veränderungen auf diese umgerechnet?
Welcher Zeitraum und welche Zeiteinteilung wurden für die Statistik gewählt?	• Angaben von Werten je Monat – Jahr – Jahrzehnt; • Abstände zwischen den einzelnen Werten in Monaten, Jahren, Jahrzehnten
Aus welcher Quelle stammt die Statistik?	z. B. Wirtschaftsforschungsinstitut/Regierung/Unternehmen
ggf.: An welchen Adressatenkreis richtet sich das statistische Material?	z. B. an die interessierte Öffentlichkeit, an Kunden, an Geschäftspartner, an staatliche Institutionen

Beschreibung	
Einzelne Datenreihen bzw. grafische Elemente (Kurven, Balken o. Ä.)	• Wie verhalten sich Anfangs- und Endwert zueinander? • Wie ist der Datenverlauf: stetig, schwankend? • Wo liegen Maxima, Minima, Plateaus?
Vergleich mehrerer Datenreihen: Welche Parallelen oder Unterschiede liegen vor?	Vergleich von Anfangs- und Endwerten und des Verlaufs (vgl. oben)

Interpretation	
Wie lässt sich der Verlauf bzw. wie lassen sich Veränderungen erklären?	Ursachen/Gründe
Bei Vergleichen: Welche Gründe gibt es für Unterschiede bzw. Parallelen?	Ursachen/Gründe
Welche Schlussfolgerungen lassen sich ziehen?	z. B. in Bezug auf die zukünftige Entwicklung
Welchen Zweck verfolgt die Darstellung?	Dient die Darstellung zur Information, als Erklärung, als Handlungsempfehlung oder als Aufforderung?
ggf.: Welche Informationen fehlen in der Darstellung?	z. B. Zeitpunkte oder -räume, Vergleichsgrößen, andere Angaben
ggf.: Versucht die Darstellung zu manipulieren?	z. B. durch selektive Darstellung oder Hervorhebung, grafische Effekte etc.

2.5 Interpretation von Karikaturen

Die Interpretation von Karikaturen erfolgt in der Regel auf **vier Ebenen**, die zum Teil auch ineinander übergehen:

- **Inhaltsebene:** Erst die relevanten Elemente der Karikatur beschreiben: Text- und Bildelemente.
- **Bedeutungsebene:** Soweit erforderlich, den relevanten Elementen Bedeutung zuordnen.
- **Interpretation:** Was wird kritisiert, problematisiert bzw. lächerlich gemacht?
- **Hintergrund:** Falls verlangt, den Hintergrund der Fragestellung mit berücksichtigen.

Als Beispiel vgl. die Lösung zu Aufgabe 9 auf S. 210 f.; den Text unter der Karikatur müssen Sie als Fließtext formulieren.

Wirtschaftliche Zielsetzungen in der Sozialen Marktwirtschaft

1 Volkswirtschaftliche Zielsetzungen

1.1 Grundlagen und Begriffe

Begriffe und Aufgaben der Volkswirtschaftslehre

Die **Volkswirtschaftslehre** ist die Lehre der wirtschaftlichen Zusammenhänge und beschäftigt sich im Wesentlichen mit Transaktionen, die von Wirtschaftssubjekten bezüglich Wirtschaftsobjekten durchgeführt werden.

- **Transaktionen** sind wirtschaftlich relevante Handlungen, z. B. Kaufen, Sparen oder Investieren.
- **Wirtschaftssubjekte** sind Wirtschaftseinheiten, die Transaktionen ausführen, z. B. natürliche Personen, Unternehmen oder Behörden.
- **Wirtschaftsobjekte** sind Einheiten, die Gegenstand von Transaktionen sind, d. h. Güter (Sachgüter oder Dienstleistungen) und Geld.

Ein Beispiel zur Verdeutlichung: Private Haushalte (Wirtschaftssubjekte) kaufen (Transaktion) Konsumgüter (Wirtschaftsobjekte) von den Unternehmen (Wirtschaftssubjekte).

Dabei unterscheidet man die **einzel- und die gesamtwirtschaftliche** Betrachtung, d. h. die Handlungen einzelner Wirtschaftssubjekte (z. B. die eines einzelnen Unternehmens) von jenen der Gesamtheit aller Wirtschaftssubjekte einer Volkswirtschaft (z. B. alle Unternehmen einer Volkswirtschaft); diese beiden Betrachtungsweisen werden auch Mikro- und Makroökonomik genannt. Im Bereich der Außenhandels- und Währungspolitik geht die Betrachtung sogar über die einzelne Volkswirtschaft hinaus. Im Folgenden liegt der Schwerpunkt auf der gesamtwirtschaftlichen Betrachtung.

Die Volkswirtschaftslehre hat verschiedene **Aufgaben** (vgl. M 1). Sie soll **wirtschaftliche Zusammenhänge beschreiben** und auf der Grundlage volkswirtschaftlicher Theorien **erklären**. Darüber hinaus ist eine wesentliche Aufgabe die **Prognose wirtschaftlicher Entwicklungen**. Die Erklärung wirtschaftlicher Zusammenhänge und die Prognose zukünftiger Entwicklungen bilden die Basis für die vierte Aufgabe: Die **Beratung der Politik**.

In diesem Sinne gibt in Deutschland beispielsweise der Sachverständigenrat zur Begutachtung der gesamtwirtschaftlichen Entwicklung (vgl. S. 10) regelmäßige Stellungnahmen und Gutachten heraus, in denen er auf Basis der Einschätzung der aktuellen wirtschaftlichen Lage Aussagen zur Wirtschaftsentwicklung trifft und wirtschaftspolitische Handlungsmöglichkeiten aufzeigt.

Beschreibung wirtschaftlicher Zusammenhänge	⟷	Erklärung wirtschaftlicher Zusammenhänge
↓		↓
	Prognose wirtschaftlicher Entwicklungen	
	↓	
	Beratung der Politik	

M 1: Aufgaben der Volkswirtschaftslehre

Exkurs: Sachverständigenrat

Der Sachverständigenrat zur Begutachtung der gesamtwirtschaftlichen Entwicklung ist ein Gremium der wirtschaftswissenschaftlichen Politikberatung und wurde durch Gesetz im Jahre 1963 eingerichtet. Der Sachverständigenrat besteht aus fünf Mitgliedern, die über besondere wirtschaftswissenschaftliche Kenntnisse und volkswirtschaftliche Erfahrungen verfügen müssen.
Die wesentliche Aufgabe des Sachverständigenrats ist eine periodische Begutachtung der gesamtwirtschaftlichen Entwicklung in der Bundesrepublik Deutschland insbesondere zur Erleichterung der Urteilsbildung bei allen wirtschaftspolitisch verantwortlichen Instanzen sowie in der Öffentlichkeit.
Im Einzelnen hat er folgende Aufgaben:

- Darstellung der wirtschaftlichen Lage und deren absehbarer Entwicklung,
- Untersuchung, wie im Rahmen der marktwirtschaftlichen Ordnung gleichzeitig Stabilität des Preisniveaus, hoher Beschäftigungsstand und außenwirtschaftliches Gleichgewicht bei stetigem und angemessenem Wirtschaftswachstum gewährleistet sein können, unter Einbeziehung der Bildung und der Verteilung von Einkommen und Vermögen,
- Aufzeigen der Ursachen von aktuellen und potenziellen Spannungen zwischen der gesamtwirtschaftlichen Nachfrage und dem gesamtwirtschaftlichen Angebot,
- Aufzeigen von Fehlentwicklungen und Möglichkeiten zu deren Vermeidung oder Beseitigung, jedoch ohne Empfehlungen für bestimmte wirtschafts- und sozialpolitische Maßnahmen.

Der Sachverständigenrat ist in seinem Beratungsauftrag unabhängig und seine Ausführungen und Konzeptionen sind seit 1963 ein wesentlicher Bestandteil der wirtschaftspolitischen Diskussion in Deutschland und haben die politische Entscheidungsfindung merklich beeinflusst.

Methoden der Volkswirtschaftslehre

Die Volkswirtschaftslehre verwendet unter anderem folgende Methoden:

- **Modellbildung:** Um die extrem komplexe wirtschaftliche Realität analytisch betrachten und Erklärungsansätze finden zu können, ist es erforderlich, sie mithilfe von Reduktion und Abstraktion auf Modelle herunterzubrechen, welche die für die volkswirtschaftliche Betrachtung wesentlichen Aspekte möglichst realitätsgetreu darstellen und andere Faktoren ausblenden. Genau der Vorteil des Modells – sein geringerer Umfang gegenüber der Realität – bildet aber auch den wesentlichen Kritikpunkt: Reduktion und Abstraktion führen grundsätzlich zu einem Informationsverlust. Handelt es sich dabei um relevante Informationen, leidet der Aussagewert des volkswirtschaftlichen Modells. **Beispiel:** Das Kreislaufmodell (vgl. S. 71 f.) soll die Volkswirtschaft als Ganzes darstellen. Alle Haushalte werden dabei zum Sektor „private Haushalte“ zusammengefasst. Dadurch gehen zahlreiche Informationen wie Einkommensunterschiede, individuelle Konsumgewohnheiten u. Ä. komplett verloren, obwohl diese durchaus gesamtwirtschaftliche Auswirkungen haben können. Ungeachtet dieser Kritik gilt, dass die Volkswirtschaftslehre ohne Modelle nicht sinnvoll arbeiten kann.
- Die sogenannte **Lage-Ziel-Mittel-Analyse** spiegelt die Aufgaben der Volkswirtschaftslehre wider: Vor dem Hintergrund der festgelegten wirtschaftspolitischen Ziele (z. B. hoher Beschäftigungsstand) wird die aktuelle Lage analysiert. Stellt man dabei fest, dass das angestrebte Ziel nicht erreicht ist, wird nach geeigneten Maßnahmen gesucht, um das Ziel in Zukunft zu erreichen. **Beispiel:**

Lage	Ziel	Mittel
Wie ist die aktuelle Situation?	Was ist gewollt?	Welche Maßnahmen sollen ergriffen werden?
z. B. Arbeitslosenquote von 7 %	z. B. maximal 4 % Arbeitslosenquote	z. B. Qualifikationsmaßnahmen für Arbeitslose

  Entscheidungen in der Wirtschaftspolitik sollten grundsätzlich auf diese Weise getroffen werden. Allerdings können z. B. Konflikte mit anderen Zielen oder Probleme bei der politischen Durchsetzbarkeit dies verhindern.
- Die sogenannte **ceteris-paribus-Klausel:** Will man in der Mathematik eine Gleichung eindeutig lösen, so ist dies rein rechnerisch nur möglich, wenn die Gleichung nur eine unbekannte Größe aufweist. Ähnlich geht man in der Volkswirtschaftslehre vor. Will man im Rahmen einer theoretischen Analyse die Wirkung einer einzelnen Maßnahme betrachten, hält man alle

anderen relevanten Einflussfaktoren in der Betrachtung konstant. **Beispiel:** Will man die Wirkung einer Einkommensteuersenkung auf das Konsumverhalten der Haushalte ermitteln, hält man in der theoretischen Betrachtung andere Faktoren, die in der Realität durchaus gleichzeitig auftreten, wie z. B. Preisveränderungen, Veränderungen im Zinsniveau oder steigende Arbeitslosenzahlen, konstant. Ähnlich wie bei der Modellbildung gehen so allerdings Informationen und Zusammenhänge verloren, sodass das Ergebnis immer kritisch betrachtet bzw. relativiert werden muss.

Begriffsabgrenzung: Wirtschaftssystem vs. Wirtschaftsordnung

Die Grundproblematik jeder Volkswirtschaft wird in folgender Frage formuliert: **Wer** produziert **was** für **wen** und in **welcher Menge**? Um diese Problematik möglichst optimal zu lösen, d. h. Angebot und Nachfrage aufeinander abzustimmen, ist eine Form der Koordination nötig. Dafür gibt es prinzipiell zwei Möglichkeiten: die **zentrale Planung** durch eine Behörde oder die sogenannte unsichtbare Hand, d. h. der von Adam Smith[2] beschriebene **Marktmechanismus** auf einem freien Markt, der über den Preis Angebot und Nachfrage koordiniert. Analog dazu unterscheidet man zwei grundsätzliche Wirtschaftssysteme: die Zentralverwaltungs- bzw. Planwirtschaft und die Marktwirtschaft.

Wirtschaftssysteme sind **theoretische Konstrukte**, also Gedankenmodelle einer Volkswirtschaft mit bestimmten Merkmalen (Prämissen). Davon zu unterscheiden sind reale **Wirtschaftsordnungen**, d. h. die Gesamtheit aller Rahmenbedingungen für das wirtschaftliche Handeln in **realen Volkswirtschaften**, z. B. die Soziale Marktwirtschaft als Wirtschaftsordnung der Bundesrepublik Deutschland. Wirtschaftsordnungen kombinieren in der Regel Merkmale verschiedener Wirtschaftssysteme und verändern sich im Laufe der Zeit. So wurde z. B. die Planwirtschaft in China ab 1978 schrittweise bis in die 1990er-Jahre reformiert und seit 1992 wurde im Rahmen der Reformpolitik der Aufbau einer „Sozialistischen Marktwirtschaft" beschlossen.[3] Die einst überwiegend zentral verwaltete Volkswirtschaft hat heute eine deutlich marktwirtschaftliche Ausrichtung. Diese Entwicklung bestätigt die sogenannte Konvergenztheorie, die davon ausgeht, dass sich aufgrund der zunehmenden globalen Verflechtung und der damit verbundenen Vereinheitlichung der technischen und wirtschaftlichen Sachzwänge die Unterschiede zwischen den Wirtschaftsordnungen industrialisierter Länder weltweit verringern.

2 A. Smith (1776): An Inquiry into the Nature and Causes of the Wealth of Nations.
3 Vgl. www.bpb.de/publikationen/NAKFSP,0,Chinas_sozialistische_ Marktwirtschaft.html

Wirtschaftssystem	Wirtschaftsordnung
theoretisches Konstrukt, Gedankenmodell einer Volkswirtschaft mit bestimmten Merkmalen (Prämissen)	reale Ausprägung, d. h. Gesamtheit aller Rahmenbedingungen für das wirtschaftliche Handeln in einer realen Volkswirtschaft
z. B. Freie Marktwirtschaft	z. B. Soziale Marktwirtschaft in Deutschland

1.2 Die Soziale Marktwirtschaft: Wirtschaftsordnung in Deutschland

M 2: Alfred Müller-Armack (1901–1978)

In Deutschland entschied man sich nach dem Zweiten Weltkrieg bewusst für ein marktwirtschaftliches System, obwohl die Hinwendung zur Marktwirtschaft nicht selbstverständlich war. Im öffentlichen Bewusstsein galt die zentrale Lenkung als „sozial", während die Marktwirtschaft vor dem Hintergrund der Erinnerung an die Weltwirtschaftskrise nach wie vor dem Vorwurf des *„Laissez-faire"* in einem Nachtwächterstaat ohne soziale Mindeststandards ausgesetzt war (vgl. S. 99 ff.). Auch Alfred Müller-Armack, der spätere Leiter der Grundsatzabteilung des Wirtschaftsministeriums unter Ludwig Erhard, ging davon aus, dass der wesentliche Fehler des Wirtschaftsliberalismus die Annahme war, dass eine rein marktwirtschaftliche Verteilung von Gütern, Einkommen und Vermögen auch sozial und politisch befriedigende Ergebnisse liefern würde. Für ihn war es ein „verhängnisvoller Irrtum, der Automatik des Marktes die Aufgabe zuzumuten, eine letztgültige soziale Ordnung zu schaffen und die Notwendigkeiten des staatlichen und kulturellen Lebens von sich aus zu berücksichtigen."[4] Er beschrieb daher in seinem Buch „Wirtschaftslenkung und Marktwirtschaft" bereits 1946 einen sogenannten **dritten Weg zwischen zentraler Lenkung und reinem Wirtschaftsliberalismus**, der die ökonomischen Vorzüge der Marktwirtschaft mit der erforderlichen Berücksichtigung sozialethischer Prinzipien vereint. Neben der Freiheit des Individuums in einem marktwirtschaftlichen Rahmen forderte Müller-Armack deshalb gleichzeitig von der Gesellschaft und der Politik die aktive Verwirklichung ihrer sozialen und kulturellen Ideale.

4 A. Müller-Armack (1946): Wirtschaftslenkung und Marktwirtschaft, S. 106.

Dieser „dritte Weg“ wurde während der Regierung Ludwig Erhards unter der Bezeichnung „Soziale Marktwirtschaft“ zur Wirtschaftsordnung Deutschlands entwickelt, in der neben ökonomischen Zielen auch **gesellschaftliche Ziele** wie Frieden, Freiheit, Sicherheit, Gerechtigkeit und Wohlstand eine zentrale Rolle spielen. In Anlehnung an Müller-Armack kann man die Soziale Marktwirtschaft in folgender **Definition** zusammenfassen: Die **Soziale Marktwirtschaft** ist die Verbindung der **Freiheit auf dem Markt** mit dem **Prinzip des sozialen Ausgleichs** im Rahmen einer **Wettbewerbswirtschaft**. Sie verbindet marktwirtschaftliche Elemente wie Privateigentum, freie Preisbildung, Autonomie der Wirtschaftssubjekte bei der Festlegung von Angebot und Nachfrage sowie die Tarifautonomie mit gezielten Eingriffen des Staates in den Bereichen Wirtschafts-, Wettbewerbs-, Sozial- und Umweltpolitik.

M 3: Bauelemente der Sozialen Marktwirtschaft

1.3 Die Rolle des Staates in der Sozialen Marktwirtschaft

Im Gegensatz zum passiven „Nachtwächterstaat“ hat der Staat in der Sozialen Marktwirtschaft einen klaren Auftrag. Er muss neben dem allgemeinen Wohlstand auch gesellschaftliche Ziele wie Frieden, Freiheit, Sicherheit und Gerechtigkeit verfolgen und den Wettbewerb in der Wirtschaft sichern. In jüngerer Zeit wurde das Ziel der Nachhaltigkeit ergänzt, insbesondere im Bereich der Umweltpolitik zum Erhalt einer lebenswerten Umwelt. Die Aufgaben des Staates sind auch gesetzlich verankert. Einige Beispiele dazu sind:

- das **Sozialstaatsprinzip** und die **Sozialpflichtigkeit** des Eigentums in Art. 20, 14 und 15 GG bzw. Art 3 BV
- die **Sicherung des Wettbewerbs** im Gesetz gegen den unlauteren Wettbewerb (UWG) und im Gesetz gegen Wettbewerbsbeschränkungen (GWB)

- **wirtschaftspolitische Ziele** im Gesetz zur Förderung der Stabilität und des Wachstums der Wirtschaft (StabG) von 1967
- der Schutz der **natürlichen Lebensgrundlagen** im Art. 20a GG oder im Art. 141 BV

1.4 Die wirtschaftspolitischen Ziele der Sozialen Marktwirtschaft

Die wirtschaftspolitischen Ziele der Sozialen Marktwirtschaft wurden im Wesentlichen 1967 in §1 des Gesetzes zur Förderung der Stabilität und des Wachstums der Wirtschaft (StabG) festgelegt. Die Ziele sind auch historisch begründet und sollen das gesamtwirtschaftliche Gleichgewicht zur dauerhaften Sicherung des Wohlstands für alle fördern.

§ 1 StabG
Bund und Länder haben bei ihren wirtschafts- und finanzpolitischen Maßnahmen die Erfordernisse des gesamtwirtschaftlichen Gleichgewichts zu beachten. Die Maßnahmen sind so zu treffen, dass sie im Rahmen der marktwirtschaftlichen Ordnung gleichzeitig zur **Stabilität des Preisniveaus**, zu einem **hohen Beschäftigungsstand** und **außenwirtschaftlichem Gleichgewicht** bei **stetigem und angemessenem Wirtschaftswachstum** beitragen.

Die vier im StabG genannten Ziele werden auch als „Magisches Viereck" (vgl. M 4) bezeichnet, da sie in ihrer Zielerreichung z. T. konkurrieren (vgl. S. 44), d. h., es wäre Magie, alle vier Ziele gleichzeitig vollständig zu erreichen. So führt z. B. Wirtschaftswachstum in der Regel zu einem Preisanstieg und umgekehrt dämpft die Bekämpfung von Inflation das Wirtschaftswachstum.

Im Laufe der Zeit wurde aufgrund unerwünschter Entwicklungen das magische Viereck als nicht ausreichend kritisiert und es gibt verschiedene Vorschläge zur Ergänzung weiterer Ziele, die z. T. auch unterschiedlich formuliert werden. Entsprechend erhält man ein magisches Fünf-, Sechs-, Sieben- oder Achteck, das um einen oder mehrere der folgenden Punkte erweitert ist:

- ausgeglichene öffentliche Haushalte / Begrenzung der Staatsverschuldung
- gerechte Einkommens- (und Vermögens-)verteilung / sozial gerechte Einkommensumverteilung / sozialer Ausgleich / soziale Gerechtigkeit
- Erhaltung einer lebenswerten Umwelt / Sicherung der natürlichen Lebensgrundlagen / ökologisches Gleichgewicht / Nachhaltigkeit
- humane Arbeitsbedingungen

Keiner der Punkte wurde allerdings Teil des StabG. Das grundsätzliche Problem der Zielformulierungen, sowohl im StabG als auch bei den vorgeschlagenen Ergänzungen, ist, dass die genannten Ziele nicht definiert sind. Daher müssen die weitgehend „leeren Worthülsen" zunächst definiert bzw. **operationalisiert** werden, d. h., sie müssen mit Maßgrößen/Indikatoren und entsprechenden Grenzwerten versehen werden, sodass man erkennen kann, ob ein Ziel erreicht wird. **Beispiel:** Das Erreichen des Ziels „Preisniveaustabilität" wird mithilfe des Indikators der Inflationsrate (Harmonisierter Verbraucherpreisindex, HVPI) gemessen und anhand des von der Europäischen Zentralbank (EZB) festgelegten Grenzwerts von unter, aber nahe 2 % beurteilt.

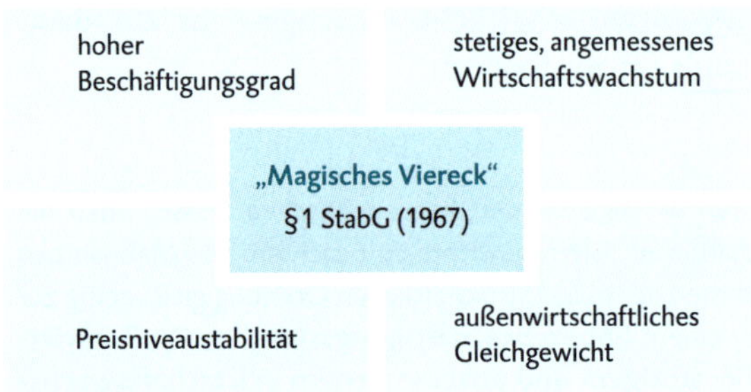

M 4: Die wirtschaftspolitischen Ziele lt. § 1 StabG

Preis(niveau)stabilität

Definition: Preisstabilität herrscht dann, wenn Geldwertstabilität besteht, d. h., wenn die Kaufkraft des Geldes konstant bleibt.[5] Während das StabG den Begriff Preisniveaustabilität verwendet, ist seit Gründung der Europäischen Währungsunion die Bezeichnung Preisstabilität gebräuchlich.

Indikator: Preisstabilität wird über die Veränderung der Preise gegenüber einer Vorperiode oder einem Basisjahr mithilfe der Inflationsrate gemessen.

Den politischen **Grenzwert** legt im Euroraum die EZB fest. Er liegt aktuell bei einem Anstieg des Preisniveaus von unter, aber nahe 2 % (vgl. S. 156).

Messung: Die Inflationsrate wird mithilfe von Preisindizes ermittelt. In der EU wird die Inflationsrate sowohl national als auch für das Euro-Währungsgebiet und für die gesamte EU ermittelt. Jedes Land der EU verwendet einen **Verbraucherpreisindex**. Der von der EZB verwendete Index ist der Harmonisierte Verbraucherpreisindex (HVPI). Die Preisstabilität wird anhand der Entwicklung dieser Preisindizes festgestellt. Ein Preisindex zeigt die Entwicklung des Preisniveaus für einen bestimmten **Warenkorb**, in dem sich eine

5 In diesem Fall stimmt auch das nominale BIP mit dem realen, also preisbereinigten BIP überein ($BIP_{real} = BIP_{nominal}$) vgl. S. 32.

repräsentative Auswahl von Gütern und Dienstleistungen befindet, die unterschiedlich gewichtet sind (vgl. M 5). Dabei kann das Preisniveau bei Anstieg einzelner Preise konstant bleiben, wenn dieser Anstieg durch das Fallen anderer Preise ausgeglichen wird.

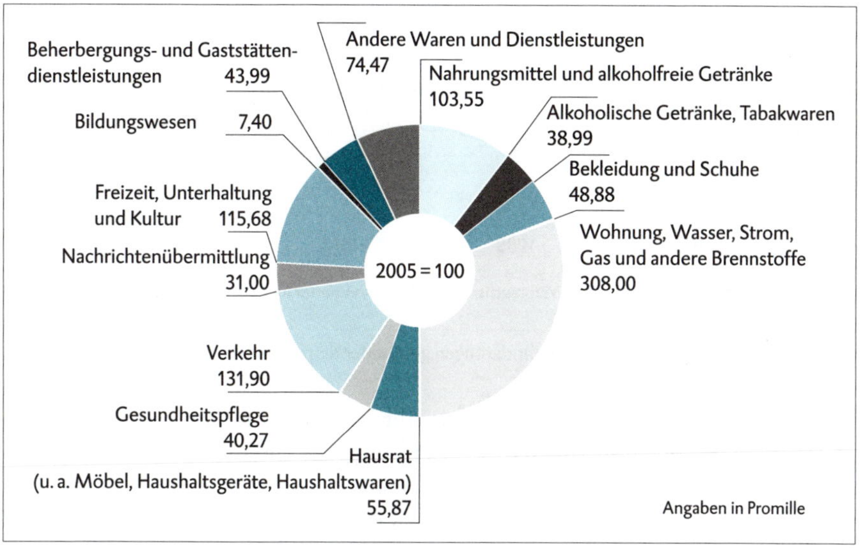

M 5: Wägungsschema zum deutschen Verbraucherpreisindex

Der Warenkorb wird in größeren zeitlichen Abständen (ca. 5–7 Jahre) den veränderten Konsumgewohnheiten angepasst. Die Konstanz über größere Zeiträume ermöglicht Vergleichbarkeit, hat aber den Nachteil, dass der Warenkorb häufig nicht mehr die aktuellen Konsumgewohnheiten abbildet (vgl. S. 20).

Exkurs: Harmonisierter Verbraucherpreisindex (HVPI)

Für die EU gibt es einen Harmonisierten Verbraucherpreisindex (HVPI). Jeden Monat nutzen die nationalen Statistikämter „harmonisierte“ Methoden, um die Verbraucherpreise für ein breites Spektrum an Waren und Dienstleistungen aufzuzeichnen, die für die Endverbraucherausgaben der Haushalte in ihrem jeweiligen Land repräsentativ sind. Eurostat, das Statistische Amt der Europäischen Union, nutzt die Daten der nationalen Statistikämter, um den HVPI für den Euroraum und die EU insgesamt zu erstellen. Aufgrund der harmonisierten Methodik lassen sich die Daten zwischen den Mitgliedstaaten vergleichen. Der HVPI spielt eine wichtige Rolle bei der Gestaltung der Geld- und Währungspolitik, da er der wichtigste Vergleichsmaßstab für die Europäische Zentralbank (EZB) zur Bewertung der Preisstabilität im Euroraum ist.

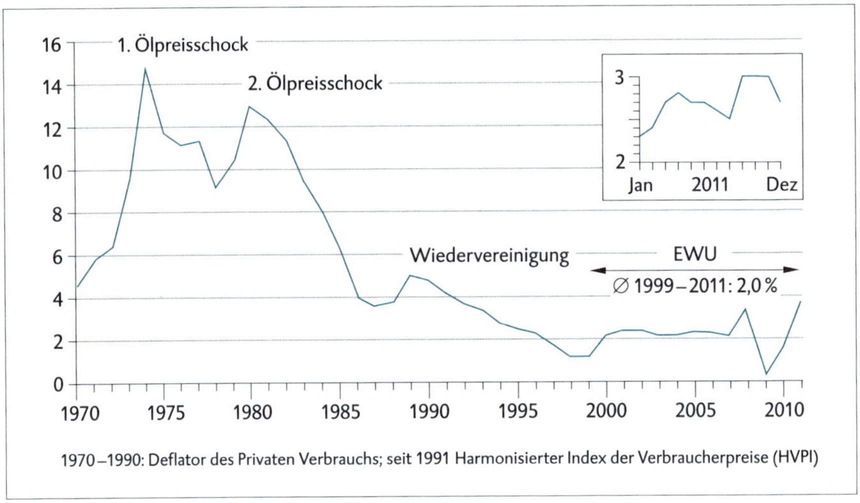

M 6: Preisentwicklung im Euroraum, Veränderungen gegenüber dem Vorjahr (Angaben in %)

Zielabweichung: Das Ziel der Preisstabilität ist verfehlt, wenn Inflation oder Deflation herrscht. Von **Inflation** spricht man bei einem Prozess anhaltender Preisniveausteigerung ab 2 % (vgl. Grenzwert der EZB). Ein über mehrere Perioden sinkendes Preisniveau nennt man **Deflation**.

Man kann Inflation nach verschiedenen Kriterien systematisieren: Nach der Erkennbarkeit unterscheidet man **offene Inflation** mit offensichtlich steigenden Preisen von **verdeckter Inflation**, bei der bei gleichbleibenden Preisen die Menge oder Qualität der Produkte sinkt oder bei staatlich administrierten Preisen im Extremfall Schwarzmärkte entstehen. Nach der Stärke bzw. der Geschwindigkeit unterscheidet man:

- **schleichende Inflation:** niedrige, aber lang anhaltende Preissteigerung; bis 5 % Steigerung pro Jahr
- **trabende Inflation:** bis 20 % Steigerung pro Jahr
- **galoppierende Inflation:** bis 100 % Steigerung pro Jahr
- **Hyperinflation:** Preissteigerungen von über 100 % pro Jahr

Nach der Ursache kann man Angebots-, Nachfrage-, Geldmengen- und importierte Inflation unterscheiden: Bei der **Angebotsinflation** (angebotsinduzierte Inflation) geht die Preissteigerung von den Anbietern aus. Sie kann auf Kostensteigerungen oder Gewinnmaximierung zurückgeführt werden:

- Bei der **Kosteninflation** schlagen die Unternehmen höhere Kosten auf die Preise auf, z. B. erhöhte Tariflöhne aufgrund von Forderungen der Gewerkschaften (z. B. + 2,7 % ab April 2011 in der Metallindustrie in Bayern), erhöhte Steuern (z. B. Anstieg der Mehrwertsteuer von 16 % auf 19 % im Jahr 2007) oder steigende Rohstoffpreise (z. B. Anstieg des Rohölpreises, vgl. M 7).

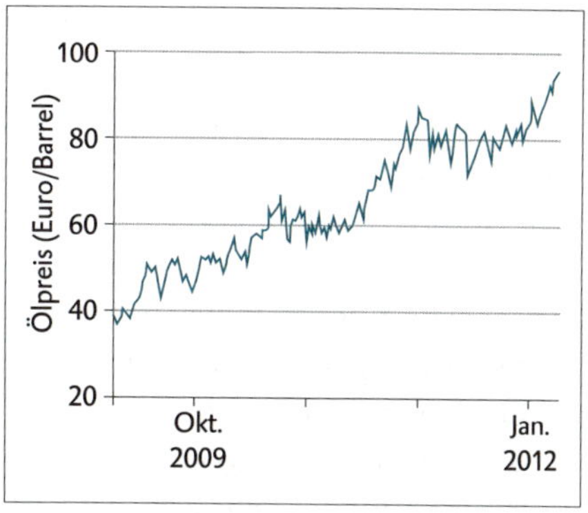

M 7: Entwicklung des Rohölpreises seit 2009

- Von **Gewinninflation** spricht man, wenn Unternehmen bei fehlendem Wettbewerb ihre Marktmacht für Preiserhöhungen nutzen. Dies wurde vom Bundeskartellamt 2011 z. B. für die Benzinpreise in Deutschland festgestellt und vor allem mit dem marktbeherrschenden Oligopol der fünf Mineralölkonzerne Aral/BP (23,5 % Marktanteil), Shell (22 %), Jet (10 %), Esso und Total (je 7,5 %) im Bereich der Tankstellen begründet.[6]

Nachfrageinflation (nachfrageinduzierte Inflation) kann entstehen, wenn ein dauerhafter Nachfrageüberhang bei ausgelasteten Kapazitäten für die Unternehmen Preisspielräume eröffnet und diese sie nutzen.

Bei der **Geldmengeninflation** (geldmengeninduzierte Inflation) geht man davon aus, dass die Geldmenge stärker steigt als das gesamtwirtschaftliche Güterangebot. Basis der Überlegung ist die sogenannte Quantitätsgleichung (bzw. Fisher'sche Verkehrsgleichung), die von einem direkten Zusammenhang zwischen Geldmenge und Preisniveau ausgeht:

$H \cdot P = G \cdot U$

mit H = Handelsvolumen (Summe der Umsätze in der Volkswirtschaft), P = Preisniveau,
G = Geldmenge (im Umlauf befindliches Bar- und Buchgeld) und
U = Umlaufgeschwindigkeit des Geldes (wird als kurzfristig konstant angenommen)

Steigt die Geldmenge G bei konstanter Umlaufgeschwindigkeit U stärker als das Handelsvolumen H, steigt automatisch das Preisniveau P. Der Hintergrund für diesen Zusammenhang ist die Annahme, dass die im Umlauf befindliche überschüssige Geldmenge auch nachfragewirksam wird, sodass bei fehlendem Güterangebot ein Nachfrageüberhang und damit Inflation entsteht.

6 Vgl. www.bundeskartellamt.de/wDeutsch/download/pdf/Stellungnahmen/2011-05-26_Abschlussbericht_final2.pdf

Importierte Inflation kann zwei Ursachen haben: Eine Inflation im Ausland wird ins Inland übertragen, da auch die Preise der Importgüter entsprechend der ausländischen Inflation steigen (z. B. Rohstoffe aus dem Ausland). Hier liegt eine kosteninduzierte importierte Inflation vor. Eine zweite Möglichkeit sind Kapitalimporte aus dem Ausland, z. B. aufgrund eines attraktiveren Zinsniveaus im Inland oder durch eine Zunahme der Exporte, die nicht nur zu steigender Geldmenge führen, sondern zusätzlich das inländische Güterangebot reduzieren. Dies führt gemäß der Quantitätsgleichung zu einer geldmengeninduzierten importierten Inflation.

Schließlich kann man noch unterscheiden zwischen gemessener bzw. statistischer Inflation und der von den Verbrauchern wahrgenommenen **gefühlten Inflation**. Die gefühlte Inflation weicht häufig von der statistisch ausgewiesenen Inflation ab, da Verbraucher Preisänderungen v. a. bei Produkten bemerken, die sie häufig kaufen (z. B. Lebensmittel oder Kraftstoff). In die amtliche Statistik gehen die Preise aller im Warenkorb erfassten Güter aber mit fester Gewichtung ein, egal ob sie der Kunde täglich kauft oder nur im Abstand von mehreren Jahren. Außerdem passen die Produkte im Warenkorb in Auswahl oder Gewichtung nicht zu den realen, individuell sehr unterschiedlichen Konsumgewohnheiten. Sinken daher Preise für nur selten gekaufte Waren (z. B. für langlebige Wirtschaftsgüter wie Fernsehgeräte), während die Preise für Güter des täglichen Bedarfs (wie z. B. Lebensmittel) steigen, liegt die amtlich berechnete Inflation unter der gefühlten (vgl. M 8). Tatsächlich berechnet Eurostat sogar einen Wert für die sogenannte Kernrate der Inflation, bei der die Preise für Lebensmittel und Energie aus der Berechnung ausgeschlossen sind, da sie regelmäßig größeren und nicht beeinflussbaren Schwankungen unterliegen. Die Kernrate liegt häufig noch unter dem Gesamtindex.

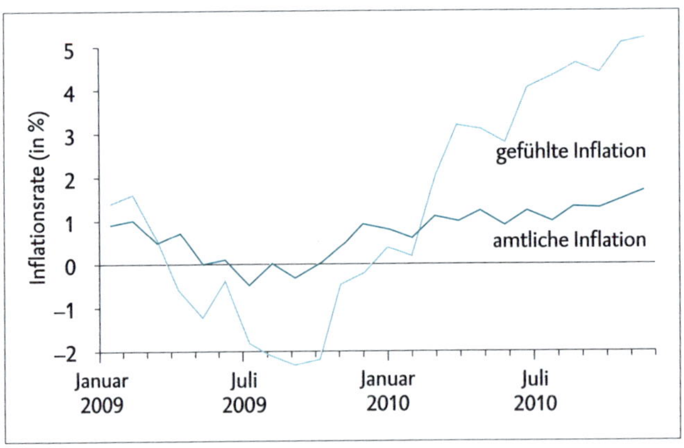

M 8: die amtlich gemessene und die gefühlte Inflation unterscheiden sich häufig

Begründung der Preisstabilität: Inflation und Deflation sind aus verschiedenen Gründen unerwünscht, d. h. umgekehrt betrachtet, dass Preisstabilität erwünscht ist. Gegen **Inflation** sprechen diverse Gründe:

Historisch betrachtet sind viele Europäer „gebrannte Kinder“. Dies gilt v. a. für die Deutschen, die infolge zweier Hyperinflationen zweimal fast ihr gesamtes monetäres Vermögen verloren haben. Im November 1923, als ein US-Dollar einen Wert von 4,2 Billionen Mark hatte und sich die Preise alle zwei Tage verdoppelten, wurde die Rentenmark eingeführt. Für eine Billion alte Mark (1 000 000 000 000) erhielt man eine einzige Rentenmark. Knapp 25 Jahre später, im Juni 1948, wurde in den westlichen Besatzungszonen die Deutsche Mark, kurz D-Mark, eingeführt. Jeder Einwohner des Gebiets bekam für 40 Reichsmark, die praktisch wertlos waren, 40 D-Mark. Ersparnisse (Bankguthaben) konnten zusätzlich im Verhältnis 10:1 umgetauscht werden, d. h., der Wert der Bankguthaben, aber auch der der Schulden sank auf 10 %.

Grundsätzlich verliert **Geld** bei einer Inflation zunehmend seine wesentlichen **Funktionen** als Zahlungsmittel, wenn die Währung nicht mehr akzeptiert wird (im Extremfall entstehen Schwarzmarktwährungen wie die Zigarettenwährung nach dem Zweiten Weltkrieg), und als Wertaufbewahrungsmittel, da der reale Wert des Geldvermögens in Form von Kaufkraft sinkt, Anleger kein Vertrauen mehr in die Währung haben und in Sachwerte wie z. B. Gold oder andere Währungen flüchten.

Der **Preis** hat auf dem Markt eine **Signalfunktion:** Steigende/hohe Preise indizieren eine zunehmende Knappheit eines Gutes, sinkende/niedrige Preise einen entsprechenden Angebotsüberschuss. Steigen die Preise aller Güter aufgrund der Inflation, ist diese Signalfunktion außer Kraft gesetzt und den Unternehmen fehlt eine wichtige Information für ihre Investitionsentscheidungen. Dies kann zu **Fehlallokation**, d. h. falscher Verwendung von Produktionsmitteln (Rohstoffen, Arbeitskraft), und zu Fehlinvestitionen führen. Die Konsequenz sind Verschwendung von Produktionsmitteln sowie unternehmerisch und volkswirtschaftlich unerwünschte Entwicklungen, da Angebot und Nachfrage nicht in Einklang gebracht werden.

Inflation führt grundsätzlich zu einer **Benachteiligung monetärer Einkommen:** Die Kaufkraft eines konstanten Einkommens sinkt bei steigenden Preisen. So sinkt z. B. der sogenannte Reallohn. Die Arbeitnehmer werden versuchen, den Kaufkraftverlust im Rahmen von Tarifverhandlungen über Lohnsteigerungen zu kompensieren. Gelingt dies und die Unternehmer wälzen die Lohnsteigerungen wieder auf die Preise über, kommt es zu einer sogenannten **Lohn-Preis-Spirale** (vgl. S. 130). Bezieher monetärer Einkommen ohne regelmäßigen Inflationsausgleich, z. B. Rentner, Empfänger staatlicher Transfereinkommen (z. B. Kindergeld, BAföG) oder Besitzer von Festzinsanlagen, haben ebenfalls einen Kaufkraftverlust in Höhe der Inflation, der zu Nachfragerückgang und Einschränkungen beim Lebensstandard führen kann.

Ähnliches gilt für die Eigentümer **monetärer Vermögen:** Die Inflation verringert den realen Vermögenswert, wenn die Vermögenserträge (z. B. Zinsen) unter der Inflationsrate liegen. Dies kann zur Flucht in Sachwerte führen, die deren Preise weiter in die Höhe treibt.

Die sogenannte **Gläubiger-Schuldner-Hypothese** besagt, dass der reale Wert von Krediten in der Inflation sinkt, da die Kaufkraft des Rückzahlungsbetrags durch die Inflation reduziert wird. Der Gläubiger verliert dadurch Vermögen, der Schuldner wird quasi zum Inflationsgewinner, vor allem wenn sein Einkommen an die Inflation angepasst wird, die Kreditzinsen aber fix sind.

Da der **Staat** der größte Schuldner im Land ist, wird z. T. behauptet, dass die Regierung kein Interesse an Preisstabilität habe, da sie durch Inflation ihre Schulden quasi schleichend abbauen kann und so zum **Inflationsgewinner** wird. Diese Hypothese ist allerdings angreifbar: Staatsschulden werden in der Regel kurzfristig finanziert. Da bei Inflation auch das Zinsniveau steigt, würde der Schuldendienst durch die höheren Zinsbeträge erhöht. Niedrige Zinsen bei stabilen Preisen würden den Schuldendienst dagegen reduzieren. So ging die Belastung für die Bundesschuld trotz höherer Neuverschuldung im Bundeshaushalt 2010 gegenüber 2009 z. B. um 7,9 % zurück (vgl. S. 134 ff.).

Der Staat wird auch aus anderen Gründen noch als Inflationsgewinner bezeichnet: Über die Progression bei den Steuern auf Einkommen erhält der Staat einen höheren prozentualen Anteil an den Einkommen, wenn diese an die Inflation angepasst werden, obwohl die Einkommensbezieher keine höhere Kaufkraft haben. Letztendlich kann dies zu einem realen Kaufkraftverlust trotz Lohnerhöhungen führen. Steigende Preise erhöhen auch die Beträge, auf die Verbrauchsteuern und Mehrwertsteuer erhoben werden, sodass die Steuereinnahmen zahlenmäßig steigen. Allerdings hemmt Inflation ab einem bestimmten Ausmaß die wirtschaftliche Entwicklung, sodass durch Nachfrageausfälle und Einkommensverluste aufgrund von Arbeitslosigkeit der Netto-Effekt für den Staat negativ sein kann.

Deflation ist in erster Linie unerwünscht, weil sie durch Attentismus (Abwarten der Wirtschaftssubjekte in der Hoffnung auf weiter sinkende Preise) über negative Multiplikatoreffekte die Wirtschaft lahmlegen kann. Konsum- und Investitionsentscheidungen werden aufgeschoben, sodass die gesamtwirtschaftliche Nachfrage stagniert oder einbricht. Dies hat wiederum Auswirkungen auf die Ertragslage der Unternehmen und damit auf die Beschäftigung und das Volkseinkommen, wodurch es zu einer Abwärtsspirale kommen kann.

Hoher Beschäftigungsstand

Definition: Im Gegensatz zur Vollbeschäftigung gibt es für das Ziel des hohen Beschäftigungsstandes keine klare Definition. Während Vollbeschäftigung als Situation definiert werden kann, in der alle arbeitswilligen und -fähigen Personen im gewünschten Umfang Beschäftigung haben, gilt eine Situation nahe der Vollbeschäftigung üblicherweise als hoher Beschäftigungsstand (vgl. S. 115 ff.).

Indikator: Der hohe Beschäftigungsstand wird über die Arbeitslosenquote quantitativ eingegrenzt. Die aktuelle Formel zu deren Berechnung lautet:

$$\text{Arbeitslosenquote} = \frac{\text{Zahl der registrierten Arbeitslosen}}{\text{Zahl der Erwerbspersonen}} \cdot 100\ \%$$

Zahl der Erwerbspersonen = Zahl aller Erwerbstätigen + Zahl der registrierten Arbeitslosen

Als **registrierte Arbeitslose** gelten alle Personen, die vorübergehend nicht in einem Beschäftigungsverhältnis stehen, das mindestens 15 Wochenstunden umfasst, aber eine versicherungspflichtige Beschäftigung von mindestens 15 Wochenstunden suchen, sich bei der Agentur für Arbeit persönlich arbeitslos gemeldet haben und der Arbeitsvermittlung zur Verfügung stehen. Zu den **Erwerbstätigen** zählen alle abhängig Beschäftigten, Selbstständigen und mithelfenden Familienangehörigen.[7]

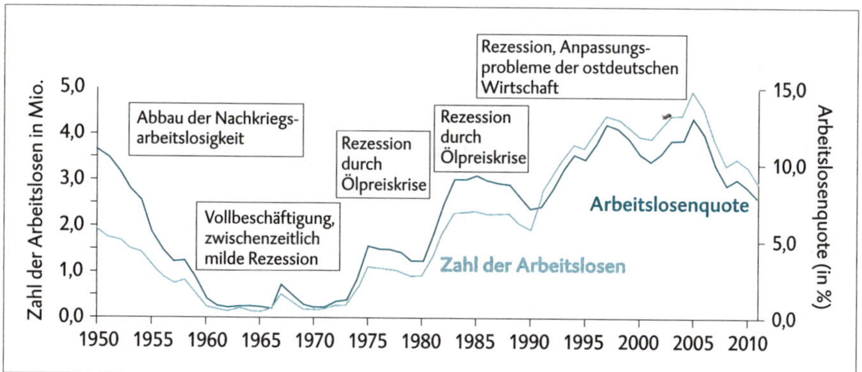

M 9: Arbeitslosigkeit in Deutschland 1950–2011

Grenzwert: In der Literatur finden sich unterschiedliche Zahlenangaben als Grenzwert. Die Bundesagentur für Arbeit spricht aktuell von Vollbeschäftigung bei einer Arbeitslosenquote von unter 2 % und von einem hohen Be-

7 http://statistik.arbeitsagentur.de/nn_4236/Statischer-Content/Grundlagen/Berechnung-Arbeitslosenquote.html (bearbeitet)

schäftigungsstand bei einer Arbeitslosenquote von unter 4 %. Früher lagen die Werte mit 0,8 % und 2 % deutlich niedriger.

Messung: Die Erfassung der Arbeitslosenzahlen erfolgt durch das Statistische Bundesamt und die Bundesagentur für Arbeit. Kritisiert wird an der Messung regelmäßig, dass zahlreiche Arbeitsuchende bzw. Arbeitswillige nicht in der amtlichen Statistik als Arbeitslose ausgewiesen werden (vgl. M 10). Diese sogenannte **stille Reserve** stellt **verdeckte Arbeitslosigkeit** dar. Zur stillen Reserve gehören insbesondere:

- Personen, die Arbeit suchen, ohne als arbeitslos registriert zu sein, z. B. weil sie keinen Anspruch auf Arbeitslosengeld haben oder die Arbeitsvermittlung bewusst nicht in Anspruch nehmen wollen.
- Personen, die nicht als Arbeit suchend gemeldet sind, weil sie die Suche aufgegeben haben, aber bei guter Arbeitsmarktlage wieder aufnehmen würden.
- Personen, die vorübergehend aus der Statistik fallen, weil sie an arbeitsmarktpolitischen Maßnahmen oder Qualifizierungsmaßnahmen teilnehmen, z. B. Arbeitsgelegenheiten mit Mehraufwandsentschädigung (sogenannte Ein-Euro-Jobs), Arbeitsbeschaffungsmaßnahmen, Kurzarbeit, Umschulung oder Vermittlung durch eine private Personal-Service-Agentur.
- Personen, die aus Arbeitsmarktgründen vorzeitig aus dem Erwerbsleben ausgeschieden sind (Vorruhestand).

"Super, Mädels! Unser Teppichblocksberg wird jedes Jahr höher!"

M 10: Karikatur Arbeitsmarktstatistik

Durch die stille Reserve wird die tatsächliche Zahl der Arbeitsuchenden zu gering ausgewiesen. Daher wird außer der Arbeitslosigkeit auch die sogenannte Unterbeschäftigung erfasst (vgl. M 11). Es gibt allerdings auch registrierte Arbeitslose, die gar keine Arbeit suchen. Dazu gehören z. B. Personen, die aus dem Arbeitsleben ausscheiden wollen, aber noch Anspruch auf Arbeitslosengeld haben (z. B. ältere Arbeitnehmer vor dem Erreichen des Rentenanspruchs oder Elternteile, die später, nach Ablauf des Arbeitslosengeldanspruchs, nicht arbeiten wollen), und ein – wenn auch geringer Anteil – sogenannter Trittbrettfahrer, die zwar arbeitslos gemeldet, aber eigentlich nicht arbeitswillig sind.

Zielabweichung: Liegt die Arbeitslosenquote über 4 %, ist das Ziel des hohen Beschäftigungsstands nicht erreicht.

Arbeitslosigkeit kann man nach unterschiedlichen Kriterien systematisieren: Nach der **Erkennbarkeit** unterscheidet man **offene**, also statistisch ausgewiesene, und **verdeckte Arbeitslosigkeit** (vgl. M 11).

Nach der **Dauer** kann man zwischen **vorübergehender** und **Langzeitarbeitslosigkeit** unterscheiden. Langzeitarbeitslosigkeit (vgl. M 12) wird häufig auch als Sockelarbeitslosigkeit bezeichnet, da die Zahl der Langzeitarbeitslosen einen Sockel bildet, unter den die Arbeitslosenzahlen längerfristig nicht mehr sinken. Nachdem die Langzeitarbeitslosigkeit in Deutschland über Jahre hinweg tendenziell angestiegen ist, sinkt sie in jüngerer Zeit aufgrund der guten Entwicklung auf dem Arbeitsmarkt und infolge demografischer Effekte.

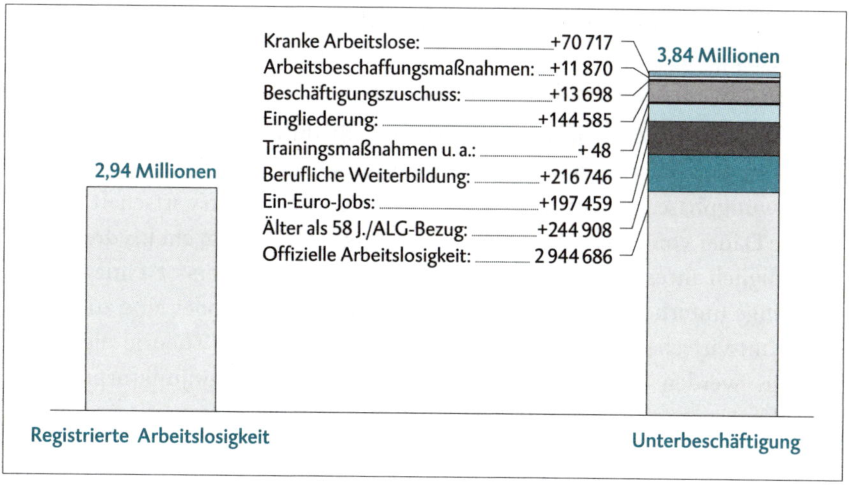

M 11: Arbeitslosigkeit und Unterbeschäftigung in Deutschland (August 2011)

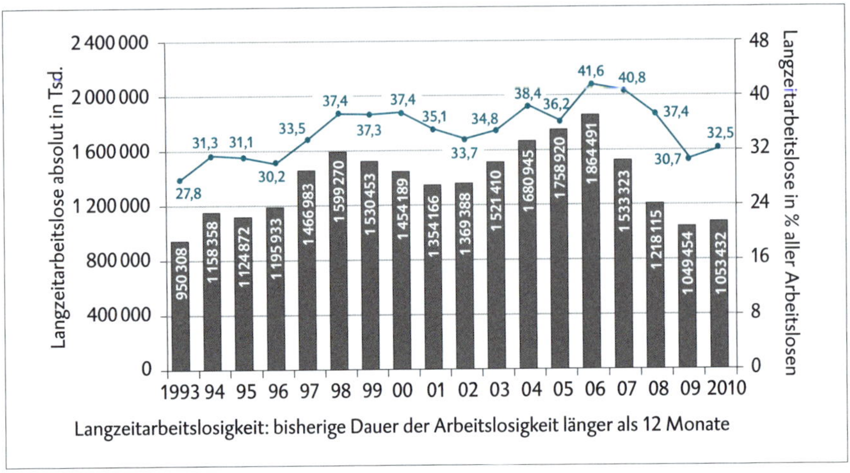

M 12: Langzeitarbeitslosigkeit in Deutschland 1993–2010

Nach der **Ursache** und **Dauer** der Arbeitslosigkeit unterscheidet man:

- **Friktionale Arbeitslosigkeit**, sogenannte Sucharbeitslosigkeit: kurzfristige Arbeitslosigkeit beim Wechsel der Arbeitsstelle oder vor der Aufnahme der ersten Stelle nach Abschluss der Ausbildung.
- **Saisonale Arbeitslosigkeit:** in der Regel kurz- bis mittelfristige Arbeitslosigkeit von bis zu neun Monaten Dauer aufgrund jahreszeitlicher Schwankungen der Nachfrage und am Arbeitsmarkt. Sie ist z. B. bedingt durch Wetter oder Ferienzeiten, d. h., betroffen sind v. a. wetterabhängige Branchen wie die Bauwirtschaft oder der Tourismus in reinen Sommerferien-Regionen.
- **Konjunkturelle Arbeitslosigkeit:** entsteht durch zyklische Schwankungen in der gesamtwirtschaftlichen Entwicklung, vor allem in einer Abschwungphase. Sie betrifft in der Regel die gesamte Volkswirtschaft und hat eine Dauer von etwa einem halben Konjunkturzyklus (ca. ein bis drei Jahre). Bezüglich ihres Auslösers besteht Uneinigkeit, ob in erster Linie eine zu geringe unternehmerische Aktivität verantwortlich ist oder eine zu geringe gesamtwirtschaftliche Nachfrage. Je nachdem, welcher Theorie die Politik folgt, werden angebots- oder nachfrageorientierte konjunkturpolitische Maßnahmen gegen diese Art der Arbeitslosigkeit eingesetzt.
- **Strukturelle Arbeitslosigkeit:** Sammelbegriff für jede Form von Arbeitslosigkeit, die über den konjunkturellen Zyklus hinausgeht. Sie lässt sich nicht durch staatliche Konjunkturpolitik oder eine höhere gesamtwirtschaftliche Nachfrage regulieren. Sie kann durch zahlreiche Faktoren, die die Rahmenbedingungen für das Arbeitskräfteangebot oder die -nachfrage ver-

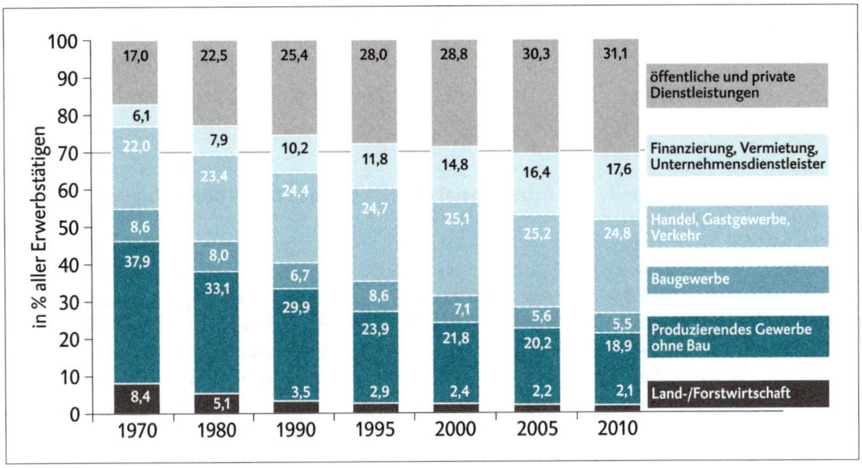

M 13: Strukturwandel in Deutschland: Erwerbstätige nach Wirtschaftsbereichen 1970–2010

ändern, verursacht werden und betrifft in der Regel nur einen Teil einer Volkswirtschaft, z. B. einzelne Branchen oder Regionen. Man unterscheidet folgende **Ursachen:**

- **institutionelle:** z. B. gesetzliche oder tarifliche Mindestlöhne (betreffen den Niedriglohnsektor und können zu Abwanderung in Billiglohnländer führen); Kündigungsschutz oder Arbeitsschutzauflagen (können zu Abwanderung in weniger reglementierte Länder führen);
- **personenspezifische:** z. B. Geschlecht (zunehmend seltener), Alter (z. B. Vergreisung der BRD oder Japans), Qualifikation (Fachkräftemangel, Sprachdefizite bei Zuwanderern), fehlende Mobilität (Ortswechsel von Mecklenburg nach Stuttgart/München). In diesen Fällen spricht man auch von Mismatch-Arbeitslosigkeit.
- **regionale:** Strukturwandel in Ballungszentren (z. B. Ruhrgebiet: Kohle/Stahl), Globalisierung (internationaler Handel und Dienstleistungen), politische Veränderungen (Wiedervereinigung, EU, EWU: Wegfall von Zöllen, einheitliche Währung etc.);
- **sektorale:** genereller Strukturwandel (vgl. M 13) und technischer Fortschritt (z. B. Wandel zur Dienstleistungs- oder Informationsgesellschaft; Computer- und Internettechnologie); technische Rationalisierung/Automatisierung; Niedriglohnkonkurrenz im Ausland (z. B. Textilbranche).

Begründung: Ein hoher Beschäftigungsstand ist sowohl aufgrund der Nachteile der Arbeitslosigkeit als auch aufgrund der Vorteile einer hohen Beschäftigung wünschenswert. Dabei kann man wirtschaftliche, soziale und politische Aspekte unterscheiden, z. B.:

	Nachteile von Arbeitslosigkeit	Vorteile hoher Beschäftigung
wirtschaftlich	• Einnahmeausfälle für den Staat im Bereich der Einkommensteuer und der Sozialabgaben sowie bei den Verbrauchsteuern • zusätzliche Staatsausgaben, z. B. für Arbeitslosengeld • Anstieg von Überschuldung und Armut in der Bevölkerung • Zunahme von Schwarzarbeit	• höherer Konsum, der über Multiplikatoreffekte die Wirtschaft ankurbelt und so zu höheren Steuereinnahmen führt • bessere Finanzierung des Sozialversicherungssystems durch höheres Beitragsaufkommen • Abbau von Schwarzarbeit zugunsten legaler steuer- und sozialversicherungspflichtiger Beschäftigung
sozial	• Verlust von Status, Ansehen und Selbstwertgefühl für den Einzelnen • generelle Benachteiligung einkommensschwacher Bevölkerungsteile, v. a. im Bereich der Bildung • Beeinträchtigung der Gesundheit • Tendenz zu steigender Kriminalität bei hoher Arbeitslosigkeit	• Sicherung des Wohlstands und der Altersvorsorge • gesellschaftliche Anerkennung und Selbstwertgefühl • sozialer Friede durch bessere Möglichkeiten des sozialen Ausgleichs • steigender allgemeiner Lebensstandard
politisch	• zunehmende Politikverdrossenheit • Tendenz zu politischer Radikalisierung bei hoher Arbeitslosigkeit (z. B. Ausländerfeindlichkeit) • Anstieg der Staatsverschuldung schränkt Handlungsfähigkeit des Staates ein	• höhere politische Zufriedenheit • höhere Bereitschaft zur Solidarisierung verbessert die Möglichkeit zur Durchsetzung unpopulärer Maßnahmen • Möglichkeit zum Schuldenabbau • Finanzierungsspielräume für Staatsaufgaben

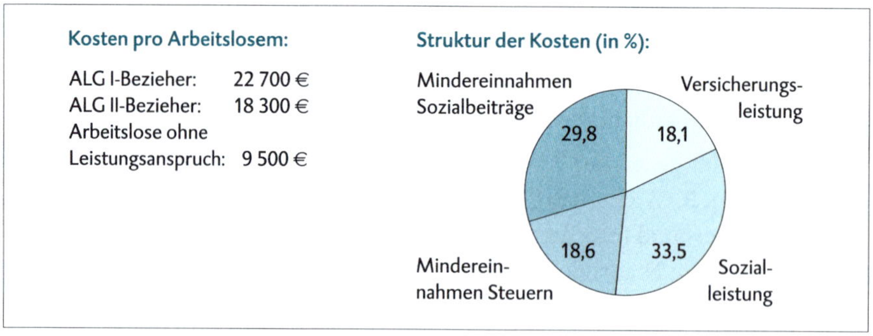

M 14: Die wahren Kosten der Arbeitslosigkeit (2007)

Außenwirtschaftliches Gleichgewicht

Definition: Außenwirtschaftliches Gleichgewicht (vgl. S. 191 ff.) besteht nach der klassischen Definition, wenn langfristig die Gold- und Devisen-Abflüsse einer Volkswirtschaft wertmäßig den Gold- und Devisen-Zuflüssen entsprechen und sich damit gegenseitig ausgleichen.

Indikator: Diese Zu- und Abflüsse werden – wie alle Zahlungsströme zwischen In- und Ausland – in der Zahlungsbilanz (vgl. M 139) erfasst. Man spricht bei außenwirtschaftlichem Gleichgewicht daher auch von einer ausgeglichenen Zahlungsbilanz.

Alternativ zum Zahlungsbilanzsaldo werden auch Teilgrößen aus der Zahlungsbilanz herangezogen, z. B. der Außenbeitrag. Der **Außenbeitrag** ist der Saldo aus der Handels- und der Dienstleistungsbilanz, d. h., er gibt die wertmäßige Differenz zwischen allen importierten und exportierten Waren und Dienstleistungen an. In Deutschland spricht man auch dann von außenwirtschaftlichem Gleichgewicht, wenn der Außenbeitrag den Saldo der laufenden Übertragungen (d. h. internationale Zahlungen ohne direkte Gegenleistung, z. B. für Entwicklungshilfe, aber auch Überweisungen ausländischer Arbeitnehmer in ihre Heimat) ausgleicht. Vereinfacht kann man auch von einer ausgeglichenen Leistungsbilanz sprechen, da diese die relevanten Teilbilanzen der Zahlungsbilanz enthält (allerdings auch noch andere; vgl. M 139). Die jeweiligen Indikatoren für das außenwirtschaftliche Gleichgewicht lassen sich also unabhängig von der verwendeten Definition der Zahlungsbilanz entnehmen.

Grenzwert: Da der Saldo der laufenden Übertragungen in Deutschland traditionell negativ ist, Deutschland also mehr Übertragungen ans Ausland zahlt, als zurückfließen, wird entsprechend ein positiver Außenbeitrag angestrebt. Als Zielgröße findet man Angaben zwischen 1,5 % und 3 % Anteil des Außenbeitrags am BIP. Da der Außenbeitrag den Übertragungsbilanzsaldo mittel- und langfristig wertmäßig ausgleichen soll, ist allerdings auch dessen Wert und Entwicklung maßgeblich, sodass die Angabe einer festen Zielgröße wenig Sinn macht.

Messung: Die Werte in der Zahlungsbilanz stammen aus der amtlichen Statistik des statistischen Bundesamts und der Deutschen Bundesbank. Die Zahlungsbilanz soll den Wert aller Güter-, Dienstleistungs- und Geldströme zwischen In- und Ausland erfassen.

Zielabweichung: Passend zur Definition über den Gold- und Devisensaldo spricht man von außenwirtschaftlichem Ungleichgewicht, wenn **längerfristig** ein **Zahlungsbilanzüberschuss** bzw. **-defizit** vorliegt. Im Bezug auf den Saldo zwischen Außenbeitrag und Übertragungsbilanz wird auch der Leistungsbilanzsaldo herangezogen. So hat Deutschland als Exportnation in der Regel einen Leistungsbilanzüberschuss, während die USA seit Langem ein Leistungsbilanzdefizit aufweisen (vgl. M 15). Vielfach wird in Grafiken auch nur der Außenbeitrag oder sogar nur die Differenz zwischen Warenimporten und -exporten (Handelsbilanz) dargestellt (vgl. M 135).

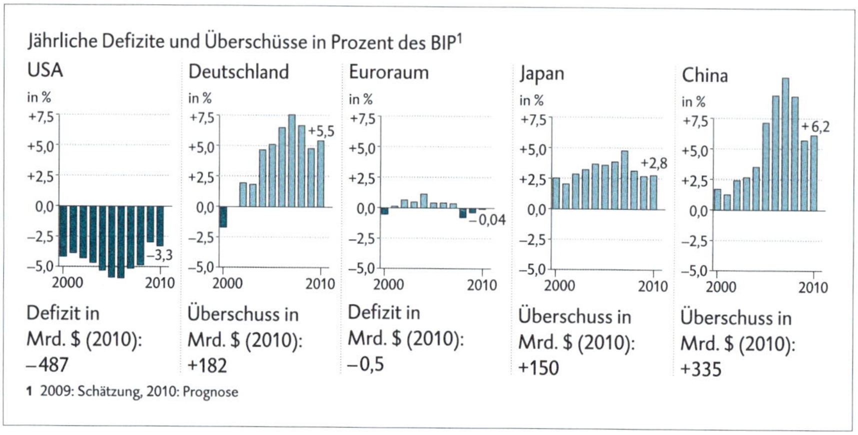

M 15: Leistungsbilanz-Ungleichgewichte

Ursachen für Ungleichgewichte: Exportländer wie Deutschland sind häufig Veredelungsländer, d. h., relativ billige Rohstoffe werden importiert, zu hochwertigen Endprodukten verarbeitet und dann teurer als die Summe der verwendeten Ressourcen verkauft. Werden die Güter ins Ausland verkauft, übersteigt der Wert der Exportgüter deutlich den der importierten Rohstoffe oder Halbfertigerzeugnisse und führt so zu einem Handelsbilanzüberschuss. In Ländern mit umfangreichen Rohstoffvorkommen und/oder einer hohen (preislichen) Wettbewerbsfähigkeit (z. B. China) kann dieser Effekt noch stärker sein. Stehen den Überschüssen aus dem Warenhandel nicht entsprechende Defizite aus Übertragungen ins Ausland (z. B. Entwicklungshilfe) oder auch aus Dienstleistungen vom Ausland (z. B. durch Tourismus) gegenüber, ergibt sich letztlich ein außenwirtschaftliches Ungleichgewicht.

Begründung: Außenwirtschaftliches Gleichgewicht wird als Ziel angestrebt, weil andauernde internationale Ungleichgewichte für alle Beteiligten Nachteile bedeuten. **Überschuss-/Exportländer** (z. B. Deutschland oder China) müssen grundsätzlich mit importierter Inflation rechnen, da durch die abfließenden Güter und Dienstleistungen und die dafür zufließenden Devisen Güter- und Geldmenge aus dem Gleichgewicht kommen (vgl. S. 20). **Defizit-/Importländer** (z. B. USA oder Griechenland) verschulden sich beim Ausland und dauerhafte Defizite können im Extremfall zur Zahlungsunfähigkeit führen. Ein Land, das permanent über seine Verhältnisse lebt, indem es mehr Güter und Dienstleistungen importiert als exportiert, muss dies auf Dauer mithilfe ausländischer Kredite finanzieren und verliert darüber hinaus in der eigenen Wirtschaft häufig Arbeitsplätze und Wettbewerbsfähigkeit, da dort nicht in ausreichendem Umfang produziert wird.

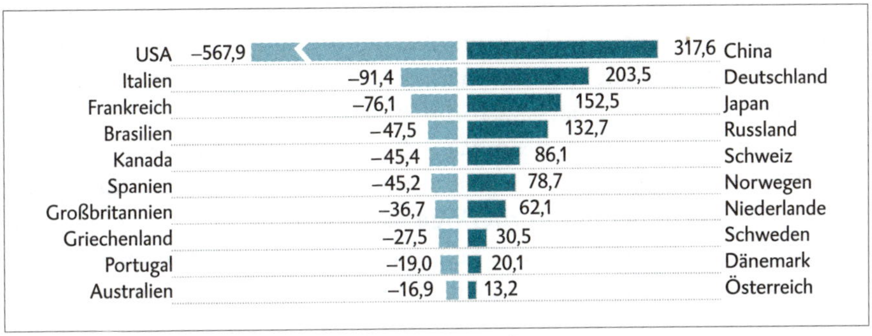

M 16: Geschätzte Leistungsbilanzen der größten Defizit- und Überschussländer 2011 in Mrd. US-Dollar

Teilweise wird den Überschussländern auch der Vorwurf gemacht, dass sie sich auf Kosten ihrer Abnehmer – und damit in der Regel Defizitländer – bereichern (*Beggar-thy-neighbour*-Theorie). So wurde Deutschland beispielsweise im Herbst 2010 mit der Forderung konfrontiert, das Lohnniveau anzuheben und damit seine preisliche Wettbewerbsfähigkeit zu reduzieren, um die Absatzchancen weniger wettbewerbsfähiger EU-Staaten zu erhöhen (vgl. M 17).

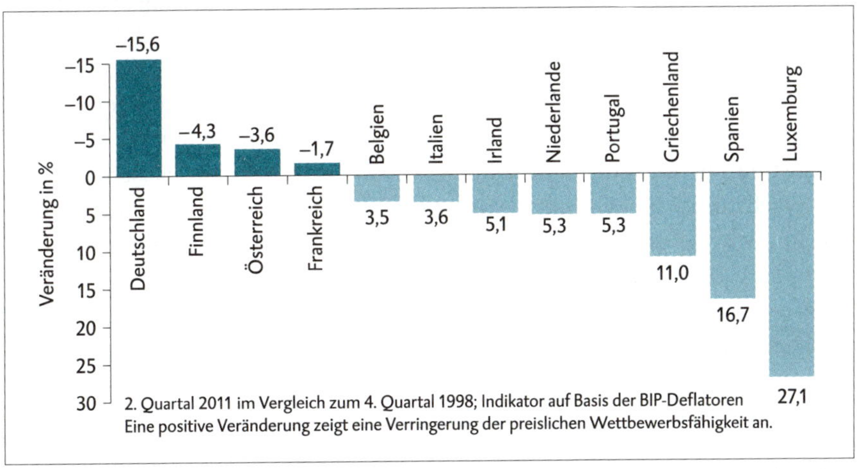

M 17: Veränderung der preislichen Wettbewerbsfähigkeit gegenüber den jeweiligen EWU-Partnerländern

Stetiges und angemessenes Wirtschaftswachstum

Stetiges und angemessenes Wirtschaftswachstum wird als Schlüsselgröße der Wirtschaftspolitik betrachtet. Slogans wie „Wachstum schafft Arbeit“ (Angela Merkel) oder die Bewertung des Wachstums als „universelle[r] Problemlöser“ (Horst Köhler)[8] bestätigen diesen Status.

Definition: Als Wirtschaftswachstum bezeichnet man einen realen Anstieg des Bruttoinlandsprodukts (BIP) gegenüber der Vorperiode. Das BIP ist der Wert aller zum Endverbrauch bestimmten Güter und Dienstleistungen, die in einer Rechnungsperiode in einer Volkswirtschaft produziert werden. Vorleistungen im Produktionsprozess (z. B. die Papierherstellung für ein Schreibheft) bleiben unberücksichtigt, da sie im Wert des Endprodukts enthalten sind.

Indikator: Das Wirtschaftswachstum lässt sich aus der **Entwicklung des realen BIP gegenüber der Vorperiode** nachvollziehen, wobei es die monatliche, quartalsweise und jährliche Betrachtung gibt. Der Begriff „real“ drückt dabei aus, dass reine Preissteigerungen bereits rechnerisch eliminiert wurden. Das Wachstum inklusive Preisveränderungen entspricht der Veränderung des nominalen BIP im Gegensatz zum preisbereinigten realen BIP. Als Formel lässt sich das jährliche Wirtschaftswachstum folgendermaßen darstellen:

$$\Delta BIP = \frac{BIP_{aktuell} - BIP_{Vorjahr}}{BIP_{Vorjahr}} \cdot 100\ \%$$

Dabei ist der sogenannte **Basiseffekt** zu beachten: Bei stets gleich bleibendem absoluten Zuwachs und dadurch steigendem Ausgangswert ergibt sich eine immer niedrigere relative Wachstumsrate. So entsprechen 100 € Zuwachs in der ersten Periode bei einem Ausgangswert von 1 000 € einem Zuwachs von 10 %. Da in der zweiten Periode der Ausgangswert dann 1 100 € beträgt, ergibt ein identischer absoluter Zuwachs von 100 € nur noch ein prozentuales Wachstum von ca. 9 %. Folglich sinken bei länger dauernden Phasen konstanten Wachstums die Wachstumsraten, während nach einer Krise auch kleine absolute Zuwächse zu hohen Wachstumsraten führen. Der tatsächliche Zuwachs an Wirtschaftsleistung in Form von zusätzlichen Güter- und Dienstleistungswerten lässt sich daher nur an den absoluten Zahlen ablesen.

Selbst bei einer rückläufigen Entwicklung des BIP wird häufig noch die Bezeichnung „Wirtschaftswachstum“ verwendet. Man spricht dann von „Minus-Wachstum“, obwohl dieser Begriff eigentlich paradox ist (vgl. 2009 in M 52).

8 K. Herzmann: Vom Wert des Wachstumsversprechens. www.wachstumsgesellschaft.de/Inhalt/Zeitschrift/Heft6/Zeitschrift_fuer_Wachstumsstudien_6.pdf, S. 11 ff.

Grenzwert: Politisch wird ein Wachstum in Höhe von mindestens 2 % des BIP_{real} als angemessen betrachtet, da laut empirischen Studien erst dann Effekte für den Arbeitsmarkt entstehen. Unter dieser Grenze kommt es demnach zum Phänomen des *jobless growth*, also Wirtschaftswachstum ohne Beschäftigungszuwachs. Auch wenn offensichtlich ein Zusammenhang zwischen BIP und Beschäftigung besteht (vgl. M 18), ist diese sogenannte **Beschäftigungsschwelle** umstritten, von Land zu Land verschieden und in Deutschland in den letzten Jahren tendenziell gesunken. Tatsächlich kommen empirische Auswertungen zu sehr unterschiedlichen Ergebnissen. Für den Zeitraum zwischen 1990 und 2000 variieren die ermittelten Beschäftigungsschwellen z. B. je nach Quelle zwischen 1,1 % und 2,4 %.[9]

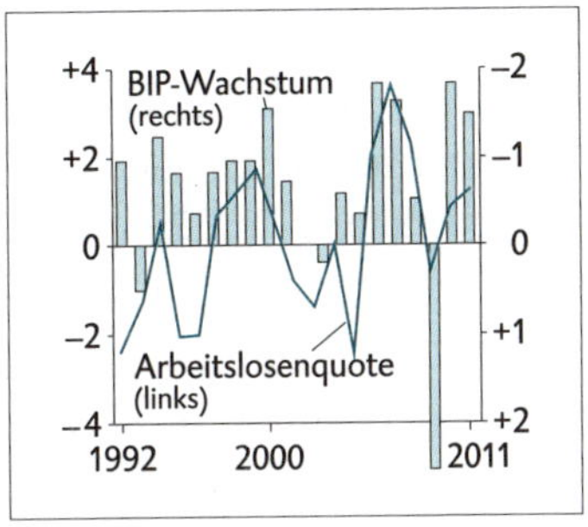

M 18: BIP_{real} und Beschäftigung, Veränderungen in %

Die **Messung** erfolgt durch das statistische Bundesamt mithilfe gesetzlich vorgeschriebener Meldungen der Unternehmen im Rahmen der amtlichen Statistik. Dabei werden die Werte aller produzierten Güter und Dienstleistungen, die nicht wieder in die Produktion fließen, addiert bzw. die Werte aller produzierten Güter und Dienstleistungen addiert und die Vorleistungen davon abgezogen. Neben dieser Entstehungsrechnung gibt es noch die Verwendungs- und die Verteilungsrechnung für das BIP (vgl. M 52).

Zielabweichung: Das Ziel des Wirtschaftswachstums ist laut Stabilitätsgesetz nicht erreicht, wenn das Wachstum des BIP nicht stetig und/oder nicht angemessen ist. Während der erste Aspekt leicht zu beurteilen ist (ununterbrochenes Wachstum), ist die Frage, was angemessen bedeutet, nicht eindeutig zu beantworten. Angemessen bedeutet weder zu hoch, noch zu niedrig. So werden in der Hochkonjunktur auch geringe Wachstumsraten als angemessen betrachtet, während nach einer Krise deutlich höhere Werte erwünscht sind. Dabei spielen auch der Basiseffekt und die Beschäftigungsschwelle eine Rolle. Vor dem Hintergrund der begrenzten Ressourcen unseres Planeten wird allerdings permanentes Wachstum zunehmend kritisch betrachtet (vgl. S. 34 ff.).

Gängige **Begründungen** für Wirtschaftswachstum als wirtschaftspolitisches Ziel sind z. B.

- Erhöhung von **Wohlstand und Lebensstandard** der privaten Haushalte: Der Gesellschaft als Ganzes steht eine größere Menge an Gütern und Dienst-

9 K. Bourcarde, C. Tripp: Keine Arbeit durch Wachstum. http://wachstumsstudien.de/Inhalt/Zeitschrift/Heft6/Keine_Arbeit_durch_Wachstum.pdf, S. 5

leistungen zur Verfügung, wovon prinzipiell auch viele profitieren. Allerdings setzt dies Verteilungsgerechtigkeit voraus. (vgl. S. 40 ff.)

- **Abschwächung** des aus dem demografischen Wandel folgenden **Generationenkonflikts:** In einer alternden Gesellschaft ermöglicht Wachstum, dass weder die Jüngeren immer mehr zahlen müssen, noch die Älteren verarmen.
- Einfachere **Finanzierung** der umlagefinanzierten **sozialen Sicherungssysteme:** Bei fehlendem Wirtschaftswachstum müssen Beitrags- und/oder Steuerzahler im Rahmen der Umverteilung zusätzlich belastet werden. Wirtschaftswachstum ermöglicht umgekehrt Entlastung.
- Größerer steuerfinanzierter **Handlungsspielraum des Staates:** Die verfügbaren Mittel für Staatsaufgaben wie z. B. Investitionen in Bildung und Infrastruktur nehmen zu. Darüber hinaus werden die finanzielle Deckung nationaler und internationaler Verpflichtungen und im Idealfall der Abbau der Staatsverschuldung ermöglicht.
- **Investitionsgrundlage für Unternehmen:** Zusätzliche Einnahmen ermöglichen Investitionen in Forschung, Entwicklung, Qualifikation und Produktion und verbessern damit die Wettbewerbsfähigkeit der Unternehmen.
- Basis für **kulturelle und moralische Weiterentwicklung** der Gesellschaft: Nachweislich nehmen in wirtschaftlich guten Zeiten Toleranz, Fairness, Großzügigkeit und Engagement für die Demokratie zu. Umgekehrt ist in wirtschaftlichen Krisenzeiten häufig eine wachsende Ablehnung ethnischer oder religiöser Minderheiten zu beobachten.

Es gibt sogar Theorien, dass aufgrund unseres kreditbasierten Finanzwesens ein systembedingter Wachstumszwang besteht, um die Zinszahlungen finanzieren zu können.[10]

Kritik: Ungeachtet der aufgelisteten Vorteile wird nicht nur das **BIP als Wohlstandsindikator** kritisiert, sondern auch das grundsätzliche Streben nach stetigem und möglichst ununterbrochenem Wirtschaftswachstum. Bereits 1972 veröffentlichte der Club of Rome die Studie *The Limits to Growth* (Die Grenzen des Wachstums), in der die Ergebnisse verschiedener Szenarien aus Computersimulationen dargestellt werden. Die wesentliche Schlussfolgerung aus der Studie war damals: „Wenn die gegenwärtige Zunahme der Weltbevölkerung, der Industrialisierung, der Umweltverschmutzung, der Nahrungsmittelproduktion und der Ausbeutung natürlicher Rohstoffe unver-

10 H. Binswanger (2006): Die Wachstumsspirale.

ändert anhält, werden die absoluten Wachstumsgrenzen auf der Erde im Laufe der nächsten hundert Jahre erreicht."[11]

Die Schwerpunkte der Kritik am Wirtschaftswachstum liegen in den Bereichen **Umweltschäden**, **Bevölkerungsentwicklung** und **Ressourcenverbrauch**. Dabei wird auch festgestellt: „Eines der in unserer Gesellschaft gern geglaubten Märchen ist die Behauptung, dass die Fortdauer des Wachstums zu einer stärkeren menschlichen Gleichberechtigung führen müsse. Wir haben bereits dargestellt, wie das gegenwärtige Wachstum von Bevölkerung und Kapital tatsächlich die Kluft zwischen arm und reich weltweit vergrößert. [...] Das größte Hemmnis, das einer besseren Verteilung der Schätze dieser Welt entgegensteht, ist das Bevölkerungswachstum."[12]

Exkurs: Club of Rome

Eine nichtkommerzielle und nichtstaatliche Organisation, die den globalen Gedankenaustausch zu wichtigen internationalen politischen Fragen betreibt. Dem Club of Rome gehören ausgewählte Ökonomen, Industrielle, Wissenschaftler und andere Persönlichkeiten des öffentlichen Lebens an, die keine hochrangigen politischen Ämter bekleiden dürfen.

Aus der grundsätzlichen Wachstumskritik sind mittlerweile **alternative Konzepte** entstanden, wie z. B. die stationäre Wirtschaft oder Nullwachstumsgesellschaft, die Postwachstumsgesellschaft oder Postwachstumsökonomie.

Hand in Hand mit der Wachstumsdebatte wird auch das **BIP als Maßgröße für Wachstum und Wohlstand** kritisiert. Die wesentlichen Kritikpunkte sind, dass das BIP

- rein quantitativ nur die wertmäßige Zunahme von Gütern und Dienstleistungen anhand ihrer Marktpreise erfasst,
- qualitative Veränderungen – zum Besseren oder zum Schlechteren – nicht berücksichtigt (z. B. schnellere Computer bei gleichem Preis oder höherer Schadstoffgehalt in Lebensmitteln bei gleichem Preis),
- Schäden, die durch Wirtschaftswachstum entstehen, außer Acht lässt (z. B. Luftverschmutzung und daraus folgende Atemwegserkrankungen),
- reine Reparaturleistungen zum Wirtschaftswachstum addiert, obwohl durch diese z. T. allenfalls der vorherige Zustand wiederhergestellt wird, also kein zusätzlicher Wohlstandsgewinn entsteht (z. B. die Aufräum- und Reparaturarbeiten nach einem Großbrand),

11 Meadows u. a. (1972): The Limits to Growth, S. 17.
12 Die Grenzen des Wachstums – Zusammenfassung. Revidiert 9. 8. 2009, S. 9. http://ebookbrowse.com/cor-die-grenzen-des-wachstums-pdf-d107098462.

- umfangreiche Wachstumsbeiträge nicht erfasst, da diese nicht marktgängig sind, insbesondere Hausarbeit, Heimarbeit, ehrenamtliche Tätigkeiten und Schwarzarbeit (z. B. die nicht erfasste, von einem Elternteil geleistete Betreuungsarbeit für ein Kind gegenüber der erfassten, weil regulär bezahlten Arbeit eines Kindermädchens) und
- schließlich unberücksichtigt lässt, wie gut bzw. zufrieden sich die Menschen fühlen. Materieller Wohlstand ist dabei nur ein Aspekt unter vielen.

Robert E. Kennedy bemerkte bereits 1968: „Das Bruttoinlandsprodukt [...] misst kurz gesagt alles, außer dem, was das Leben lebenswert macht."[13] Kritiker fordern daher eine Betrachtung des **qualitativen** Wachstums anstelle des rein **quantitativen** Wachstumskonzepts im BIP. Daly beispielsweise, ein Vertreter der *Steady-State-Economy*, unterscheidet zwischen „Wachstum" und „Entwicklung". Er definiert Wachstum als ein Mehr an der gleichen Sache (rein quantitatives Wachstum) und Entwicklung als die gleiche Menge von besseren (oder zumindest anderen) Sachen (qualitatives Wachstum).

Im Bundestag beschäftigt sich seit Januar 2011 die **Enquete-Kommission** „Wachstum, Wohlstand, Lebensqualität" mit der Frage, wie Wohlstand und Lebensqualität gemessen werden können. Die Kommission soll das BIP als Messgröße für gesellschaftliches Wohlergehen weiterentwickeln und um ökologische, soziale und kulturelle Kriterien ergänzen. Auf europäischer Ebene wurde im Juni 2011 einem **EU-Verordnungsvorschlag** über umweltökonomische Gesamtrechnungen zugestimmt. Nach dieser Verordnung müssen alle EU-Staaten in Zukunft auch Umweltindikatoren melden und eine jährliche Umweltbilanz erstellen. Dies wird als wichtiger Schritt vom Bruttosozialprodukt zum Ökosozialprodukt bewertet.

Es gibt bereits eine Reihe **alternativer Indizes zum BIP**, die einen oder mehrere der im BIP unberücksichtigten Aspekte abbilden und daher in der Regel zu anderen Ergebnissen für die Entwicklung des Wirtschaftswachstums kommen (vgl. M 19). Beispiele sind der Netto-Wohlfahrtsindikator (NEW), der Nationale Wohlfahrtsindex (NWI), das Bruttonationalglück (BNG; *Gross National Happiness*), das im Königreich Bhutan seit ca. 30 Jahren verwendet und von einer Kommission überwacht wird, der *Index for Sustainable Economic Welfare* (ISEW), der *Genuine Progress Indicator* (GPI), der *Happy Planet Index*, der *Index of Wellbeing* (Kanada), das *Measure of Economic Welfare* (MEW) oder der *Human Development Index* (HDI).

13 Robert E. Kennedy in seiner Rede am 18. 3. 1968 an der Universität von Kansas. www.jfklibrary.org/Research/Ready-Reference/RFK-Speeches/Remarks-of-Robert-F-Kennedy-at-the-University-of-Kansas-March-18-1968.aspx

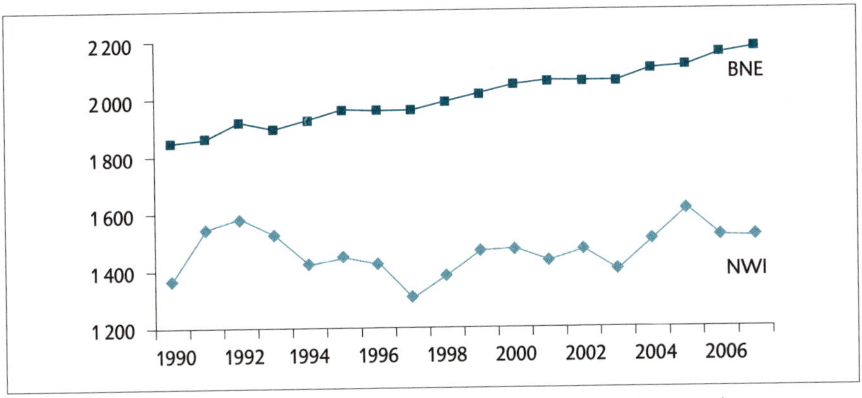

M 19: Vergleich von Bruttonationaleinkommen und Nationalem Wohlfahrtsindex, in Mrd. €

Ein sinnvoller **Alternativ-Index** müsste neben dem Ressourcenverbrauch auch Schäden durch Wirtschaftswachstum negativ einbeziehen, reine Reparaturleistungen per Saldo unberücksichtigt lassen und nicht marktgängige Leistungen positiv berücksichtigen. Auch Indikatoren zum sozialen Fortschritt und ggf. zur Lebenszufriedenheit sollten integriert werden.

Kritiker bemängeln an den Alternativkonzepten v. a., dass die Gewichtung einzelner Bestandteile solcher Indizes weitgehend willkürlich sei. Außerdem sind die unterschiedlichen Einheiten problematisch, die in solche Indizes einfließen, da es mathematisch unzulässig ist, beispielsweise Lebensjahre, Prozent und Hektar in einer Gesamtrechnung zu einem einheitlichen Endwert zu verarbeiten. Auch die Messbarkeit stellt ein Problem dar; während der Ressourcenverzehr mit dem jeweiligen Ressourcenpreis relativ leicht wertmäßig zu beziffern ist, ist die positive Bewertung von z. B. sozialer Gerechtigkeit oder nationaler Sicherheit nur schwer möglich. Das Gleiche gilt für die negative Bewertung von Schäden, z. B. der Verschlechterung der Luftqualität, des Verlusts von Lebensraum für Tiere und Pflanzen oder des Aussterbens einer Art.

Sicherung einer lebenswerten Umwelt – Nachhaltigkeit

Wirtschaftswachstum und Umwelt stehen offensichtlich in engem Zusammenhang. Jedes Lebewesen beeinflusst das Ökosystem der Erde und das Umfeld, in dem es lebt. Durch technische Errungenschaften, die Industrialisierung und das Bevölkerungswachstum ist der Einfluss des Menschen allerdings so angewachsen, dass er seine eigenen Lebensgrundlagen zu zerstören droht. Eine Überarbeitung und Aktualisierung der Studie „Die Grenzen des Wachstums" des Club of Rome aus dem Jahr 2004 prognostiziert den Kollaps bei unveränderter Entwicklung für das Jahr 2100.

Der Mensch nutzt die Natur in zweifacher Weise: als Ressourcenlieferant und als Endlager für seine Zivilisationsprodukte. Vereinfacht lässt sich der Zusammenhang zwischen menschlicher Wirtschaftstätigkeit und der Natur als offener Kreislauf mit negativen externen Effekten darstellen (vgl. M 20).

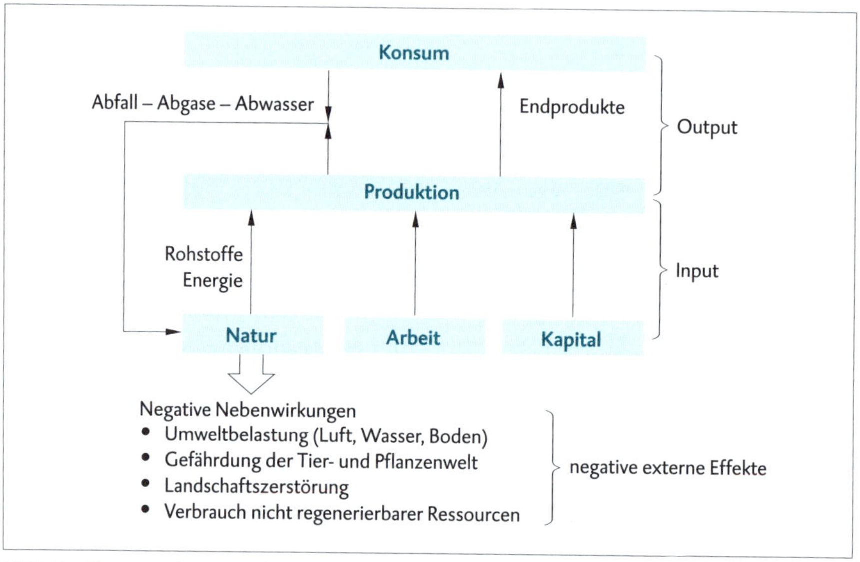

M 20: Der Zusammenhang zwischen menschlicher Wirtschaftstätigkeit und Natur: Ein offener Kreislauf

1987 erschien der Bericht *Our common future* (Unsere gemeinsame Zukunft) der Weltkommission für Umwelt und Entwicklung. In diesem sogenannten Brundtland-Bericht wird der Begriff **„Nachhaltige Entwicklung"** definiert: Nachhaltige Entwicklung strebt danach, die Bedürfnisse und Bestrebungen in der Gegenwart zu befriedigen, ohne für zukünftige Generationen die Möglichkeit zu gefährden, diese Bedürfnisse auch zu befriedigen.[14] Infolge dieses Berichts entstand in der Politik eine internationale Bewegung zum Thema Nachhaltigkeit. Die „Konferenz der Vereinten Nationen für Umwelt und Entwicklung" (UNCED) im Juni 1992 in Rio de Janeiro wurde zum Symbol der gemeinsamen Verantwortung aller Staaten für die Erde als gemeinsamer Lebensraum. Auf dieser Konferenz haben 178 Staaten auf den dringenden Handlungsbedarf zur Rettung der Erde hingewiesen und grundlegende Vereinbarungen zur Förderung einer nachhaltigen und umweltgerechten Entwicklung in ökologischer, ökonomischer und sozialer Ausgewogenheit getroffen.[15]

14 Brundtland-Bericht, S. 51; Absatz 49
15 Vgl. www.stmug.bayern.de/umwelt/agenda/rio/index.htm

Unmittelbar danach wurde 1994 der Art. 20a ins deutsche Grundgesetz eingefügt, der den ökologischen Aspekt in der Verfassung verankert. In Bayern war dies bereits 1984 mit dem Art. 141 BV geschehen.

> **Art. 20 a GG**
> Der **Staat schützt** auch in Verantwortung für die künftigen Generationen **die natürlichen Lebensgrundlagen** und die Tiere im Rahmen der verfassungsmäßigen Ordnung durch die Gesetzgebung und nach Maßgabe von Gesetz und Recht durch die vollziehende Gewalt und die Rechtsprechung.
>
> **Art. 141 BV**
> Der **Schutz der natürlichen Lebensgrundlagen** ist, auch eingedenk der Verantwortung für die kommenden Generationen, der besonderen Fürsorge jedes einzelnen und der staatlichen Gemeinschaft anvertraut. […]

Der Begriff der Nachhaltigkeit beschränkt sich allerdings nicht auf den ökologischen Bereich. Die Enquete-Kommission des Deutschen Bundestags „Schutz des Menschen und der Umwelt" definiert Nachhaltigkeit in Anlehnung an den Brundtlandt-Bericht als die Konzeption einer dauerhaft zukunftsfähigen Entwicklung der **ökonomischen, ökologischen und sozialen** Dimension menschlicher Existenz (vgl. M 21; sogenanntes Drei-Säulen-Modell).[16]

Ein zentrales Element der Nachhaltigkeit ist die **intergenerationale Verteilungsgerechtigkeit** (Gerechtigkeit zwischen den Generationen). Damit ist das Ziel angesprochen, künftigen Generationen keine „Hypotheken" in Form ökonomischer, ökologischer oder sozialer Belastungen zu hinterlassen, die deren Entscheidungsfreiheit über Lebens- und Wirtschaftsstil beschränken.[17]

Allgemeingültige Definitionen zur klaren Eingrenzung der drei Säulen fehlen. Mögliche Eingrenzungen sind:

- **Ökologische Nachhaltigkeit:** Eine ökologisch nachhaltige Lebensweise beansprucht die natürlichen Lebensgrundlagen nur in dem Maße, wie diese sich regenerieren. Raubbau an der Natur wird ausgeschlossen, um für nachfolgende Generationen die gleichen Lebensgrundlagen zu sichern.
- **Ökonomische Nachhaltigkeit:** Im Mittelpunkt stehen der Wirtschaftsprozess und die -entwicklung. Eine Gesellschaft soll wirtschaftlich nicht über ihre Verhältnisse leben, da dies zwangsläufig zu Einbußen für künftige

16 Abschlussbericht der Enquete-Kommission „Schutz des Menschen und der Umwelt – Ziele und Rahmenbedingungen einer nachhaltig zukunftsverträglichen Entwicklung", Deutscher Bundestag: Drucksache 13/11200 vom 26. Juni 1998, S. 218.

17 J. H. Spangenberg: Soziale Nachhaltigkeit. Eine integrierte Perspektive für Deutschland. In: UTOPIE kreativ, H. 153/154 (Juli/August 2003), S. 649–661.

Generationen führt. Kurzfristigem Gewinndenken ist das Streben nach langfristigen Erträgen aus der Nutzung vorhandener Ressourcen vorzuziehen. Wirtschaftliches Handeln gilt als nachhaltig, wenn es dauerhaft betrieben werden kann (auch, aber nicht nur im Hinblick auf die Nutzung der Natur) und Belastungen, z. B. Schulden, nicht auf künftige Generationen verlagert.

M 21: Das sogenannte Drei-Säulen-Modell

- **Soziale Nachhaltigkeit:** Im Mittelpunkt steht der Mensch. Wesentlicher Kerngedanke ist die Gerechtigkeit, national wie auch global. Die (globale) Gesellschaft soll so organisiert und der Zugang zu Chancen und Ressourcen so verteilt sein, dass sich soziale Spannungen in Grenzen halten und dass Konflikte nicht eskalieren, sondern friedlich ausgetragen werden können. Diese Verteilungsgerechtigkeit soll den (sozialen/globalen) Frieden dauerhaft sicherstellen.

In Deutschland wird Nachhaltigkeit anhand von 21 Indikatoren in den vier Zielgruppen Generationengerechtigkeit, Lebensqualität, sozialer Zusammenhalt und internationale Verantwortung beurteilt. Für die EU gibt es einen analogen Katalog mit ca. 100 Kriterien. Elf dieser Kriterien wurden als Leitindikatoren festgelegt, die Aufschluss über Fortschritte in Richtung einer nachhaltigen Entwicklung geben sollen. Eine Bewertung seit dem Jahr 2000 auf Basis der Leitindikatoren zeigt ein uneinheitliches Bild. Während es bei den Indikatoren „Wachstum des Pro-Kopf-BIP“ und „Ressourcenproduktivität“ deutlich positive Veränderungen gibt, wird die Entwicklung der Indikatoren „Treibhausgasemmissionen“ und „Verbrauch erneuerbarer Energien“ leicht negativ und die von „Öffentliche Entwicklungshilfe“ deutlich negativ eingeschätzt.

Gerechte Einkommensverteilung

Auch eine gerechte Einkommens- und Vermögensverteilung leistet einen Beitrag zur sozialen Nachhaltigkeit. Das Grundproblem dabei ist die Frage, was gerecht ist. Eine einheitliche Antwort darauf fehlt zwar, jedoch besteht Konsens darüber, dass es keine absolute Gerechtigkeit gibt, da die Einschätzung auch immer von der Wahrnehmung des Einzelnen abhängt. Man kann verschiedene **Gerechtigkeitskonzepte** unterscheiden, u. a.:

- **Leistungsgerechtigkeit:** Das individuelle Einkommen soll der individuellen Leistung angemessen sein. Dies entspricht dem Prinzip der freien Marktpreisbildung. Allerdings müssten Menschen, die aufgrund von Alter, Krankheit, Behinderung o. Ä. nicht arbeitsfähig sind, in diesem System in Armut leben und wären auf Almosen angewiesen.
- **Verteilungsgerechtigkeit:** Im Extremfall bedeutet es, dass jedes Mitglied der Gesellschaft unabhängig von seiner Leistung das Gleiche erhalten soll. Das wäre die Maximalvariante des sozialen Ausgleichs, die allerdings auch jeden Leistungsanreiz ausschalten und soziale Trittbrettfahrer begünstigen würde. Dies würde zu sozialem Unfrieden führen.
- **Chancengerechtigkeit:** Jedes Individuum soll entsprechend seinen Begabungen gerechte Chancen erhalten, die ihm prinzipiell jede Form des gesellschaftlichen Aufstiegs ermöglichen. Das ist nicht zu verwechseln mit Chancengleichheit, bei der jeder die absolut gleichen Zugangsmöglichkeiten hat.

In der Realität der Sozialen Marktwirtschaft gibt es eine Mischung der verschiedenen Prinzipien: Die **primäre Einkommensverteilung**, d. h. die ungekürzten Einkommen aus Löhnen, Gewinnen, Mieten, Zinsen etc., entspricht der Verteilung der Markteinkommen im Wettbewerb und erfolgt weitgehend **leistungsgerecht**. Allerdings gibt es auch Abweichungen, wenn z. B. Frauen für die gleiche Tätigkeit weniger Lohn erhalten als Männer.

Die **sekundäre Einkommensverteilung** ergibt sich durch die staatliche **Einkommensumverteilung**. Über Steuern und Beiträge zur Sozialversicherung zieht der Staat Einkommensteile ab und verteilt diese über Transferleistungen (z. B. Hartz IV, Kindergeld) neu. In Kombination mit einem **progressiven Steuertarif** werden dabei „Besserverdienern" nicht nur absolut, sondern auch prozentual größere Einkommensanteile abgezogen, sodass im Endeffekt die oberen 50 % der Einkommensbezieher zirka 94 % der gesamten Einkommensteuer tragen (vgl. M 22), die obersten 10 % immerhin 54,6 %, während die unteren 50 % nur ca. 6 % des gesamten Steueraufkommens zahlen und die untersten 20 % nahezu gar keine Steuern (0,1 %).

Ungeachtet dessen wird die sogenannte Reichensteuer immer wieder in Politik und Medien thematisiert und es gibt sogar Initiativen von Superreichen, die freiwillig einen höheren Beitrag leisten würden. Im August 2011 verfügten 839 Deutsche über ein Geldvermögen von mehr als 100 Mio. €. Damit ist Deutschland nach den USA das Land mit den meisten Superreichen.[18]

18 www.ftd.de/politik/international/:millionaere-und-milliardaere-in-deutschland-tummeln-sich-die-superreichen/60059558.html

Je 10 % der Steuerpflichtigen …	… mit diesen Jahreseinkünften …	… haben diesen Anteil an der Einkommensteuer in %
10. Dezil	ab 66 905	54,6
9. Dezil	48 380 – 66 904	16,2
8. Dezil	38 319 – 48 379	10,6
7. Dezil	31 386 – 38 318	7,4
6. Dezil	25 885 – 31 385	5,4
5. Dezil	20 387 – 25 884	3,4
4. Dezil	14 505 – 20 386	1,8
3. Dezil	8625 – 14 504	0,5
1. und 2. Dezil	bis 8624	0,1

M 22: Anteil am Einkommensteuer-Aufkommen nach Jahreseinkommen der Steuerpflichtigen (2010)

Ab einem Jahreseinkommen von ca. 250 000 € liegt der Steuersatz bei konstant 45 % (vgl. M 107). Insgesamt ist die prozentuale Steuerbelastung in den letzten 15 Jahren gesunken, allerdings werden mit dem aktuellen Steuertarif v. a. mittlere Einkommen (11 000 – 60 000 €/Jahr) höher besteuert als früher.[19]

Im Rahmen privater Versicherungen und betrieblicher Versorgungsmodelle gibt es zusätzlich eine **private Einkommensumverteilung** (vgl. M 23).

	Staatliche Umverteilung		Private Umverteilung	
Einkommensgruppe	Eigenes Einkommen pro Monat[1]	Einkommenszuwachs bzw. -verlust durch staatliche Transfers bzw. Abgaben	Netto-Einkommen pro Monat[3]	Private Umverteilung insgesamt[4]
1.	–8[2]	907	591	163
2.	169	971	910	47
3.	506	887	1 090	5
4.	1 026	247	1 240	–14
5.	1 501	–205	1 386	–43
6.	1 883	–444	1 539	–75
7.	2 286	–695	1 713	–87
8.	2 771	–973	1 938	–127
9.	3 475	–1 351	2 280	–167
10.	5 350	–2 269	3 350	–349

1 aus Erwerbstätigkeit, Vermögen, Vermietung und Verpachtung einschließlich der Arbeitgeberbeiträge zur Sozialversicherung
2 im ersten Zehntel führen Verluste von Selbstständigen zu einem negativen Markteinkommen
3 nach staatlicher Umverteilung
4 Unterstützung der Familien oder Betriebsrenten

M 23: Staatliche und private Einkommensumverteilung

19 www.iwkoeln.de/Publikationen/iwd/Archiv/tabid/122/articleid/22374/language/en-US/Default.aspx

Kritiker der gegenwärtigen Einkommensumverteilung bezeichnen sie als leistungsfeindlich. Es gibt Konstellationen, in denen Betroffene sich fragen, ob sich Arbeit überhaupt lohnt, wenn Bürger ohne Arbeit aufgrund staatlicher Transfers über annähernd gleiche Einkommen verfügen (vgl. M 24).

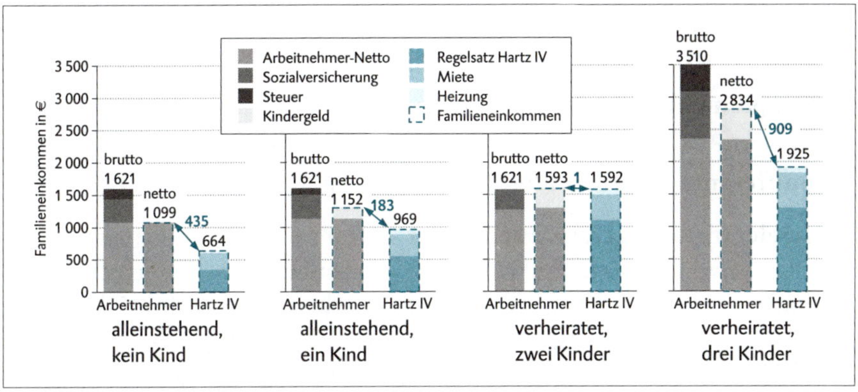

M 24: Arbeitseinkommen im Vergleich zu Hartz IV

Aufgrund der Tatsachen, dass es auch in Deutschland Armut gibt, eindeutige Zusammenhänge zwischen Bildungschancen, sozialem Hintergrund und Einkommen der Eltern bestehen und dass Bildung wiederum die Einkommenschance der neuen Generation stark bestimmt, ist Einkommensumverteilung unabdingbar, um auf Dauer größere Gerechtigkeit zu schaffen.

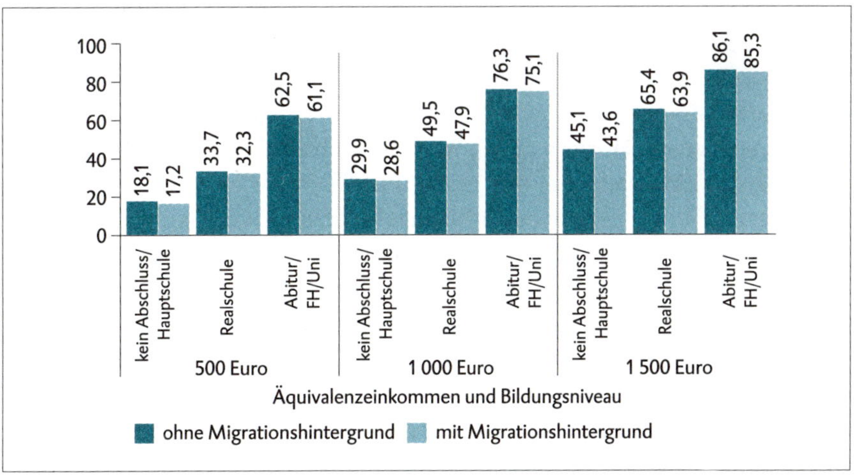

M 25: Wahrscheinlichkeit einer Gymnasial-, Realschul- oder Hauptschulempfehlung, Angaben in %

1.5 Zielbeziehungen

Zwischen den Zielen der Sozialen Marktwirtschaft bestehen sogenannte Zielbeziehungen, die beschreiben, wie Ziele sich gegenseitig beeinflussen. Man unterscheidet folgende Zielbeziehungen:

- **Konkurrierende Ziele** behindern sich gegenseitig. Im Extremfall schließen sie sich sogar gegenseitig aus. Man spricht dann von antinomen Zielen.
- **Komplementäre Ziele** fördern sich gegenseitig bei der Zielerreichung bzw. ein Ziel dient gleichzeitig der Erreichung eines anderen.
- **Indifferente Ziele** beeinflussen sich gar nicht.

Beispiele: In Konkurrenz zueinander stehen hohes Wirtschaftswachstum und Preisstabilität. Ein hohes Wirtschaftswachstum bedeutet auch eine hohe Nachfrage. Spätestens dann, wenn es zu Kapazitäts- oder Rohstoffengpässen kommt, sodass die Produktion die Nachfrage nicht mehr leicht befriedigen kann, führt dies zu Preissteigerungen. Auch höhere Lohnforderungen der Arbeitnehmer aufgrund der guten Gewinnsituation der Unternehmen in Phasen mit hohem Wirtschaftswachstum führen zu Inflationsdruck. Nachfrage- und kosteninduzierte Inflation gefährden daher als Nebeneffekt des hohen Wachstums die Preisstabilität.

Hohes Wirtschaftswachstum ist allerdings **komplementär** zu einem hohen Beschäftigungsstand. Eine höhere Auslastung oder sogar Erweiterung der Produktionskapazität führt in der Regel zu einem höheren Arbeitskräftebedarf, sodass die Beschäftigung steigt und im Idealfall auch die Arbeitslosigkeit sinkt.

Ob es wirklich vollkommen **indifferente** Ziele gibt, ist umstritten. Es existieren verschiedene Theorien, die davon ausgehen, dass global letztendlich alles in einem Zusammenhang steht und dass in zusammenhängenden Systemen – zu denen die Wirtschaft gehört – die Veränderung eines Faktors immer auch das Gesamtsystem beeinflussen kann. Dennoch gibt es Ziele, die sich zumindest nicht gegenseitig beeinflussen. So hat die Entwicklung der Frauenquote bei der Beschäftigung in einem Land keine unmittelbar wahrnehmbare Auswirkung auf das außenwirtschaftliche Gleichgewicht. Man kann allerdings auch argumentieren, dass eine steigende Frauenquote ggf. auch die Einkommensverteilung und den Wohlstand insgesamt in einem Land erhöht und dies wiederum Einfluss auf die Nachfrage nach Gütern und Dienstleistungen aus dem Ausland hat und so doch das außenwirtschaftliche Gleichgewicht beeinflusst. Diese Wirkung ist aber nicht unmittelbar erkennbar und auch nicht zwingend. Daher kann man von indifferenten Zielen ausgehen.

Interessant sind auch Zusammenhänge zwischen **wirtschaftspolitischen** und **gesellschaftlichen Zielen** in der Sozialen Marktwirtschaft. Angemessenes Wirtschaftswachstum erhöht in der Regel nicht nur den Wohlstand, sondern kann über steigende Staatseinnahmen und staatliche Umverteilung auch Ziele wie Gerechtigkeit und Sicherheit und damit die soziale Nachhaltigkeit fördern.

Allerdings sind Zielbeziehungen häufig nicht so eindeutig, wie sie auf den ersten Blick erscheinen. Wenn Wirtschaftswachstum nur bei bestimmten Gesellschaftsgruppen zu höheren Einkommen führt und dies auch nicht durch die Sekundärverteilung ausgeglichen wird, kann die Schere zwischen Arm und Reich sich weiter öffnen und die soziale Gerechtigkeit letztendlich beeinträchtigt werden. Wirtschaftswachstum wird regelmäßig auch als konkurrierend zum Ziel der ökologischen Nachhaltigkeit betrachtet. Auf den ersten Blick stimmt das, wenn mehr Produktion auch zu einem höheren Ressourcenverbrauch und gleichzeitig zu steigenden umweltschädlichen Emissionen wie Abgas, Abwasser oder Müll führt. Andererseits ermöglicht Wirtschaftswachstum die Finanzierung von Forschung und Entwicklung, die wiederum zu umweltfreundlicheren Produkten und Produktionsprozessen führen kann. Mit diesen Produkten und Prozessen kann neues Wirtschaftswachstum entstehen. In diesem Fall wären die beiden Ziele komplementär.

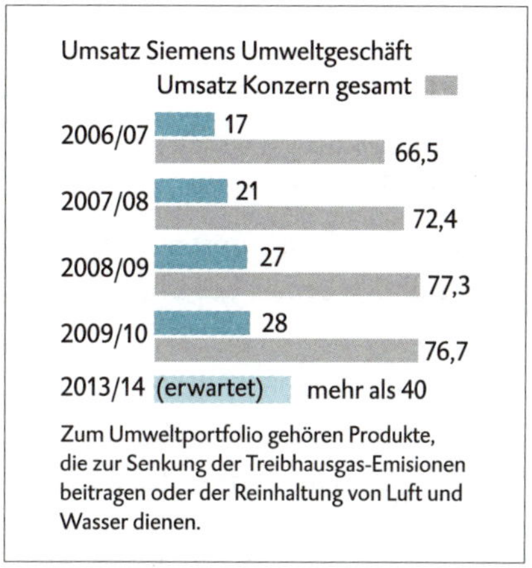

M 26: Umweltprodukte als Wachstumsfaktor, Angaben in Mrd. Euro

1.6 Soziale Marktwirtschaft im Spannungsfeld aktueller Entwicklungen

So dynamisch, wie sich Wirtschaft und Gesellschaft entwickeln, so flexibel muss auch die Soziale Marktwirtschaft sein. Dies wird dadurch erschwert, dass die Politik in der Regel nur reagiert, d. h. erst dann handelt, wenn bereits Probleme bestehen. Die aktuellen Herausforderungen für die Soziale Marktwirtschaft lassen sich auf drei Fragestellungen fokussieren:

1. Wie weit soll die Freiheit auf dem Markt gewährleistet werden und wo soll der Staat aktiv eingreifen?

2. Mithilfe welcher Maßnahmen soll gegebenenfalls in das Marktgeschehen eingegriffen werden?
3. Wie sollen derartige Maßnahmen finanziert werden?

In der Regel entscheidet der Staat sich für einen Eingriff, wenn

- er infolge unerwünschter Entwicklungen auf freien Märkten Handlungsbedarf sieht oder
- die extern bestimmten Rahmenbedingungen sich so verändert haben, dass Handlungsbedarf besteht.

Beispiel: Demografischer Wandel

Der demografische Wandel in Deutschland gefährdet nicht nur die Finanzierung des Sozialsystems, das auf dem sogenannten **Generationenvertrag** beruht, sondern auch den Wirtschaftsstandort Deutschland, da in absehbarer Zeit mit einem akuten Fachkräftemangel gerechnet werden muss (vgl. S. 115 ff.). Dies liegt daran, dass mehr ältere Menschen aus dem Erwerbsprozess ausscheiden, als junge Menschen nachrücken (vgl. M 28). Hier liegt auch erheblicher sozialer Zündstoff, da aus dem Generationenvertrag ein **Generationenkonflikt** zu entstehen droht.

M 27: Generationenvertrag

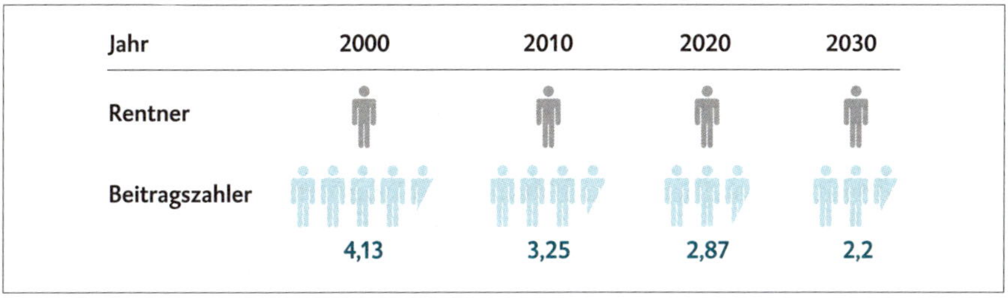

M 28: Verhältnis von Beitragszahlern zu Rentenempfängern

Beispiel: Wohlfahrtsstaat und Staatsverschuldung

In engem Zusammenhang mit dem Generationenvertrag und der Sozialen Sicherung steht die Diskussion um **Wohlfahrtsstaat** und **Staatsverschuldung**. Anstelle der Absicherung sozialer Notlagen nach dem Subsidiaritätsprinzip und der Schaffung von sozialer Gerechtigkeit im Rahmen des sozialen Ausgleichs wurden aufgrund von politischen Entscheidungen die staatlichen Leistungen sukzessive so stark ausgeweitet, dass der Sozialen Marktwirtschaft seit Längerem vorgeworfen wird, eine leistungsfeindliche soziale Hängematte aufzuspannen und sich zum Versorgungsstaat zu entwickeln. Dieser führt letztlich für die Leistungsträger zu sozialer Ungerechtigkeit (vgl. S. 40 f., 142 f.), setzt für Sozialleistungsempfänger zu geringe Anreize, sich wieder in das Arbeitsleben zu integrieren (vgl. M 24), und ist angesichts der stetig steigenden Staatsverschuldung auf Dauer nicht finanzierbar. Diese Situation hat dazu geführt, dass die Soziale Marktwirtschaft als Wirtschaftsordnung ins Kreuzfeuer der Kritik geraten ist. Während auf die Frage „Hat sich die Soziale Marktwirtschaft bislang bewährt?“ im Jahr 1994 noch 73 % mit „ja“ antworteten, waren es im Oktober 2008 nur noch 50 %.[20]

In direktem Widerspruch dazu steht allerdings die Diskussion um die wachsende Kluft zwischen Arm und Reich in Deutschland aufgrund der zunehmenden Ungleichverteilung von Einkommen und Vermögen. Schlagwörter wie „Prekariat“ oder „Neue Unterschicht“ stehen für eine Bevölkerungsgruppe, die durch atypische Arbeitsverhältnisse (vgl. S. 117), Arbeitslosigkeit oder Niedrigsteinkommen, Verschuldung und häufig mangelnde Bildung charakterisiert werden kann. Allerdings muss beachtet werden, dass „Armut“ in Deutschland nicht absolut, sondern relativ definiert ist. **Absolute Armut** kann nach dem früheren Weltbankchef McNamara so definiert werden: „Die absolut Armen sind die Menschen, die sprichwörtlich am Rand der Existenz leben. Ihr Leben

20 R. Rodenstock (2009): Herausforderungen für die Soziale Marktwirtschaft. IW Köln.

ist so geprägt von Unterernährung, fehlender Bildung und Krankheit, dass sie jenseits jeder vernünftigen Definition von Menschenwürde leben."[21]

Armut in Deutschland dagegen wird relativ definiert. Bezugspunkt ist das mittlere Netto-Äquivalenzeinkommen, welches angibt, wie viel Einkommen einem Individuum in einem Haushalt im Mittel zur Verfügung steht. Die **relative Armutsgrenze** ist bei 50 %, die Armutsgefährdungsgrenze bei weniger als 60 % des Netto-Äquivalenzeinkommens festgelegt. Im Jahr 2010 lag die Armutsgefährdungsgrenze bei 826 € im Monat für Alleinstehende, für eine Familie mit zwei Kindern war sie gut doppelt so hoch. 14,5 % aller Bundesbürger fielen 2010 in die Rubrik „armutsgefährdet". Zum Vergleich: Die Einkommensgrenze der Weltbank für absolute Armut liegt bei einem Monatseinkommen von ca. 38 USD (1,25 USD Kaufkraft pro Tag). Zu beachten ist allerdings: Wenn das Durchschnittseinkommen in Deutschland wächst, steigt automatisch auch der Betrag der 50 %- bzw. 60 %-Grenze und damit das Einkommen, bei dem man als arm oder armutsgefährdet eingestuft wird, auch wenn sich an den **realen Lebensverhältnissen** nichts geändert hat.

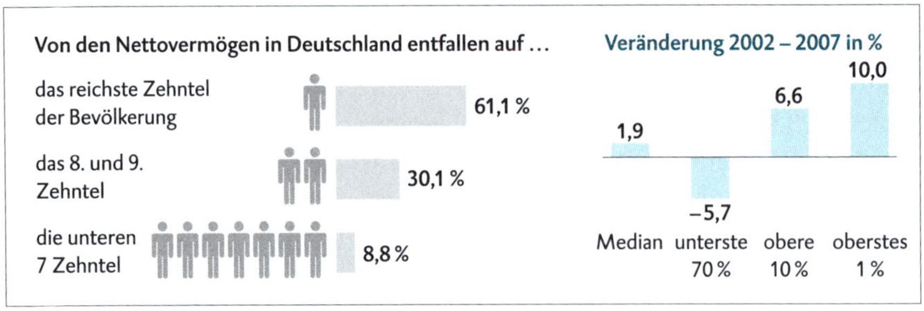

M 29: Vermögensverteilung und -entwicklung in Deutschland 2002 –2007

Beispiel: Europäische Einigung und Globalisierung

Eine weitere Herausforderung für das Funktionieren der Sozialen Marktwirtschaft stellen die **sozio-ökonomischen Veränderungen** im Zusammenhang mit der **Europäischen Einigung** und der **Globalisierung** dar. Während die Globalisierung zu einer immer stärkeren Liberalisierung der Märkte geführt hat, verbindet man den Prozess der Europäischen Integration gemeinhin mit Regulierung und Eingriffen in die individuelle oder staatliche Souveränität. Wortschöpfungen wie „Eurokratie" in Anlehnung an „Bürokratie" zeigen dies deutlich. Seit 2008 sind auch in Deutschland die Finanzkrise, in deren Folge

21 R. S. McNamara (1992): The population explosion. www.allbusiness.com/professional-scientific/scientific-research/342016-1.html#ixzz1aBSicKbL

die Wirtschaftskrise und heute die EU-Schuldenkrise Hauptthemen der Politik. Die Lösungsansätze sind umstritten. Mittlerweile ist klar, dass die zu starke Liberalisierung der internationalen Finanzmärkte die Finanzkrise mit verursacht hat. Daher wird versucht, durch strengere Regularien und eine stärkere Bankenaufsicht den staatlichen Einfluss wieder zu erhöhen und die Freiheit auf den Finanzmärkten einzuschränken. Das kann allerdings nur effektiv funktionieren, wenn alle Länder an einem Strang ziehen. Unbestritten ist, dass staatliche Maßnahmen, wie Kurzarbeitsregelung und Maßnahmen zur Konjunkturförderung, im Zusammenhang mit der Wirtschaftskrise in Deutschland die Krise deutlich abgemildert haben und große Einbrüche auf dem Arbeitsmarkt und beim privaten Konsum verhindern konnten. Die umfangreichen Stützungsmaßnahmen für Krisenländer der Europäischen Währungsunion, die unter der Bezeichnung „Rettungsschirm" (vgl. M 129) die Zahlungsunfähigkeit einzelner EWU-Staaten und im Extremfall deren Ausscheiden aus der Währungsunion verhindern sollen, sind dagegen stark umstritten. Die immensen finanziellen Lasten und die vielfach als ungerecht betrachteten Ausgleichsleistungen zwischen soliden Staaten und Krisenstaaten beinhalten extremen politischen Zündstoff. Gegenpol in der Kontroverse sind die wirtschaftlichen und politischen Vorteile der Europäischen (Währungs-)Union. Lösungen auf nationaler Ebene sind aufgrund der fortgeschrittenen Europäischen Integration nicht möglich (vgl. S. 205 ff.).

Der Prozess der Globalisierung hat aber bereits vor 2008 Politik und Gesellschaft vor Herausforderungen gestellt. Themen wie Sozialtourismus, Migration und Ausländerfeindlichkeit, Abwanderung von Unternehmen in Billiglohnländer, Mindestlöhne, grenzüberschreitende externe Effekte und Grenzen des globalen Wachstums wie z. B. die globale Erwärmung sind nur eine kleine Auswahl.

Unabhängig vom Umfang staatlicher Lenkung und individueller Freiheit steht die Soziale Marktwirtschaft immer in einem Balanceakt zwischen wirtschaftlichen, sozialen und ökologischen Zielen und die Politik vor der Herausforderung, die Staatsverschuldung auf ein vertretbares Maß zu begrenzen bzw. zurückzuführen, um die staatliche Handlungsfähigkeit aufrechtzuerhalten (vgl. S. 137 f.).

Aufgaben

1 Beschreiben Sie kurz die Grundfrage jeder Volkswirtschaft.

2 Grenzen Sie die Begriffe Wirtschaftssystem und Wirtschaftsordnung voneinander ab.

3 Erklären Sie kurz die *ceteris paribus*-Klausel.

4 Definieren Sie, was man unter der Sozialen Marktwirtschaft versteht.

5 Nennen Sie die wesentlichen Elemente der Sozialen Marktwirtschaft.

6 Beschreiben Sie die Rolle des Staates in der Sozialen Marktwirtschaft.

7 Erläutern Sie die Ziele des Magischen Vierecks nach dem folgenden Schema:
- Definition
- Indikator/Maßgröße
- angestrebter Grenzwert
- Messung: Verfahren und ggf. Probleme
- Zielabweichung/unerwünschte Entwicklung
- Begründung des Ziels.

8 Zeigen Sie, dass die binnenwirtschaftlichen Ziele des Magischen Vierecks auch zum sozialen Ausgleich bzw. zur sozialen Gerechtigkeit beitragen.

9 Interpretieren Sie die Karikatur M 10 vor dem Hintergrund der Informationen zum Ziel des hohen Beschäftigungsstands (S. 23 ff.) sowie M 9 und M 11.

10 Erläutern Sie den Begriff der Nachhaltigkeit mithilfe konkreter Beispiele und zeigen Sie, wo er im deutschen Verfassungsrecht verankert ist.

11 Diskutieren Sie vor dem Hintergrund der Einkommensverteilung verschiedene Gerechtigkeitskonzepte. Gehen Sie dabei auch auf M 22 – M 25 und M 107 ein.

2 Bestimmungsgrößen betriebswirtschaftlicher Entscheidungen

Während die Ziele in der Sozialen Marktwirtschaft klar zur Makroökonomik gehören, entsprechen die Bestimmungsgrößen betriebswirtschaftlicher Entscheidungen eher der mikroökonomischen Betrachtung. Betriebswirtschaftliche Ziele und Entscheidungen können alle Funktionsbereiche eines Betriebes (vgl. M 30) betreffen.

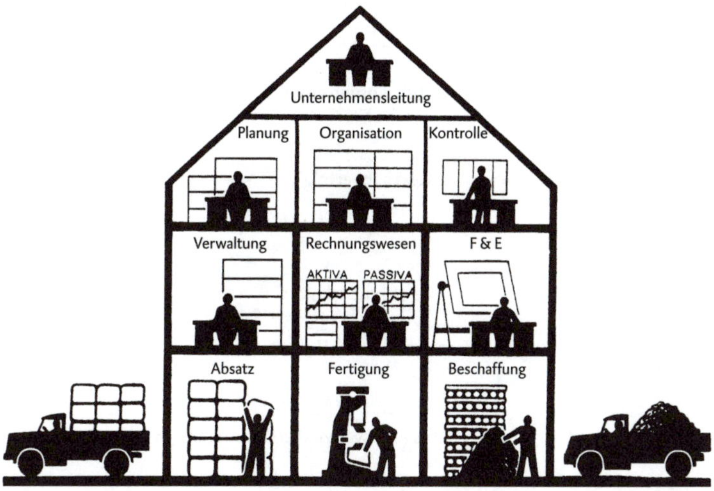

M 30: Aufbau eines Betriebs

2.1 Ziele eines Unternehmens

Festlegung und Funktion von Zielen

Ziele sind im Unternehmensbereich sowohl das Ergebnis als auch die Grundlage von Entscheidungen. Die Unternehmensführung muss einerseits festlegen, welche Ziele das Unternehmen erreichen soll (Ziele = Ergebnis der Entscheidung). Andererseits kann ein Unternehmen (d. h. seine Geschäftsleitung und die Mitarbeiter) nur dann strategische und operative Entscheidungen treffen, wenn die Ziele bekannt sind, die damit erreicht werden sollen.

Kapitalismuskritiker und andere Teile der Öffentlichkeit unterstellen den Unternehmen regelmäßig, dass sie ausschließlich nach Gewinnmaximierung streben. Gewinnerzielung bzw. Rentabilität als einziges Unternehmensziel zu betrachten wäre allerdings eine unzulässige Vereinfachung. Unternehmen haben in der Regel ein ganzes **Zielsystem**, d. h. ein Bündel aus verschiedenen Zielen, die in unterschiedlicher **Beziehung** zueinander stehen können. In marktwirtschaftlichen Systemen wie der Sozialen Marktwirtschaft sind Unternehmen innerhalb der gesetzlichen Grenzen bei der Festlegung ihrer Ziele grundsätzlich autonom, d. h., sie müssen keinem volkswirtschaftlichen Gesamtplan folgen (vgl. S. 14 f.). Dennoch können zahlreiche **inner- und außerbetriebliche Instanzen** bzw. **Interessengruppen** Einfluss auf das Zielsystem eines Unternehmens nehmen. Dies ist eine Ursache dafür, dass nahezu jedes Unternehmen verschiedene Ziele verfolgt, die teilweise auch konkurrieren.

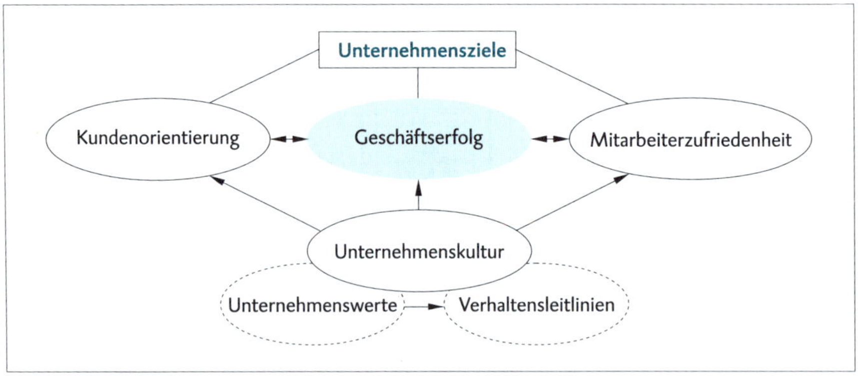

M 31: Beispiel eines betrieblichen Zielsystems (Zielsystem des Unternehmens ewis-services)

Rentabilität als Unternehmensziel

Unter **Rentabilität** versteht man das Verhältnis einer Erfolgsgröße, z. B. des Gewinns, zum eingesetzten Kapital. Häufig wird die Bezeichnung Rendite synonym verwendet, obwohl der Begriff den Gesamtertrag einer Kapitalanlage bezeichnet und daher eher in die Finanzwelt gehört.

Die Rentabilität ist eine wichtige **Kennzahl** für den Unternehmenserfolg und wird in der Regel als Prozentsatz angegeben. Man unterscheidet folgende Rentabilitätskennziffern:

- Eigenkapitalrentabilität
- Gesamtkapitalrentabilität
- Fremdkapitalrentabilität
- Umsatzrentabilität

Aus Sicht der Eigentümer sind v. a. die Umsatz- und die Eigenkapitalrentabilität zentrale Maßgrößen für den Unternehmenserfolg. Die **Umsatzrentabilität** gibt an, wie viel Prozent des Umsatzes dem Unternehmen als Gewinn bleiben:

$$\text{Umsatzrentabilität} = \frac{\text{Jahresüberschuss}}{\text{Umsatz}} \cdot 100\ \%$$

Die Umsatzrentabilität deutscher Unternehmen ist im EU-Vergleich sehr niedrig; je nach Branche liegt sie durchschnittlich zwischen 2 % und 7 %, d. h., von einem Euro Umsatz bleiben gerade zwei bis sieben Cent Gewinn.

Die **Eigenkapitalrentabilität** gibt an, mit wie viel Prozent sich das eingesetzte Kapital der Gesellschafter eines Unternehmens verzinst. Ziel muss daher ein Prozentsatz sein, der den aktuellen Kapitalmarktzins für langfristige Geldanlagen um eine Risikoprämie für das eingegangene unternehmerische Risiko übersteigt. Bei einem durchschnittlichen Kapitalmarktzins von ca. 4 % sollte die Eigenkapitalrentabilität bei etwa 6–8 % liegen. Bei Aktiengesellschaften spielen allerdings Kurswert und Kursschwankungen der Aktien sowie die an die Aktionäre ausgeschüttete Dividende ebenfalls eine wichtige Rolle.

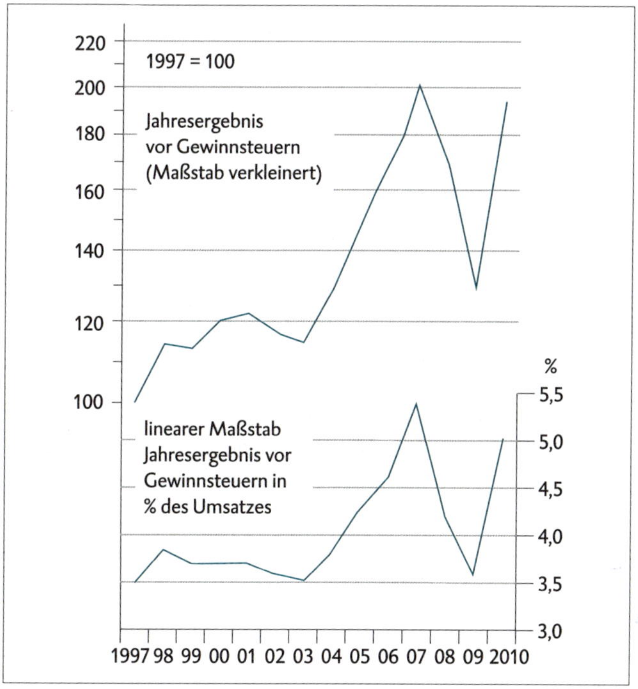

M 32: Entwicklung der Jahresergebnisse deutscher Unternehmen

Die Eigenkapitalrentabilität berechnet man über folgende Formel:

$$\text{Eigenkapitalrentabilität} = \frac{\text{Jahresüberschuss}}{\text{Eigenkapital}} \cdot 100\ \%$$

M 33: Karikatur zur Rendite

Soziale Unternehmensziele

Soziale Ziele eines Unternehmens können sich nach innen, an die Mitarbeiter des Unternehmens, und nach außen, an das Unternehmensumfeld, richten. Man fasst sie unter den Bezeichnungen Soziale Verantwortung, *Corporate Social Responsibility* (CSR; Unternehmerische Gesellschaftsverantwortung) oder auch *Corporate Citizenship* (CC, Unternehmensbürgerschaft) zusammen.

Unternehmensinterne soziale Ziele sollen den Mitarbeitern zugutekommen und beinhalten **freiwillige soziale Leistungen** wie betriebliche Altersversorgung, Werkswohnungen zu vergünstigten Mieten, Betriebskindergärten, Fahrtkostenzuschüsse, Belegschaftsverpflegung, Personalrabatte, Arbeitgeberdarlehen zu günstigen Konditionen, betriebliche Gesundheitsförderung, geförderte Weiterbildung, Sachleistungen wie Firmenwagen, Handy, Laptop o. ä.

Betriebliche Sozialleistungen haben vielfältige **Ziele**. Natürlich soll durch Gesundheitsvorsorge und Weiterbildung vor allem die Leistungsfähigkeit der Mitarbeiter erhalten werden. Andere Maßnahmen dienen der Motivation, der Mitarbeiterzufriedenheit und der Identifikation mit dem Unternehmen *(Corporate Identity)*. Sie sollen die Mitarbeiter an das Unternehmen binden. Gleichzeitig kann durch betriebliche Sozialleistungen, z. B. durch Leistungen für Angehörige, der Ausgleich sozialer Nachteile erreicht werden.

Soziale Ziele nach außen richten sich an die Kunden, die Bevölkerung in der Umgebung des Unternehmens und die Gesellschaft als Ganzes. Sowohl CSR als auch CC beinhalten, dass Unternehmen über ihr Gewinnziel und die Einhaltung gesetzlicher Rahmenbedingungen hinaus agieren, indem sie

- ethische Verantwortung übernehmen, d. h., über die bestehenden Gesetze hinaus fair und ethisch handeln;
- philanthropische Verantwortung übernehmen, d. h., kreatives gesellschaftliches Engagement über die gesellschaftlichen Erwartungen hinaus zeigen.

Neben der Repräsentation einer Unternehmensphilosophie nach außen können entsprechende Maßnahmen natürlich auch der Imagepflege dienen. **Beispiele** hierfür sind:

- Spenden, Sponsoring und Stiftungen
- Lobbying für soziale Anliegen
- Freistellung von Mitarbeitern für soziale Zwecke
- Selbstverpflichtungen über bestehende Standards hinaus, z. B. im Bereich Umwelt-, Produktsicherheits- oder Arbeitsstandards

Ökologische Unternehmensziele

Ökologische Nachhaltigkeit (vgl. S. 39) ist eine Forderung an alle Unternehmen. Da in erster Linie Produktion und Konsum unsere Umwelt belasten, kommt den Unternehmen eine Schlüsselrolle im Umweltschutz zu. Ökologische Ziele können in nahezu allen Funktionsbereichen eines Unternehmens verfolgt werden (vgl. M 30).

Beispiele:

- Entwicklung nachhaltiger Produkte, z. B. emissionsarme Fahrzeuge
- Einsatz regenerativer Ressourcen, z. B. Hanf in Fahrzeugpolstern
- Einsatz möglichst umweltschonender Produktionsverfahren, z. B. geschlossene Kühlwasserkreisläufe, Entschwefelungsanlagen
- ökologisch orientierte Lagerung und ökologischer Transport, z. B. Schiene und Schiff statt LKW und just in time
- Einsatz recyclingfähiger Materialien bei Produkten und Verpackungen, z. B. Pappe statt Styropor
- Einsatz geschlossener Kreisläufe (vgl. S. 37 ff.), z. B. Rücknahme und Recycling eigener Produkte

Einfluss unternehmerischer Entscheidungen auf gesamtwirtschaftliche Größen

Häufig werden bei Unternehmenszielen der sogenannte **Shareholder Value**, also der Ertrag für die Eigner des Unternehmens (vgl. S. 53), und der sogenannte **Stakeholder Value**, also die Ziele und Wünsche anderer Interessengruppen innerhalb und außerhalb des Unternehmens, gegenübergestellt. Diese Ziele müssen nicht notwendigerweise konkurrieren, sondern können auch komplementär sein, z. B. wenn durch eine umweltfreundliche Umstellung der Produktionsmaterialien neue, umweltbewusste Kunden gewonnen werden können und der Ertrag des Unternehmens damit steigt (vgl. S. 44 f.).

Zahlreiche unternehmerische Entscheidungen beeinflussen direkt oder indirekt auch die Gesamtwirtschaft. So lassen sich leicht Zusammenhänge zwischen den zentralen Größen des Magischen Vierecks bzw. Sechsecks und unternehmerischem Handeln feststellen.

Beispiel: Ein Unternehmen richtet eine neue Fertigungsstraße für umweltfreundliche Reifen ein. Die damit verbundenen Aufträge für Gebäude, Maschinen und Materialien fördern das Wirtschaftswachstum. Die benötigten Arbeitskräfte erhöhen den Beschäftigungsstand und das Volkseinkommen. Das umweltfreundliche Produkt dient schließlich dem Ziel der Nachhaltigkeit. Je nach Wirtschaftslage kann diese Investition indifferent oder konkurrierend zur Preisstabilität sein. Die Integration ausländischer Lieferanten oder Kunden beeinflusst unter Umständen das außenwirtschaftliche Gleichgewicht.

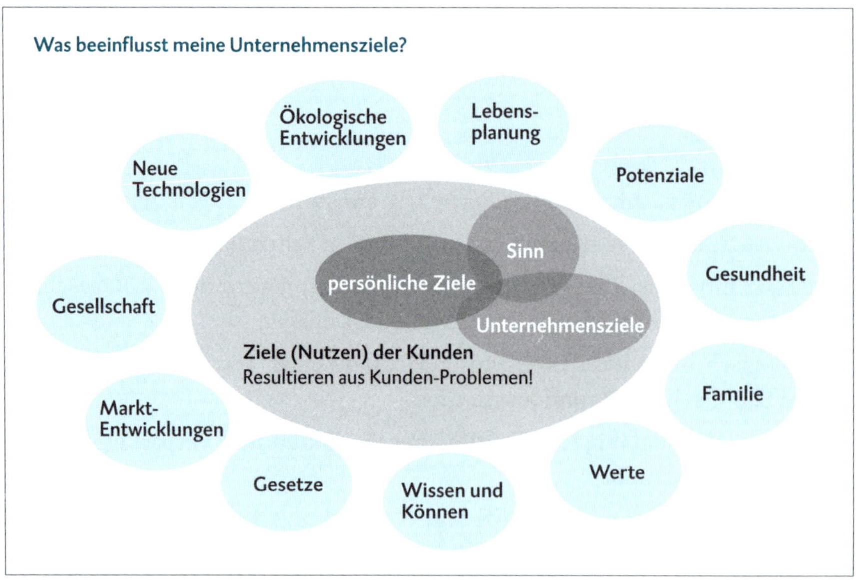

M 34: Einflussfaktoren für Unternehmensziele

2.2 Einflussfaktoren bezüglich der Erreichung des Gewinnziels

Kostenbegriff und Kosteneinflussgrößen

Der Gewinn ergibt sich aus der Differenz zwischen Erlös und Kosten eines Unternehmens. Das heißt, sowohl der Erlös als auch die Kosten sind wesentlich für das Erreichen des Gewinnziels. Kosten lassen sich auf unterschiedliche Art systematisieren, z. B. nach ihrer Ursache (vgl. M 35).

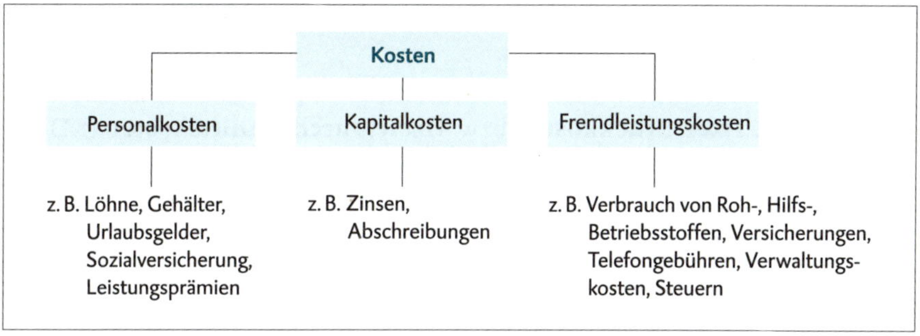

M 35: Kostenarten nach Art ihrer Entstehung

Zahlreiche Faktoren beeinflussen die Höhe der Kosten in einem Betrieb, z. B. Preis und Qualität der Produktionsfaktoren, Breite und Tiefe des Produktionsprogramms, Betriebsgröße und Produktionsmenge. Zwischen Letzterer und den gesamten Kosten des Betriebs besteht ein enger Zusammenhang. Jeder Betrieb verfügt über eine maximal mögliche Produktionsmenge, die man als **Kapazitätsgrenze** oder **Produktionskapazität** bezeichnet. Das Verhältnis von genutzter Kapazität (Ist-Menge, d. h. tatsächlich produzierte Menge) zu maximal möglicher Kapazität (Kann-Menge, d. h. maximal mögliche Produktionsmenge) bezeichnet man als **Kapazitätsauslastung** oder **Beschäftigungsgrad**.

$$\text{Beschäftigungsgrad} = \frac{\text{Ist-Produktionsmenge}}{\text{Kann-Produktionsmenge}} \cdot 100\ \%$$

In der Regel wird die Kapazitätsgrenze nicht voll ausgeschöpft. Die tatsächliche Kapazitätsausnutzung liegt dann bei einem Beschäftigungsgrad von unter 100 %.

Kostenarten in Abhängigkeit vom Beschäftigungsgrad

Je nachdem, ob und wie die Kosten eines Betriebs vom Beschäftigungsgrad abhängen, unterscheidet man Fixkosten, variable Kosten und Grenzkosten.

Der Teil der Kosten, der unabhängig von der Höhe des Beschäftigungsgrades anfällt, heißt **fixe Kosten** oder **Kosten der Betriebsbereitschaft**. Hierzu gehören z. B. Abschreibungen, weil auch ungenutzte Maschinen und Anlagen einem Werteverzehr durch technische Überalterung unterliegen, Leasingraten für gemietete Anlagen, Geschäftsführergehälter, Mieten, Pachten, Kreditzinsen, Versicherungsprämien und Telefongrundgebühren. Fixkosten bleiben unabhängig von der Produktionsmenge immer gleich hoch („fix“) und fallen auch an, wenn das Unternehmen gar nichts produziert, z. B. während der Betriebsferien oder bei fehlenden Aufträgen.

Teilt man die gesamten Fixkosten (K_f) durch die produzierte Stückzahl (x), erhält man die **fixen Stückkosten** bzw. **fixen Durchschnittskosten** (KD_f).

$$KD_f = \frac{K_f}{x}$$

Je mehr produziert wird, desto geringer wird der Fixkostenanteil pro Stück, da die konstanten Fixkosten sich auf eine zunehmend größere Stückzahl verteilen. Aufgrund dieser sogenannten **Kostendegression** ist es sinnvoll, die vorhandenen Kapazitäten möglichst gut auszulasten (vgl. M 36 und M 37).

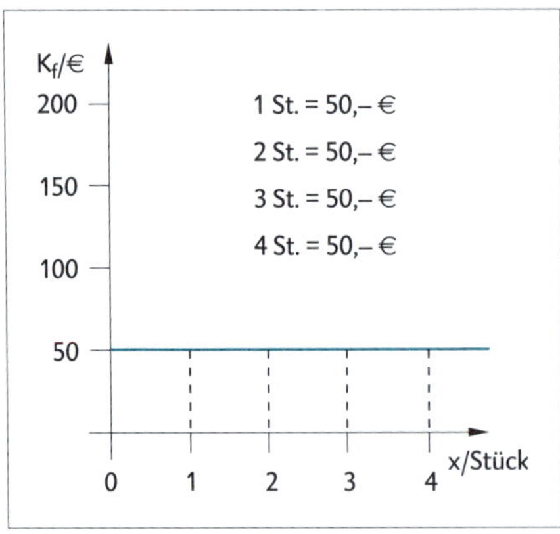

M 36: Fixe Gesamtkosten (K_f)

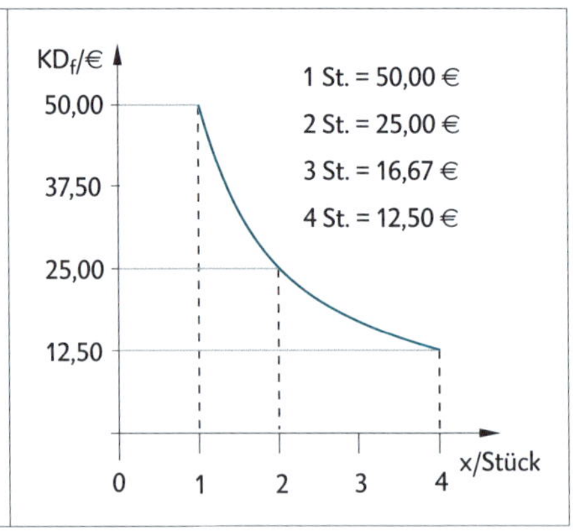

M 37: Degressive fixe Stückkosten (KD_f)

Kosten, die vom Beschäftigungsgrad abhängig sind, nennt man **variable Kosten**. Dazu gehören z. B. die Kosten für Roh-, Hilfs- und Betriebsstoffe oder leistungsabhängige Fertigungslöhne (Akkordlöhne). Die variablen Kosten steigen, wenn mehr produziert wird, da mehr Produktionsfaktoren verbraucht bzw. eingesetzt werden; umgekehrt sinken sie mit abnehmendem Beschäftigungsgrad.

Teilt man die variablen Gesamtkosten (K_V) durch die Stückzahl, erhält man die **variablen Stückkosten** (KD_V), d. h. den Anteil an den variablen Kosten, den man durchschnittlich pro Stück aufwenden muss.

$$KD_v = \frac{K_v}{x}$$

Beispiel: Bei variablen Gesamtkosten von 10 000 € und einer Produktionsmenge von 200 Stück betragen die variablen Stückkosten 50 €.

Die variablen Kosten lassen sich je nach Reagibilitätsgrad in proportionale, progressive, degressive und regressive Kosten unterteilen. **Proportionale variable Kosten** steigen oder fallen im gleichen Verhältnis, wie die Produktionsmenge steigt oder fällt (z. B. 10 % höhere Produktion verursacht 10 % höhere K_V), d. h., der variable Kostenanteil pro Stück (KD_V) ist immer konstant, da für jede zusätzliche Produktionseinheit die gleichen zusätzlichen Kosten für Arbeit, Rohstoffe, Maschinenlaufzeiten etc. anfallen. Man nennt diesen Kostenverlauf auch **„linear“** (vgl. M 38 und M 39).

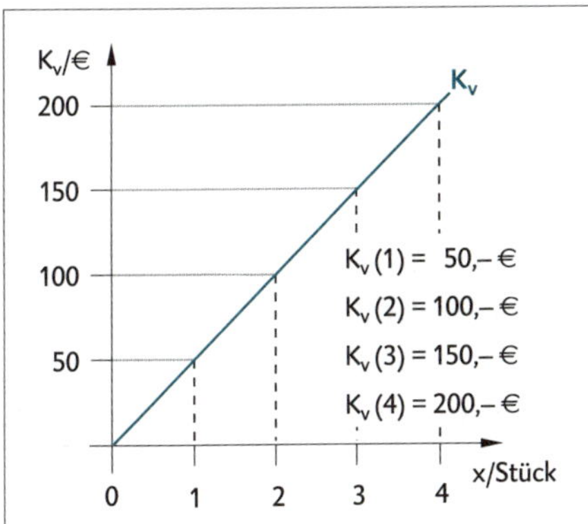

M 38: Proportional steigende variable Kosten (K_v)

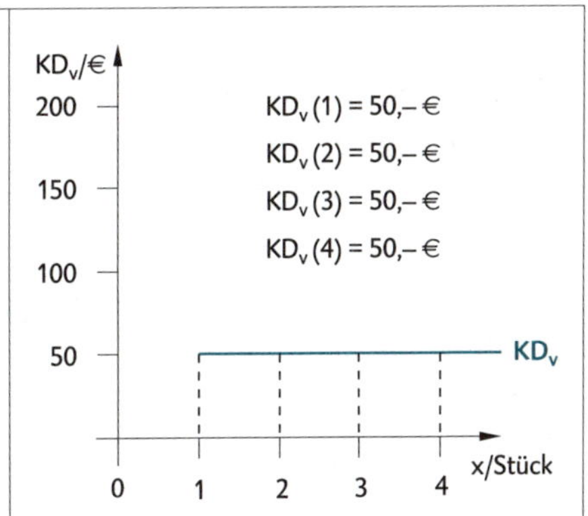

M 39: Konstante variable Stückkosten (KD_v)

Unter **Grenzkosten** (K') versteht man die **Mehrkosten einer zusätzlich hergestellten Produktionseinheit**. Erhöht man die in Produktionseinheiten gemessene Beschäftigung in einem Betrieb um eine einzige Einheit, so steigen dadurch die Gesamtkosten um einen bestimmten Geldbetrag, der den Grenzkosten entspricht. Bei einer linearen Kostenfunktion sind die Grenzkosten immer gleich hoch. Grafisch entspricht die Steigung der Gesamtkostenkurve den Grenzkosten, da sie den Anstieg der Gesamtkosten (ΔK) bei der Erhöhung der Produktionsmenge (Δx) beschreibt. Geht man von Massenproduktion aus, ist die Erhöhung der Produktionsmenge (x_0 auf x_1) im Vergleich zur Gesamtmenge infinitesimal klein, der Kostenanstieg entspricht daher der Steigung der Kostenkurve im Punkt x_0. Da die Steigung einer Kurve über die erste Ableitung ermittelt wird, sind die Grenzkosten (K') mathematisch betrachtet also die erste Ableitung der Gesamtkostenkurve (K).

$$K' = \frac{\Delta K}{\Delta x}$$

Die lineare Kostenfunktion

Die heutige industrielle Produktion basiert im relevanten Bereich meist auf einem linearen Gesamtkostenverlauf. Die Kosten steigen proportional zur Produktionsmenge. Mathematisch betrachtet handelt es sich um eine Funktion ersten Grades mit folgender allgemeiner Form:

$$K(x) = ax + b$$

- Der Faktor b ist der Fixkostenanteil K_f an den Gesamtkosten K, d. h. die Kosten, die unabhängig von der Produktionsmenge anfallen.
- Der Faktor ax entsprich den variablen Kosten K_v, d. h. den Kosten, die sich in Abhängigkeit von der Produktionsmenge verändern (je höher die Produktionsmenge, desto höher K_v).

Grafisch entspricht K(x) einer um den Fixkostenfaktor b nach oben verschobenen, mit dem Faktor a steigenden Halbgeraden. Da die Produktion nicht unendlich erhöht werden kann, wird in der Regel die (technische) **Kapazitätsgrenze** mit angegeben. In der Gesamtkosten- bzw. Stückkostendarstellung ergibt sich folgendes Bild:

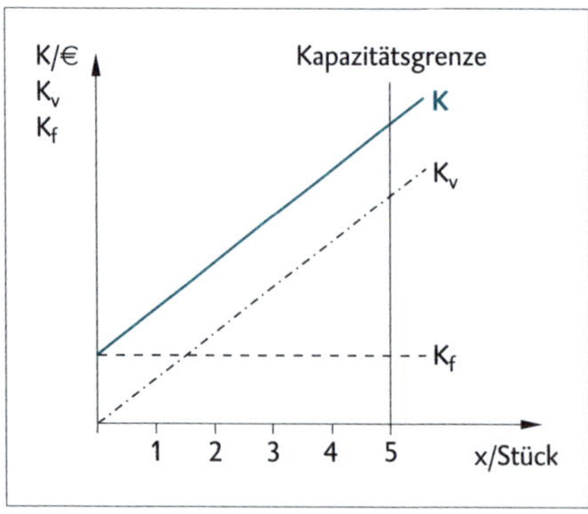

M 40: Gesamtkostendarstellung

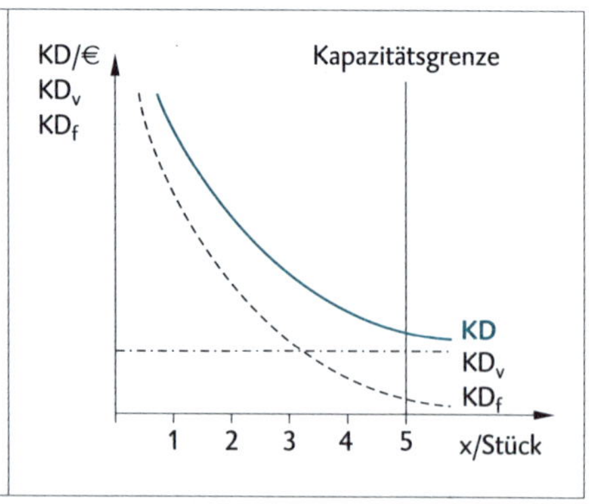

M 41: Stückkostendarstellung

Am linearen Kostenmodell ist jedoch zu kritisieren, dass progressive Kosteneffekte durch erhöhten Verschleiß, Überstundenzuschläge oder höhere Ausschussquoten, wie sie in der Regel bei Erreichen der Kapazitätsgrenze wegen Überlastung auftreten, nicht berücksichtigt werden.

Die Erlösfunktion

Der Marktpreis (Gleichgewichtspreis), der sich durch das freie Spiel von Angebot und Nachfrage bildet, stellt für den Anbieter auf Märkten mit zahlreichen Konkurrenten (sogenanntes Polypol) in der Regel eine gegebene Größe (sogenanntes Datum) dar. Der Gesamterlös (Umsatz: E) ergibt sich aus dem Produkt von Absatzmenge und Preis, wobei der Preis als Marktpreis konstant ist:

$$E(x) = p \cdot x$$

Die Gesamterlösfunktion ist linear. Bei einer Absatzmenge von null ist auch der Umsatz null. Je höher die abgesetzte Menge, desto größer der Umsatz bzw. Gesamterlös (vgl. M 42).

Der **Grenzerlös (E')** ist identisch mit dem **Marktpreis**. Der konstante Preis ist der Erlös, der immer für die jeweils letzte verkaufte Einheit erzielt wird:

$$E' = p$$

Der Grenzerlös bleibt somit konstant. Die Grenzerlösfunktion (E') ist eine Gerade parallel zur Abszisse. Für jede verkaufte Einheit ergibt sich ein Grenzerlös in Höhe des Stückpreises (vgl. M 43). Steigt oder fällt der Marktpreis, dann verlagert sich die Grenzerlösfunktion nach oben bzw. unten.

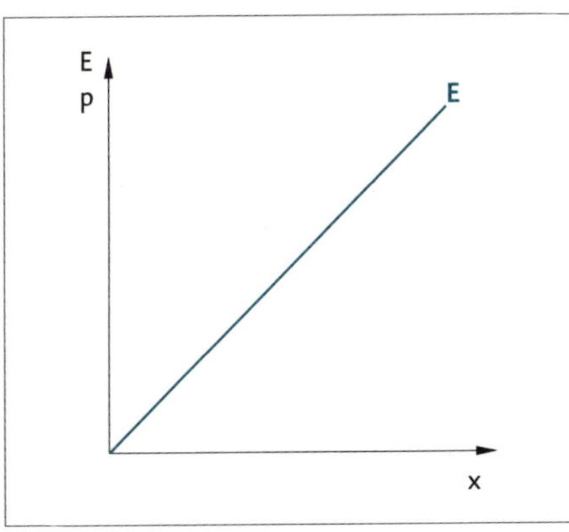

M 42: Erlösfunktion

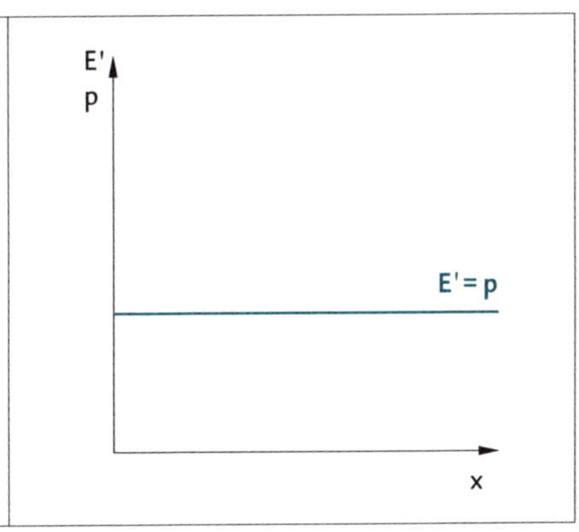

M 43: Grenzerlös/Erlös pro Stück

Gewinnmaximierung, Nutzenschwelle, Nutzengrenze

Die Analyse der Gewinn-/Verlustsituation eines Unternehmens kann sowohl grafisch (vgl. M 44) als auch rechnerisch erfolgen. Zur Ermittlung des **Gewinnmaximums** G_{max} betrachtet man die Differenz aus Erlös und Kosten. Die Formel für eine lineare Gesamtkostenkurve lautet allgemein: $K(x) = ax + b$. Der Erlös ist wie oben beschrieben eine lineare Funktion des Preises: $E(x) = p \cdot x$. Den Gewinn ermittelt man, indem man vom Erlös die Kosten abzieht:

$$G = E(x) - K(x)$$

Die Nutzen- oder Gewinnschwelle, auch **Break-even-Point** genannt, also der Punkt, an dem gerade weder Gewinn noch Verlust gemacht wird, liegt auf dem Schnittpunkt zwischen E(x) und K(x), d. h., man setzt

$$E(x) - K(x) = 0$$

und löst nach x auf. Bei einer geringeren Absatzmenge entsteht ein Verlust, da die Kosten den Erlös übersteigen. An der Gewinnschwelle sind Kosten und Erlös identisch, sodass weder Verlust noch Gewinn gemacht wird. Bei jeder größeren Absatzmenge bis zur Kapazitätsgrenze entsteht ein Gewinn. Dieser steigt stetig an.

G_{max} liegt an der Kapazitätsgrenze, da keine weitere Einheit mehr produziert werden kann und an dieser Stelle der maximale positive vertikale Abstand zwischen K und E erreicht ist. Zur Ermittlung von G_{max} setzt man daher die Absatzmenge an der Kapazitätsgrenze in die Formel für den Gewinn ein.

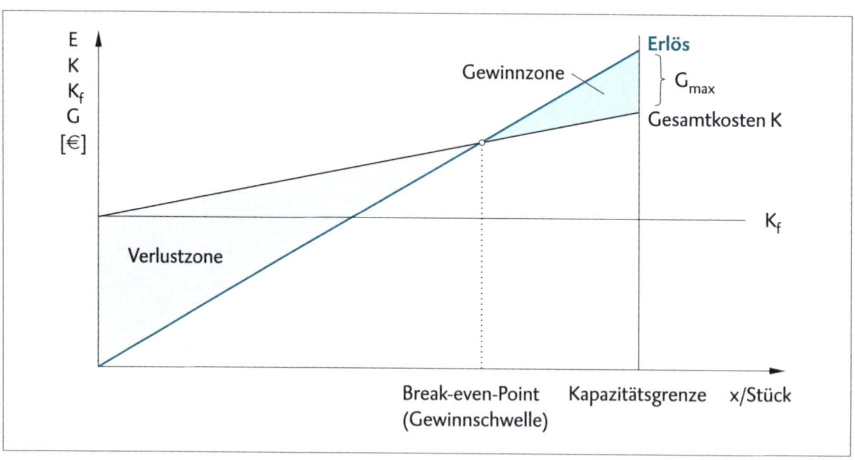

M 44: Grafische Gewinn-/Verlustbetrachtung bei linearen Kosten/linearem Erlös

Beispiel:
Gegeben: $K = 50x + 40\,000$; $p = 250$ €; Kapazitätsgrenze = 1 600 Stück
Gesucht: Nutzenschwelle und Nutzengrenze, absolutes Gewinnmaximum (Absatzmenge, Betrag), maximaler Gewinn pro Stück (Absatzmenge, Betrag)

Nutzenschwelle und Nutzengrenze:
$E(x) = K(x) \Rightarrow 250 \cdot x = 50x + 40\,000; \Rightarrow 250x - 50x = 40\,000 \Rightarrow x = 200$
Die Nutzenschwelle liegt bei einer Absatzmenge von 200 Stück. Die Nutzengrenze liegt an der Kapazitätsgrenze von 1 600 Stück.

Gewinnmaximum (Absatzmenge und Betrag):
Die gewinnmaximale Absatzmenge liegt an der Kapazitätsgrenze von 1 600 Stück. Zur Ermittlung des Betrags des maximalen Gewinns muss man die gewinnmaximale Menge in die Gewinnfunktion einsetzen:
$G_{max} = G(1\,600) = E(1\,600) - K(1\,600) = 250 \cdot 1\,600 - (50 \cdot 1\,600 + 40\,000)$
$= 280\,000$
G_{max} bei der gegebenen Kapazitätsgrenze beträgt 280 000 €.

Stückgewinn:
Der maximale Stückgewinn liegt ebenfalls an der Kapazitätsgrenze, da die Differenz zwischen Preis (Erlös pro Stück) und Stückkosten konstant zunimmt, da der Fixkostenanteil pro Stück mit steigender Produktionsmenge stetig sinkt.

Stückgewinn $(1\,600) =$ Gesamtgewinn $(1\,600) : 1\,600 = 280\,000 : 1\,600 = 175$
oder
Stückgewinn $(1\,600) = p - KD(1\,600) = 250 - [(50 \cdot 1\,600 + 40\,000) \div 1\,600]$
$= 175$
Der maximale Stückgewinn bei der gegebenen Kapazitätsgrenze beträgt 175 €.

Veränderungen von Kosten und Erlös

Veränderungen bei den Kosten und beim Erlös haben einen direkten Einfluss auf den Gewinn. **Höhere Fixkosten** (K_{f2}) (z. B. pauschale Umweltabgabe) verschieben die Gesamtkosten um den entsprechenden Betrag nach oben auf K_2 und reduzieren *ceteris paribus* den Gewinn um diesen Betrag. Außerdem verschiebt sich die Gewinngrenze nach rechts auf eine höhere Absatzmenge (x_2) (vgl. M 45).

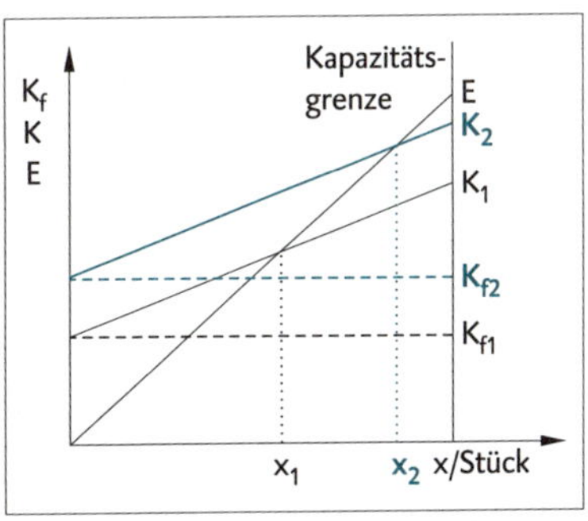

M 45: Erhöhung der Fixkosten

Höhere variable Kosten (z. B. Erhöhung der Rohstoffpreise) führen zu einer Drehung der Gesamtkostenkurve nach oben auf K_2, wobei der Anfangspunkt auf der y-Achse unverändert ist, da bei null Stück Produktion auch weiterhin keine variablen Kosten anfallen (vgl. M 46).

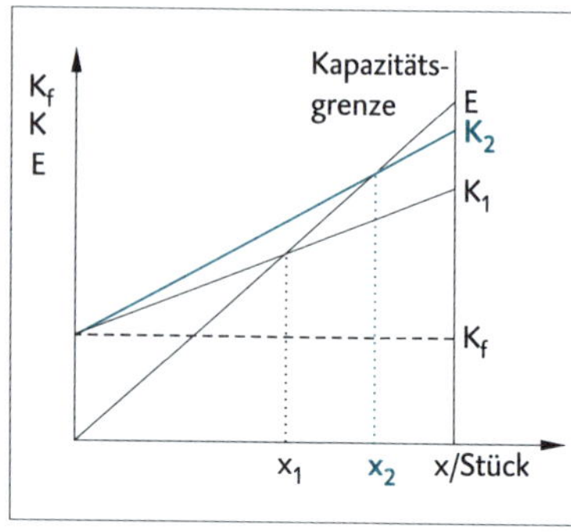

M 46: Erhöhung der variablen Kosten

Diese Drehung reduziert ebenfalls den Gewinn und zwar um den Kostenanstieg multipliziert mit der jeweiligen Stückzahl. Außerdem verschiebt sich auch hier die Gewinngrenze nach rechts auf eine höhere Absatzmenge (x_2). Kostensenkungen bewirken analog einen höheren Gewinn und eine Gewinnschwelle bei einer niedrigeren Absatzmenge.

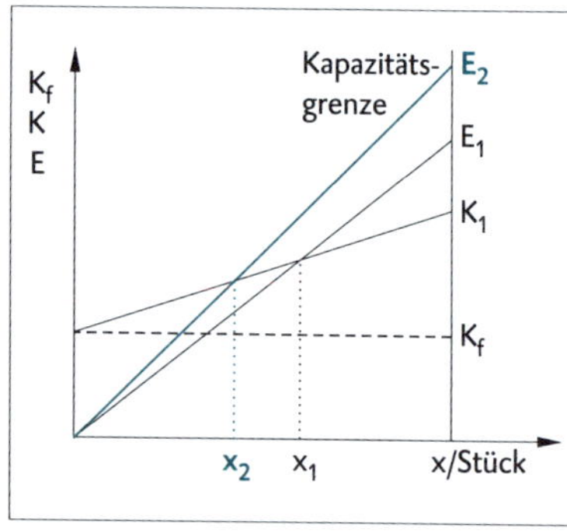

M 47: Erhöhung des Preises

Eine **Preiserhöhung** führt *ceteris paribus* zu einem höheren Erlös. Die Erlöskurve dreht sich um den unveränderten Punkt auf der y-Achse nach oben auf E_2. Der zusätzliche Erlös bzw. Gewinn entspricht der Preiserhöhung multipliziert mit der jeweiligen Stückzahl. Die Gewinnschwelle verschiebt sich nach links auf eine niedrigere Absatzmenge (x_2). Ein niedrigerer Preis und damit geringerer Erlös hat entsprechend die entgegengesetzte Wirkung (vgl. M 47).

2.3 Investitionsentscheidungen

Definition, Arten und Ziele von Investitionen

Investition kann man als die Umwandlung flüssiger Finanzmittel in Sachgüter, Dienstleistungen oder Forderungen wie Wertpapiere definieren. In dieser weiten Definition würden also neben dem Einkauf von Maschinen und Rohstoffen z. B. auch Aufwendungen für Mitarbeiterschulungen (Investition ins sogenannte Humankapital), für immaterielle Werte wie Know-how (Investition in Forschung und Entwicklung) oder für Marktmacht (Investition in Beteiligungen an anderen Unternehmen oder durch Kauf einer populären Marke) erfasst. Nach der Art der erworbenen **Vermögensgegenstände** kann man Investitionen folgendermaßen unterscheiden:

Sachinvestitionen	Finanzinvestitionen	immaterielle Investitionen
Erwerb von materiellem Anlagevermögen (und ggf. Umlaufvermögen)	Kapitalanlage in Wertpapieren und Unternehmensbeteiligungen	Aufwendungen ohne direkten materiellen Gegenwert mit dem Ziel zukünftiger Erträge
z. B. Maschinen, Gebäude, Fuhrpark, Geschäftsausstattung	z. B. Aktien, GmbH-Anteile, Schuldverschreibungen	z. B. F & E, Aus- und Weiterbildung, Patent- und Markenrechte

Die Bezeichnung **Investition im engeren Sinn**, wie sie auch im Folgenden verwendet wird, beschränkt sich auf die erste Spalte, die Umwandlung von Kapital in **materielles Anlagevermögen**.

Nach ihrem **Kapazitätseffekt** unterscheidet man Ersatz- und Erweiterungsinvestitionen. Werden Produktionsmittel wie Maschinen aufgrund von Verschleiß oder technischem Fortschritt ersetzt, spricht man von **Ersatzinvestitionen**. Werden dagegen zusätzliche Produktionsmittel erworben, um mehr oder andere Produkte herstellen zu können, bezeichnet man dies als **Erweiterungs-** oder **Nettoinvestitionen**. Häufig entsteht in der Realität eine Mischung, da neue Maschinen in der Regel auch mehr, besser oder effizienter produzieren. Ersatz- und Nettoinvestitionen ergeben zusammen die **Bruttoinvestitionen**. In Deutschland sind seit Jahren fast zwei Drittel der Investitionen Ersatzinvestitionen (vgl. M 48 für 2011).

Nach ihrem primären **Zweck** oder **Anlass** kann man Sachinvestitionen in Erst-, Erhaltungs-, Erweiterungs- sowie in Rationalisierungs- und Modernisierungsinvestitionen unterteilen. **Erstinvestitionen** werden zu Beginn einer Veränderung im Unternehmen und nur einmal getätigt, z. B. bei der Gründung oder beim Bau einer neuen Filiale. **Erhaltungsinvestitionen** sind Ersatzinvestitionen. Sie erhöhen die Produktionskapazität im Gegensatz zu den

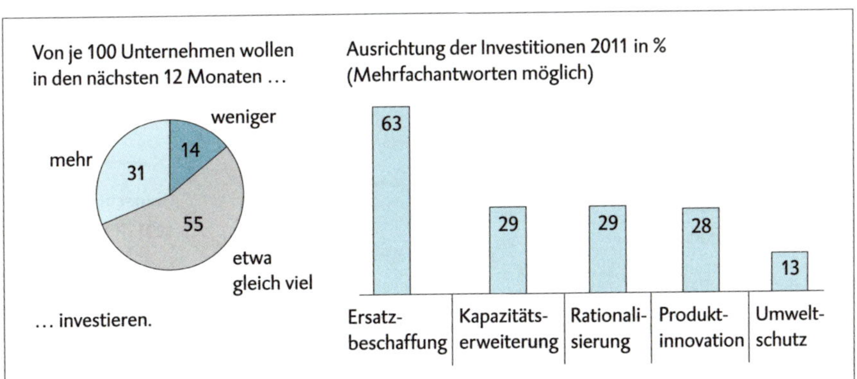

M 48: Investitionsabsichten 2011

rweiterungsinvestitionen nicht. **Rationalisierungs-** oder **Modernisierungsinvestitionen** sollen die Rentabilität der Produktion erhöhen, indem das Verhältnis von Input (= Produktionsmittel) und Output (= Produkte) verbessert wird. Dazu werden z. B. ältere Maschinen und Anlagen durch technisch verbesserte oder umweltfreundlichere ersetzt. Rationalisierungs- und Modernisierungsinvestitionen sind primär Ersatzinvestitionen. Da häufig aber auch Kapazitätserweiterungen damit verbunden sind, stellen sie meist eine Mischung zwischen Ersatz- und Erweiterungsinvestition dar.

Kapazität wird erweitert		Kapazität bleibt konstant	
Erstinvestition	**Erweiterungsinvestition**	**Rationalisierungs-/ Modernisierungsinvestition**	**Ersatz-/ Erhaltungsinvestition**
z. B. neues Gebäude an neuem Standort	z. B. weiteres Gebäude an bestehendem Standort	z. B. neue, umweltfreundlichere Maschine, die ggf. auch schneller arbeitet	reine Ersatzbeschaffung z. B. einer defekten Maschine

In Deutschland steht der Umfang der Nettoinvestitionen in den letzten Jahren eng im Zusammenhang mit der wirtschaftlichen Entwicklung (vgl. M 50). Bei stagnierender Nachfrage lohnen sich Investitionen nicht. Auch Planungsunsicherheit aufgrund politischer Entscheidungen, z. B. im Bereich Investitionsförderung, kann eine Ursache für sinkende Investitionen sein. Umgekehrt schaffen positive wirtschaftliche Erwartungen ein gutes Investitionsklima.

Im internationalen Vergleich ist Deutschland bei den Investitionen allerdings weit abgeschlagen.

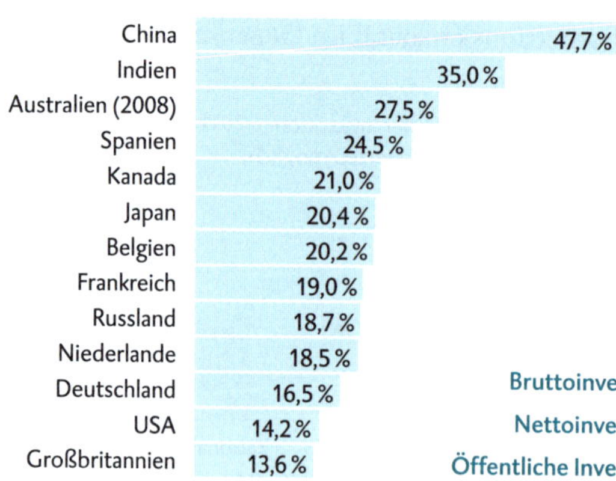

Deutschland	1991	2010
Bruttoinvestitionen	24,0 %	16,5 %
Nettoinvestitionen	10,0 %	3,5 %
Öffentliche Investitionen	2,6 %	1,6 %

M 49: Investitionen im Ländervergleich (Bruttoinvestitionen in % des BIP, 2009)

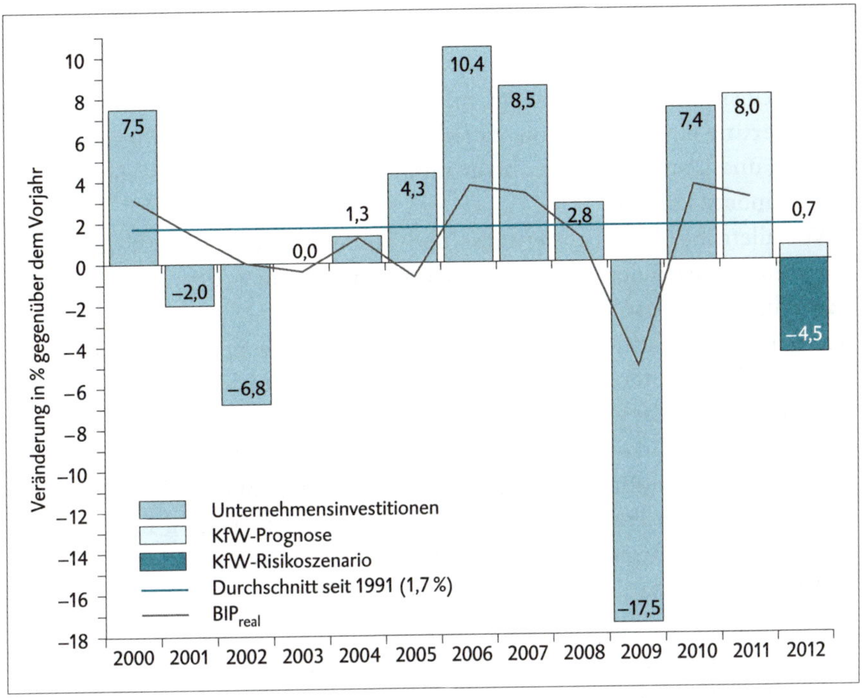

M 50: Unternehmensinvestitionen und BIP in Deutschland, preis- und kalenderbereinigt

Einflussfaktoren bezüglich Investitionsentscheidungen

Investitionsentscheidungen haben in der Regel strategische Bedeutung, weil sie Kapital langfristig binden und nicht oder nur schwer bzw. mit Verlusten rückgängig zu machen sind. In eine Investitionsentscheidung fließen daher zahlreiche Faktoren mit ein, die einerseits unternehmensintern sein können:

Eine grundsätzliche Frage ist die **Finanzierung** einer Investition. Sind nicht genügend liquide Mittel im Unternehmen, muss eine Fremdfinanzierung z. B. über ein Darlehen erfolgen. Neben der Frage der **Kreditwürdigkeit** und der vorübergehenden Einschränkung der finanziellen Spielräume ist in diesem Fall auch zu beachten, dass die Investition letztlich so lukrativ sein muss, dass sie auch die **Zinsen** für das Darlehen mit erwirtschaftet **(Amortisation)**. Bei einem hohen Zinsniveau kann die Entscheidung daher anders ausfallen als bei sehr niedrigen Zinsen.

Investitionsentscheidungen werden in der Regel **unter relativer Unsicherheit** getroffen, da zuverlässige Prognosen zur künftigen Entwicklung der Nachfrage und der Konkurrenz oder zur technischen oder politischen Entwicklung häufig unmöglich sind. In diesen Fällen muss die Unternehmensleitung das

Risiko einer Fehlinvestition gegen den möglichen **Ertrag** der Investition abwägen.

Der Unsicherheitsfaktor steigt mit der erforderlichen **Zeitdauer für die Realisierung** einer Investition, da sich in einer längeren Zeitspanne zwischen Planung und Umsetzung einer Investition die oben genannten Faktoren erheblich verändern können.

Vor allem bei Rationalisierungs- und Modernisierungsinvestitionen stellt sich die Frage nach der möglichen **Kostenersparnis** bzw. dem **Rentabilitätszuwachs**. Sind diese im Vergleich zu den Investitions- und Folgekosten zu gering, ist die Investition unrentabel, da sie nicht genügend **Gewinn** abwirft.

Eine auf den ersten Blick unrentable Investition kann aber z. B. erforderlich sein, um die **Wettbewerbsfähigkeit** eines Unternehmens zu erhalten.

Andererseits wirken sich aber auch gesamtwirtschaftliche Rahmenbedingungen auf Investitionsentscheidungen aus: Die gesamtwirtschaftliche **Konkurrenzsituation** erzwingt bzw. verhindert unter Umständen Investitionen, die aus Rentabilitätsgründen unsinnig bzw. wünschenswert wären.

Auch der Staat kann durch **Investitionsförderung** Anreize setzen und den entscheidenden Beitrag zur Rentabilität einer Investition leisten. Investitionen können aber ebenso durch staatliche **Auflagen**, wie z. B. im Bereich der Umwelttechnologie, erzwungen werden.

Darüber hinaus machen **Kundenerwartungen** und das Ziel, **Marktanteile** zu halten, technische Innovationen oftmals erforderlich.

Erwartungen hinsichtlich der **allgemeinen Wirtschaftsentwicklung** können Investitionen fördern oder bremsen. Es gibt allerdings auch Theorien, dass antizyklische Investitionen sogenannter Pionier-Unternehmen einen positiven Impuls für die Wirtschaftsentwicklung setzen können (vgl. S. 109 f.).

Eine **Kooperation** mit Lieferanten oder anderen Partnern kann eine Investitionsentscheidung beeinflussen, da durch die Kooperation einerseits das Risiko gestreut und Synergieeffekte geschaffen werden, andererseits aber auch der Ertrag geteilt werden muss.

Die **Realisierbarkeit** eines Investitionsvorhabens ist häufig nicht nur von unternehmensinternen finanziellen oder technischen Faktoren abhängig, sondern auch von **äußeren Rahmenbedingungen** wie Genehmigungen, Auflagen, Akzeptanz in der Bevölkerung am Standort, geologischen oder klimatischen Bedingungen, Erhältlichkeit von Ressourcen etc.

Einflussfaktoren bezüglich Investitionsentscheidungen	
unternehmensinterne Faktoren	**gesamtwirtschaftliche Rahmenbedingungen**
Finanzierung	Konkurrenz
Amortisation	staatliche Investitionsförderung
Wettbewerbsfähigkeit	staatliche Auflagen
Prognosen zu Nachfrage, Konkurrenz, technischem Fortschritt, politischen Veränderungen	Kundenerwartungen, Marktanteile
Zeitdauer für die Realisierung	allgemeine Wirtschaftsentwicklung
Kostenersparnis / Rentabilitätszuwachs / erwarteter Gewinn	Kooperation mit Lieferanten oder anderen Partnern
technische, finanzielle, organisatorische Realisierbarkeit	rechtliche, gesellschaftliche Realisierbarkeit, natürliche Rahmenbedingungen

Aufgaben

12 Arbeiten Sie aus M 34 verschiedene Interessengruppen heraus, die neben dem Unternehmer selbst Einfluss auf a) Gewinn/Rentabilität, b) soziale Ziele und c) ökologische Ziele eines Unternehmens haben können. Begründen Sie Ihre Auswahl mithilfe konkreter Beispiele.

13 Analysieren Sie, inwieweit Rentabilitäts-, soziale und ökologische Ziele im Zielsystem des Unternehmens ewis-services (M 31) direkt oder indirekt enthalten sind.

14 Erklären Sie anhand von Zielen aus M 31 verschiedene Zielbeziehungen.

15 Grenzen Sie – so weit wie möglich – die Begriffe Umsatz, Ertrag, Gewinn, Jahresüberschuss, Rentabilität und Rendite voneinander ab.

16 Arbeiten Sie die wesentlichen Aussagen der Daten aus M 32 heraus.

17 Erklären Sie den Witz in der Karikatur M 33.

18 Die Dynamik AG ist ein Hersteller von Wettkampffahrrädern. Die Produktion des Fahrrads vom Typ „Champion“ unterliegt der folgenden Funktionsgleichung: $K(x) = 1\,800\ x + 720\,000$. Die Räder haben einen Verkaufspreis von

3 240 €. Die Kapazitätsgrenze liegt bei 2 000 Stück; Zurzeit liegt die Kapazitätsauslastung bei 60 % der maximal möglichen Produktionsmenge. Längerfristig will die Dynamik AG die Kapazitäten nicht nur voll auslasten, sondern sogar durch Neuinvestitionen expandieren.

a) Ermitteln Sie grafisch die Gewinnzone und den maximalen Gesamtgewinn in einer Zeichnung: x-Achse: 1 cm = 200; y-Achse: 1 cm = 1 000 000 Achten Sie auf Sauberkeit und Übersichtlichkeit der Zeichnung.

b) Überprüfen Sie Ihre Zeichnung, indem Sie den Break-even-Point und den maximal möglichen Gesamtgewinn berechnen. (Die Berechnung muss auch bei Verwendung des Taschenrechners nachvollziehbar sein.)

c) Ermitteln Sie den kurzfristig möglichen Gesamtgewinn und vergleichen Sie die Umsatzrentabilität bei diesem Gewinn mit der beim maximal möglichen Gewinn. Erklären Sie den Unterschied und nehmen Sie zur Höhe der Umsatzrentabilität im Vergleich mit den durchschnittlichen Renditen in Deutschland Stellung.

d) Die Entwicklung der Erzeugerpreise im Jahr 2010 (siehe M 61) hat auch die Kostenstruktur der Dynamik AG verändert. Betroffen waren vor allem die Rohstoffkosten. Skizzieren Sie in Ihrer Zeichnung zu a) die Veränderung bei den Kosten (keine exakten Zahlen) und welche Auswirkung dies auf die Gewinnsituation hat. Erläutern Sie Ihre Lösung kurz.

e) Beschreiben Sie eine Situation, die zu einem Rückgang der Fixkosten der Dynamik AG führen könnte, stellen Sie die Auswirkungen in einer Handskizze dar und erläutern Sie die Auswirkungen auf die Gewinnsituation und auf die Rentabilität.

19 Beschreiben Sie das Investitionsverhalten im Bereich der Ausrüstungsinvestitionen in M 61 und erläutern Sie mögliche Auswirkungen der dargestellten wirtschaftlichen Entwicklung auf die Investitionsentscheidungen der Unternehmen seit Beginn der Finanzkrise im Jahr 2008.

20 Stellen Sie ausgewählte Zusammenhänge zwischen unternehmerischen Zielen und Entscheidungen und gesamtwirtschaftlichen Zielgrößen aus dem Magischen Sechseck her.

Wirtschaftliche Problemlagen

1 Analyse volkswirtschaftlicher Schwankungen

1.1 Kreislaufmodell: Offene Volkswirtschaft mit staatlicher Aktivität

Das Kreislaufmodell geht auf François Quesnays *tableau économique* aus dem 18. Jh. zurück. Es ist ein sehr gutes Gedankenwerkzeug und Modell, um gesamtwirtschaftliche Zusammenhänge zu analysieren, zu beschreiben und zu prognostizieren. Um eine moderne Volkswirtschaft mit internationalen Beziehungen abzubilden, verwendet man das Modell einer offenen Volkswirtschaft mit staatlicher Aktivität, das sogenannte **5-Sektoren Modell** (M 51).

Die verwendeten Kürzel stammen weitgehend aus dem Englischen, z. B. T für *tax*, C für *consumer spending*, Y für *yield,* und sind daher nur begrenzt aus dem Deutschen ableitbar.

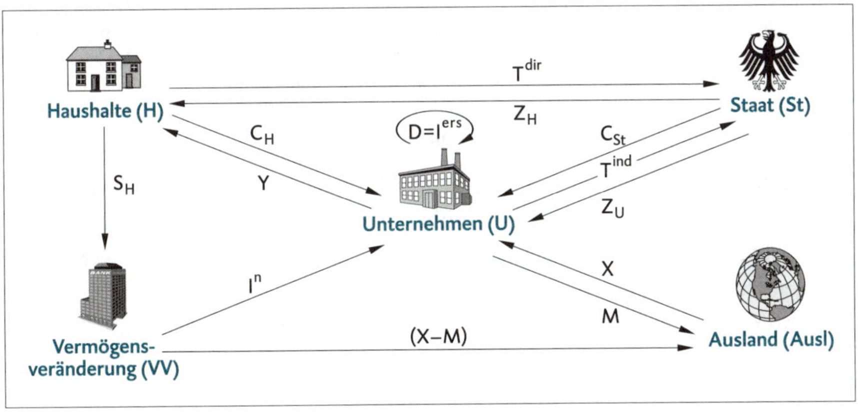

M 51: Offene Volkswirtschaft mit staatlicher Aktivität

Sektoren:

H	private Haushalte: primär konsumierende Wirtschaftssubjekte
U	Unternehmen: primär produzierende Wirtschaftssubjekte mit Gewinnerzielungsabsicht
St	Gebietskörperschaften (d. h. Bund, Länder, Gemeinden) und die Träger der gesetzlichen Sozialversicherung
Ausl	alle Wirtschaftssubjekte außerhalb der betrachteten Volkswirtschaft
VV	Vermögensveränderung: rechnerischer Sektor für die Umverteilung von Kapitalvermögen in einer Volkswirtschaft

Geldströme:

C_H	Konsumausgaben der Haushalte
C_{St}	Konsumausgaben des Staates
Y	Volkseinkommen bzw. Faktoreinkommen in Form von Löhnen, Gehältern, Zinsen, Pacht, Gewinnen etc. als Gegenleistung für die Zurverfügungstellung von Produktionsfaktoren wie Arbeitskraft, Kapital, Immobilien etc.

S_H	Sparen der Haushalte: der Anteil am Volkseinkommen, der nicht für Konsum bzw. Steuern verwendet wird
T^{ind}	indirekte Steuern an den Staat, z. B. Konsumsteuern wie die Mehrwertsteuer, die zwar der Konsument trägt, die aber indirekt – über die Unternehmen – an den Staat abgeführt werden
T^{dir}	direkte Steuern, die vom Steuerträger direkt an den Staat gezahlt werden, z. B. Grundsteuer, Gewerbesteuer, Einkommensteuer
Z_H	Transferleistungen des Staates an die privaten Haushalte: staatliche Leistungen ohne direkte Gegenleistung wie z. B. Kindergeld, Arbeitslosengeld, Arbeitnehmersparzulage etc.
Z_U	Transferleistungen des Staates an die Unternehmen: staatliche Leistungen ohne direkte Gegenleistung wie z. B. Subventionen, Investitionsförderung, Zuschüsse bei Einstellung von Langzeitarbeitslosen
I^n	Netto- oder Neuinvestitionen: Investitionen, die die Produktionskapazität erweitern
$I^{ers} = D$	Ersatzinvestitionen bzw. Abschreibungen: Investitionen, die lediglich andere Produktionsanlagen ersetzen. Ihr Gegenwert wird im Rechnungswesen und in der Bilanz von Unternehmen als Abschreibungen dargestellt, die den Wertverlust von Anlagen rechnerisch abbilden (englisch: *depreciation*). Aus Netto- und Ersatzinvestitionen lassen sich die gesamten Investitionen (= Bruttoinvestitionen) einer Volkswirtschaft ermitteln: $I^n + I^{ers} = I^{br}$. Diese Größe wird für die Ermittlung gesamtwirtschaftlicher Größen benötigt (vgl. S. 73 ff.).
X	Einnahmen aus Exportgeschäften, daher fließt der Strom vom Ausland an die Unternehmen
M	Ausgaben für Importgeschäfte, daher fließt der Strom vom Inland an das Ausland
X – M	Außenbeitrag bzw. Forderungen/Verbindlichkeiten gegenüber dem Ausland: wertmäßige Differenz (= Saldo) zwischen Güter-/Dienstleistungsexporten und Güter-/Dienstleistungsimporten (vgl. auch S. 29); ist $X > M$ bzw. $(X - M) > 0$ spricht man von Forderungen an das Ausland bzw. einem positiven Außenbeitrag. Ist $X < M$ bzw. $(X - M) < 0$ spricht man von Verbindlichkeiten gegenüber dem Ausland bzw. einem negativen Außenbeitrag. X – M schreibt man in Klammern, da es für den Außenbeitrag, also eine einzige Stromgröße steht.

Neben den genannten Strömen kann das Modell für bestimmte Zwecke um andere Ströme erweitert werden. Zu überlegen ist dabei immer, zwischen welchen Sektoren und in welche Richtung der Geldstrom fließt, z. B. Beiträge zur Sozialversicherung von den privaten Haushalten an den Staat oder Entwicklungshilfezahlungen als Transferleistungen vom Staat an das Ausland.

Ziel der Modellbildung und Bestandteile des Modells

Die Kreislauftheorie versucht mithilfe des **Kreislaufmodells**, das komplexe Netz der wirtschaftlichen Verflechtungen zu beschreiben, das zwischen **Wirtschaftssubjekten** aufgrund ihrer **Transaktionen** (bezüglich **Wirtschaftsobjekten**) besteht (vgl. S. 9).

Da Güter und Dienstleistungen in der volkswirtschaftlichen Gesamtrechnung mit ihrem Wert bzw. Preis erfasst werden, stimmen Geld- und Güterströme wertmäßig überein, sodass man im Kreislaufmodell die Prämisse (= Annahme) setzen kann, dass **nur Geldströme** fließen. Die entgegengesetzten und wertmäßig identischen Güter-/Dienstleistungsströme entfallen aus Gründen der Übersichtlichkeit.

Das Kreislaufmodell besteht aus verschiedenen Sektoren und Strömen, die durch **Aggregation** gleichartiger Einheiten entstehen. Als Aggregation bezeichnet man das Zusammenfassen gleichartiger Einheiten anhand eines einheitlichen Kriteriums.

- **Sektoren** entstehen durch die Aggregation **gleichartiger Wirtschaftssubjekte** (z. B. Unternehmen U: alle Wirtschaftssubjekte, die primär zur Gewinnerzielung produzieren).
- **Ströme** entstehen durch die Aggregation **gleichartiger Transaktionen** (z. B. privater Konsum C_H: Transaktionen, die den Erwerb von Gütern/ Dienstleistungen zum privaten Verbrauch beinhalten).

Vor- und Nachteile der Modellbildung

Die Modellbildung und das Arbeiten mit Modellen bieten Vorteile, bergen aber auch Nachteile:

- **Übersichtlichkeit und Verständlichkeit:** Der wesentliche Vorteil ist, dass durch die Reduktion der komplexen Realität gesamtwirtschaftliche Zusammenhänge übersichtlich dargestellt und so häufig auch leichter verstanden werden können.
- **Informationsverlust:** Diese Reduktion führt aber gleichzeitig zu einer Abstraktion der Realität, d. h., zahlreiche Informationen gehen verloren bzw. müssen in der Modellbetrachtung eliminiert werden, sodass die Aussagekraft von im Modell ermittelten Ergebnissen stark begrenzt ist. Es muss daher immer kritisch hinterfragt werden, ob sie 1:1 auf die Realität übertragen werden können.

Modelle sind dennoch notwendig, da sonst überhaupt keine sinnvollen Aussagen über gesamtwirtschaftliche Zusammenhänge getroffen werden könnten.

1.2 Gesamtwirtschaftliche Größen

Aus dem Kreislaufmodell und der damit verbundenen Volkswirtschaftlichen Gesamtrechnung (VGR) lassen sich verschiedene gesamtwirtschaftliche Größen ermitteln, die für die Analyse und Prognose der wirtschaftlichen Entwicklung eingesetzt werden. Dazu gehören insbesondere das Bruttoinlandsprodukt (BIP), die gesamtwirtschaftliche Nachfrage (N_{ges}) und das gesamtwirtschaftliche Angebot (A_{ges}).

Bruttoinlandsprodukt und Bruttonationaleinkommen

Definition: Das **Bruttoinlandsprodukt (BIP)** ist der Wert aller zum Endverbrauch bestimmten Güter und Dienstleistungen, die in einer Rechnungsperiode in einer Volkswirtschaft (d. h. im Inland) produziert werden. Vorleistungen im Produktionsprozess (z. B. die Papierherstellung für ein letztendlich verkauftes Schreibheft) bleiben unberücksichtigt, weil sie bereits im Wert des Endprodukts enthalten sind.

Da diese Werte bei der Produktion entstehen (Wertschöpfung), spricht man auch von der **Entstehungsrechnung** des BIP (vgl. M 52 unten links). Ermittelt man das BIP aus dem Kreislaufmodell, geht es um die Verwendung der im Rahmen der Wertschöpfung geschaffenen Werte. Man spricht daher von der **Verwendungsrechnung** des BIP (vgl. M 52 unten Mitte). Daneben gibt es noch die **Verteilungsrechnung**, die angibt, in welche Form von Einkommen die geschaffenen Werte fließen (vgl. M 52 unten rechts).

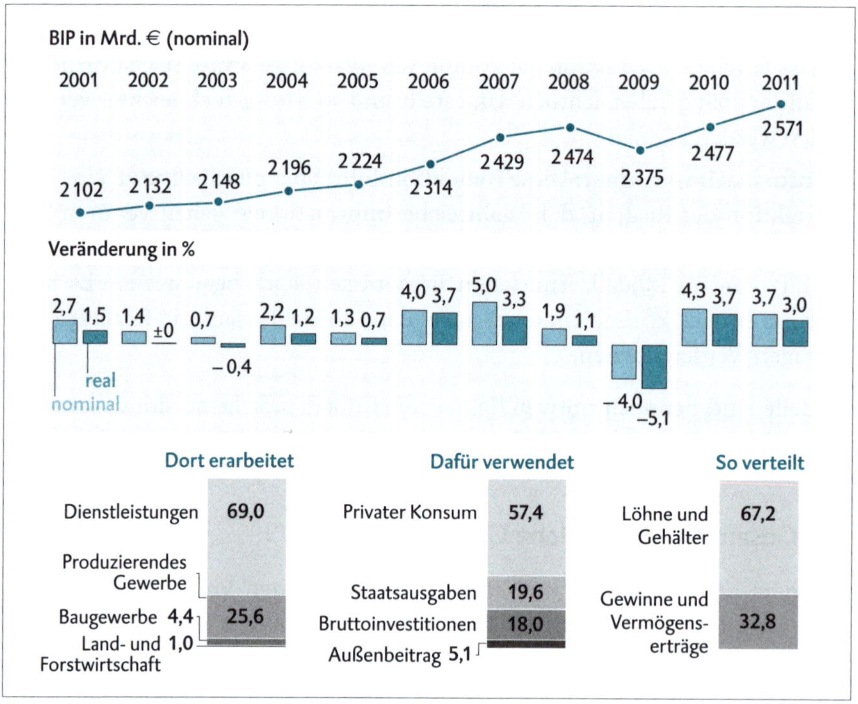

M 52: Bruttoinlandsprodukt in Deutschland (2011)

Setzt man für die in M 52 genannten Größen der Verwendungsrechnung die entsprechenden Kreislaufgrößen ein, ergibt sich folgende Formel:

$$BIP = C_H + C_{St} + I^{br} + (X - M)$$

Das **BIP** folgt dem sogenannten **Inlandskonzept**, d. h., es geht um die im Inland geschaffenen Werte, egal ob von Inländern (z. B. deutsche Einwohner) oder von Ausländern (z. B. Tagespendler aus Frankreich). Da der Ort der Wertschöpfung maßgeblich ist, spricht man auch vom **Arbeitsortkonzept**. Beim **Bruttonationaleinkommen** (BNE) wird dagegen das **Inländerkonzept** eingesetzt, d. h., es werden die Werte betrachtet, die von Inländern (Menschen mit Erstwohnsitz in der betrachteten Volkswirtschaft) geschaffen werden, egal in welchem Land die Wertschöpfung stattfindet. Die Staatsangehörigkeit spielt keine Rolle, ausschlaggebend ist der Wohnort, daher spricht man auch vom **Wohnortkonzept**.

Die Differenz zwischen BIP und BNE kann man ermitteln, indem man alle Primäreinkommen von Menschen, die im Inland leben, aber im Ausland Wertschöpfung betreiben, mit den Einkommen derjenigen verrechnet, die im Ausland leben, aber im Inland zur Wertschöpfung beitragen. Daraus ergibt sich der sogenannte **Saldo der Primäreinkommen mit der übrigen Welt**.

Die Ermittlung im Kreislaufmodell lässt sich schematisch folgendermaßen darstellen:

BIP **Bruttoinlandsprodukt**	$= C_H + C_{St} + I^{br} + (X - M)$ → **Inlandskonzept**	mit $I^{br} = I^n + I^{ers}$; $I^{ers} = D$ $X - M$ = Außenbeitrag
+ Saldo der Primäreinkommen mit der übrigen Welt	+ Erwerbs-/Vermögenseinkommen aus der übrigen Welt – Erwerbs-/Vermögenseinkommen an die übrige Welt	
= BNE **Bruttonationaleinkommen**	$= C_H + C_{St} + I^{br} + (X - M)$ + Saldo der Primäreinkommen mit der übrigen Welt → **Inländerkonzept**	

Gesamtwirtschaftliches Angebot und gesamtwirtschaftliche Nachfrage

Wie im Marktmodell stehen sich in einer Volkswirtschaft Angebot und Nachfrage gegenüber. Das gesamtwirtschaftliche Angebot A_{ges} und v. a. die gesamtwirtschaftliche Nachfrage N_{ges} sind ähnlich wie das BIP wichtige Größen zur Analyse und Prognose von gesamtwirtschaftlichen Zusammenhängen.

$\mathbf{A_{ges}}$ ist das gesamte Angebot auf dem inländischen Markt, egal ob von inländischen oder ausländischen Anbietern. Es entspricht dem Wert aller im

Inland produzierten Güter und Dienstleistungen (ohne Vorleistungen) plus dem Wert der Importe. Damit ergibt sich die Formel:

$$A_{ges} = BIP + M$$

N_{ges} ist analog dazu der Wert aller auf dem inländischen Markt nachgefragten Güter und Dienstleistungen, egal ob von inländischen oder ausländischen Nachfragern, also gilt:

$$N_{ges} = C_H + C_{St} + I^{br} + X$$

Man spricht auch von aggregierter Nachfrage und aggregiertem Angebot (vgl. M 53).

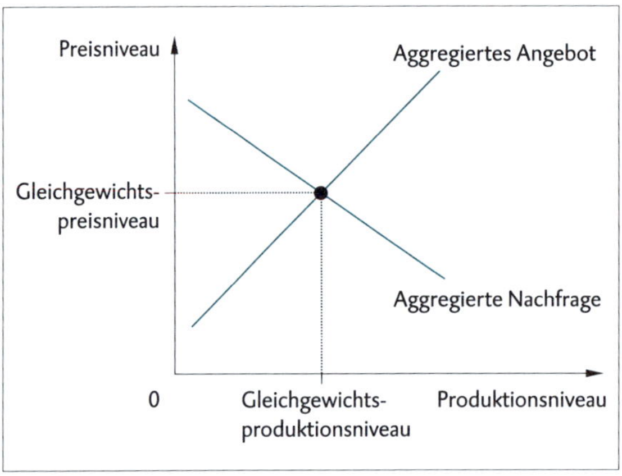

M 53: Gesamtwirtschaftliches Angebot und gesamtwirtschaftliche Nachfrage im Marktmodell

Bestimmungsfaktoren für Konsum und Sparen

Zwei weitere wichtige Kreislaufgrößen sind Konsum und Sparen. Der **Konsum**, weil er als wesentliche Einnahmequelle der Unternehmen starken Einfluss auf die Wirtschaftsentwicklung haben kann (vgl. M 52: Verwendungsrechnung: Fast 60 % des BIP fließen in den Konsum). Das **Sparen**, weil es Konsumverzicht bedeutet und weil nur in einer Wirtschaft, in der nicht alles sofort verkonsumiert wird, Investitionen und damit Weiterentwicklung möglich sind.

Das verfügbare Einkommen der Haushalte (d. h. das Volkseinkommen nach Abzug aller Steuern und Addition staatlicher Transfers) kann also anteilig für Konsum und Sparen verwendet werden. Man spricht daher auch von der **Konsumquote** (c) und der **Sparquote** (s). Es gilt:

$c + s = 1$ bzw. 100 %

Das heißt, je höher die Sparquote ist, desto niedriger ist die Konsumquote und umgekehrt. Sparen ist also (zeitlich begrenzter) Konsumverzicht.

Im Kreislaufmodell kann man am Sektor VV erkennen, dass Sparen, also Konsumverzicht, eine Voraussetzung für Investitionen ist, da abfließenden Strömen (z. B. I^n) zufließende Ströme (z. B. S_H) gegenüberstehen müssen.

Die Konsum-/Sparquote hängt von verschiedenen monetären und nicht-monetären Größen ab:

monetäre Einflussgrößen	nicht-monetäre Einflussgrößen
• Höhe des Einkommens: c sinkt relativ/prozentual mit der Höhe • Zinsniveau: je höher die Zinsen, desto höher die Sparneigung • Preisentwicklung: steigende Preise → vorgezogene Käufe, ggf. aber auch Angstsparen; sinkende Preise → Attentismus (Abwartehaltung) • staatliche Sparförderung erhöht s ↔ Konsumprämien des Staates erhöhen c • Steuerbelastung verringert $Y_{verfü}$ und damit die Konsumneigung ↔ Transferleistungen Z_H erhöhen $Y_{verfü}$ und damit die Konsumneigung, ggf. aber auch die Sparneigung	• allgemeine Wirtschaftslage: z. B. in der Hochkonjunktur ist c in der Regel hoch und s relativ niedrig; in der Krise ist dies in der Regel umgekehrt • Zukunftserwartungen: Optimismus erhöht die Konsumneigung, Zukunftsangst erhöht die Sparneigung (Angstsparen) • Vorsorgeverhalten: Zukunftsangst erhöht die Sparneigung ↔ Vertrauen in den Sozialstaat reduziert *ceteris paribus* die Sparneigung

Verschiedene Wirtschaftstheorien haben unterschiedliche Ansätze zum Sparen und Konsumieren entwickelt (vgl. auch Kap. 2, S. 99 f.):

- **J. M. Keynes** (vgl. S. 101 ff.) ging davon aus, dass mit steigendem Einkommen die Konsumquote steigt.
- **M. Friedman** (vgl. S. 107 ff.) ging davon aus, dass nur die dauerhafte Einkommensentwicklung einen Einfluss auf die Konsumquote hat (permanente Einkommenshypothese), einmalige Prämien oder kurzfristige Schwankungen dagegen nicht.
- **Empirisch** scheint festzustehen, dass die Konsumquote mit steigendem Einkommen zunächst zunimmt, ab einer bestimmten Einkommenshöhe aber stagniert oder sogar abnimmt, d. h., Reiche geben prozentual einen geringeren Anteil ihres Einkommens für Konsum aus als Menschen mit sehr geringem Einkommen. Das ist eine wichtige Erkenntnis, da bei der Erhöhung von Konsumsteuern (z. B. MwSt.) damit gerade einkommensschwächere Haushalte relativ stärker belastet werden als wohlhabende Menschen.

1.3 Multiplikatorprozesse und Wirkungsketten im Kreislaufmodell

Grundsätzliche Vorgehensweise

Mithilfe des Kreislaufmodells kann man nicht nur gesamtwirtschaftliche Entwicklungen analysieren, sondern auch Abläufe gedanklich simulieren. Autonome, d. h. extern verursachte Impulse lösen im Kreislaufmodell Wirkungsketten und Multiplikatorprozesse aus. **Extern versursachte Impulse** können z. B. politische Ereignisse, Naturkatastrophen, Richtungswechsel in der Wirtschaftspolitik, bahnbrechende Erfindungen o. Ä. sein, die die Zukunftserwartungen einzelner oder mehrerer Sektoren positiv oder negativ beeinflussen. Dies führt zu Reaktionen der betroffenen Wirtschaftssubjekte, z. B. Anstieg oder Rückgang von Konsum, Investitionen, Staatsausgaben etc., welche dann wiederum Auswirkungen auf andere Sektoren haben.

Auswirkungen von Veränderungen des gesamtwirtschaftlichen Angebots bzw. der gesamtwirtschaftlichen Nachfrage

Analog zur auf S. 6 beschriebenen Wirkungskette kann man gedanklich die Auswirkungen von Veränderungen des gesamtwirtschaftlichen Angebots bzw. der gesamtwirtschaftlichen Nachfrage durchspielen. Dabei muss man auch die wirtschaftliche Ausgangslage berücksichtigen, da bei unterausgelasteten Produktionskapazitäten die Unternehmen anders reagieren als bei voll ausgelasteten Kapazitäten. Für Veränderungen der gesamtwirtschaftlichen Nachfrage ergeben sich vier verschiedene Szenarien, die sich als Matrix darstellen lassen:

	Wenn N_{ges} sinkt	Wenn N_{ges} steigt
Vollauslastung	• dann sinken Umsätze/Gewinne der U und damit Y • dann sinkt C_H (und ggf. steigt S_H) und damit sinken wiederum Umsätze/Gewinne der U → Produktion und ggf. I^{br} werden reduziert, Beschäftigung sinkt; ggf. Abbau von Überstunden, Sonderschichten → Y sinkt etc. • gleichzeitig sinken die Einnahmen von St aus T^{dir} und T^{ind}; zugleich hat St infolge der geringeren Beschäftigung ggf. höhere Ausgaben für Z_H → ggf. sinkt C_{St} und St verstärkt so den Rückgang der N_{ges} • gleichzeitig reduzieren sich die Risiken für das stabile Preisniveau → Preisstabilität	• dann steigen Umsätze/Gewinne der U und damit Y • dann steigt C_H (ggf. sinkt S_H) und damit steigen Umsätze/Gewinne der U → Produktion und ggf. I^{br} steigen, Beschäftigung steigt; ggf. Anwachsen von Überstunden, Sonderschichten → Y steigt weiter; ggf. sogar überproportional wegen Überstundenzuschlägen o. Ä. • gleichzeitig steigen die Einnahmen von St aus T^{dir} (wegen gestiegenem Y) und T^{ind} (wegen gestiegenem C_H); zugleich hat St aufgrund der höheren Beschäftigung niedrigere Ausgaben für Z_H → ggf. steigt C_{St} und St verstärkt so den Anstieg der N_{ges} • gleichzeitig nehmen die Risiken für das stabile Preisniveau stark zu, da N_{ges} z. T. über A_{ges} liegt → Inflationsgefahr

	Wenn N_{ges} sinkt	Wenn N_{ges} steigt
Unterauslastung	• dann sinken Umsätze/Gewinne der U und damit Y noch stärker • dann sinkt C_H (und ggf. steigt S_H: Angstsparen) weiter und damit verringern sich wiederum Umsätze/Gewinne der U → Produktion und I^{br} reduziert, Beschäftigung sinkt, Kurzarbeit und Arbeitslosigkeit steigen → Y sinkt weiter etc. • gleichzeitig sinken die Einnahmen von St aus T^{dir} und T^{ind} stärker; zugleich hat St aufgrund steigender Kurzarbeit und Arbeitslosigkeit deutlich höhere Ausgaben für Z_H → Finanzierungsengpass bei St kann Rückgang der N_{ges} verstärken • im Extremfall droht eine deflationäre Entwicklung	• dann steigen Umsätze/Gewinne der U und damit Y wieder an • dann steigt C_H (und ggf. sinkt S_H) und damit steigen wiederum Umsätze/Gewinne der U → Produktion und ggf. I^{br} werden erhöht, unterausgelastete Kapazitäten wieder aktiviert, Kurzarbeit abgebaut → Y steigt weiter • gleichzeitig steigen die Einnahmen von St aus T^{dir} (wegen gestiegenem Y) und T^{ind} (wegen gestiegenem C_H); zugleich hat St aufgrund der höheren Beschäftigung niedrigere Ausgaben für Z_H → ggf. steigt C_{St} und St verstärkt so den Anstieg der N_{ges} • bei moderater Entwicklung entstehen zunächst keine Risiken für die Preisstabilität
	→ kontraktiver Effekt	**→ expansiver Effekt**

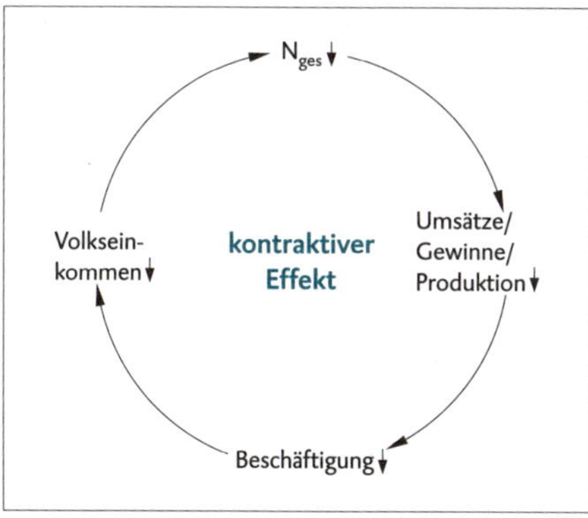

M 54a: Wirkungskette kontraktiver Effekt

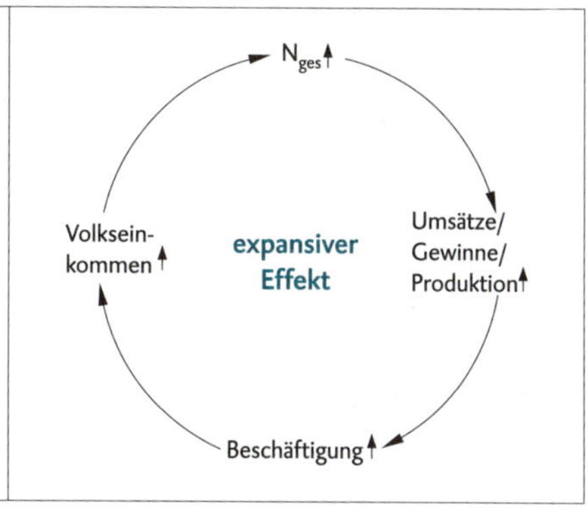

M 54b: Wirkungskette expansiver Effekt

Zusammenfassung: Bei unterausgelasteten Kapazitäten kann eine steigende N_{ges} einen expansiven Effekt auslösen und aus dem rezessiven Ungleichgewicht ins gesamtwirtschaftliche Gleichgewicht führen, mit positiven Wirkungen auf Einkommen, Beschäftigung und Staatshaushalt. Steigt N_{ges} jedoch bei voll ausgelasteten Kapazitäten übermäßig weiter, hat dies negative Nebenwirkungen wie z. B. Inflation, Produktionsengpässe u. ä. Eine sinkende N_{ges} wäre in dieser Situation im Hinblick auf die Preisstabilität und die Schonung von Ressourcen positiv. Sinkt N_{ges} aber übermäßig, führt dies zu einem stark kontraktiven Effekt mit negativen Auswirkungen auf Einkommen, Beschäftigung und Staatsfinanzen. Die Wirkung eines gestiegenen bzw. gesunkenen gesamtwirtschaftlichen Angebots kann je nach Ausgangslage analog erschlossen werden, indem man direkt beim Sektor U anfängt.

Es handelt sich also um ein sehr labiles System, bei dem ein dauerhaftes Gleichgewicht kaum vorstellbar ist. Empirisch kommt es daher immer wieder zu zyklusartigen Schwankungen der Wirtschaftsentwicklung, dem sogenannten Konjunkturzyklus (vgl. folgender Abschnitt).

1.4 Konjunkturtheorie

Der Begriff „Konjunktur": Geschichte und Definition

Der Begriff „Konjunktur" entstammt der Welt der Stoiker (3. Jh. v. Chr.): *„conjunctio rerum omnium"* heißt so viel wie „eine das Dasein geheimnis- und unheilvoll verknüpfende Schicksalskette". D. h., es geht um eine Serie von Ereignissen oder Entwicklungen, die miteinander verbunden sind. Übertragen auf die Wirtschaft wären das zusammenhängende wirtschaftliche Entwicklungen. Schwankungen im wirtschaftlichen Aktivitätsniveau wurden bereits sehr früh beobachtet, aber zunächst als Folge singulärer Ereignisse gedeutet. So gab es in den 1630er-Jahren in den Niederlanden die sogenannte Tulpen-Manie, bei der die Preise der als Liebhaber- und Statusobjekt gehandelten Tulpenzwiebeln erst übermäßig stiegen, um dann Anfang 1637 drastisch einzubrechen. Die Tulpen-Manie kann man als eine der ersten Spekulationsblasen an der Börse bezeichnen. Ein weiteres Beispiel ist die sogenannte *South-Sea-Bubble*, durch die sogar der bekannte Wissenschaftler Isaac Newton einen Großteil seines Vermögens verlor. Newton investierte sehr früh in die Aktie der South Sea Company und machte mit einem angemessenen Kapitaleinsatz in kurzer Zeit einen ansehnlichen Gewinn beim Verkauf der Aktien. Allerdings sah er dann, dass seine Freunde, die die Aktien erst später verkauften, damit ungleich viel mehr verdienten als er. Daher investierte Newton noch einmal einen viel höheren Betrag, teilweise sogar kreditfinanziert. Zu diesem Zeitpunkt war die „Blase" allerdings bereits am Platzen, d. h., der Aktienkurs fiel dramatisch und Newton erlitt einen Totalverlust, der ihn an den Rand des Ruins brachte (vgl. M 55). Er soll daraufhin sinngemäß gesagt haben: *„I can calculate the movement of heavenly bodies but not the madness of men."*[22]

Diese Aussage kann auch auf die Konjunkturtheorie übertragen werden, da es trotz zahlreicher Ansätze (vgl. S. 89 ff.) bisher keine Methode gibt, um die Konjunkturentwicklung zuverlässig vorherzusagen.

22 J. Grantham (2011): Quarterly Letter January 2011. http://financialinsights.files.wordpress.com/2011/01/cmsattachmentdownload-aspx.pdf

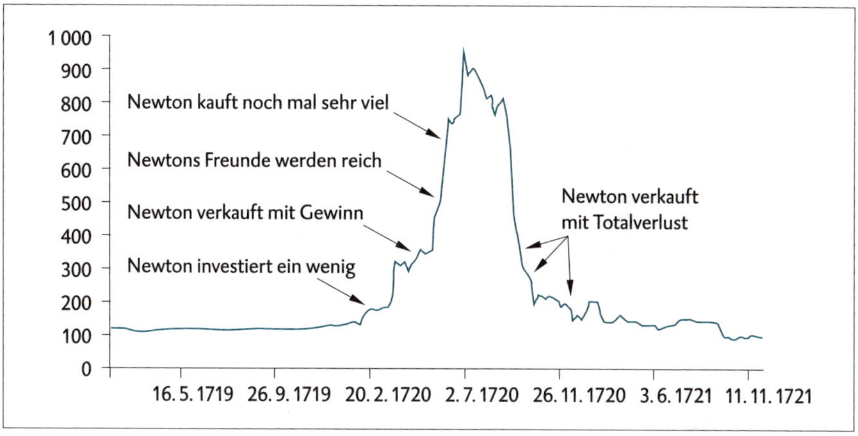

M 55: Isaac Newtons Albtraum: Die sogenannte South-Sea-Bubble

Wie auf den eben beschriebenen Einzelmärkten stehen sich auch in der Gesamtwirtschaft Angebot und Nachfrage gegenüber, durch deren Ungleichgewicht die Wirtschaftsentwicklung Anstiege und Einbrüche aufweist. Betrachtet man die Wirtschaftsentwicklung verschiedener Industrienationen seit dem Zweiten Weltkrieg, erkennt man mehr oder weniger regelmäßige Schwankungen, so auch in Deutschland (vgl. M 56).

Erst die Erkenntnis der Regelmäßigkeit begründete die Konjunkturtheorie. Die Ökonomen Gottfried Haberler und Arthur Spiethoff entwickelten das ökonomische Konjunkturphasenmodell, auf dem die heute verwendeten Modelle basieren (vgl. M 59). Allerdings hat das Modell mittlerweile auch Kritiker: Geht man davon aus, dass die Schwankungen der Wirtschaft nicht regelmäßig wiederkehren, ist das Konzept einer Konjunkturtheorie überflüssig.

Laut Handbuch der Wirtschaftswissenschaften kann man Konjunktur folgendermaßen **definieren:** Konjunkturen sind **mehrjährige Schwankungen** der wirtschaftlichen Tätigkeit in einer **Volkswirtschaft als Ganzes**, die [...] gewisse **Regelmäßigkeiten** aufweisen[23].

Kurz gefasst kann man sie also als das regelmäßige Auf und Ab in der wirtschaftlichen Entwicklung bezeichnen. Umgangssprachlich wird abweichend davon der Begriff Konjunktur in der Regel nur für positive Entwicklungen eingesetzt: etwas hat „Konjunkur".

23 H.-J. Vosgerau: Handbuch der Wirtschaftswissenschaften Bd. 4, Art. „Konjunkturtheorie"

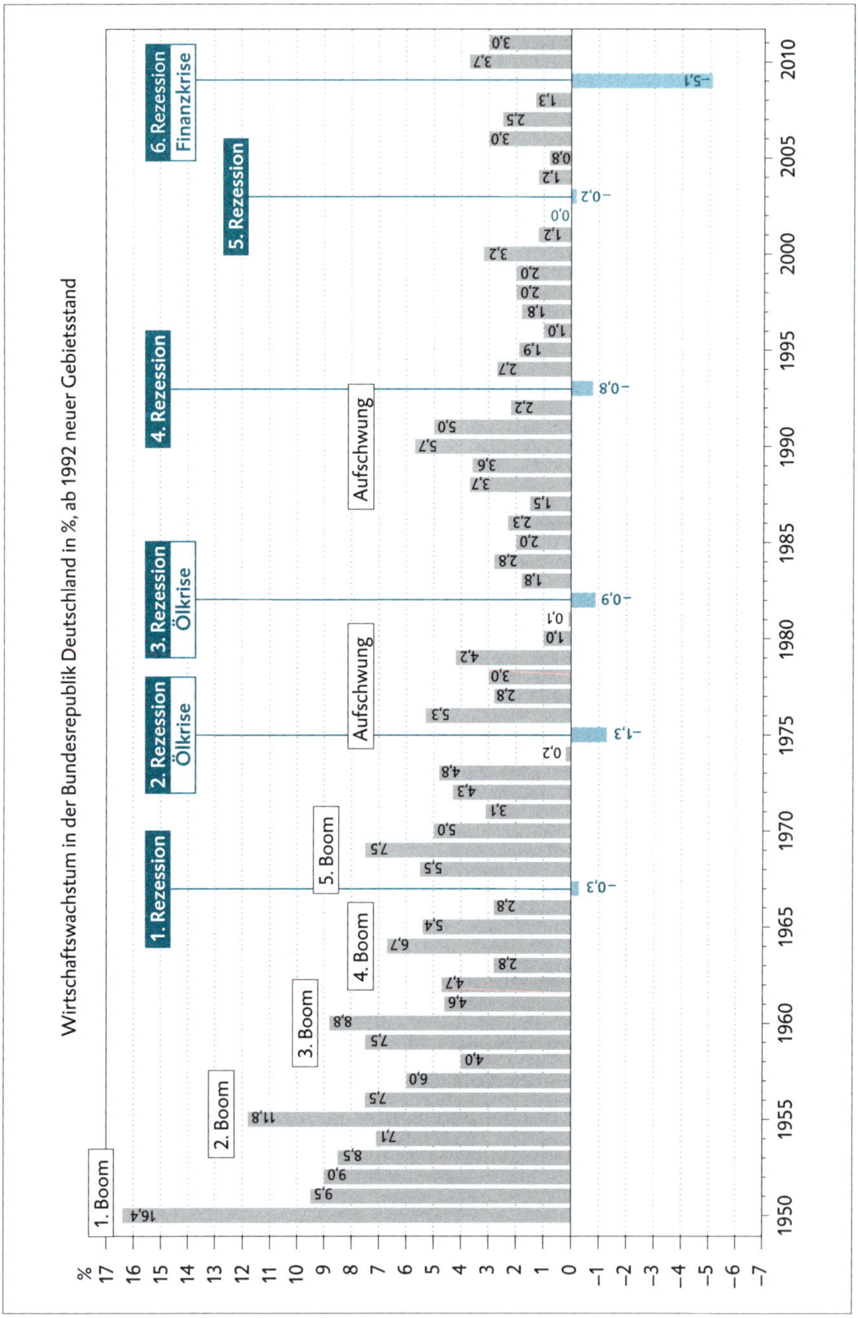

M 56: Konjunkturwellen 1950–2011

Typen wirtschaftlicher Schwankungen

Wirtschaftliche Schwankungen werden nach **Ursache**, **Dauer** und **Stärke** unterschieden.

Die kürzesten Schwankungen sind häufig auch am unmittelbarsten zu erkennen und lassen sich relativ leicht erklären: **Saisonale Schwankungen** entstehen durch regelmäßig wiederkehrende Veränderungen oder Ereignisse im Jahresablauf, z. B. Veränderungen des Wetters mit den Jahreszeiten, Ferienzeiten, Festtage und ähnliches, und beeinflussen häufig nur einzelne Branchen. So ist es leicht nachvollziehbar, dass die Baubranche im Winter bei Frostwetterlagen nur eingeschränkt arbeiten kann, während die Wintersportbranche und der Einzelhandel vor Weihnachten und im sogenannten Winterschlussverkauf „Hochkonjunktur" haben.

Der **Konjunkturzyklus im eigentlichen Sinne** dauert nach empirischen Beobachtungen etwa fünf Jahre (wobei Abweichungen um ein bis zwei Jahre möglich sind) und betrifft mindestens eine gesamte Volkswirtschaft. Mit fortschreitender internationaler Verflechtung im Zuge der Globalisierung übertragen sich Konjunkturschwankungen zunehmend weltweit, sodass ganze Regionen oder in engen Wirtschaftsbeziehungen stehende Nationen häufig ähnliche Zyklen aufweisen. Dass dies nicht so sein muss, zeigt die zum Teil sehr unterschiedliche Entwicklung innerhalb der EU in der Zeit nach der Finanzkrise (vgl. M 67). Für die Ursachen des eigentlichen Konjunkturzyklus gibt es zahlreiche Theorien (vgl. S. 93 f.).

Bereits in den 1920er-Jahren beschrieb der russische Wirtschaftswissenschaftler Nikolai Kondratjew sogenannte **lange Wellen** mit einer Dauer zwischen 50 und 60 Jahren. Diese werden durch bahnbrechende technische oder organisatorische Innovationen wie z. B. die Erfindung der Dampfmaschine oder die Einführung der arbeitsteiligen industriellen Fertigung verursacht, die einen Wachstumsschub auslösen. Bei der Einteilung der Kondratjew-Zyklen gibt es in der Literatur unterschiedliche Darstellungen. Allgemein geht man davon aus, dass sich die Industrienationen mittlerweile im 6. Kondratjew-Zyklus befinden (vgl. M 57). Man kann feststellen, dass die Innovationen, die eine lange Welle auslösen, immer abstrakter werden (z. B. Kommunikation und Information als Gut im 5. Zyklus im Vergleich zum Eisenbahnbau im 19. Jh.).

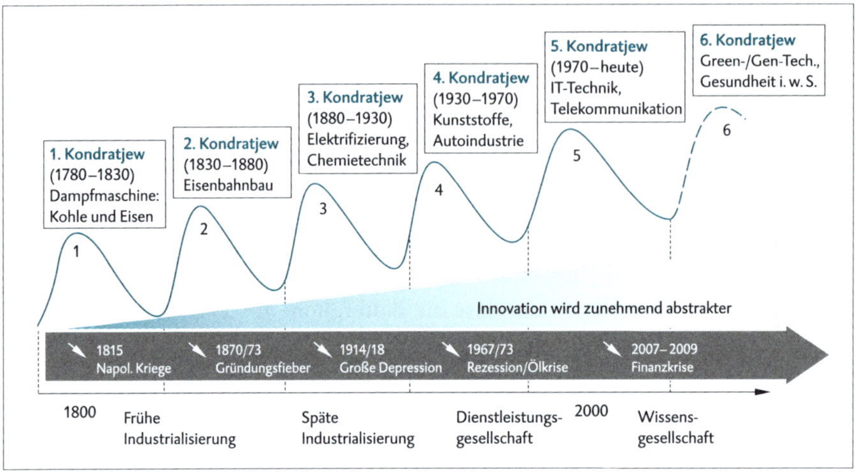

M 57: Kondratjew-Zyklen – Wohlstand in langen Wellen

Abgesehen von den zyklischen Schwankungen bewegt sich das Gesamtniveau der Wirtschaft mit ganz wenigen Ausnahmen grundsätzlich nach oben. Das Ausmaß des Wachstums schwankt zwar, echten Rückgang gibt es aber nur sehr selten (vgl. M 58). Allerdings nehmen die Zuwachsraten kontinuierlich ab. Verbindet man die Wachstumsspitzen (vgl. M 56), so erkennt man eine fallende Entwicklung. Verbindet man allerdings die absoluten Beträge des BIP für die einzelnen Jahre miteinander, so erhält man dennoch eine insgesamt steigende Linie (vgl. M 58). Dieser mehr oder weniger permanente Anstieg der Wirtschaftsleistung wird auch als **Trend** bezeichnet. Dieser dauerhaft steigende Trend ist u. a. Gegenstand der Kritik am Wirtschaftswachstum (vgl. S. 36).

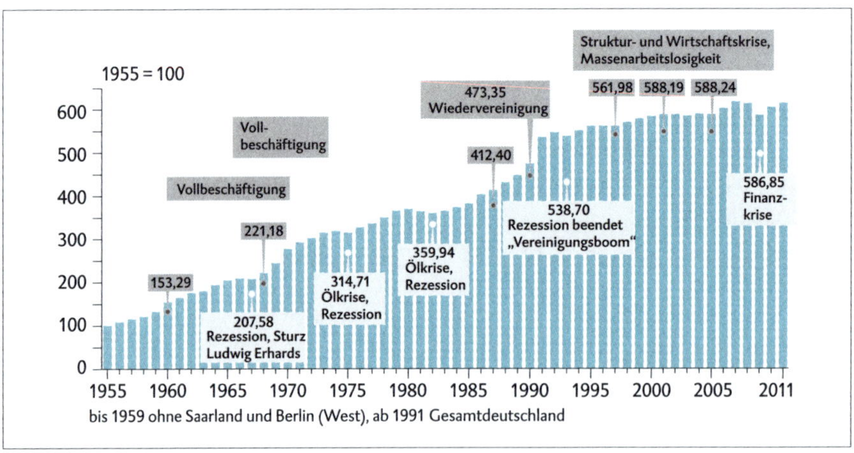

M 58: Reale Entwicklung der Wirtschaftsleistung (des BIP) in Deutschland

Konjunkturindikatoren und deren Entwicklung im Konjunkturverlauf

Zyklusart	Ursache	Dauer	Stärke
saisonale Schwankungen	Wetter, Ferienzeiten, Festtage	< 1 Jahr	in der Regel auf einzelne Branchen beschränkt
Konjunkturzyklus i. e. S.	vgl. S. 93 f. Konjunkturtheorien	ca. 5 Jahre	eine gesamte Volkswirtschaft
Lange Wellen (Kondratjew)	umwälzende technische/ organisatorische Neuerungen	ca. 50 Jahre	alle Industrienationen
Trend	langfristige Bewegung in eine Richtung, Entwicklungstendenz, „Wachstumspfad“		

Die Phasen des Konjunkturzyklus i. e. S

Neben Haberler und Spiethoff arbeitete maßgeblich der Ökonom Joseph Alois Schumpeter am Modell des Konjunkturzyklus. Das gängige Modell hat vier Phasen: **Aufschwung**, **Boom**, **Abschwung** und **Rezession** bzw. Depression. Da sich die Stellen, an denen der Aufschwung in den Boom übergeht bzw. der Abschwung in die Rezession, nur schwer feststellen lassen, geht man vielfach auch von einem zweigeteilten Zyklus mit einer Aufschwungphase bis zum oberen Wendepunkt und einer Abschwungphase bis zum unteren Wendepunkt aus. Auch die Bezeichnungen der einzelnen Phasen weichen je nach Quelle voneinander ab. Beispiele:

- Phase 1: Aufschwung, Expansion, Erholung, Prosperität
- Phase 2: Hochkonjunktur, Boom, oberer Wendepunkt
- Phase 3: Abschwung, Rezession, Krise, Kontraktion
- Phase 4: Talsohle, Konjunkturtal, Konjunkturtief, Rezession, Depression, unterer Wendepunkt

Als Maßgröße wird entweder der Auslastungsgrad der Wirtschaft oder das BIP verwendet. Der Aufschwung ist die Phase zunehmender BIP-Wachstumsraten, die im Boom abflachen und schließlich den Höhepunkt überschreiten. Im Abschwung nehmen die BIP-Zuwachsraten ab, d. h., die Wirtschaft verlangsamt ihr Wachstum. In der Rezession erreichen sie ihren Tiefstand, wobei hier auch echte Minus-Beträge möglich sind, d. h., das BIP des aktuellen Jahres kann absolut niedriger sein als das des Vorjahres, sodass die Wirtschaftsleistung real schrumpft (vgl. „Minuswachstum“, S. 32).

Etwas problematisch ist, dass die Bezeichnung Rezession sowohl für den Abschwung als auch für die Talsohle der Wirtschaftsentwicklung verwendet wird. Eine heute gängige Eingrenzung geht davon aus, dass man bei rückläufigen Wachstumszuwächsen generell von Rezession spricht und nur dann von einer Depression, wenn über mehrere Jahre hinweg negative Veränderungsraten des BIP vorliegen, sodass das BIP absolut sinkt und die Wirtschaft über mehrere Perioden schrumpft.

Neben dem BIP verwendet die Konjunkturtheorie zahlreiche andere Größen, um den Konjunkturzyklus zu beschreiben, zu analysieren und v. a. zu prognostizieren. Diese gesamtwirtschaftlichen Größen werden als Konjunkturindikatoren bezeichnet.

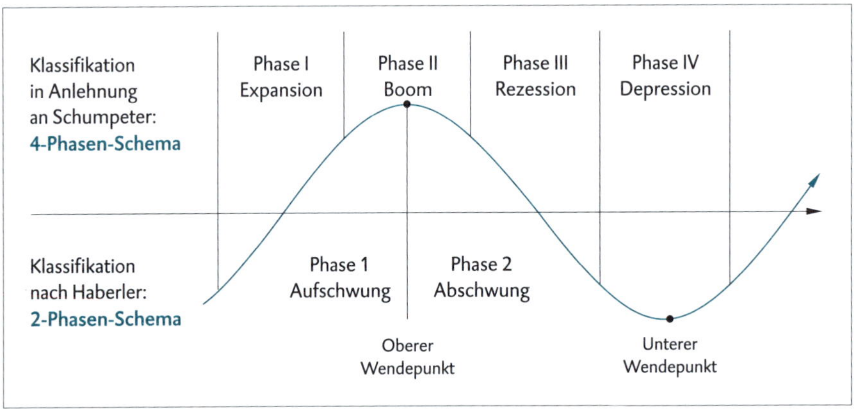

M 59: Die Phasen des Konjunkturzyklus

Die wichtigsten Konjunkturindikatoren

Definition: Konjunkturindikatoren sind Maßgrößen in Form von statistischen Datenreihen, die wirtschaftliche Entwicklungsvorgänge zeigen.

Konjunkturindikatoren kann man nach verschiedenen Kriterien gliedern. Nach ihrer **zeitlichen** Aussagekraft unterscheidet man:

- **Frühindikatoren:** gesamtwirtschaftliche Maßgrößen, die der Konjunkturentwicklung zeitlich vorangehen (englisch: *leaders*)
- **Präsenzindikatoren:** zur Konjunkturentwicklung parallel laufende Maßgrößen (englisch: *coinciders*)
- **Spätindikatoren:** der Konjunkturentwicklung zeitlich nachlaufende Maßgrößen (englisch: *laggers*)

Daneben kann man auch die **zugrunde liegenden Größen** zur Unterteilung verwenden: Preis- bzw. Kostenindikatoren werden in Geldeinheiten ausgedrückt, Mengenindikatoren z. B. in Stück- oder Personenzahlen. Die gängigen Konjunkturindikatoren sind daher in der Regel Mengenindikatoren.

- **Preis**- bzw. **Kostenindikatoren** zeigen nicht primär die konjunkturelle Entwicklung an, sondern die Preisentwicklung (Verteuerung/Verbilligung) bestimmter Güter bzw. Dienstleistungen im Zeitablauf, z. B. die Entwicklung von Rohstoffpreisen, Löhnen und Gehältern sowie Zinsen.
- **Mengenindikatoren** haben v. a. im Produktionsbereich Bedeutung, z. B. Auftragseingang, Kapazitätsauslastung und Arbeitslosenzahl.

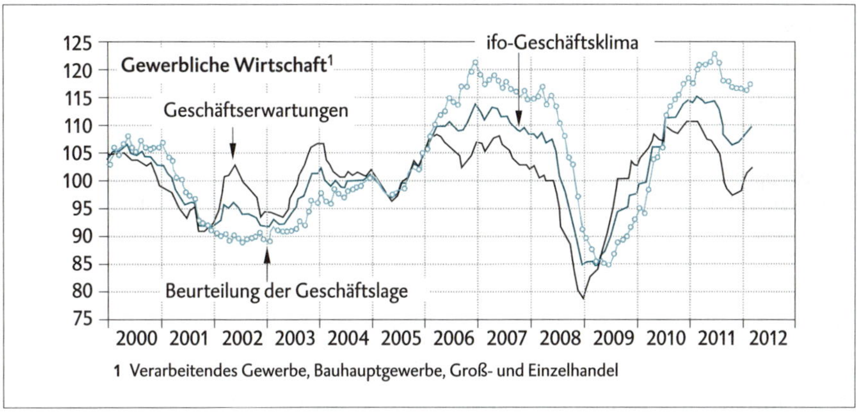

M 60: ifo-Geschäftsklima Deutschland (Februar 2012); Indexwerte, 2005 = 100, saisonbereinigt

Obwohl man erwarten würde, dass Preise, Löhne, Beschäftigung und Arbeitslosigkeit Präsenzindikatoren sind, hinken sie der Konjunkturentwicklung in der Regel deutlich hinterher, d. h., sie verhalten sich atypisch. Das liegt daran, dass die Preise stark an die Löhne gekoppelt sind und Lohn-/Gehaltsverhandlungen in Deutschland durch die Tarifparteien nicht laufend, sondern nur in größeren Abständen erfolgen, sodass Löhne und Gehälter in Tarifverträgen über längere Zeiträume festgeschrieben werden (vgl. auch Lohn-Preis-Spirale, S. 130). Bei Beschäftigung und Arbeitslosigkeit verzögert sich die Reaktion einerseits durch umfassende Kündigungsschutzregelungen in Deutschland, die sowohl sofortige Entlassungen verhindern als auch Arbeitgeber von sofortigen Einstellungen bei einem leichten Aufschwung abhalten. Andererseits sind qualifizierte Mitarbeiter auch Humankapital für Unternehmen, von dem man sich nicht wegen jedem kleineren Konjunktureinbruch trennt (vgl. S. 115 ff.).

Verhalten der Konjunkturindikatoren in den Phasen des Konjunkturzyklus

	Aufschwung	Boom	Abschwung	Rezession
Auftragseingang/ Auftragslage	steigt/hoch	hat Spitze überschritten	sinkt deutlich bis auf niedrigen Wert	nimmt allmählich wieder zu
ifo-Geschäftsklima-Index Erwartungen	steigt/hoch	hat Spitze überschritten	sinkt deutlich/niedrig	steigt
ifo-Geschäftsklima-Index Lage	steigt	hoch	sinkt	niedrig
ifo-Geschäftsklima-Index gesamt	steigt/hoch	hat Spitze überschritten	sinkt deutlich	beginnt zu steigen
Umsatz-/Gewinn-entwicklung	steigt	hoch	sinkt	schwach
Industrieproduktion/Kapazitäts-auslastung	steigt	hoch; Überaus-lastung	sinkt	niedrig, Unteraus-lastung, Kurzarbeit
Privater Verbrauch	steigt	hoch	sinkt allmählich	niedrig
Investitionen (I^{ers}; I^{n})	steigen	haben ggf. Spitze überschritten	sinken	erreichen Tiefpunkt
Beschäftigung	niedrig; steigt allmählich	steigt	erst hoch, später Rückgang	sinkt deutlich
Arbeitslosenzahl/ -quote	hoch, reagiert noch nicht	sinkt	niedrig, erreicht Tiefstand	steigt deutlich
Einkommens-entwicklung	schwach, rea-giert noch nicht	Einkommen steigen	Einkommen steigen noch	Einkommen stagnieren
BIP monatlich/ quartalsweise	steigt	hoch, aber abflachend	sinkt zunehmend	sinkt, erreicht Tiefstand
BIP jahresweise	steigt	hoch	sinkt	erreicht Tiefpunkt
Lagerbestände	nehmen ab	gering	nehmen zu	hoch
Verbraucherpreis-index	niedrig, rea-giert zunächst noch nicht	steigt	steigt zunächst weiter (atypisch!), flacht dann ab	sinkt
Zinsniveau	steigt allmählich	steigt deutlich	sinkt allmählich	sinkt, erreicht Tiefstand

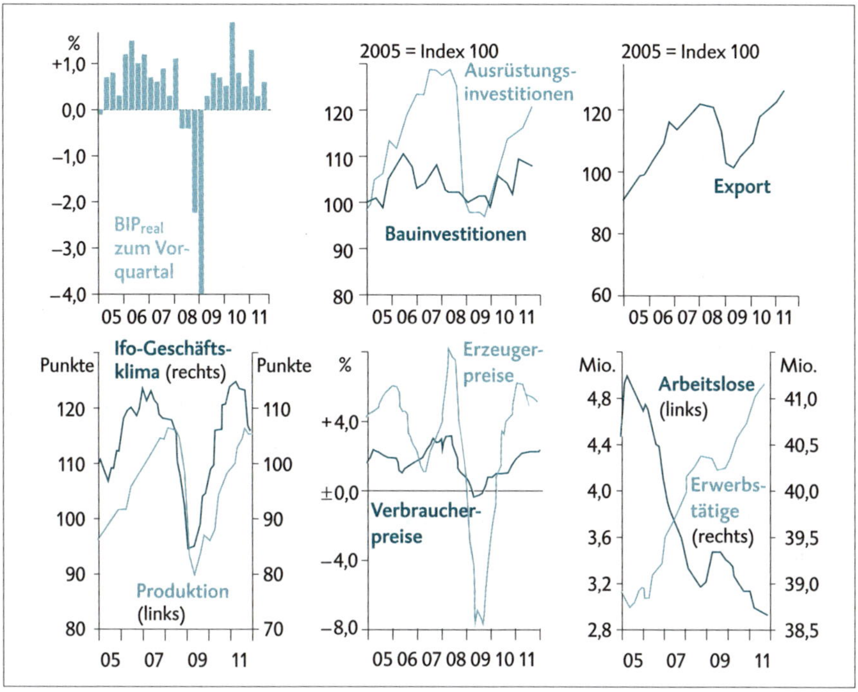

M 61: F.A.Z.-Konjunkturbericht Deutschland

Aussagekraft von Konjunkturindikatoren

Natürlich kann man mit Konjunkturindikatoren die vergangene Konjunkturentwicklung beschreiben. Ob und wie genau insbesondere mit Frühindikatoren der **künftige Verlauf** prognostiziert werden kann, ist allerdings umstritten. Die Gesellschaft für Konsumforschung (GfK) ermittelt beispielsweise monatlich den sogenannten Konsumklimaindex für Deutschland, der die Kaufneigung der privaten Haushalte messen soll. Der Index ergibt sich aus der Saldierung der positiven und negativen Antworten auf die folgenden Fragen:

- Konjunkturerwartung: „Was glauben Sie, wie wird sich die allgemeine wirtschaftliche Lage in den kommenden zwölf Monaten entwickeln?“ (verbessern – gleich bleiben – verschlechtern)
- Einkommenserwartung: „Wie wird sich Ihrer Ansicht nach die finanzielle Lage Ihres Haushalts in den kommenden zwölf Monaten entwickeln?“ (verbessern – gleich bleiben – verschlechtern)
- Konsum- und Anschaffungsneigung: „Glauben Sie, dass es zurzeit ratsam ist, größere Anschaffungen zu tätigen?“ (Der Augenblick ist günstig – weder günstig noch ungünstig – ungünstig)

	November 2010	Oktober 2011	November 2011
Konjunkturerwartung	56,0	−6,2	−7,2
Einkommenserwartung	36,0	36,5	31,1
Anschaffungsneigung	22,5	31,2	40,3
Konsumklima	5,2	5,3	5,4

M 62: Konsumklimaindex November 2011

In M 62 steigt trotz rückläufiger Konjunktur- und Einkommenserwartung die Anschaffungsneigung weiter. Da der Gesamtindex aus den drei Teilgrößen ermittelt wird, kommt es – gerade bei derartigen gegenläufigen Entwicklungen – immer wieder dazu, dass der Gesamtindex nicht wirklich zuverlässig die tatsächliche Konsumneigung wiedergibt. Die Teilindizes sind aussagekräftiger.

Ähnlich ist es mit Indikatoren, deren Veränderung keine eindeutigen Rückschlüsse zulassen oder die sich **atypisch** verhalten.

Während der Auftragseingang beispielsweise ein sehr zuverlässiger Frühindikator ist, verhalten sich Arbeitslosigkeit und Beschäftigung nicht nur zeitlich atypisch (vgl. S. 88), sondern weisen auch in der Realität z. T. unerwartete Entwicklungen auf. So sank die Arbeitslosigkeit in Deutschland trotz der Finanz- und Wirtschaftskrise in den Jahren seit 2008 nahezu kontinuierlich auf einen neuen Tiefstand Ende 2011 (vgl. M 9).

Wie stark Prognose und Realität voneinander abweichen können, zeigt der Vergleich der Daten für 2011 mit der Prognose aus dem Herbst 2010:

Reales BIP[1] in %
2011 2,2

Verbraucherpreise[1] in %
2011 1,4

Arbeitslosenquote[1] in %
2011 7,0

Öffentliches Defizit[1] in % des BIP
2011 2,4

Verwendung des BIP[1]		2011
Reales BIP		2,2
• **Inlandsnachfrage**		1,9
Konsumausgaben		1,5
Privater Konsum		1,6
Staatskonsum		1,0
Ausrüstungsinvestitionen		6,0
Bauinvestitionen		1,8
Sonst. Anlageinvestitionen		6,5
• **Export**		6,7
• **Import**		6,8
Arbeitsmarkt		
Erwerbstätige	(Mio.)	40,8
Arbeitslose	(registr. Tsd.)	2 968
Arbeitslosenquote	(%)	7,0

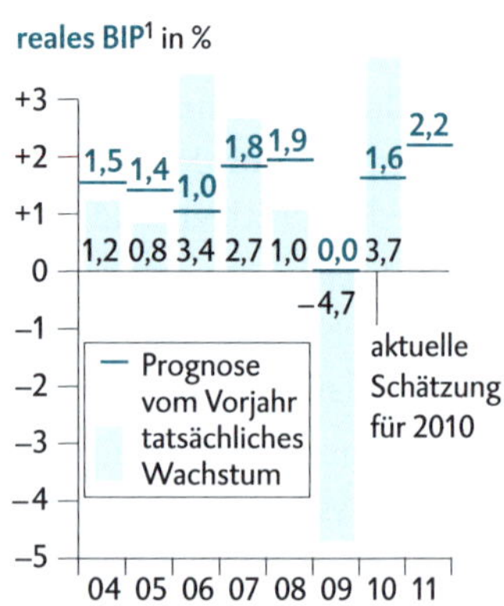

1 Veränderung zum Vorjahr in %

M 63: Konjunkturprognose des Sachverständigenrats vom Herbst 2010 für 2011

	BIP_{real} (Veränderung zum Vorjahr)	Verbraucherpreise (Veränderung zum Vorjahr)	Arbeitslosenquote	Privater Verbrauch (Veränderung zum Vorjahr)	Staatsdefizit in % des BIP
Prognose	2,2	1,4	7,0	1,6	2,4
Reale Werte	3,0	2,3	7,1	1,5	1,0

M 64: Vergleich der Prognosewerte und der realen Werte (Stand 2/2012), Angaben in Prozent

Während die Entwicklung auf dem Arbeitsmarkt und beim Privaten Verbrauch gut getroffen wurde, liegt der prognostizierte Anstieg beim Wirtschaftswachstum und bei der Inflationsrate deutlich unter den real erreichten Werten und beim Staatsdefizit zu hoch. Der rechte Teil von M 63 und M 65 zeigen auch, dass die Prognosen für das BIP regelmäßig deutlich von den realen Werten abweichen.

Die Unzuverlässigkeit der Prognosen hat verschiedene Ursachen. Neben **methodischen Problemen** bei Indikatoren an sich (z. B. Konsumklimaindex) oder bei deren Vorhersehbarkeit aufgrund **zeitlicher Verschiebungen** (z. B. Inflationsrate, Arbeitslosenzahl) sind es vor allem **externe Faktoren** (politische Entscheidungen, optimistische/pessimistische Zukunftserwartungen) bis hin zu **externen Schocks** (Finanzkrise, Naturkatastrophen), die unerwartete Entwicklungen auslösen können. So ging man selbst in der Gemeinschaftsprognose der Wirtschaftsforschungsinstitute bis Herbst 2008 noch von einem positiven Wirtschaftswachstum aus, ohne vorherzusehen, dass die Finanz- und

Prognose für	Gutachten vom	BIP-Wachstum (in %) Prognose	tatsächlich
2005	Frühjahr 2004	1,5	0,8
	Herbst 2004	1,5	
	Frühjahr 2005	0,7	
	Herbst 2005	0,8	
2006	Frühjahr 2005	1,5	3,4
	Herbst 2005	1,2	
	Frühjahr 2006	1,8	
	Herbst 2006	2,3	
2007	Frühjahr 2006	1,2	2,7
	Herbst 2006	1,4	
	Frühjahr 2007	2,4	
	Herbst 2007	2,6	
2008	Frühjahr 2007	2,4	1,0
	Herbst 2007	2,2	
	Frühjahr 2008	1,8	
	Herbst 2008	1,8	
2009	Frühjahr 2008	1,4	–4,7
	Herbst 2008	0,2	
	Frühjahr 2009	–6,0	
	Herbst 2009	–5,0	
2010	Frühjahr 2009	–0,5	3,6
	Herbst 2009	1,2	
	Frühjahr 2010	1,5	
	Herbst 2010	3,5	

M 65: Gemeinschaftsprognosen der Wirtschaftsforschungsinstitute und Realität

Wirtschaftskrise den deutlichsten Wachstumsrückgang seit der Gründung der Bundesrepublik Deutschland verursachen würde (vgl. M 65). Dagegen rechnete selbst im Frühjahr 2010 niemand mit der überaus positiven Entwicklung für dieses Jahr, da nicht absehbar war, dass psychologische Faktoren wie der anhaltende Optimismus in der deutschen Bevölkerung und damit der stabile private Konsum der Krise so stark entgegenwirken würden. Generell kommen die Prognosen der Realität natürlich im vierten Quartal immer am nächsten, es gibt aber trotzdem noch z. T. deutliche Abweichungen (z. B. 2006 oder 2008 vgl. M 65).

Ungeachtet dessen, dass die Prognosen immer kritisch als solche zu betrachten sind, ist die Wirtschaftspolitik auf Analysen und Prognosen durch den Sachverständigenrat und unabhängige Wirtschaftsforschungsinstitute angewiesen, um rechtzeitig wirtschaftspolitische Entscheidungen treffen und Maßnahmen ergreifen zu können.

Zusammenfassung

Indikator	Indikator-Art	Aussagekraft/Bemerkungen
Auftragslage/-eingang	Früh~	sehr zuverlässig; allerdings können Aufträge auch storniert werden
ifo-Geschäftsklima-Index Erwartungen	Früh~	sehr zuverlässig
Kapazitätsauslastung/ Industrieproduktion	Präsenz~	sehr zuverlässig
Umsatz-/Gewinn-entwicklung	Präsenz~	sehr zuverlässig; ggf. hinken Gewinne etwas hinterher
Privater Verbrauch	Präsenz~	sehr zuverlässig
Investitionen: Netto ~ Investitionen: Ersatz ~	Früh~/Präsenz~	Nettoinvestitionen können Frühindikator sein, wenn man der Angebotstheorie folgt; sie können aber auch Präsenzindikator sein, da die Investitionsbereitschaft an die Geschäftsentwicklung geknüpft ist. Sie sind auf jeden Fall ein Impuls für weiteres Wachstum. Ersatzinvestitionen haben geringe Aussagekraft.
Arbeitslosenzahl/-quote	Spät~	Entlassungen erfolgen in der Regel mit deutlicher Verzögerung (außer bei atypischen Arbeitsverhältnissen wie z. B. Zeitarbeit)
Beschäftigung	Spät~	Einstellungen erfolgen erst, wenn freie Kapazitäten ausgeschöpft, ggf. Überstunden eingesetzt wurden und der Aufschwung sich als nachhaltig erweist

Verbraucherpreisindex	Spät~	reagiert nicht nur auf veränderte Nachfrage und Produktionskosten, sondern deutlich verzögert v. a. auf erhöhte Löhne und Gehälter nach Tarifverhandlungen
Einkommensentwicklung (Löhne/Gehälter)	Spät~	hinkt deutlich hinterher, da erst in den Folge-Tarifverhandlungen auf die Entwicklung reagiert werden kann
Lagerhaltung	Präsenz~	keine eindeutigen Aussagen mgl., da Lager unfreiwillig oder bewusst aufgestockt/abgebaut werden können
BIP monatlich/quartalsweise	Präsenz~	zuverlässig
Zinsniveauveränderung	Präsenz~	wichtiger Faktor, aber kein zwingender Zusammenhang

Konjunkturtheorien

Seitdem die Konjunktur Gegenstand der Wirtschaftswissenschaften ist, wurden zahlreiche Theorien zur Erklärung wirtschaftlicher Schwankungen entwickelt, die von wirtschaftswissenschaftlichen Begründungen bis hin zur Chaostheorie reichen. Man unterscheidet dabei endogene und exogene Theorien:

- **Endogene Theorien** gehen davon aus, dass die wirtschaftlichen Schwankungen in der Wirtschaft selbst begründet sind.
- **Exogene Theorien** gehen davon aus, dass die Schwankungen durch äußere Faktoren, die nicht in der Wirtschaft selbst liegen, verursacht werden.

Da auch exogene Faktoren schließlich Reaktionen in der Wirtschaft hervorrufen, lassen sie sich letztendlich auf Ungleichgewichte zwischen Angebot und Nachfrage zurückführen, nur dass der Impuls von außen kommt. Seit Mitte des 20. Jh. ist klar, dass die Schwankungen in der Regel nie auf nur eine Ursache zurückzuführen sind, sondern durch das komplexe Zusammenspiel verschiedener Faktoren verursacht werden. Einige gängige Erklärungsansätze:

- **Rein monetäre Theorie:** Zinssenkungen führen zu einer Ausweitung der Kreditnachfrage und der Investitionstätigkeit, die einen Aufschwung auslösen. Zinserhöhungen haben den umgekehrten Effekt. (In der Realität genügt der Faktor Zins alleine nicht.)
- **Unterkonsumtionstheorie:** Schwankungen von N_{ges} infolge einer ungünstigen Einkommensverteilung und -verwendung führen zu einer Nachfragelücke (zu hohe Spar-/zu niedrige Konsumquote), die über negative Multiplikatorprozesse einen Abschwung auslöst (vgl. S. 71 f.).
- **Überinvestitions-/Überproduktionstheorie:** Beispielsweise Zinssenkungen führen zu einer übermäßigen Ausweitung der Produktions(kapazität), der keine entsprechende Nachfragesteigerung gegenübersteht. Das Un-

gleichgewicht resultiert in ungeplanter Lagerhaltung mit negativen Multiplikatorprozessen (vgl. S. 71 f.).

- **Technologische Theorie:** Innovationen, d. h. die unternehmerische Umsetzung von Erfindungen, gelten als Ursache für Konjunkturschwankungen.
- **Psychologische Theorie:** Der Einfluss optimistischer/pessimistischer ökonomischer sowie politischer Erwartungen führt zu Multiplikatorprozessen und zu einer sogenannten *self-fulfilling prophecy*.
- **Kosmisch-physikalische Theorien:** Wetterzyklen, der Flügelschlag eines Schmetterlings im Regenwald (Chaostheorie) oder Sonnenflecken werden als Impulse für Ungleichgewichte betrachtet.
- **Theorie der externen Schocks:** Kriege, Naturkatastrophen, Rohstoffknappheit, Spekulationen, politische Veränderungen oder demografische Verwerfungen führen zu Ungleichgewichten.

1.5 Grenzen der Konjunkturanalyse für langfristige Entwicklungen

Laut Expertenaussagen ist der Wetterbericht heutzutage zuverlässiger als Konjunkturprognosen, die allenfalls eine Trefferwahrscheinlichkeit von 30 % haben. „Während beispielsweise die Meteorologie in der Vergangenheit signifikante Fortschritte gemacht hat, verläuft die Lernkurve der Konjunkturforscher eher flach. ‚In den letzten 40 Jahren gab es so gut wie keine qualitativen Fortschritte‘ [...] Und auch wenn die Orakel immer größere Datensätze verwenden, hat sich die Qualität ihrer Vorhersagen kaum verbessert. [...] In einem Casino auf Rot oder Schwarz zu setzen ist erfolgversprechender.“[24]

Aussagen wie diese, d. h., dass bereits Konjunkturprognosen über kurze Zeiträume wenig zuverlässig sind, legen nahe, dass längerfristige Aussagen noch problematischer sind. Die **Konjunkturanalyse** an sich ist schon per definitionem **kurzfristig** angelegt, da ihre Methoden und Indikatoren – selbst wenn sie Frühindikatoren sind – keine zuverlässigen Aussagen über **längerfristige Veränderungen** wie z. B. technische Neuerungen (vgl. oben Kondratjew-Zyklen) oder politische Veränderungen (z. B. Wiedervereinigung) beinhalten oder zulassen. In den Wirtschaftswissenschaften werden daher langfristige Veränderungen wie z. B. der „Wachstumspfad“ einer Volkswirtschaft in der Regel nicht im Rahmen der Konjunkturanalyse untersucht, sondern in einer eigenen wissenschaftlichen Sparte, der **Wachstumsforschung** (vgl. M 66).

24 M. Dettmer (2008): Zukunft im Rückspiegel. In: Der Spiegel 52/2008.

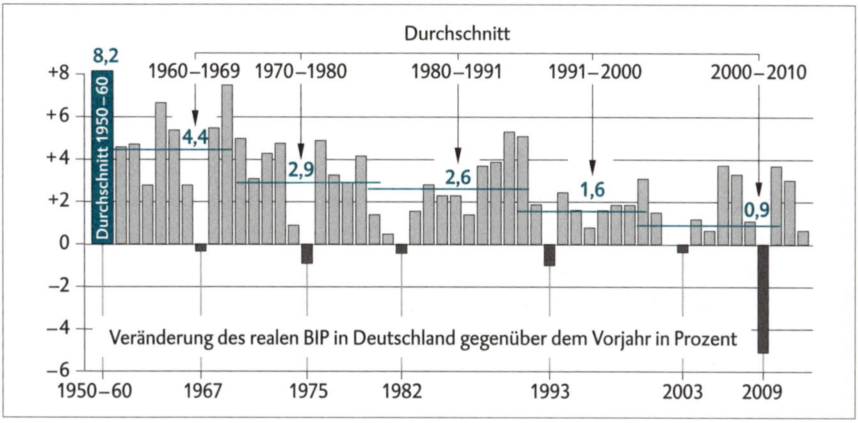

M 66: Der Wachstumspfad der deutschen Wirtschaft

Tatsächlich sind die kurz- und die langfristige Wirtschaftsentwicklung in bestimmten Bereichen vielfach eng miteinander verbunden, sodass es mittlerweile Ansätze gibt, kurzfristige Konjunkturmodelle und langfristige Wachstumsmodelle zusammenzuführen sowie **Konjunktur- und Wachstumseffekte** gemeinsam zu untersuchen.[25] So werden z. B. Faktoren als Indikatoren verwendet, die kurzfristige Konjunkturimpulse setzen und gleichzeitig Schlüsselgrößen der Wirtschaft verändern, sodass auch langfristige Effekte zu erwarten sind. Beispiele hierfür sind Indikatoren wie „Investitionen in Forschung und Entwicklung" oder „gesellschaftlich-politische Rahmenbedingungen".

Es gibt aber Entwicklungen und Indikatoren, die **zeitlich nicht kalkulierbar** sind oder nur **kurzfristig** auf die Konjunktur einwirken. Externe Schocks wie Naturkatastrophen oder Ölkrisen bleiben rein kurzfristige Phänomene, wenn sie mehr oder weniger vollständig überwunden werden, theoretisch können sie aber auch dauerhafte Veränderungen bewirken. Gesellschaftlich-politische Ereignisse und Entwicklungen wie die Wiedervereinigung oder die europäische Einigung können kurzfristig die Erwartungen der Wirtschaftssubjekte positiv/negativ beeinflussen und damit auch die Konjunktur. Ihre langfristigen Auswirkungen sind oft nur schwer vorhersagbar. So hat die Gemeinschaftswährung Euro nach anfänglicher Skepsis jahrelang ausschließlich positive Wachstumsimpulse gegeben. Welchen Effekt die Krise der sogenannten PIIG-Staaten (Portugal, Irland, Italien, Griechenland) haben wird, lässt sich aber noch nicht abschätzen. Das verdeutlicht auch der Blick in die jüngste Vergangenheit: Die Finanzkrise 2008/2009 hatte in den EWU-Ländern sehr unterschiedliche

25 z. B. Simulationsmodell des RWI. www.rwi-essen.de/forschung-und-beratung/wachstum-und-konjunktur/schwerpunkte/

Folgen. Obwohl in fast allen Ländern das Wirtschaftswachstum 2009 einbrach, war bereits ein Jahr später ein sehr unterschiedliches Bild zu erkennen (vgl. M 67). So erholte sich die deutsche Wirtschaft schnell und der Arbeitsmarkt entwickelte sich wieder positiv, während in Irland, Portugal und Griechenland eine deutlich stärkere Krise begann. Selbst in diesen Ländern verlief die Krise unterschiedlich: In Irland wuchs die Wirtschaft nach Einsatz des sogenannten **Rettungsschirms** (EFSF: Europäische Finanzstabilisierungsfazilität; vgl. M 129) bereits 2011 wieder, Portugal und v. a. Griechenland blieben „Sorgenkinder" (vgl. M 67) und lösten die Diskussion über die Einführung eines neuen, dauerhaften Rettungsschirms (ESM: **Europäischer Stabilitätsmechanismus**) aus.

	Arbeitslosigkeit (in % aller Erwerbstätigen)			Wachstum (Veränderung des BIP in %)			Haushaltsdefizit (in % des BIP)			Staatsverschuldung (in % des BIP)		
	2011	2012	2013	2011	2012	2013	2011	2012	2013	2011	2012	2013
Belgien	7,6	7,7	7,9	2,2	0,9	1,5	–3,6	–4,6	–4,5	97,2	99,2	100,3
Deutschl.	6,1	5,9	5,8	2,9	0,8	1,5	–1,3	–1,0	–0,7	81,7	81,2	79,9
Estland	12,5	11,2	10,1	8,0	3,2	4,0	0,8	–1,8	–0,8	5,8	6,0	6,1
Finnland	7,8	7,7	7,4	3,1	1,4	1,7	–1,0	–0,7	–0,7	49,1	51,8	53,5
Frankreich	9,8	10,0	10,1	1,6	0,6	1,4	–5,8	–5,3	–5,1	85,4	89,2	91,7
Griechenl.	16,6	18,4	18,4	–5,5	–2,8	0,7	–8,9	–7,0	–6,8	162,8	198,3	198,5
Irland	14,4	14,3	13,6	1,1	1,1	2,3	–10,3	–8,6	–7,8	108,1	117,5	121,1
Italien	8,1	8,2	8,2	0,5	0,1	0,7	–4,0	–2,3	–1,2	120,5	120,5	118,7
Luxemb.	4,5	4,8	4,7	1,6	1,0	2,3	–0,6	–1,1	–0,9	19,5	20,2	20,3
Malta	6,7	6,8	6,6	2,1	1,3	2,0	–3,0	–3,5	–3,6	69,6	70,8	71,5
Niederl.	4,5	4,7	4,8	1,8	0,5	1,3	–4,3	–3,1	–2,7	64,2	64,9	66,0
Österreich	4,2	4,5	4,2	2,9	0,9	1,9	–3,4	–3,1	–2,9	72,2	73,3	73,7
Portugal	12,6	13,6	13,7	–1,9	–3,0	1,1	–5,8	–4,5	–3,2	101,6	111,0	112,1
Slowakei	13,2	13,2	12,3	2,9	1,1	2,9	–5,8	–4,9	–5,0	44,5	47,5	51,1
Slowenien	8,2	8,4	8,2	1,1	1,0	1,5	–5,7	–5,3	–5,7	45,5	50,1	54,6
Spanien	20,9	20,9	20,3	0,7	0,7	1,4	–6,6	–5,9	–5,3	69,6	73,8	78,0
Zypern	7,2	7,5	7,1	0,3	0,0	1,8	–6,7	–4,9	–4,7	64,9	68,4	70,9

M 67: Prognosen für die Wirtschaftsentwicklung in den EWU-Staaten nach der Finanzkrise

Fazit: Typische **Konjunkturprognosen** beschränken sich auf einen Zeitraum von maximal eineinhalb Jahren und selbst in diesen Zeiträumen sind sie häufig unzuverlässig. Als Ursachen für die **fehlende Aussagekraft für langfristige Entwicklungen** kommen z. B. infrage:

- **ungeeignete oder fehlende Indikatoren** für langfristige Entwicklungen
- die **Überlagerung kurz- und langfristiger Zyklen**
- **außerökonomische Einflussfaktoren** wie externe Schocks oder gesellschaftlich-politische Veränderungen
- unzuverlässige, unvollständige oder falsche Ausgangsdaten durch **fehlerhafte Datenerhebung**
- Fehler im ökonometrischen **Prognosemodell**
- Fehler bei der **Dateninterpretation**

Grundsätzlich wäre es naiv anzunehmen, ein Phänomen wie die längerfristige Wirtschaftsentwicklung, die von einer Vielzahl ökonomischer, außerökonomischer und sogar psychologischer Faktoren beeinflusst wird, über einen längeren Zeitraum exakt prognostizieren zu können. Ungeachtet dessen nutzen sowohl die Wirtschaftspolitik als auch andere Wirtschaftssubjekte wie z. B. Unternehmen oder Investoren **Prognosen als Grundlage für Entscheidungen und Handlungen**, da sich historisch erwiesen hat, dass ein rein passives Beobachten des Wirtschaftsgeschehens grundsätzlich zu unerwünschten Entwicklungen führt. Es gibt allerdings Stimmen, die die Sinnhaftigkeit und **Machbarkeit von Prognosen** an sich infrage stellen. „Dem Versuch, die Wendepunkte der Konjunktur zu prognostizieren, könnte nämlich ein fundamentaler erkenntnistheoretischer Fehlschluss zugrunde liegen. Es könnte sein, dass das eigentliche Wesen der konjunkturellen Wenden gerade in ihrer Unvorhersehbarkeit liegt und dass insofern die Konjunkturtheorie sich von vornherein Unerreichbares vorgenommen hat. Dann wäre es zwar immer noch ein sinnvolles theoretisches Anliegen, diese Entwicklungen wenigstens im Nachhinein verstehen zu wollen. Die konjunkturelle Prognose aber könnte dann bestenfalls irrationale Wünsche befriedigen.“[26]

Der österreichische Ökonom und Nobelpreisträger Friedrich Hayek brachte die unmögliche Aufgabe folgendermaßen auf den Punkt: *„The curious task of economics is to demonstrate to men how little they really know about what they imagine they can design.“*

26 B. Wehner (2002): Die Logik der Konjunkturprognosen. www.reformforum-neopolis.de/files/konjunkturprognostik.pdf

Aufgaben

1 Zeichnen Sie das Kreislaufmodell einer offenen Volkswirtschaft mit staatlicher Aktivität und erläutern Sie die einzelnen Sektoren und Stromgrößen.

2 Erklären Sie, warum steigende Preise kurzfristig sowohl zu geringerem als auch zu höherem Konsum führen können.

3 Zeigen Sie die möglichen Auswirkungen eines autonomen Exportschubs mithilfe des Kreislaufmodells in Form einer schlüssigen Wirkungskette.

4 Grenzen Sie das BIP vom BNE ab und erläutern Sie den Unterschied.

5 Zeigen Sie anhand konkreter Maßnahmen, wie der Staat durch die Beeinflussung von Konsum und/oder Sparen einen expansiven oder einen kontraktiven Effekt auslösen könnte und wie sich dieser Effekt theoretisch selbst verstärken könnte. Erklären Sie, warum das nicht unbedingt der Fall sein muss.

6 Erläutern Sie Vorteile und Risiken eines expansiven bzw. eines kontraktiven Effekts. Gehen Sie dabei auch auf die Ziele des magischen Vierecks ein.

7 Erstellen Sie eine Übersicht nach dem folgenden Schema, in das Sie eintragen, wie sich die Indikatoren in den einzelnen Konjunkturphasen idealtypisch verhalten. Berücksichtigen Sie dabei auch den zeitlichen Bezug der Indikatoren.

	Aufschwung	Boom	Abschwung	Krise/Talsohle
Indikator 1	hoch	geht leicht zurück	sinkt deutlich	niedrig/Tiefstand

8 Zeigen Sie, wie man Konjunkturindikatoren nach ihrem zeitlichen Bezug zum Konjunkturzyklus systematisieren kann und ordnen Sie jeder Kategorie einen oder mehrere Indikatoren aus M 61 zu. Begründen Sie Ihre Zuordnung und schätzen Sie dabei die Zuverlässigkeit der gewählten Indikatoren ein.

9 Beschreiben und beurteilen Sie die in M 61 prognostizierte Wirtschaftsentwicklung 2009–2011 vor dem Hintergrund der wirtschaftspolitischen Ziele. Gehen Sie auch auf Zuverlässigkeit und Aussagekraft derartiger Prognosen ein.

2 Wirtschaftspolitische Grundkonzepte

Wirtschaftspolitik sollte neben den in der Konjunkturanalyse gewonnenen empirischen Erfahrungswerten aus der vergangenen Entwicklung und deren Erklärung immer eine wissenschaftliche Fundierung haben. Wie alle wissenschaftlichen Disziplinen bauen auch die modernen Wirtschaftswissenschaften auf alten Konzepten auf, die kritisiert und weiterentwickelt wurden. Ausgangspunkt der heute gängigen Konzepte ist die klassische Nationalökonomie.

2.1 Klassische Nationalökonomie und Neoklassik

Die klassische Nationalökonomie wurde Ende des 18., Anfang des 19. Jh. entwickelt und geht im Wesentlichen auf die Ideen von Adam Smith *(The Wealth of Nations;* 1776) und Jean Baptiste Say zurück.

Laut **Say'schem Theorem**, einem Grundprinzip der klassischen Nationalökonomie, **schafft** jedes **Angebot seine Nachfrage selbst**, da mit der Herstellung und dem Verkauf von Gütern Geld verdient wird, das wiederum die Grundlage für die Nachfrage nach Gütern im gleichen Wert bildet.

M 68: Jean-Baptiste Say (1767 – 1832)

Das Interesse der klassischen Nationalökonomie liegt im **langfristigen** Wachstum einer Volkswirtschaft. Als entscheidende Triebfeder für wirtschaftliches Handeln wird der **Eigennutz** jedes Individuums angenommen. Das bedeutet, dass Unternehmen nach Gewinnmaximierung streben und private Haushalte nach Nutzenmaximierung mit ihrem zur Verfügung stehenden Budget. Unternehmen und Haushalte entscheiden vor diesem Hintergrund autonom über Angebot und Nachfrage.

M 69: Adam Smith (1723 – 1790)

Der Marktmechanismus sorgt über den Preis als **„unsichtbare Hand"** (*invisible hand;* Adam Smith) für den Ausgleich zwischen Angebot und Nachfrage auf freien Märkten.

Im Ergebnis führt nach Meinung der klassischen Nationalökonomen das **freie Spiel der Marktkräfte langfristig** immer zu einem **Gleichgewicht von Angebot und Nachfrage bei Vollbeschäftigung**. Daher kommt auch die Bezeichnung **Wirtschaftsliberalismus (Laissez-faire)**. Schwankungen im Wirtschaftsgeschehen werden als temporäre Abweichungen vom Marktgleichgewicht, d. h. von der optimalen Kombination von Gleichgewichtsmenge und -preis, betrachtet, die längerfristig durch den Marktmechanismus automatisch ausgeglichen werden. Geld spielt in dieser Theorie ausschließlich die Rolle des Tauschmittels und hat keinen Einfluss auf die Wirtschaftsentwicklung. Die Möglichkeit der Vermögens- oder Kassenhaltung bleibt unberücksichtigt.

Auf diesen Annahmen basierte die sogenannte **klassische Haushaltspolitik**, die vom 19. Jh. bis zur Weltwirtschaftskrise (1929) die Wirtschaftspolitik bestimmte. Man ging davon aus, dass sich der Staat möglichst nicht ins Wirtschaftsgeschehen einmischen sollte, forderte eine **neutrale Haushaltspolitik** und glaubte, dies durch einen **ausgeglichenen Staatshaushalt**, also Ausgaben ausschließlich in Höhe der jeweiligen Einnahmen, erreichen zu können. Tatsächlich war dies ein **Irrtum**, da in Zeiten schwacher Wirtschaftsentwicklung die Einnahmen gering sind und daher auch nur geringe Ausgaben getätigt werden können, sodass der Staat die Stagnation noch verstärkt. Umgekehrt erhöht er in wirtschaftlich dynamischen Zeiten aufgrund hoher Einnahmen seine Ausgaben und beschleunigt damit die Entwicklung noch. Anstelle von Neutralität bewirkt ein ausgeglichener Haushalt eine **prozyklische Verstärkung**, da die Ausgaben parallel zum Konjunkturzyklus verändert werden.

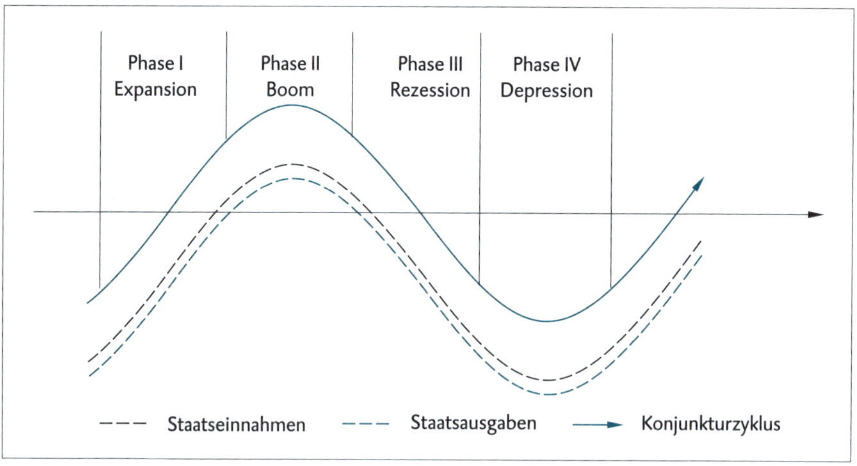

M 70: Prozyklische Parallelpolitik durch klassische Haushaltspolitik

Die klassische Nationalökonomie wurde zwar bereits im 19. Jh. zur sogenannten Neoklassik weiterentwickelt. Die für die staatliche Haushaltspolitik relevanten Faktoren, wie z. B. die Annahme, dass freie Märkte sich langfristig selbst regulieren, blieben aber auch in der Neoklassik nahezu unverändert.

Die Fehlannahmen, dass freie Märkte zu optimalen Ergebnissen führten und ein ausgeglichener Haushalt wirtschaftspolitisch neutral sei, wurden besonders in der **Weltwirtschaftskrise** 1929 deutlich. Infolge stark sinkender Staatseinnahmen wurde in Deutschland damals eine rigide **Sparpolitik** beschlossen, die zu drastischen Steuererhöhungen und Ausgabenkürzungen v. a. bei Zahlungen an öffentliche Bedienstete und Arbeitslose sowie bei öffentlichen Bauten führte. Beides verschärfte die Krise zusätzlich, da mit den sinkenden verfügbaren Einkommen die Kaufkraft und N_{ges} weiter zurückgingen. Man vertraute dennoch auf die Selbstheilungskräfte des Marktes und betrachtete die Krise und die damit verbundene Massenarbeitslosigkeit von bis zu 30 % als vorübergehende Phänomene, die bei flexiblen Preisen und Löhnen über den Marktmechanismus langfristig wieder ins Gleichgewicht führen würden. Obwohl Preise und Löhne um ca. 25 % sanken, verschlechterte sich die Situation weiter. Letztlich wurde politisch damit der Weg ins NS-Regime geebnet.

Das offensichtliche **Marktversagen** in der Weltwirtschaftskrise bewies die Unzulänglichkeit der (neo-)klassischen Wirtschaftstheorie, sodass sogar Vertreter dieser Theorie (z. B. Arthur Cecil Pigou) staatliche Maßnahmen forderten. Für den britischen Ökonomen John Maynard Keynes war die Weltwirtschaftskrise der Impuls, eine neue Wirtschaftstheorie zu formulieren, nachdem er als Mathematiker der stark mathematischen und mechanistischen Betrachtung der Neoklassik ohnehin skeptisch gegenüberstand.

2.2 Nachfragetheorie/Fiskalismus

Die Neoklassik wurde in den 1930er-Jahren durch John Maynard Keynes' Ideen *(The General Theory of Employment, Interest and Money,* 1936) abgelöst. Keynes' wesentliche Erfahrung aus der Weltwirtschaftskrise war, dass die Selbstheilungskräfte des Marktes in tiefgreifenden Krisen nicht ausreichen.

M 71: John Maynard Keynes (1883 – 1946)

Seine grundsätzliche Kritik an der langfristigen Ausrichtung der klassischen Nationalökonomie bzw. Neoklassik formulierte er sehr bildhaft mit der Aussage: **„In the long run we are all dead"** *(Tract on Monetary Reform,* 1923). Er kritisierte, dass eine Volkswirtschaftslehre, deren zentrale Aussage es ist, dass lange nach der Krise alles automatisch wieder in Ordnung käme, in der Krise nutzlos sei. Ausgangspunkte seiner Theorie waren folgende Kritikpunkte an der (Neo-)Klassik:

- Das **Say'sche Theorem stimmt nicht**, da es das Sparen als Handlungsoption ausklammert. Wenn jedoch die Wirtschaftssubjekte z. B. in Krisen ihr Geld nicht ausgeben, sondern **sparen** (Angstsparen), **fehlt** in entsprechendem Umfang die **Nachfrage**.
- **Preise und Löhne** sind **nach unten nicht beliebig flexibel**.
- Dementsprechend führt der **Marktmechanismus** *(invisible hand)* nicht automatisch zu Vollbeschäftigung und optimalem Marktgleichgewicht.

Keynes begründete seine Annahmen damit, dass einerseits durch institutionelle Regelungen (z. B. Gewerkschaften) und Wettbewerbsbeschränkungen (z. B. Marktmacht, Monopole) **Preise nicht beliebig sinken** und dass andererseits **einzelwirtschaftlich sinnvolles Verhalten** der Unternehmen und Haushalte (z. B. Angstsparen statt Konsum oder Halten von Spekulationskassen statt Investitionen) über Veränderungen der gesamtwirtschaftlichen Nachfrage **gesamtwirtschaftlich prozyklisch** wirkt, d. h., es verstärkt z. B. eine Krise. Daraus leitete er die Grundposition seiner Theorie ab, dass **Schwankungen der N_{ges} konjunkturelle Schwankungen verursachen und verstärken**.

Die gesamtwirtschaftliche Nachfrage setzt sich aus $C_H + C_{St} + I^{br} + X$ zusammen. Als logische Schlussfolgerung aus seinen Annahmen, dass Unternehmen sowie Haushalte einzelwirtschaftlich sinnvoll und damit **prozyklisch** denken bzw. handeln und dass man die Auslandsnachfrage nicht wirklich beeinflussen kann, ergibt sich, dass der **Staat** als einzig verbleibender Akteur im Wirtschaftskreislauf volkswirtschaftliche Verantwortung übernehmen und **aktiv eingreifen muss**, um für den Ausgleich von Schwankungen in der gesamtwirtschaftlichen Nachfrage zu sorgen.
Für das Eingreifen des Staates gelten folgende Bedingungen:

- **Direkten Einfluss** hat der Staat nur auf C_{St}.
- **Indirekten Einfluss** kann der Staat auf H sowie U und damit auf C_H sowie I^{br} nehmen.
- **Kaum/keinen Einfluss** hat der Staat auf das Ausland und damit auf **X**.

Als Konsequenz aus seiner Theorie forderte Keynes daher eine nachfrageorientierte, antizyklische Haushaltspolitik, bei der die Ausgaben entgegen dem Konjunkturzyklus und den damit verbundenen Einnahmen laufen sollen, um wie bei einer Welle die Amplitude durch Überlagerung zu verringern, d. h. die wirtschaftlichen Schwankungen zu reduzieren. Die Geldpolitik hatte in Keynes' Konzept keine zentrale Rolle *(money doesn't matter)*, sondern sollte lediglich in Krisen über ein niedriges Zinsniveau für gute Investitionsbedingungen sorgen (Theorie des „billigen Geldes").

Nachfrageorientierte Wirtschaftspolitik / Antizyklische Wirtschaftspolitik

Die Reaktion auf die Weltwirtschaftskrise und Keynes' Theorie war die sogenannte **Keynesianische Revolution** in der Wirtschaftspolitik der Industrienationen nach dem Zweiten Weltkrieg. In Deutschland war sie, als mit dem Ende des Wirtschaftswunders die erste gravierende Konjunkturkrise einsetzte, die Basis für die Einführung des **Stabilitätsgesetzes** und für das Konzept der **antizyklischen Globalsteuerung**.

Antizyklisch bedeutet, dass der Staat Einnahmen und Ausgaben so gestaltet, dass sie dem Konjunkturzyklus entgegenlaufen:

- In der **Krise** soll durch Einnahmensenkung (z. B. Steuersenkungen) und Ausgabenerhöhung (z. B. höhere staatliche Transferleistungen, staatliche Investitionen) die gesamtwirtschaftliche Nachfrage gezielt erhöht werden. Die Finanzierungslücke zwischen Einnahmen und Ausgaben soll im Extremfall auch durch Kreditaufnahme **(deficit spending)** gedeckt werden.
- Im **Boom** sollen dagegen die Staatseinnahmen erhöht (z. B. Steuererhöhung) und die Ausgaben gesenkt (z. B. Subventionsabbau und Streichung von Staatsaufträgen) werden. Die überschüssigen Mittel sollen zum Abbau des in der Krise entstandenen Defizits oder zum Aufbau einer Konjunkturausgleichsrücklage verwendet werden **(surplus saving)**.
- Das Ganze findet in Form der sogenannten **Globalsteuerung** statt, d. h., die Maßnahmen zielen grundsätzlich auf gesamtwirtschaftliche Größen ab, z. B. den gesamten Sektor H oder U, und nicht auf einzelne Bevölkerungsgruppen oder Branchen.

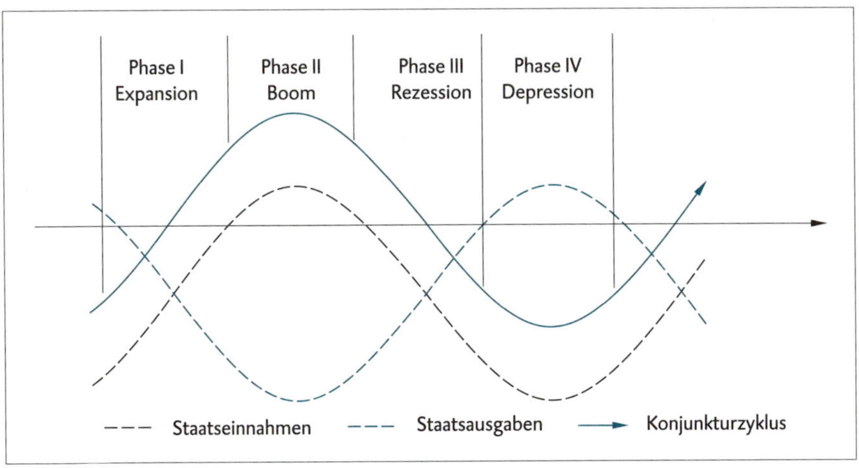

M 72: Staatliche Einnahmen und Ausgaben bei antizyklischer Haushaltspolitik

Im Idealfall führt eine derartige Politik dazu, dass die gesamtwirtschaftliche Nachfrage verstetigt wird und konjunkturelle Schwankungen gedämpft werden. D. h., der Konjunkturzyklus in M 72 würde flacher verlaufen.

Kritik an der nachfrageorientierten Wirtschaftspolitik

Die antizyklische Haushaltspolitik war bis in die 70er-Jahre gängig, geriet dann aber ins Kreuzfeuer der Kritik, weil auch sie die konjunkturellen Schwankungen nicht verhindern konnte und es außerdem zu ausufernder Staatsverschuldung kam. Im Wesentlichen werden die folgenden Grenzen und **Kritikpunkte** genannt:

Das **Timing** ist eine kritische Größe bei wirtschaftspolitischen Eingriffen. In der Regel vergeht zwischen dem Auftreten des Handlungsbedarfs und dem tatsächlichen Wirken der Maßnahmen zu viel Zeit, sodass sie im Extremfall prozyklisch wirken, da sie schon in eine andere Konjunkturphase fallen. Diese zeitlichen Lücken nennt man **time lags**. Folgende Lags können sich aufaddieren und so zu starken Verzögerungen führen:

- **Recognition lag:** Zeit zwischen Auftreten und Erkennen eines Problems, z. B. Erkenntnis, dass eine ausgeprägte Krise bevorsteht.
- **Decision lag:** Zeit zwischen Erkennen des Handlungsbedarfs und der Entscheidung für eine Maßnahme, z. B. Gewährung von Investitionszulagen zur Erhöhung der Investitionsbereitschaft der Unternehmen.
- **Action lag:** Zeit zwischen Beschluss und Durchführung einer Maßnahme, z. B. Beginn der Investitionszulage.
- **Efficiency lag:** Zeit, die eine Maßnahme braucht, um die erwünschte Wirkung zu entfalten, z. B. Erhöhung der Investitionen und damit der gesamtwirtschaftlichen Nachfrage als Reaktion auf die Investitionszulage.

Ein entscheidender Faktor ist auch die **Dosierung:** Zu geringe Anreize können wirkungslos verpuffen, zu starke Anreize zu überschießenden Reaktionen und damit zu unerwünschten Entwicklungen führen. So war das erste Konjunkturprogramm in der Bundesrepublik im Jahr des Stabilitätsgesetzes 1967 in Höhe von ca. 10 % des Bundeshaushalts bzw. 1,6 % des BIP so hoch dosiert, dass die Wirtschaft aus der Rezession direkt in die Hochkonjunktur katapultiert wurde, mit einer Vervierfachung der Inflationsrate auf über 2 %. Das Konjunkturprogramm im Herbst 1981 in Höhe von 2,8 Mrd. DM (1,43 Mrd. €) konnte hingegen die Rezession nicht bremsen und die Talsohle 1982 nicht verhindern. Selbst das deutlich höhere Investitionszulagen-Programm mit 4,0 Mrd. DM (2,05 Mrd. €) im Februar 1982 zeigte erst 1983 Wirkung (vgl. M 56).

Ein Grundproblem ist die **fehlende Ausgabendisziplin** im Boom, sodass weder ein Abbau der durch das *deficit spending* verursachten Verschuldung noch die Bildung einer Konjunkturausgleichsrücklage *(surplus saving)* konsequent verfolgt werden. Das Ergebnis ist seit 1967 die ständig wachsende **Staatsverschuldung** (vgl. M 73), die dazu geführt hat, dass der Schuldendienst in Deutschland mittlerweile der zweitgrößte Haushaltsposten ist und so z. T. die Neuverschuldung mit verursacht (vgl. M 99). Der finanzielle Handlungsspielraum der Regierung ist dadurch massiv eingeschränkt (vgl. S. 134 ff.). Die ursprünglich konjunkturell verursachte Verschuldung ist zu einem strukturellen Haushaltsproblem geworden. Eine Erklärung dafür bietet die sogenannte *Public-choice*-Theorie, der zufolge die Politik häufig Wählerstimmen maximierend agiert und nicht nach ökonomisch sinnvollen Grundsätzen.

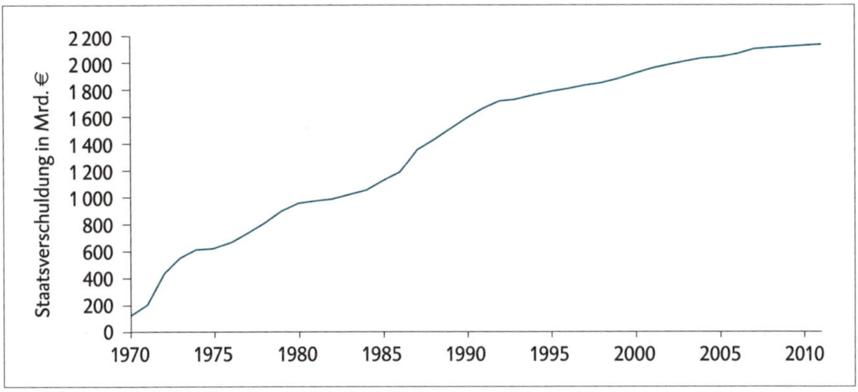

M 73: Die Entwicklung der Staatsverschuldung in Deutschland, Angaben in Mrd. Euro

Die kreditfinanzierte Wirtschaftspolitik und eine hohe Staatsverschuldung führen zu einem steigenden **Zinsniveau**, sodass die private Kreditnachfrage von Unternehmen und Haushalten verdrängt wird **(crowding out-Effekt)**. Auf die gesamtwirtschaftliche Nachfrage wirkt dies dämpfend. Außerdem haben private Investitionen nachweislich eine höhere konjunkturelle Wirkung als staatliche Ausgaben, sodass die Verdrängung privater Investitionen doppelt negativ wirkt.

Bei der kurzfristig angelegten Nachfrageorientierung fehlt die Berücksichtigung **langfristiger Störungen**, wie sie z. B. durch regionalen oder technischen Strukturwandel (vgl. S. 199 f.) oder die zunehmende internationale Verflechtung im Zuge der Globalisierung entstehen (vgl. S. 187). Tatsächlich wird durch die Globalsteuerung in bestimmten Branchen oder Regionen der erforderliche Strukturwandel ggf. sogar gehemmt.

Psychologische Faktoren können dazu führen, dass die für Unternehmen und Haushalte gesetzten Impulse wirkungslos bleiben, weil durch Angstsparen und Investitionszurückhaltung aufgrund pessimistischer Zukunftserwartungen die erwarteten Effekte für die gesamtwirtschaftliche Nachfrage ausbleiben, sodass nur Staatsaufträge direkt eine Wirkung haben.

Vor allem vonseiten der angebotsorientierten Wirtschaftspolitik kommt die Kritik, dass die permanente **Stop-and-go-Politik** über restriktive und expansive Maßnahmen kein verlässlicher Rahmen für eine langfristig positive Wirtschaftsentwicklung sei, da die Wirtschaftssubjekte stets in Unsicherheit vor der nächsten Maßnahme stehen.

Historisch bedeutete v. a. die **fehlende Berücksichtigung der geldpolitischen Seite** Ende der 70er-, Anfang der 80er-Jahre vorerst das Aus für den Fiskalismus. Nach Keynes' Auffassung, dass Geldpolitik keine Auswirkung auf die Konjunktur habe, sondern allenfalls als Unterstützung antizyklischer Maßnahmen in Krisenzeiten für niedrige Zinsen sorgen solle, spielt Inflationsbekämpfung über aktive Zinspolitik keine Rolle in seiner Theorie. Inflation wird sogar bewusst in Kauf genommen, um konjunkturelle und Arbeitsmarkt-Probleme zu bekämpfen. Dies führte in den 70er-Jahren in vielen westlichen Industrieländern zum Phänomen der sogenannten **Stagflation** (Wortschöpfung aus Stagnation und Inflation), mit stagnierenden Wachstumsraten bei gleichzeitig hoher Inflation, die sich Anfang der 80er-Jahre noch einmal in ähnlicher Form wiederholte (vgl. M 74).

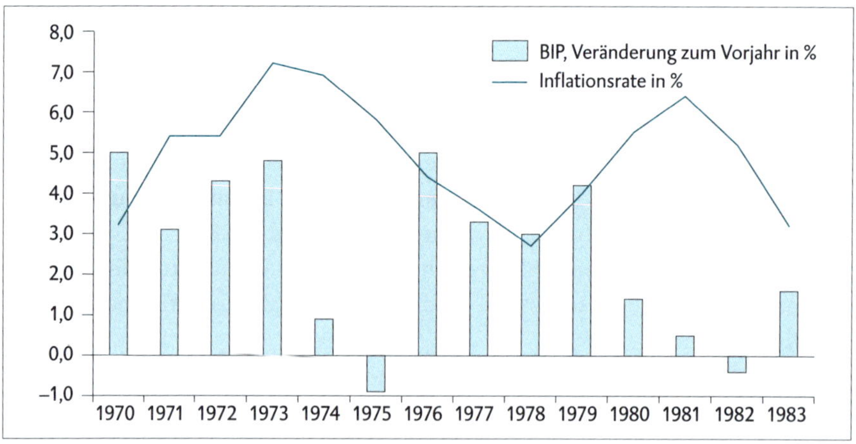

M 74: Wachstums- und Inflationsraten in Deutschland (1970–1983)

Als Reaktion auf die stagflationäre Entwicklung der 70er-Jahre erlebte die Neoklassik eine Renaissance. Die auf deren Thesen aufbauenden Monetaristen führten eine Art Gegenrevolution an, die die Fiskalisten wissenschaftlich und wirtschaftspolitisch vorerst zum Rückzug zwang. Der prominenteste Vertreter der Bewegung war der amerikanische Ökonom Milton Friedman.

2.3 Angebotstheorie/Monetarismus/Neo-Liberalismus

M 75: Milton Friedman (1912 – 2006)

Friedman *(Capitalism and Freedom,* 1962), neben Keynes der einflussreichste Ökonom des 20. Jh., betrachtete die permanenten Eingriffe des Staates als eigentliche Ursache für Konjunkturschwankungen. Darüber hinaus widerlegte er Keynes' These, dass in der Krise durch Angstsparen die **Konsumquote** sinke, indem er nachwies, dass die Konsumquote nicht vom kurzfristigen laufenden, sondern vom langfristig erwarteten, **permanenten Einkommen** abhängt. Er belegte außerdem anhand der Daten der USA von 1897–1960, dass eine veränderte Geldmenge deutlichen Einfluss auf Konjunktur und Inflation hat und widerlegte so auch Keynes' *Money-doesn't-matter*-These. Die Monetaristen fordern weniger Staatsausgaben sowie eine verstetigte und auf Preisstabilität ausgerichtete Geldpolitik und lehnen daher kreditfinanzierte Konjunkturprogramme als eine wesentliche Ursache der steigenden Staatsverschuldung ab. Die monetaristische Theorie basiert auf

- den Erfahrungen der Weltwirtschaftskrise 1929 und der Auswertung der empirischen Daten zum Zusammenhang zwischen **Geldmenge und Konjunktur** mit dem Ergebnis, dass die Geldpolitik die Krise mit verursacht und verschärft hat, indem der Wirtschaft zu wenig Zentralbankgeld zur Verfügung gestellt wurde. Dies erhöhte die Geldknappheit, sodass Kredite vorzeitig fällig gestellt und Kreditlinien für Kunden reduziert wurden. Das bremste die Konjunktur zusätzlich bzw. verhinderte eine Erholung.
- der Kritik, dass der Keynesianismus das **Problem der Inflation** (v. a. der Stagflation in den 70er-Jahren) nicht lösen kann bzw. will.
- der Kritik, dass die kurzfristig angelegte **Stop-and-go-Politik** im Fiskalismus die Wirtschaft **destabilisiert**, indem sie zu den bereits vorhandenen Unsicherheiten noch die Wirtschaftspolitik als Unsicherheitsfaktor addiert und so die Investitionsbereitschaft lähmt.

Da Friedman seine wirtschaftspolitischen Empfehlungen zunächst auf die Geldpolitik beschränkte, wird der Ansatz auch als **Monetarismus** bezeichnet. Tatsächlich beinhalten die Ideen der **Chicago School of Economics** um Friedman deutlich mehr als nur geldpolitische Ansätze und auch wenn sie die Ideen der Neoklassik aufgreifen, richten sie sich gezielt gegen den sogenannten *Laissez-faire*-Liberalismus des 19. Jh. Daher findet man auch die Bezeichnungen „**Neoklassik**", „**neo-klassischer Monetarismus**", „**Neo-Liberalismus**" oder für die Vertreter der sogenannten Freiburger Schule in Deutschland „**Ordo-Liberalismus**". Ungeachtet der z. T. verwirrenden Vielfalt geben die Bezeichnungen Hinweise auf die Grundpositionen des Ansatzes:

- Man geht – wie in der (Neo-)Klassik und im Gegensatz zu Keynes – davon aus, dass die private Wirtschaft zum Gleichgewicht tendiert, indem sie sich über Preis- und Mengeneffekte reguliert. Das heißt, die **Selbstheilungskräfte des Marktes** bzw. der Marktmechanismus funktionieren.
- Allerdings wird erkannt, dass der **Wettbewerb** in der Privatwirtschaft grundsätzlich gefährdet ist, da Wirtschaftssubjekte nach Marktmacht streben. Eine grundlegende Aufgabe des Staates ist es daher, die notwendigen **Rahmenbedingungen für freie Märkte** zu gewährleisten.
- Die **Geldpolitik** spielt eine wesentliche Rolle (*money matters*). **Grundzusammenhang** ist die **Quantitätsgleichung** (Irving Fisher), die den Zusammenhang zwischen Geldwirtschaft, Realwirtschaft und Preisniveau beschreibt, indem sie die Geldmenge (M), die Umlaufgeschwindigkeit des Geldes (U), das Handelsvolumen in Form der in einer Wirtschaft produzierten Sachgüter und Dienstleistungen (Y)[27] und das Preisniveau (P) in Beziehung setzt bzw. deren jeweilige Veränderung Δ (vgl. auch S. 19):

$$M \cdot U = P \cdot Y \text{ bzw. } \Delta M + \Delta U = \Delta P + \Delta Y \text{ (dynamische Variante)}$$

Aus der Quantitätsgleichung lassen sich folgende Punkte ableiten:

- Geht man davon aus, dass U und Y kurzfristig konstant sind, gilt: $\Delta M = \Delta P$, d. h., ein Anstieg der Geldmenge führt *ceteris paribus* zu einem Anstieg des Preisniveaus, also zur Inflation.
- Geht man davon aus, dass U und P kurzfristig konstant sind, muss für ein wachsendes Handelsvolumen (Y) eine entsprechende Geldmenge (M) zur Verfügung stehen: $\Delta M = \Delta Y$; wachsen Geldmenge und Handelsvolumen im gleichen Maß, entsteht *ceteris paribus* Wachstum ohne Inflation.

27 Das Handelsvolumen deckt sich bis auf die Lagerhaltung wertmäßig mit dem BIP, weshalb man z. T. auch das BIP in der Quantitätsgleichung findet.

- Die Geldmenge ist die zentrale Größe zur Steuerung der Wirtschaft. Vor allem monetäre Impulse (Preisniveau/Inflation; indirekt die Geldmenge) verursachen und verstärken konjunkturelle Schwankungen.

Schlussfolgerungen aus der Quantitätsgleichung für die Wirtschaftspolitik:

- Staatliche Eingriffe zur Nachfragesteuerung sind **kontraproduktiv**, da
  - die Finanzierung staatlicher Nachfrage-Politik (über Steuern oder Kredite) die private (Kredit-)Nachfrage v. a. im Bereich der Investitionen verdrängt **(crowding out-Effekt)**,
  - antizyklische staatliche **Stop-and-go-Politik** nur **kurzfristig** auf Konjunktur und Beschäftigung wirkt, **längerfristig** aber immer **Inflation** oder **Deflation** und erneute **Konjunkturschwankungen** verursacht.
- Nur eine am Produktionspotenzial orientierte Geldmengenpolitik **(potenzialorientierte Geldpolitik**; vgl. Quantitätsgleichung) kann **mittel-/langfristig** Wirtschaftswachstum ohne Inflation sicherstellen.
- Der **Staat** soll sich daher aus der Konjunkturpolitik heraushalten.
- Seine wesentliche Aufgabe ist es, die **Rahmenbedingungen für das Funktionieren der Märkte** zu sichern (Ordnungs- und Wettbewerbspolitik).

Kombiniert man diese Forderungen mit dem Grundansatz des **Say'schen Theorems** aus der (Neo-)Klassik und dem Konzept des „**Pionier-Unternehmers**“, der nach Ansicht des Ökonomen Joseph A. Schumpeter (1883–1950) durch seinen Unternehmergeist die wirtschaftliche Entwicklung vorantreibt, erhält man für die Wirtschaftspolitik das Konzept der **Angebotsorientierung**.

Angebotsorientierte Wirtschaftspolitik

Die sogenannte **monetaristische Gegenrevolution** führte in der Wirtschaftspolitik der Industrienationen in den 1970er-Jahren zu grundlegenden Veränderungen. Auch Deutschland verabschiedete sich von der antizyklischen Haushaltspolitik. Der Sachverständigenrat veröffentlichte im Jahresgutachten 1974/75 seine „stabilisierungspolitische Konzeption“, die er in den folgenden Gutachten detaillierter ausarbeitete. Mit den expliziten Zielen „**Verbesserung der Rahmenbedingungen**“, „**Verstetigung der Wirtschaftspolitik**“ und „**Stärkung der Marktkräfte und Leistungsanreize**“ beschrieb er ein am Neo-Liberalismus/Monetarismus orientiertes Konzept, das er durch die Bezeichnung „**angebotsorientierte Wirtschaftspolitik**“ im Jahresgutachten 1976 klar von der Nachfrageorientierung abgrenzte.

Gleichzeitig stellte die Deutsche Bundesbank ab 1974 ihre Strategie auf die sogenannte **neue Geldpolitik** um. Durch die Formulierung von Geldmengenzielen und einer daran ausgerichteten **Geldmengensteuerung** bekannte sie sich eindeutig zu einer auf dem Monetarismus basierenden **potenzialorientierten Geldpolitik**.

Angebotsorientierung bedeutet, dass der Staat in erster Linie versucht, die **wirtschaftlichen Rahmenbedingungen für die Angebotsseite zu optimieren** (Ordnungs- und Wettbewerbspolitik), da bei positiven unternehmerischen Rahmenbedingungen über die Investitionen der Unternehmen Beschäftigung und Einkommen steigen und damit die Wirtschaftsentwicklung gefördert wird. Die Geldpolitik spielt dabei eine zentrale Rolle, indem sie die Geldmenge passend zum Wachstum des Produktionspotenzials wachsen lässt. Im Einzelnen sollen z. B. folgende Maßnahmen verfolgt werden:

- Schaffung eines verlässlichen **ordnungspolitischen Rahmens**
- **Abbau der Staatsverschuldung** und Staatsquote, d. h. des Anteils der Staatsausgaben am BIP (statt *deficit spending*)
- Förderung des erforderlichen **Strukturwandels** (statt globaler Subventionen)
- **branchenspezifische Regelungen** (statt Globalsteuerung)
- **Privatisierung** staatlicher Unternehmen
- **Förderung unternehmerischer Aktivität**, v. a. zur Belebung des Arbeitsmarkts und zur Sicherung des Wirtschaftswachstums durch
  - Reform der **Unternehmensbesteuerung**
  - **Deregulierung** (Abbau staatlicher Vorschriften; Bürokratieabbau)
  - **Subventionsabbau** bei strukturerhaltenden Subventionen
  - **Flexibilisierung des Arbeitsmarkts**
  - Förderung von **Forschung**, **Entwicklung** und **Bildung**
  - Förderung von **Existenzgründungen**
- **Reduktion und Verstetigung der Fiskalpolitik** (Einnahmen- und Ausgabenpolitik) zur Schaffung eines möglichst konjunkturneutralen und mittel-/langfristig berechenbaren Rahmens für Konsum- und v. a. Investitionsentscheidungen (statt kurzfristigem Stop-and-go)
- **potenzialorientierte Geldpolitik**/Verstetigung der Geldpolitik, d. h. Geldmengenwachstum im Rahmen des Wachstums des Produktionspotenzials zur Vermeidung von Inflation/Deflation und zur Sicherung des Wachstumspotenzials

Kritik an der angebotsorientierten Wirtschaftspolitik

Auch der angebotsorientierte Ansatz hat sich nicht als Allheilmittel erwiesen. Trotz geringer Inflationsraten und klarer angebotsorientierter Wirtschaftspolitik stiegen die Arbeitslosenzahlen und -quoten in Deutschland seit den 1980er-Jahren nahezu stetig auf neue Spitzenwerte an, während das Wirtschaftswachstum mit Ausnahme des Wiedervereinigungsbooms nur relativ geringe Werte erreichte und es zu zwei Rezessionen kam.

Kritikpunkte an der angebotsorientierten Wirtschaftspolitik sind:

- Das **Say'sche Theorem** ist für kurze Zeiträume nicht empirisch belegbar.
- Die einseitige Förderung der **Angebotsseite** vernachlässigt die Tatsache, dass Investitionen nur getätigt werden, wenn auch **Absatzchancen** gesehen werden. Dies erfordert eine entsprechende Nachfrage.
- Auch die Geldpolitik hat **nur Anreizfunktion** und führt nicht automatisch zu den erwünschten Ergebnissen.
- Investitionsförderung kann auch für **Rationalisierungsinvestitionen** eingesetzt werden, sodass die Beschäftigung und damit das Volkseinkommen sinken.
- Die **Flexibilisierung der Arbeitsmärkte** führt in einer globalisierten Welt nicht zwangsläufig zu höherer Beschäftigung und höherem Einkommen mit entsprechendem Wirtschaftswachstum.
- Die Angebotspolitik ist grundsätzlich langfristig angelegt. **Kurzfristige Krisen** bzw. Missstände (z. B. hohe Arbeitslosigkeit) werden daher ignoriert, was politisch vielfach nicht durchsetzbar ist.
- Angebotspolitik konkurriert zum Teil mit dem Ziel des **sozialen Ausgleichs**, da der Abbau von Subventionen, die Kürzung von Sozialleistungen, eine rein an der Produktivität orientierte Lohnpolitik und eine einseitige steuerliche Begünstigung von Unternehmen zu unerwünschten Verteilungseffekten bei Einkommen und Vermögen führen können.
- Schließlich gilt auch für die Angebotspolitik, dass es **psychologische Hemmnisse** und **Verstärker** gibt, die die Wirkung wirtschaftspolitischer Maßnahmen ganz oder teilweise aufheben.
- Gegen **Globalisierungseffekte** und **externe Schocks** wie die Finanzkrise ist auch die Angebotsorientierung nicht geschützt. Übermäßige Liberalisierung von Märkten kann sogar zu Marktmissbrauch und -versagen führen.

Synthese von Nachfrage- und Angebotsorientierung

Seit Anfang der 1990er-Jahre nähern sich keynesianisch und neoklassisch orientierte Ökonomen zunehmend an und verbinden in der sogenannten **Neukeynesianischen Ökonomie** Konzepte und Theorien. In der Politik zeigt sich dies in Form von Maßnahmenpaketen, die als eine Art *policy mix* gestaltet sind, d. h., sie enthalten sowohl primär nachfrageorientierte als auch primär angebotsorientierte Elemente. Die Konjunkturpakete I und II im Zuge der aktuellen Finanz- und Wirtschaftskrise sind klassische Beispiele dafür.

	Nachfrageorientierung	Angebotsorientierung
wirtschafts-historischer Rahmen	Weltwirtschaftskrise nach *Laissez-faire*-Liberalismus im Nachtwächterstaat	Abkehr vom *Laissez-faire*-Liberalismus nach Weltwirtschaftskrise und Scheitern der antizyklischen Haushaltspolitik in den Stagflationsphasen der 70er-Jahre
wirtschafts-theoretischer Hintergrund	Fiskalismus, Keynes	monetaristischer Neo-Liberalismus, Friedman (Chicagoer Schule), Eucken (Freiburger Schule), Schumpeter
zeitliche Ausrichtung	kurzfristig: *In the long run we are all dead.*	mittel- bis langfristig: Verstetigung der Wirtschaftspolitik
Grundannahme zu Märkten	• Märkte der Privatwirtschaft sind grundsätzlich instabil und können zu dauerhaften Ungleichgewichten führen • Selbstheilungskräfte des Marktes reichen in tief greifenden Krisen nicht aus • Angstsparen und spekulative Geldhaltung bei fehlendem Vertrauen in die Wirtschaft führen zu Lücken in der N_{ges}	• langfristig tendieren Märkte über den Marktmechanismus (*invisible hand*) zum Gleichgewicht • Selbstheilungskräfte des Marktes funktionieren zumindest langfristig • Angebot schafft sich seine Nachfrage selbst (Say'sches Theorem)
Ursache für konjunkturelle Schwankungen	Schwankungen in der gesamtwirtschaftlichen Nachfrage	• Schwankungen in der Geldmenge • staatliche Eingriffe
Rolle des Staates	aktives Eingreifen im Rahmen der antizyklischen Haushaltspolitik zum Ausgleich der Schwankungen in der N_{ges} → Prozesspolitik → Interventionismus und Politikoptimismus	• möglichst wenige und konjunkturneutrale Eingriffe des Staates • Sicherung der Rahmenbedingungen des Marktes → Ordnungs- und Wettbewerbspolitik → liberalistische Position
Rolle der Geldpolitik	nur unterstützend (*money doesn't matter*): in der Krise niedrige Zinsen (Politik des billigen Geldes)	zentrale Rolle (*money matters*), da über potenzialorientiertes Geldmengenwachstum das Wachstumspotenzial ausgeschöpft werden soll

wirtschafts-politische Maßnahmen	• Globalsteuerung zur Beeinflussung von N_{ges} über Staatseinnahmen und -ausgaben • Krise: Ausgaben erhöhen, Einnahmen senken; Finanzierung notfalls über Kreditaufnahme *(deficit spending)* • Boom: Ausgaben senken, Einnahmen erhöhen; Staatsdefizit reduzieren bzw. Konjunkturausgleichsrücklage bilden • C_{St}: staatliche Investitionen vorziehen oder streichen • C_H: Steuererleichterungen oder -erhöhungen • I^{br}: Steuererleichterungen oder -erhöhungen, Investitionszulagen einführen oder streichen	• Sicherung der Rahmenbedingungen des Marktes, insbesondere Wettbewerbsschutz • Förderung unternehmerischer Rahmenbedingungen und damit von A_{ges} • Abbau der Staatsverschuldung und Staatsquote • Privatisierung • Deregulierung, Bürokratieabbau • Flexibilisierung von Löhnen und Beschäftigung • Reduzierung der Belastung von Unternehmen durch Steuern und Abgaben • Förderung von Unternehmensgründungen
Kritik und Grenzen	• Timing und *time lags* • Dosierung • psychologische Wirkungshemmnisse • ausufernde Staatsverschuldung durch *deficit spending* in der Krise und fehlende Haushaltsdisziplin im Boom *(public choice)* • Stop-and-go führt zu Verunsicherung • *crowding out* privater Kreditnachfrage und Investitionen durch staatliche Kreditaufnahme • fehlende Berücksichtigung langfristiger Faktoren wie z. B. Strukturwandel • fehlende Berücksichtigung der geldpolitischen Komponente	• Say'sches Theorem ist kurzfristig nicht belegbar: ohne Nachfrage und damit Absatzchancen fehlt Investitionsanreiz • psychologische Wirkungshemmnisse • Investitionsförderung kann über Rationalisierung Arbeitsplätze kosten • Flexibilisierung von Löhnen und Beschäftigung sowie einseitige Unternehmensförderung kollidieren ggf. mit sozialem Ausgleich • Abbau von Förderungen (z. B. Subventionen) ist politisch schwer durchsetzbar *(public choice)* • langfristige Orientierung führt kurzfristig zu unerwünschten Entwicklungen (z. B. hohe Arbeitslosigkeit)
Ziel	Multiplikatoreffekte über Impulse für die N_{ges} zur Erhöhung von Volkseinkommen, Kaufkraft und Beschäftigung	Multiplikatoreffekte über Impulse für A_{ges} zur Erweiterung von Produktionspotenzial und Beschäftigung

Aufgaben

10 Stellen Sie die wesentlichen Elemente der angebots- und der nachfrageorientierten Wirtschaftspolitik in einer tabellarischen Übersicht gegenüber.

11 a) Analysieren Sie die in M 61 dargestellte wirtschaftliche Lage im Jahr 2009, geben Sie einen Überblick über mögliche angebots- und nachfrageorientierte Maßnahmen in dieser Situation, wählen Sie je eine angebots- und eine nachfrageorientierte Maßnahme daraus aus und begründen Sie Ihre Wahl, indem Sie die angestrebte Wirkung beschreiben.

b) Diskutieren Sie Ihre beiden Maßnahmen vor dem Hintergrund unserer Wirtschaftsordnung hinsichtlich ihrer Systemkonformität.

c) Zeigen Sie, dass ab einem bestimmten Punkt einer Wirkungskette beide Maßnahmen praktisch die gleiche Wirkung haben und dass nur der Impuls an einer anderen Stelle gesetzt wird.

d) Beschreiben Sie mögliche Wirkungsgrenzen der gewählten Maßnahmen.

12 Diskutieren Sie, ob das Konjunkturpaket II (M 76) angebots- oder nachfrageorientiert ist. Erläutern Sie im Rahmen Ihrer Antwort kurz die beiden wirtschaftspolitischen Grundkonzeptionen.

13 Zeigen Sie, dass Ihre Vorgehensweise in Aufgabe 11 einer klassischen Lage-Ziel-Mittel-Analyse entspricht.

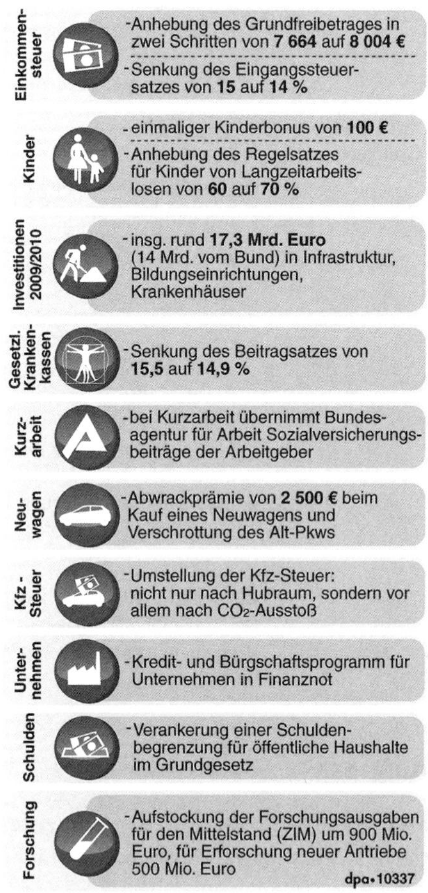

M 76: Das Konjunkturpaket II

Wirtschaftspolitische Entscheidungsfelder

1 Einkommen und Beschäftigung

Für die meisten Menschen im arbeitsfähigen Alter ist die **Berufstätigkeit** als Arbeitnehmer oder Selbstständiger die Grundlage ihres Einkommens und damit ihres **Lebensunterhalts**. Der Verlust der Beschäftigung, d. h. Arbeitslosigkeit, bedeutet immer einen deutlichen Einkommenseinschnitt und kann darüber hinaus weitreichende Folgen für die Betroffenen sowie für die gesamte Volkswirtschaft und Gesellschaft haben (vgl. S. 28). Die eng mit der Einkommens- und Tarifpolitik verbundene Beschäftigungs- und Arbeitsmarktpolitik sind daher zentrale politische Handlungsfelder. Beim Einkommen spielt nicht nur die primäre **Einkommensverteilung** über den Arbeitsmarkt eine Rolle, sondern auch die sekundäre Einkommensverteilung auf Basis der staatlichen Umverteilung durch Steuern und Transferleistungen (vgl. S. 40 ff.).

In den Programmen der bei den vergangenen Bundestagswahlen angetretenen Parteien waren die Bekämpfung der Arbeitslosigkeit, Arbeitsmarktreformen und die Reform des Steuersystems zentrale Themen, was deren Stellenwert widerspiegelt. Ursachen dafür sind die über viele Jahre hinweg hohen Arbeitslosenzahlen (vgl. M 9), **strukturelle Verschiebungen** auf dem Arbeitsmarkt (vgl. dazu unter 1.1), die stetig steigende **Staatsverschuldung** und eng damit verbunden die Belastung der privaten Haushalte und Unternehmen durch **Steuern und Abgaben** (vgl. S. 140 ff.).

1.1 Strukturelle Ungleichgewichte am Arbeitsmarkt

Konjunkturelle Arbeitslosigkeit versus strukturelle Arbeitslosigkeit

Analysiert man die Entwicklung und die aktuelle Lage des deutschen Arbeitsmarkts, muss man konjunkturelle und strukturelle Phänomene unterscheiden.

Konjunkturelle Arbeitslosigkeit wird durch Schwankungen des Wirtschaftswachstums bzw. der gesamtwirtschaftlichen Nachfrage verursacht und betrifft in der Regel die gesamte Volkswirtschaft über einen relativ kurzen Zeitraum von etwa einem halben Konjunkturzyklus (vgl. S. 26). Nur selten gibt es eine sogenannte gespaltene Konjunktur, in der nur einzelne Branchen betroffen sind. Konjunkturelle Arbeitslosigkeit kann durch nachfrage- oder angebotsorientierte konjunkturpolitische Maßnahmen bekämpft werden (vgl.

S. 99 ff.). Dabei wurden vor allem im Zusammenhang mit der Finanz- und Wirtschaftskrise nach 2008 in Deutschland gute Erfolge erreicht. Man sprach sogar vom „deutschen Jobwunder", weil die Arbeitslosenzahlen ungeachtet der konjunkturellen Krise und Schwankungen fast kontinuierlich sanken und mit ca. 41 Mio. Beschäftigten im Jahresschnitt 2011 ein absoluter Höchststand seit der Wiedervereinigung erreicht wurde[28] (vgl. M 77).

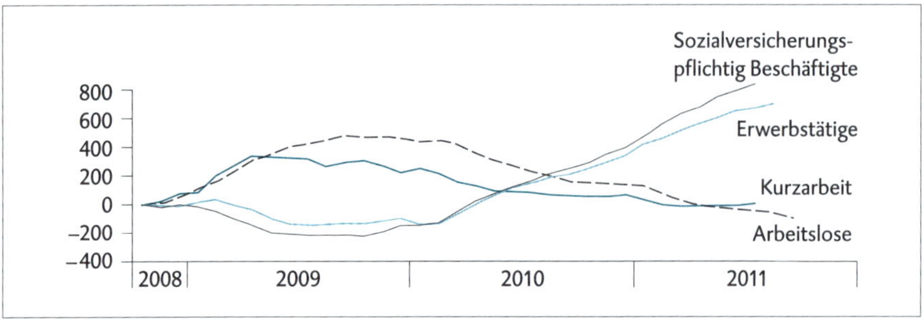

M 77: Veränderungen auf dem Arbeitsmarkt seit Oktober 2008, Angabe in 1 000

Der Sachverständigenrat äußerte sich dazu folgendermaßen: „Die erfreuliche Arbeitsmarktentwicklung sollte jedoch nicht dazu verleiten, Reformen für mehr Flexibilität auf dem Arbeitsmarkt als obsolet anzusehen. Nach wie vor besteht eine hohe Sockelarbeitslosigkeit. Neben institutionellen Reformen ist weiterhin der Beitrag der Tariflohnpolitik notwendig".[29]

Die vom Sachverständigenrat genannte Sockelarbeitslosigkeit gehört zur **strukturellen Arbeitslosigkeit**. Dies ist ein Sammelbegriff, unter den die Experten Arbeitslosigkeit fassen, die über den konjunkturellen Zyklus hinausgeht. Die strukturelle Arbeitslosigkeit lässt sich nicht durch staatliche Konjunkturpolitik oder eine höhere gesamtwirtschaftliche Nachfrage regulieren. Sie kann durch zahlreiche Faktoren, die die **Rahmenbedingungen** für das **Arbeitskräfteangebot** oder die **-nachfrage** verändern, verursacht werden, wobei man **institutionelle**, **personenspezifische**, **regionale** und **sektorale** Ursachen unterscheidet (vgl. S. 26 f.). Sie betrifft in der Regel nur einen Teil der Volkswirtschaft, z. B. einzelne Branchen, Wirtschaftssektoren oder Regionen.

Analysiert man die Entwicklung und Lage auf dem Arbeitsmarkt im Hinblick auf **strukturelle Ungleichgewichte**, stößt man regelmäßig auf Aspekte wie Mindestlohn, Leiharbeit, Zeitarbeit, Mini-Jobs, Midi-Jobs, befristete Jobs, atypische Beschäftigungsverhältnisse, Niedriglohnjobs, Geringqualifizierte,

28 Jahresgutachten 2011/12 des Sachverständigenrats, S. 269
29 Ebd.: S. 267

Langzeitarbeitslose, aktive und passive Arbeitsmarktpolitik, Aufstocker, Drittvermittler, Umschulung, Fachkräftemangel und Demografie.

Strukturelle, **Langzeit-** und **Sockelarbeitslosigkeit** überschneiden sich vielfach, da es sich jeweils um Arbeitslosigkeit handelt, die auch durch konjunkturelle Maßnahmen oder in Aufschwungphasen nicht abgebaut werden kann. Die Erfolge am Arbeitsmarkt seit 2008 haben auch die Zahl der Langzeitarbeitslosen deutlich gesenkt, sodass diese Ende 2011 ein zuletzt Mitte der 1990er-Jahre vorhandenes Niveau erreicht hat (vgl. M 12).

Personenspezifische Ursachen für Arbeitslosigkeit und atypische Beschäftigungsverhältnisse

Langzeitarbeitslosigkeit hat stets **personenspezifische Ursachen**. Dazu zählen z. B. Alter, Geschlecht, Qualifikation und fehlende Mobilität. Diese Art der Arbeitslosigkeit nennt man auch **Mismatch-Arbeitslosigkeit** (vgl. S. 27).

Von Langzeitarbeitslosigkeit, die laut OECD 2010 mit 47,4 % in Deutschland fast die Hälfte der Arbeitslosigkeit ausmachte (laut Verfahren der Bundesagentur für Arbeit 31,8 %)[30], sind v. a. ältere Erwerbspersonen betroffen. Daher könnte die positive Entwicklung auch darauf beruhen, dass ältere Arbeitslose von der Arbeitslosigkeit in den (Vor-)Ruhestand gewechselt sind.

Für die jüngere Vergangenheit kristallisiert sich neben dem Problem der Langzeitarbeitslosigkeit v. a. die deutliche Zunahme sogenannter **atypischer Beschäftigungsverhältnisse** heraus, zu denen neben Zeit- oder Leiharbeit auch befristete, geringfügige und in Teilzeit ausgeübte Arbeitsverhältnisse zählen[31] (vgl. M 78). Der Wirtschaftsweise Peter Bofinger unterstreicht allerdings, dass atypisch nicht gleichbedeutend ist mit negativ.[32] So finden z. B. weit mehr Menschen **ohne Berufsausbildung** über die **Zeitarbeit** (auch Arbeitnehmerüberlassung genannt) eine sozialversicherungspflichtige Beschäftigung als in anderen Wirtschaftszweigen. Auch geringfügige oder **Teilzeitbeschäftigung** ist nicht zwingend negativ; sie kann z. B. dem Wunsch der Arbeitnehmer in der Familienphase entsprechen. In den letzten Jahren wurden u. a. umfangreiche Regelungen für derartige Beschäftigungsverhältnisse geschaffen (z. B. Verankerung des Anspruchs auf Teilzeit im Teilzeit- und Befristungsgesetz aus dem Jahr 2000). Bei der Analyse der Grafik M 78 muss der unterschiedliche Maßstab beachtet werden. Die oberste Kurve müsste bei gleichem Maßstab wie für die anderen Kurven 1,5-mal so steil verlaufen.

30 Sachverständigenrat Jahresgutachten 2011/12, S. 274
31 Sachverständigenrat Jahresgutachten 2008, Ziffern 515 f.
32 Ebd.: 292 f.

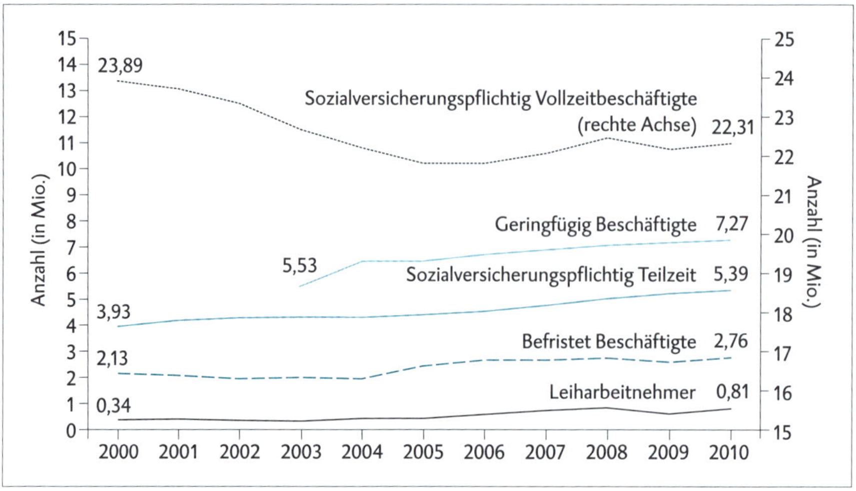

M 78: Abhängig Beschäftigte in Vollzeit und in atypischen Erwerbsformen 2000–2010, Angaben in Mio.

Weitere für den Erfolg am Arbeitsmarkt entscheidende **personenspezifische Faktoren** sind neben dem **Alter** v. a. das **Geschlecht** und die **Herkunft**. So kann man pauschal sagen, dass ältere Arbeitnehmer, Ausländer und v. a. Menschen ohne abgeschlossene Berufsausbildung deutlich häufiger von Arbeitslosigkeit betroffen sind als junge, qualifizierte Deutsche (vgl. M 79).

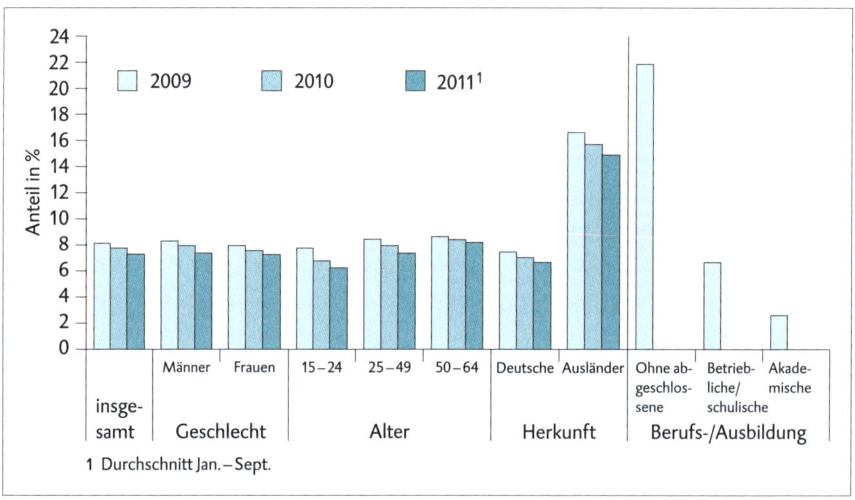

M 79: Arbeitslosenquoten nach Geschlecht, Alter, Herkunft und Berufsausbildung (2009–2011)

Auffällig ist, dass in Deutschland 2010/2011 die Arbeitslosenquote bei Menschen unter 25 mit ca. 6 % zwar – im Gegensatz zu vielen EU-Staaten – deutlich unter der durchschnittlichen Arbeitslosenquote lag, dass aber die Zahl der befristeten Beschäftigungsverhältnisse v. a. bei jungen Menschen zwischen 20 und 30 Jahren seit 1995 stark angestiegen ist (vgl. M 80). Zum Teil wird von der „Generation Praktikum" gesprochen. Das ist dann problematisch, wenn diese Menschen reguläre Arbeit für extrem niedrige Bezahlung leisten. Zirka 40 % der Praktikanten mit Hochschulabschluss erhalten keinen Lohn, nochmals ca. 30 % weniger als 400 € pro Monat.[33]

Alter	Anteil in %	
	1995	2010
15–19	72,7	79,7
20–24	29,8	49,7
25–39	11,4	23,0
30–34	8,3	13,1
35–39	5,8	8,4
40–44	5,2	6,5
45–49	4,4	5,9
50–54	4,8	4,9
55–59	4,6	4,3
60–64	4,0	4,1
ab 65	6,9	7,4

M 80: Anteil befristetet Beschäftigter 1995 und 2010

Regionale Ursachen für Arbeitslosigkeit

Auch regional lassen sich deutliche Unterschiede bei der Arbeitslosigkeit feststellen. So ist die Arbeitslosenquote im Osten Deutschlands generell höher als im Westen. Einzelne Regionen weichen davon deutlich ab, die niedrigsten ostdeutschen Quoten liegen dennoch über dem westdeutschen Durchschnitt (vgl. M 81). Neben dem **Ost-West-Gefälle** ist tendenziell auch ein **Nord-Süd-Gefälle** zu erkennen (vgl. M 89).

Als Ursachen für regionale Unterschiede kommen der **Strukturwandel**, der besonders Ballungszentren betrifft (z. B. Kohle- und Stahlindustrie im Ruhrgebiet), **politische Veränderungen** (Wiedervereinigung, EU-Osterweiterung, Aufnahme neuer Länder in die Währungsunion) und **verstärkte Konkurrenz** im Zuge der Globalisierung (internationaler Handel und Dienstleistungen) infrage. Dass Deutschland davon auch profitieren kann, zeigen insbesondere einige erfolgreiche südliche Bundesländer (vgl. M 89). Welchen Nettoeffekt die Globalisierung für den deutschen Arbeitsmarkt insgesamt hat, kann allerdings kaum ermittelt werden.

Sektorale Ursachen für Arbeitslosigkeit

Sektoral lassen sich z. B. für verschiedene Berufsgruppen unterschiedliche Arbeitsmarktsituationen ermitteln (vgl. M 82). Auch hierfür kommen vielfältige Ursachen infrage. Neben dem **klassischen Strukturwandel** in der modernen

33 Generation Praktikum 2011. Hans Böckler Stiftung, S. 14.

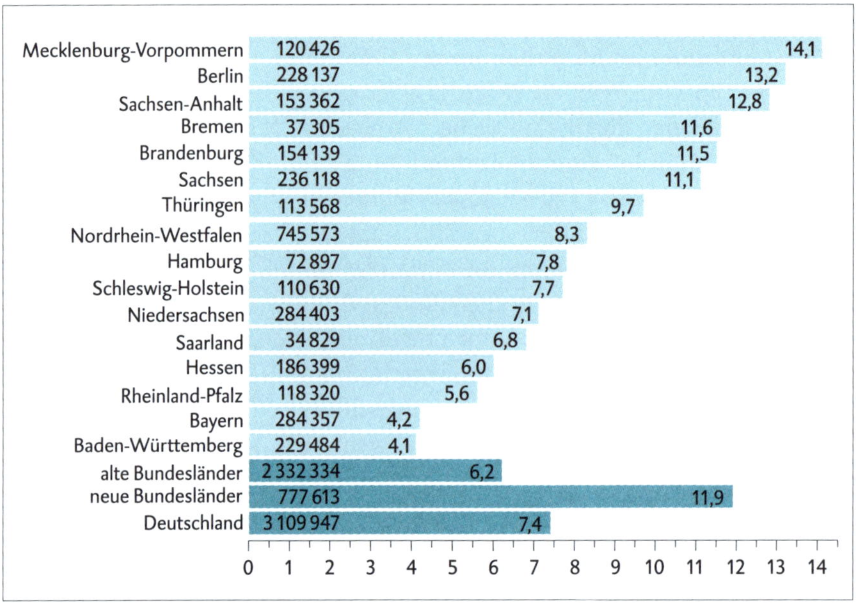

M 81: Arbeitslosenquoten (in %) und Arbeitslosenzahlen in den Bundesländern (Februar 2012)

Dienstleistungs- und Informationsgesellschaft (vgl. M 13) und dem **technischen Fortschritt** (z. B. Computer- und Internettechnologie, Automatisierung von Produktionsabläufen) spielt auch hier eine **verstärkte internationale Arbeitsteilung** im Zuge der Globalisierung eine Rolle, insbesondere im Niedriglohnsektor (z. B. Textilbranche).

Institutionelle Ursachen für Arbeitslosigkeit

Schließlich können noch institutionelle Faktoren zu strukturellen Ungleichgewichten führen. Ein wesentlicher Faktor sind die **Löhne und Lohnstückkosten**. Neben dem Staat, der z. B. über die Beiträge zur gesetzlichen Sozialversicherung und über **Mindestlöhne** (vgl. M 85 – M 87) Einfluss nimmt, sind in Deutschland im Wesentlichen die Tarifparteien im Rahmen der **Tarifpolitik** für die Lohnpolitik verantwortlich (vgl. S. 122 ff.). Auch gesetzliche **Kündigungsschutzregelungen** oder **Arbeitsschutzauflagen** können den Faktor Arbeit unattraktiver machen und zu Abwanderung in weniger reglementierte Länder führen. Angesichts der positiven Entwicklung nach der Finanzkrise sind sich allerdings selbst die Experten im Sachverständigenrat uneins, ob eine noch größere Flexibilisierung derartiger Regelungen erforderlich ist.[34]

34 Sachverständigenrat Jahresgutachten Jahrgang 2011/12, Kap. 7

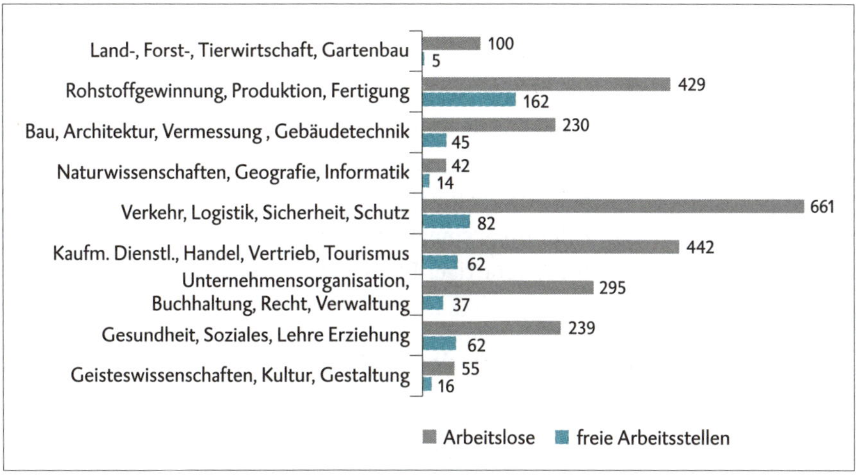

M 82: Bestand an gemeldeten Arbeitslosen und Arbeitsstellen im November 2011 (in 1 000)

Aussagekraft von Unterbeschäftigungsquote und Zahl der offenen Stellen

Für die Situation auf dem Arbeitsmarkt ist die sogenannte **Unterbeschäftigungsquote** aussagekräftiger als die Arbeitslosenquote bzw. -zahl (vgl. S. 23 ff.), da sie die stille Reserve mit einbezieht, insbesondere Arbeitslose, die sich in arbeitsmarktpolitischen Maßnahmen (z. B. Umschulung, Arbeitsbeschaffungsmaßnahmen, Kurzarbeit) befinden und daher nicht als Arbeitslose ausgewiesen werden. Veränderungen der stillen Reserve können ebenfalls auf strukturelle Probleme am Arbeitsmarkt hindeuten (vgl. M 83).

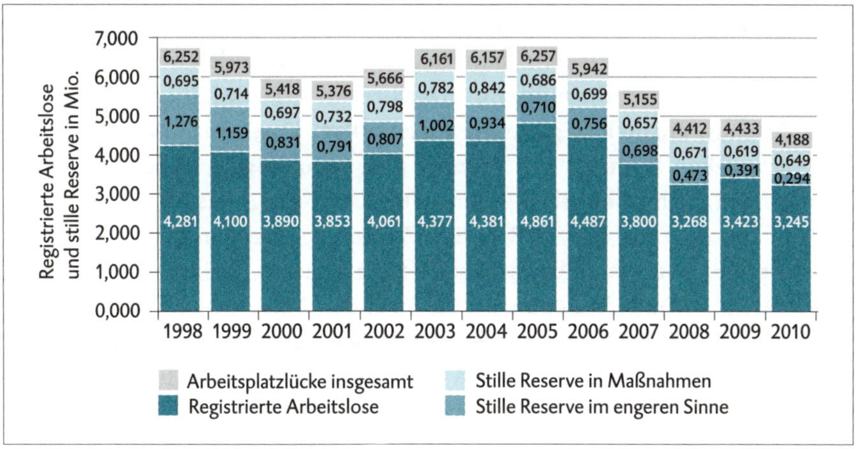

M 83: Registrierte Arbeitslose und stille Reserve 1998–2010, Angaben in Mio.

Schließlich zeigt das Verhältnis von Arbeitslosen zu **offenen Stellen** strukturelle Differenzen am Arbeitsmarkt, wenn das Arbeitskräfteangebot nicht zum Bedarf passt. Ein Rückgang offener Stellen kann neben konjunkturellen Gründen (Rezession) auch bedeuten, dass strukturelle Hürden beseitigt wurden und so mehr Stellen besetzt werden konnten. Dies müsste sich *ceteris paribus* analog im Rückgang der Arbeitslosigkeit zeigen und das Verhältnis zwischen den beiden Größen senken. Allerdings spielen auf dem Arbeitsmarkt so viele Faktoren eine Rolle, dass sich ein derartiger Prozess nicht isoliert ablesen lässt.

1.2 Lohnpolitik und Positionen der Tarifparteien

In allen Theorien zum Arbeitsmarkt spielt der Lohn als Preis für die Arbeitskraft eine wesentliche Rolle, insbesondere die Tatsache, dass Löhne nach unten in der Regel wenig oder gar nicht flexibel sind (vgl. S. 102).

Für die **Arbeitgeber** gilt als Messlatte für den Lohn grundsätzlich die **Arbeitsproduktivität**. Falls sie und damit die Lohnstückkosten (vgl. S. 130 ff., M 97) über dem möglichen Ertrag liegen, ist die menschliche Arbeitskraft zu teuer und entweder muss sie ersetzt oder der unrentable Betrieb muss eingestellt werden. Für die **Arbeitnehmer** gelten als Messlatte eine **leistungsgerechte Entlohnung** und eine angemessene **Beteiligung am wirtschaftlichen** Erfolg des Unternehmens, für das sie arbeiten (Zur Problematik des Gerechtigkeitsbegriffs bei der Einkommensverteilung vgl. S. 40 ff.).

Als **soziale Untergrenze** gilt die Forderung, dass jeder Vollzeitbeschäftigte seinen Lebensunterhalt vom Arbeitseinkommen bestreiten können soll. Dies ist nicht der Fall. Es gibt Beschäftigte, deren Einkommen unter den Hartz IV-Sätzen liegen und die das Niveau der sogenannten **Grundsicherung** bzw. das **kulturelle Existenzminimum** nur erreichen, weil sie die Differenz als staatlichen Zuschuss erhalten (sogenannte **Aufstocker**). Dass jemand von seiner Arbeit nicht leben kann, ist bei Teilzeit- oder geringfügiger Beschäftigung zu rechtfertigen, nicht aber bei einer Vollzeitbeschäftigung, was 2010 auf ca. 25 % der Aufstocker zutraf (vgl. M 84). Eine Vollzeitbeschäftigung der Aufstocker scheitert häufig an gesundheitlichen Einschränkungen, geringer Qualifikation oder fehlender Kinderbetreuung.[35] Ca. 30 % der Aufstocker in Westdeutschland und ca. 40 % im Osten erhielten 2010 einen Stundenlohn von unter 5 €.

Die Zahl der Aufstocker ist in den letzten Jahren kontinuierlich um gut 1 % pro Jahr auf ca. 30 % der Leistungsempfänger angestiegen[36], was zum Teil als

35 IAB Kurzbericht 1/2009
36 Bundesagentur für Arbeit 2011

soziales Warnsignal interpretiert wird. Andere Stimmen gehen davon aus, dass der Anstieg zumindest zum Teil systembedingt und „eine Folge der Ausweitung der Hinzuverdienstregeln, einer besonderen Familienförderung, einer großzügigeren Übernahme von Miet- und Heizkosten sowie verzerrter Anreize im Teilzeitbereich“[37] ist.

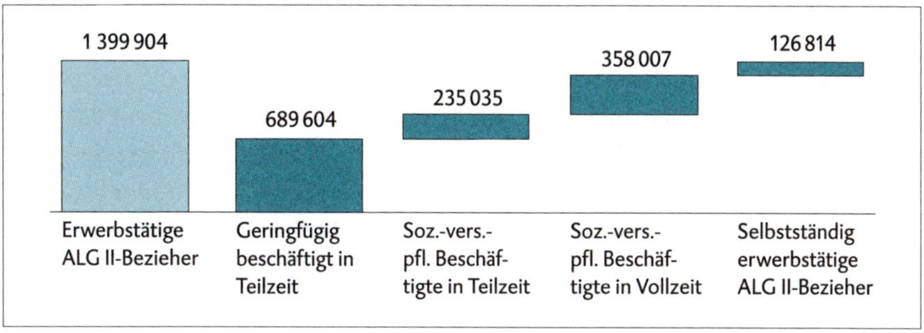

M 84: Erwerbstätige ALG II-Bezieher (Stand: September 2010)

Marktmodell und Mindestlohn

Zum Jahreswechsel 2011/12 erreichte die politische Diskussion um eine allgemeine gesetzliche Lohnuntergrenze bzw. einen allgemeinen **gesetzlichen Mindestlohn** einen neuen Höhepunkt. Politik und Wissenschaft sind uneins über die Auswirkungen staatlicher Mindestlöhne auf den Arbeitsmarkt. Ermittelt man die Auswirkung über das Marktmodell – wie dies die **Kritiker** tun –, ergeben sich eindeutig negative Effekte auf dem Arbeitsmarkt.

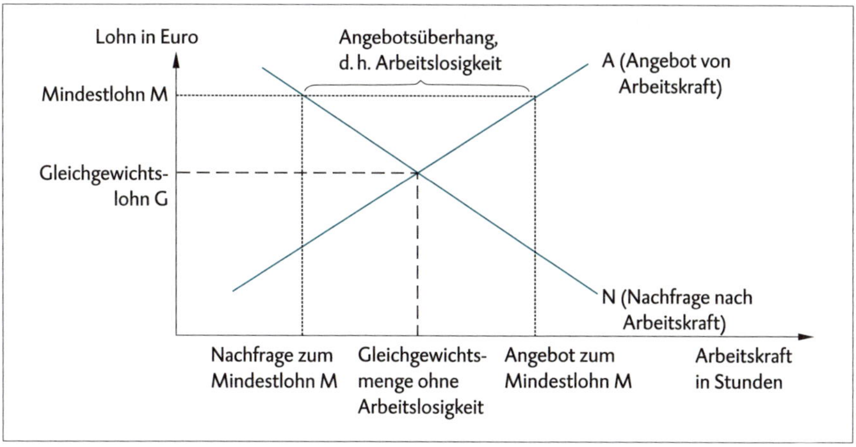

M 85: Modell des Arbeitsmarktes mit verbindlichem Mindestlohn

37 IAB-Doku; http://www.iab.de/389/section.aspx/Publikation/k071228807

Ein Mindestlohn (M), der über dem auf dem Markt gebildeten Gleichgewichtslohn (G) liegt, führt im Modell (M 85) zu einem Angebotsüberhang, da zum höheren Lohn (M) zwar mehr Menschen arbeiten wollen, d. h., das Arbeitskräfteangebot (A) steigt, aber weniger Arbeitgeber bereit oder in der Lage sind, den höheren Lohn für die gleiche Arbeitsleistung zu bezahlen. Die Nachfrage nach Arbeitskraft (N) sinkt entsprechend. In der Realität ist das so, wenn der Mindestlohn über der **Arbeitsproduktivität** der Arbeitskräfte liegt. Diese Gefahr besteht v. a. bei ungelernten oder gering qualifizierten Tätigkeiten, erreicht bei höheren Mindestlöhnen aber auch qualifizierte Tätigkeiten. Eine Grundsatzfrage ist daher, ob es einen allgemeinen Mindestlohn für alle Beschäftigten geben soll, oder ob Differenzierungen nach Branchen oder Regionen sinnvoll wären.

In der Realität ist der kritische Faktor wohl die **Höhe des Mindestlohns** in Kombination mit **anderen Faktoren** wie der Möglichkeit zur Abwanderung in Länder mit niedrigeren Löhnen oder des Ersatzes von Arbeitskräften durch Maschinen, der Stärke der Konkurrenz und der Wettbewerbsfähigkeit. Bei leichter **Abwanderungs-** oder **Rationalisierungsmöglichkeit** können Unternehmen den Mindestlohn umgehen. Bei zu starker Konkurrenz bzw. zu geringer **Wettbewerbsfähigkeit** wird die Produktion/Dienstleistung zu Mindestlöhnen ggf. unrentabel, sodass ein Unternehmen im Extremfall schließen oder zumindest Teile der Leistungserstellung aufgeben muss. In beiden Fällen gehen Arbeitsplätze verloren. Allerdings besteht auch die Möglichkeit einer Erhöhung der **Arbeitsproduktivität** bei höheren Löhnen, wenn diese z. B. einen **Motivationsschub** bei den Beschäftigten auslösen. Diese höhere Produktivität könnte den Lohnaufschlag ausgleichen. Die **Befürworter des Mindestlohns** setzen außerdem z. B. folgende Argumente ein:

soziale Argumente	Mindestlöhne • verhindern Armut und sind eine Basis für individuelle Zukunftsvorsorge. • erhöhen die soziale Gerechtigkeit durch eine gleichmäßigere Einkommensverteilung. • schaffen eine angemessene Anerkennung für die geleistete Arbeit. • fördern die Gleichberechtigung, indem Lohndiskriminierung gegenüber Frauen oder Menschen mit Migrationshintergrund abgebaut wird.
wirtschaftliche Argumente	Mindestlöhne • setzen volkswirtschaftlich positive Impulse, da sie die Kaufkraft in Bevölkerungsschichten mit hoher Konsumquote erhöhen. • entlasten den Staatshaushalt, indem weniger Sozialtransfers erforderlich sind und über Einkommen und Konsum die Staatseinnahmen steigen.
politische Argumente	• 21 von 28 EU-Staaten verfügen bereits über gesetzliche Mindestlöhne (M 86). • Vollbeschäftigung, die nicht für das Existenzminimum reicht, widerspricht den Grundprinzipien der Sozialen Marktwirtschaft.

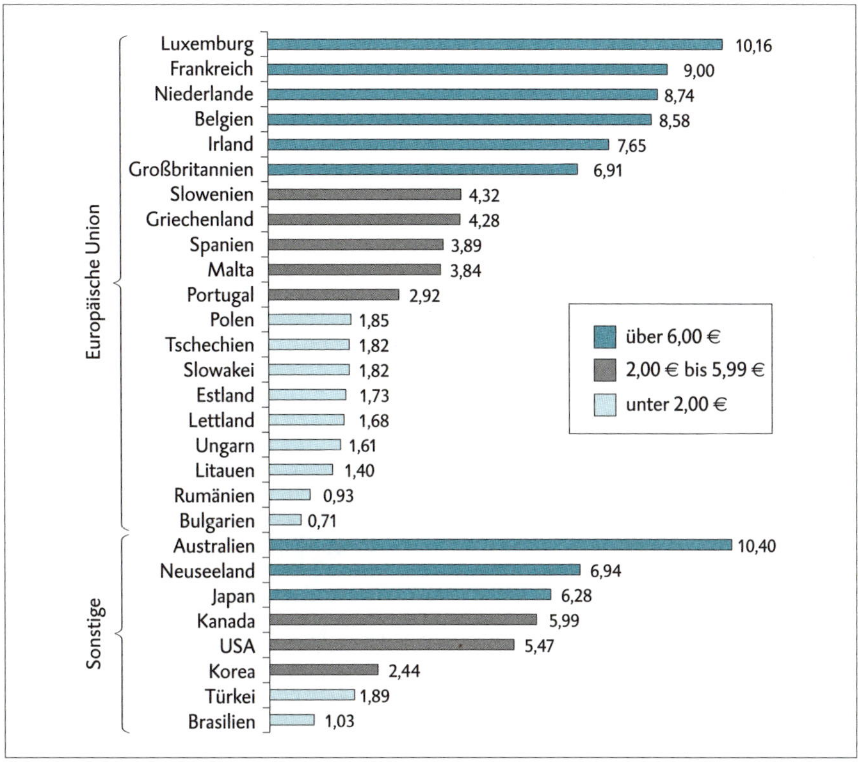

M 86: Gesetzliche Mindestlöhne (2011), Angaben in €/Stunde

In Deutschland gibt es derzeit keinen allgemeinen Mindestlohn, aber in 11 Branchen allgemeinverbindliche Mindestlöhne mit einer Schwankungsbreite von 6,53 €–11,53 €, also von gut 60 % bezogen auf den niedrigsten Lohn (vgl. M 87). Hintergrund der großen Unterschiede ist das Verfahren, in dem die Mindestlöhne festgelegt wurden: Es handelt sich um von den Tarifpartnern im Rahmen von Tarifverträgen ausgehandelte Mindestlöhne, die über die staatlichen Instanzen nachträglich als allgemeinverbindlich festgelegt wurden. Das bedeutet, dass jedes Unternehmen, das in einem Tarifverband der jeweiligen Branche ist, diese Mindestlöhne verpflichtend bezahlen muss. Lediglich nicht tarifgebundene Unternehmen können individuell niedrigere Löhne aushandeln. Die **Tarifautonomie** ist bei diesem Verfahren im Grundsatz gewährleistet, da der Staat sich nicht in die Aushandlung der Mindestlohnhöhe einmischt; fraglich ist, inwieweit ein Verfahren, bei dem der Staat nachträglich für alle Beteiligten etwas als allgemeinverbindlich festlegt, dem **marktwirtschaftlichen Grundprinzip der Vertragsfreiheit** entspricht.

Wirtschaftsbereich	Früheres Bundesgebiet und Berlin	Neue Länder
Abfallwirtschaft	8,33	8,33
Bauhauptgewerbe	11,05	10,00
Bergbauspezialarbeiten	11,53	11,53
Dachdecker	11,00	11,00
Elektrohandwerk	(ohne Berlin) 9,80	(mit Berlin) 8,65
Gebäudereinigung	8,82	7,33
Maler und Lackierer	9,75	9,75
Pflegebranche	8,75	7,75
Sicherheitsdienstleistungen	7,31–8,75	6,53
Wäschereidienstleistungen	(ohne Berlin) 8,00	(mit Berlin) 7,00
Zeit-/Leiharbeit (neu seit 1. 1. 2012)	7,89	7,01

M 87: Allgemeinverbindliche Mindestlöhne in Deutschland (Stand 1. Januar 2012)

Problematisch ist, dass in zahlreichen anderen Branchen die **Tariflöhne** (vgl. M 88) deutlich unter den Mindestlöhnen der 11 oben genannten Branchen liegen. Zum Teil wirken auch die Unterschiede bei den Tariflöhnen willkürlich. Dies steigert sich noch, wenn man sie mit den allgemeinverbindlichen Mindestlöhnen vergleicht. So ist z. B. schwer nachvollziehbar, warum ein Dachdecker über 30 % mehr verdient als ein Schreiner.

Tariflöhne 2011 in ausgewählten Tarifverträgen		in EUR
Schuhindustrie	Rheinland-Pfalz, Saarland	6,35
Ernährungsgewerbe		
Konditorenhandwerk	Bayern	5,26
Bäckerhandwerk	Schleswig-Holstein, Hamburg	7,23
Herstellung von Holz- und Kunststoffwaren	Bayern	7,55
Friseurhandwerk	Schleswig-Holstein	6,00
	Bayern	7,49

M 88: Tariflöhne 2011 in ausgewählten Tarifverträgen

Betrachtet man Durchschnittswerte, dann ähnelt das **regionale Lohngefälle** dem der Arbeitslosigkeit (vgl. M 89): Je höher die Arbeitslosenquote, desto höher die Zahl der Beschäftigten mit einem Stundenlohn von unter 8,50 €. Dies würde den marktwirtschaftlichen Zusammenhang zwischen Angebot, Nachfrage und Lohnhöhe bestätigen: Je höher der Angebotsüberhang, desto geringer das Lohnniveau. Allerdings ist ein Stundenlohn von 8,50 € im Vergleich zu den Tariflöhnen in M 88 in vielen Branchen schon relativ hoch angesetzt und einige Regionen (z. B. Thüringen oder Bremen) passen nicht in diesen pauschalen Zusammenhang. Außerdem zeigt die Liste der Tariflöhne (M 86), dass auch in sogenannten Hochlohn-Bundesländern wie Bayern in einzelnen Branchen die niedrigsten Tariflöhne gelten (z. B. Konditoren).

Der Sachverständigenrat betonte in seinem Jahresgutachten 2011/12 die **Verantwortung der Tarifparteien** für die Entwicklung am Arbeitsmarkt: Die beschäftigungsfreundliche Tariflohnpolitik sei ein wesentlicher Faktor für die günstige Arbeitsmarktentwicklung seit ca. 2005.

Weiterhin umstritten bleibt die Frage, ob es einen staatlich festgelegten, allgemeinen Mindestlohn geben oder ob die Tarifautonomie Vorrang haben soll.

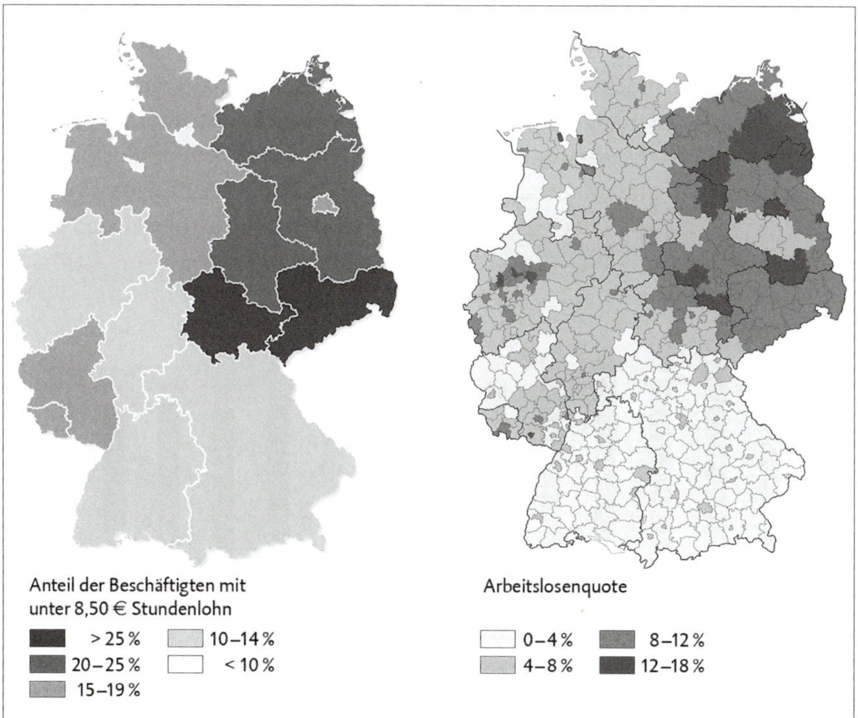

M 89: Regionale Unterschiede der Lohnhöhe und Arbeitslosenquote

Tarifautonomie

In Deutschland herrscht als marktwirtschaftliches Element die **Tarifautonomie**, d. h., Löhne und Gehälter der Arbeitnehmer werden autonom – ohne staatliche Einmischung – zwischen Vertretern der Arbeitgeber und -nehmer ausgehandelt.

Für **Flächen- bzw. Branchentarifverträge**, die für ganze Regionen bzw. Branchen gelten, werden die Arbeitnehmer durch die Gewerkschaften vertreten, die Arbeitgeber durch Arbeitgeberverbände. Unternehmen, die nicht dem Arbeitgeberverband angehören, müssen den Flächen- oder Branchentarifvertrag nicht anwenden. Sie haben vielfach reine **Firmentarifverträge**, um den Besonderheiten des einzelnen Unternehmens besser gerecht zu werden.

In Tarifverträgen werden neben Löhnen und Gehältern **(Lohn- und Gehaltstarifvertrag)** auch Rahmenbedingungen wie Zahl der Urlaubstage, Kündigungsbedingungen, Arbeitszeitregelungen, Zuschläge für Schichtarbeit und ähnliches geregelt **(Manteltarifvertrag)**.

In den letzten zwei Jahrzehnten ist der Organisationsgrad, d. h. der Anteil der Gewerkschaftsmitglieder an den Beschäftigten, nahezu permanent zurückgegangen. Er liegt mittlerweile bei nur noch gut 20 %, d. h., die Gewerkschaften vertreten nur noch ca. 20 % der Arbeitnehmer. Letztendlich sind die Tarifverträge aber noch immer für ca. 60 % der Beschäftigten verbindlich (gegenüber ca. 80 % Anfang der 1990er-Jahre), da sie in Betrieben mit Tarifbindung arbeiten (vgl. M 90), für die das Bundesarbeitsministerium Pilotabschlüsse bestimmter Regionen als allgemeinverbindlich erklärt hat (selten) oder in denen der Arbeitgeber Gewerkschaftsmitglieder und Nichtmitglieder gleich entlohnt (häufig).

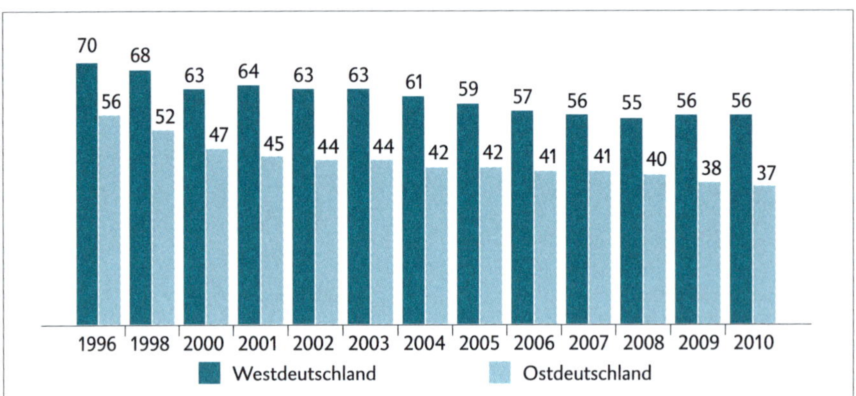

M 90: Anteil der Beschäftigten in tarifgebundenen Betrieben, Anteile in %

Positionen der Tarifparteien

Die **Gewerkschaften** verfolgen eine **offensive Tarifpolitik**, die primär eine **Erhöhung des verfügbaren Einkommens** und **der Lohnquote** (Anteil der Einkommen aus unselbstständiger Arbeit am Volkseinkommen) zulasten der **Gewinnquote** (Einkommen aus Unternehmertätigkeit und Kapital) anstrebt. Das Ziel ist eine **langfristige Umverteilung** von Einkommen und Vermögen zugunsten der Arbeitnehmer und die **Stärkung der Kaufkraft** im Sinne der Kaufkrafttheorie. Die Löhne sollen nicht nur die geleistete Arbeit **honorieren**, sondern die Arbeitnehmer darüber hinaus angemessen am wirtschaftlichen Erfolg des Unternehmens **beteiligen** und ggf. eine Geldentwertung durch **Inflation kompensieren** (Inflationsausgleich). Über Multiplikatorprozesse sollen außerdem die Wirtschaftsentwicklung und die Beschäftigung gefördert werden.

Befürworter der Kaufkrafttheorie argumentieren, dass Lohnerhöhungen für ein höheres **verfügbares Einkommen** der Haushalte sorgen und dadurch einen Anstieg der privaten **Konsumgüternachfrage** bewirken. Der Anstieg des privaten Konsums führt zu höheren Umsätzen der Unternehmen und ggf. zu höheren Gewinnen. Diese können höhere Investitionen nach sich ziehen und folglich die gesamtwirtschaftliche Nachfrage erhöhen, sodass insgesamt eine Konjunkturbelebung für einen Abbau der Arbeitslosigkeit sorgt. Die entsprechend höhere Beschäftigung ermöglicht einen weiteren Anstieg der Konsumgüternachfrage und sorgt für **multiplikative Effekte**, von denen die Beschäftigung und die Unternehmen weiter profitieren.

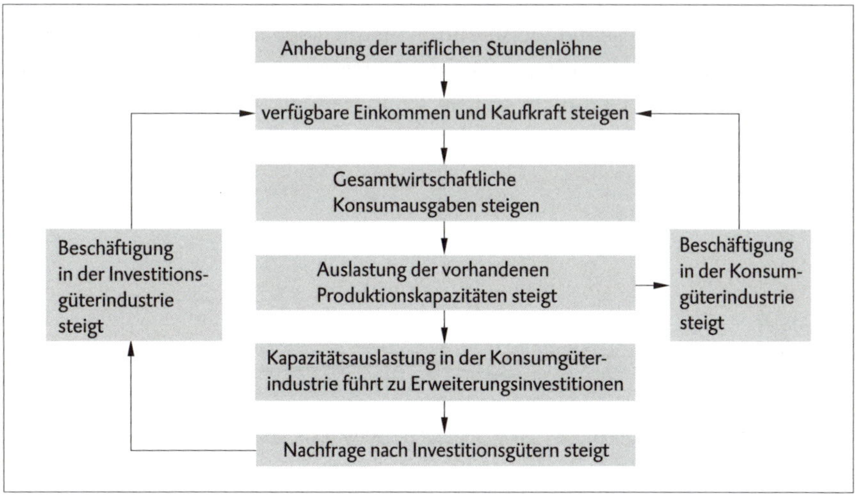

M 91: Argumentation der Gewerkschaften: Kaufkrafttheorie

Gegner der Kaufkrafttheorie halten dem entgegen, dass der primäre Effekt von Lohnerhöhungen eine **Kostensteigerung** für die Unternehmen ist. Liegen die Lohnerhöhungen über dem Produktivitätszuwachs, d. h. der zusätzlichen Leistung pro eingesetzter Einheit Arbeitskraft, steigen die Lohnstückkosten. Können die Unternehmen die Lohnsteigerungen aufgrund der Markt- und Wettbewerbssituation nicht oder nur teilweise auf die Preise überwälzen, reduziert sich ihr Gewinn. Reagieren sie mit Vermeidungsstrategien wie **Rationalisierungsmaßnahmen** und **Abwanderung** in Billiglohnländer, führt dies anstelle der erhofften Einkommens- und Beschäftigungseffekte zu **Arbeitsplatzabbau** bzw. verhindert es zumindest die Schaffung neuer Stellen.

Das Kaufkraftargument kommt auch nicht zum Tragen, wenn es den Unternehmen gelingt, **Lohnsteigerungen** (teilweise) **auf die Preise überzuwälzen**, da die **Löhne** dann zwar **nominal steigen**, die Kaufkraftsteigerung aber durch die Preiserhöhungen wieder abgeschöpft wird (sogenannter Zweitrunden- oder Bumerang-Effekt). Verschärfen kann sich die Situation, wenn die gestiegenen Löhne durch einen progressiven Steuertarif zu höheren Steuerzahlungen und damit effektiv zu **geringeren Realeinkommen** führen. Reagieren die Gewerkschaften auf den Kaufkraftverlust wieder mit erhöhten Lohnforderungen, besteht die Gefahr einer **Lohn-Preis-Spirale**, die die Preisstabilität, die Kaufkraft und das Wirtschaftswachstum ernsthaft gefährden kann.

Fazit: Lohnsteigerungen führen nicht zwangsläufig zur Erhöhung der Kaufkraft und zu den damit verbundenen positiven Effekten für Wachstum und Beschäftigung. Unangemessene Lohnerhöhungen können zu Inflation und sogar zum Verlust von Arbeitsplätzen führen. M 92 zeigt, dass ein Anstieg der Bruttolöhne regelmäßig teilweise und manchmal sogar komplett durch Preissteigerungen aufgezehrt wird, sodass die Nettolöhne und damit die Kaufkraft deutlich weniger oder gar nicht steigen, im Extremfall sogar sinken.

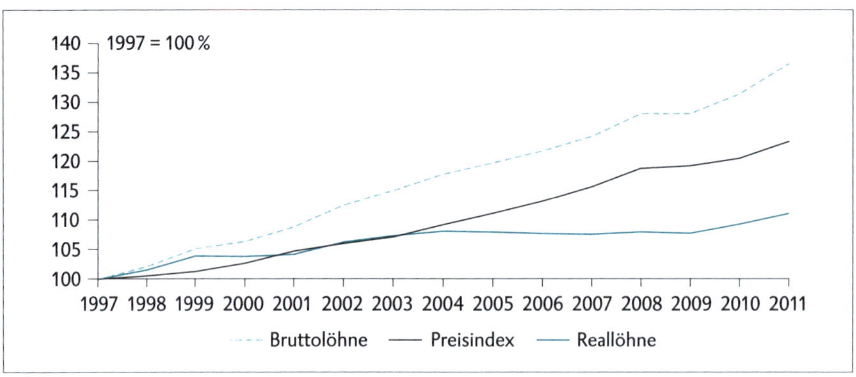

M 92: Lohn- und Preisentwicklung

Auf Basis dieser Argumentation verfolgen die **Arbeitgeber** eine **defensive** oder **produktivitätsorientierte Tarifpolitik**, in der Lohnerhöhungen maximal dem Zuwachs der Produktivität (Veränderung des BIP pro Erwerbstätigem) entsprechen, sodass die Lohnstückkosten konstant bleiben oder ggf. sogar sinken. Gleiches gilt für die Lohnquote.

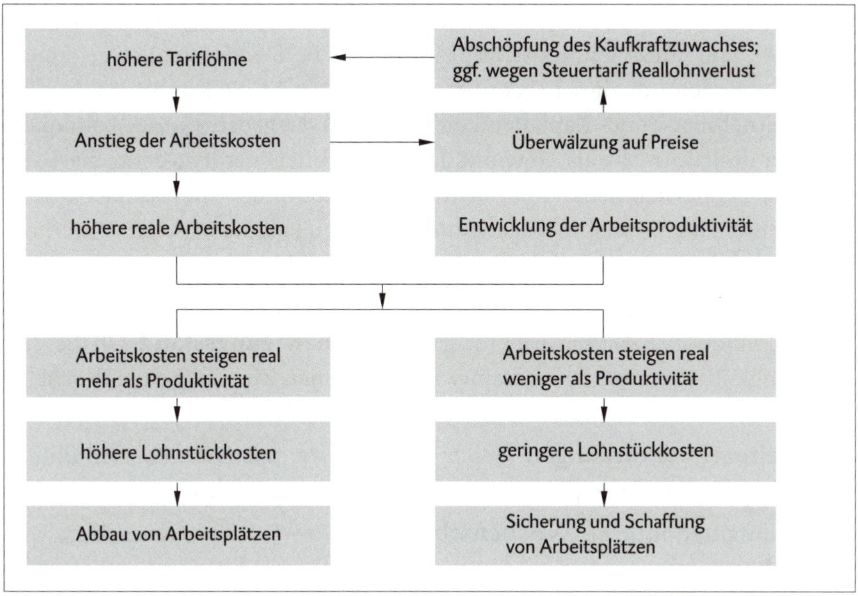

M 93: Argumentation der Arbeitgeber: Kostenargument

Die **Lohnquote** beschreibt das Verhältnis der Arbeitnehmereinkommen zum gesamten Volkseinkommen. 2008/2009 stieg die Lohnquote zum ersten Mal seit Jahren wieder. Das lag allerdings weniger an den steigenden Reallöhnen als an den infolge der Finanzkrise gesunkenen Unternehmensgewinnen (M 96).

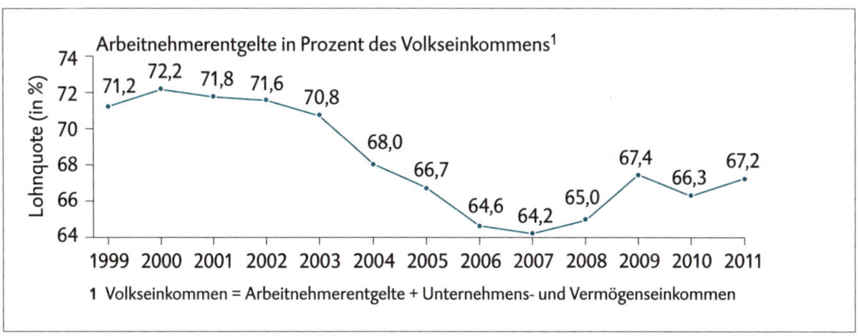

M 94: Die Entwicklung der Lohnquote

Das **Konzept der Lohnquote** wird in mehrfacher Hinsicht **kritisiert:**

- Als verteilungspolitische Kennziffer hat die Lohnquote einen Konstruktionsfehler: Sie steigt (fällt) auch, wenn der Anteil der abhängig Beschäftigten an der Gesamtzahl der Erwerbstätigen steigt (fällt), ohne dass sich an den Einkommensverhältnissen etwas geändert hat.
- Auch **Arbeitnehmer haben Einkommen aus Vermögen** (z. B. Zinsen, Miete) und unternehmerischer Tätigkeit (z. B. Dividenden). Die zunehmende Bedeutung dieser Querverteilung verwischt die Konturen zwischen Arbeitnehmer- und Kapitaleinkommen. Das Gegenstück zur Lohnquote sollte deshalb nicht als Gewinnquote bezeichnet werden, denn die Restgröße „Unternehmens- und Vermögenseinkommen" umfasst neben den eigentlichen Unternehmensgewinnen auch den kalkulatorischen Unternehmerlohn der Selbstständigen sowie die Zins- und Mieteinkünfte aller inländischen Wirtschaftssektoren.
- Die Lohnquote berücksichtigt nicht den **Beschäftigungsstand**. Ob die Verteilungssituation mit dem gesamtwirtschaftlichen Ziel der hohen Beschäftigung in Einklang steht, lässt sich deshalb nicht ablesen.
- **Arbeitszeitverkürzungen** entsprechen einer relativen Lohnerhöhung, werden aber im Konzept der Lohnquote nicht berücksichtigt.
- Die durchschnittliche **Wochenarbeitszeit** von Unternehmern liegt weit über den durchschnittlichen 41 Stunden (2011) von abhängig Beschäftigten, sodass auch höhere Einkommen in Form von Gewinnen gerechtfertigt sind.

Rang	Branche/Beruf, Funktion	Wochenarbeitszeit (in Std.)
1	Sonstige Dienstleistungsberufe, Selbstständige	63,13
2	Organisation, Verwaltung, Büro, Selbstständige	54,16
3	Ingenieure, Chemiker, Physiker, Mathematiker, Selbstständige	53,61
4	Warenkaufleute, selbstständig	53,40
5	Gesundheitsdienst, Selbstständige	53,32
6	Dienstleistung, Kaufleute, Selbstständige	53,23
7	Verkehrsberufe, Selbstständige	53,09
8	Metall- und Maschinenbau, Selbstständige	52,80
9	Ordnungs- und Sicherheitsberufe, Selbstständige	51,34
10	Ordnungs- und Sicherheitsberufe, leitende Angestellte	50,66

M 95: Wochenarbeitszeit nach Branchen und Berufen

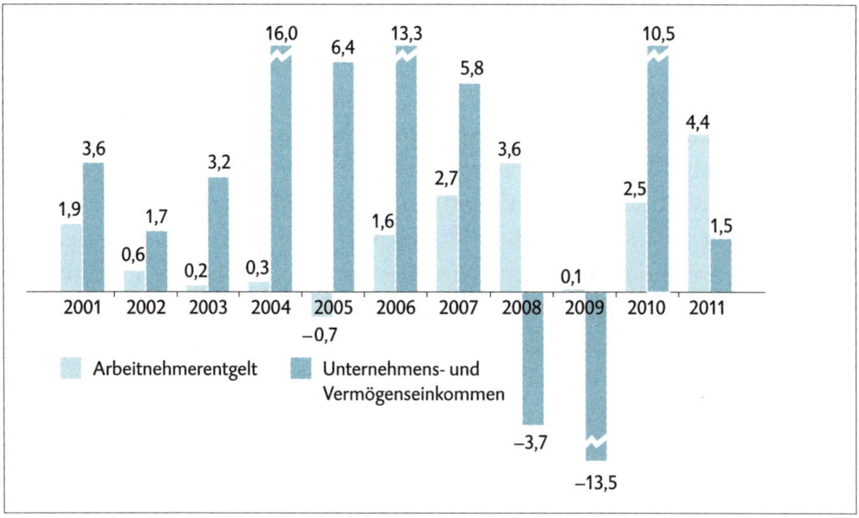

M 96: Entwicklung der Löhne und Gewinne (Veränderungen jeweils gegenüber dem Vorjahr in %)

Sowohl am Kaufkraftargument der offensiven Tarifpolitik als auch am Kostenargument der defensiven Tarifpolitik kann Kritik geübt werden:

Kritik am Kaufkraftargument der Arbeitnehmer:	**Kritik an der kosten- und produktivitätsbasierten Argumentation der Arbeitgeber:**
• grundsätzliche Kritik am Konzept der Lohnquote (siehe oben!) • Gefahr der Lohn-Preis-Spirale (siehe oben!) • ggf. Abfluss der Kaufkraft ins Ausland für Urlaubsreisen oder Importgüter, sodass im Inland kein oder nur ein geringer Einkommens- und Beschäftigungseffekt entsteht • (Angst-)Sparen: nicht jeder Einkommenszuwachs wird verkonsumiert • empirische Daten, dass die Beschäftigung in Industriestaaten eher bei niedrigen Lohnsteigerungsraten steigt • Flächen-/Branchentarifverträge berücksichtigen nicht die Gegebenheiten einzelner Betriebe; dies kann zu finanzieller Unter- bzw. Überforderung von Betrieben führen	• Produktivitätszuwächse bei guter Entwicklung werden nur verzögert (bei den nächsten Tarifverhandlungen) weitergegeben; ist dann die Entwicklung wieder schlecht, werden die Arbeitnehmer ggf. nur eingeschränkt an den früheren Gewinnen beteiligt. • Einseitige Gewinnorientierung geht zulasten der Einkommen bzw. Beschäftigung und widerspricht dem Prinzip der *Corporate Social Responsibility/Corporate Citizenship* (vgl. S. 54). • Rein quantitative Output-Orientierung zur Berechnung der Produktivität vernachlässigt Aspekte wie z. B. die Qualität. Die Arbeitsproduktivität ist nicht allein bestimmend für Unternehmenskosten und -erfolg. • Produktion in Billiglohnländern kann die Gewinne reduzieren, wenn durch Qualitätsdefizite Aufträge/Umsätze verloren gehen oder Fehlerbeseitigungskosten entstehen. • Kostenfaktoren wie Lohnnebenkosten setzen die produktivitätsbasierte Argumentation außer Kraft oder wälzen staatlich verursachte Lasten auf die Arbeitnehmer über.

Die aktuelle Situation in Deutschland

Im Jahresgutachten 2011/12 führt der Sachverständigenrat die positive Entwicklung am Arbeitsmarkt u. a. darauf zurück, dass die durch Produktivitätszuwächse entstandenen Verteilungsspielräume nicht vollständig ausgeschöpft wurden (sinkende Lohnstückkosten), was die Argumentation der Arbeitgeber untermauern würde. Dies gilt laut Prof. Bofinger allerdings nicht für die jüngste Vergangenheit (vgl. M 97), in der die Zunahme der Lohnstückkosten deutlich über dem Verteilungsspielraum lag, sodass die Erfolge am Arbeitsmarkt ggf. doch auf einer „großzügigen Lohnpolitik"[38] und einer dadurch positiven Konsumentwicklung beruhen und damit das Kaufkraftargument unterstützen.

Tatsache ist, dass die preisliche Wettbewerbsfähigkeit Deutschlands, die eng an die Produktions- und damit an die Lohnkosten und die Produktivität gekoppelt ist, seit Beginn der Währungsunion deutlich und innerhalb des Euroraums mit Abstand am stärksten zugenommen hat (vgl. M 17).

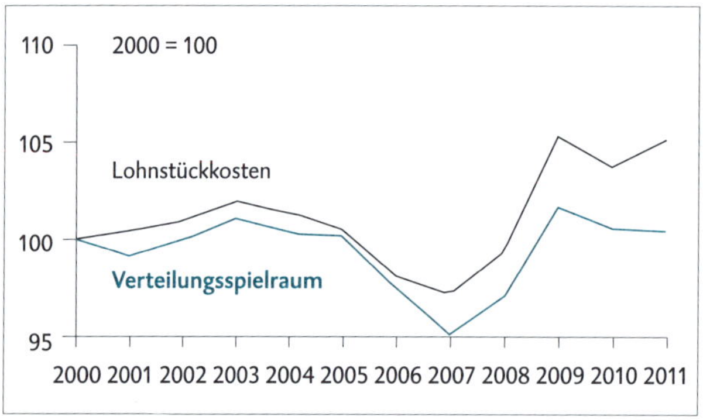

M 97: Entwicklung des Verteilungsspielraums und der Lohnstückkosten in Deutschland

1.3 Staatsverschuldung und Bundeshaushalt

Begriffe/Definitionen

Der **Staatshaushalt** (auch Staatsbudget oder Etat) ist die Gesamtheit aller Staatseinnahmen und -ausgaben. Auf der **Einnahmenseite** unterscheidet man ordentliche, d. h. reguläre Einnahmen aus Steuern, Gebühren oder staatlicher Unternehmertätigkeit, und außerordentliche Einnahmen aus Kreditaufnahme. Die Höhe der Kreditaufnahme entspricht dem Haushaltsdefizit, also der Differenz zwischen ordentlichen Einnahmen und Ausgaben, und stellt die Neuverschuldung pro Jahr dar: 2012 betrug sie ca. 8,5% des Gesamtetats (vgl. M 98).

38 Sachverständigenrat Jahresgutachten Jahrgang 2011/12, S. 302

Die **Ausgabenseite** wird in der Regel nach Ressorts gegliedert, wobei 2012 der mit Abstand größte Posten im deutschen Staatshaushalt die Ausgaben für Arbeit und Soziales mit über 40 % sind, gefolgt von der Bundesschuld (12,5 %), d. h. den Zinszahlungen für die Staatsschulden (vgl. M 98).

Wichtige Begriffe im Zusammenhang mit dem Bundeshaushalt und der Staatsverschuldung sind:

- **Staatsverschuldung** = Gesamtverschuldung bzw. Schuldenstand: 2011 ca. 2 Billionen €/ca. 82 % des BIP
- **Haushaltsdefizit** = Finanzierungslücke innerhalb eines Haushaltsjahres = Neuverschuldung durch staatliche Kreditaufnahme: 2010 ca. 44 Mrd. €/ca. 1,7 % des BIP; 2011 ca. 30 Mrd. €/ca. 1 % des BIP
- **Staatsquote** = Staatsausgaben in Prozent des jeweiligen BIP, d. h. Anteil an jedem erwirtschafteten Euro, der durch die Hände des Staates fließt: 2010 ca. 48 %; 2011 45,6 %
- **Schuldenbremse:** Neuregelung im Grundgesetz zur Begrenzung der Neuverschuldung (Art. 115 GG, vgl. S. 138)

Einnahmen (reguläre und außerordentliche)		**Ausgaben** für Staatsaufgaben	
• Steuern	249,2 ≙ 81,4 %	• Arbeit und Soziales	126,5 ≙ 41,3 %
• Gebühren		• Bundesschuld	38,3 ≙ 12,5 %
• Erträge aus staatlichen Unternehmen(sbeteiligungen)	30,9 ≙ 10,1 % (Gebühren und Erträge)	• Verteidigung	31,9 ≙ 10,4 %
		• Verkehr, Bau, Stadtentwicklung	25,9 ≙ 8,5 %
Haushaltsdefizit		• Gesundheit	14,5 ≙ 4,7 %
→ Neuverschuldung durch staatliche Kreditaufnahme	26,1 ≙ 8,5 %	• Bildung und Forschung	12,9 ≙ 4,2 %
		• …	
Gesamtsumme:	306,2 Mrd. €	Gesamtsumme:	306,2 Mrd. €

M 98: Staatshaushalt/Bundeshaushalt: Gliederung und Beträge 2012 (in Mrd. €)

Grundlagen/Ursachen der Staatsverschuldung

In der **Wirtschaftstheorie** finden sich unterschiedliche Einstellungen zur Staatsverschuldung. Während die klassische Nationalökonomie Staatsschulden verteufelte und daher einen ausgeglichenen Haushalt forderte, erkannte man bereits Ende des 19. Jh., dass ein „Nachtwächterstaat" unerwünschte wirtschaftliche Entwicklungen nicht nur nicht verhindert, sondern sogar verstärkt. In der Theorie des Fiskalismus werden daher im Rahmen einer antizyklischen Haushaltspolitik gezielte staatliche Eingriffe gefordert, die notfalls auch über staatliche Kredite finanziert werden sollen (*deficit spending*) (vgl. S. 103).

Klassische Nationalökonomie *„one of the most terrible scourges which was ever invented to afflict a nation"* → Staatsschulden sind die „schrecklichste Geißel zur Plage der Nation" *David Ricardo , 1846*	⟷	Fiskalismus „ein Staat ohne Staatsschuld tut entweder zu wenig für seine Zukunft oder fordert zu viel von seiner Gegenwart" *Lorenz von Stein, 1878*
→ ausgeglichener Haushalt		→ *deficit spending* (wenn erforderlich!)

In der Praxis lassen sich die **Ursachen** der Staatsverschuldung in drei Gruppen unterteilen:

- **Strukturelle** Ursachen (Rahmenbedingungen), wie sie z. B. durch die Wiedervereinigung, den demografischen Wandel oder den Strukturwandel ausgelöst werden.
- **Konjunkturelle** Ursachen wie z. B. niedrige Steuereinnahmen durch geringes Wirtschaftswachstum, hohe Sozialtransfers wegen konjunktureller Arbeitslosigkeit oder Konjunkturprogramme im Zuge der Finanzkrise.
- **Schlechte Finanzpolitik und Misswirtschaft**, wie sie vom Bundesrechnungshof oder dem Bund der Steuerzahler regelmäßig angeprangert werden. Dabei kann es sich etwa um die fehlende Haushaltsdisziplin in guten Konjunkturphasen handeln, sodass zu wenig Mittel für die Tilgung des Staatsdefizits verwendet und stattdessen Wahlgeschenke gemacht werden. Teilweise werden aber auch einfach Folgekosten und Langzeitfolgen nicht berücksichtigt, Haushaltsansätze so unrealistisch geplant, dass sie grob überschritten werden müssen (z. B. beim Bau öffentlicher Gebäude), oder schlichtweg überflüssige Ausgaben getätigt. Interessante Veröffentlichungen zu diesem Thema sind das Schwarzbuch des Bundes der Steuerzahler und der Jahresbericht des Bundesrechnungshofes.

strukturelle Ursachen → Rahmenbedingungen	konjunkturelle Ursachen → Wirtschaftsentwicklung	schlechte Finanzpolitik → Fehlplanung/-entscheidung
• **Wiedervereinigung** • **demografischer Wandel** → Medizin/Pflege/Renten • **Strukturwandel** → Arbeitslosigkeit	• **geringes Wirtschaftswachstum** → Steuereinnahmen sinken • **konjunkturelle Arbeitslosigkeit** → Sozialausgaben steigen • **Finanzkrise** → Konjunkturprogramme	• **keine Rückführung des Staatsdefizits** in guten Phasen *(public choice)* • **Wahlgeschenke** • **Langzeitfolgen** nicht geplant • **Verschwendung**

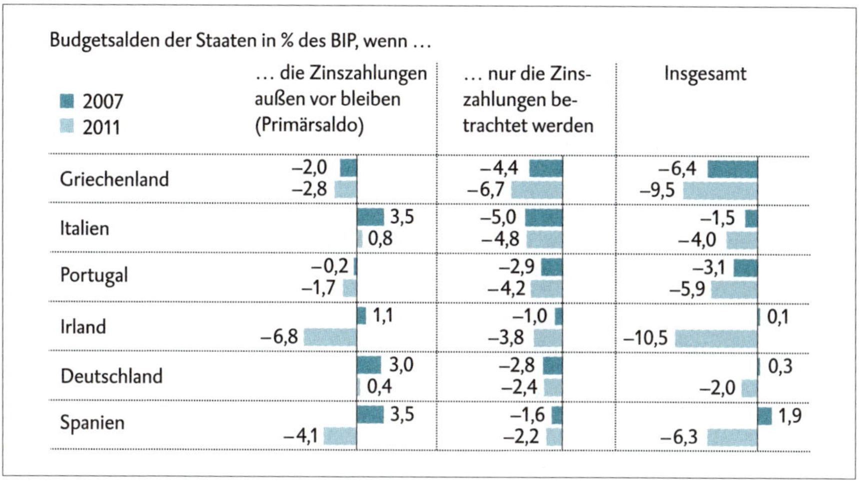

M 99: Staatshaushalte: Wenn bloß die Zinsen nicht wären

Folgen der Staatsverschuldung

Eine zu hohe Staatsverschuldung hat negative Auswirkungen für alle Wirtschaftssubjekte (U, H und St). Folgende Probleme können genannt werden:

- **Einengung** der **Finanz- und** damit **Entscheidungsspielräume** der Politik (sogenannte politische Manövriermasse) durch Schuldendienst: Jeder Euro, der für Zins oder Tilgung ausgegeben wird, fehlt für andere staatliche Maßnahmen (vgl. M 99). In Deutschland sind das 2012 ca. 12 % der Gesamtausgaben des Staates bzw. fast 14 % der ordentlichen Einnahmen (vgl. M 98).
- **Crowding out**, d. h. Verdrängung der privaten Konsum- und Investitionskreditnachfrage: Hohe staatliche Kreditaufnahme führt zu steigenden Kreditzinsen, die die privatwirtschaftliche Kreditaufnahme für Konsum (H) oder Investitionen (U) reduzieren. Anschauliches Beispiel ist die Zinshöhe in hoch verschuldeten Ländern wie Griechenland im Zuge der Finanzkrise.
- Dieser Effekt wird noch deutlich verstärkt durch den **Vertrauensverlust** der Wirtschaftssubjekte in ein Land. Dieser führt zum einen zu Kapitalabfluss, sodass die Zinsen weiter steigen, und bremst zum anderen die Investitionsneigung inländischer und ausländischer Unternehmen, sodass die damit verbundenen Wachstumsimpulse fehlen.
- **Lastenverschiebung auf künftige Generationen**, d. h., die Kinder von heute müssen als Erwachsene die Schulden von heute und ggf. von gestern zurückzahlen. Selbst wenn die Bundesrepublik Deutschland monatlich

1 Mrd. € Schulden tilgen würde, würde es beim Stand von 2011 mit gut 2 Billionen € Schulden fast 167 Jahre bis zur kompletten Tilgung dauern.

- Wenn durch die staatliche Kreditaufnahme die nachfragewirksame Geldmenge steigt (vgl. S. 19) und dieses Geld für staatlichen oder privaten Konsum oder für Investitionen im Inland ausgegeben wird, kann dies zu **Inflation** führen. Eine zu hohe Inflation wiederum beeinflusst die Wirtschaftsentwicklung negativ, z. B. aufgrund des Kaufkraftverlusts, der Gefahr einer Lohn-Preis-Spirale etc. (vgl. S. 21).

Rechtliche/politische Grenzen der Staatsverschuldung

Es gibt rechtliche und politische Grenzen, die eine beliebige Ausweitung der Staatsschulden verhindern sollen. Dazu zählt insbesondere die 2009 durch eine Grundgesetzänderung in Art. 115 GG formulierte sogenannte **Schuldenbremse**. Sie ersetzt in Verbindung mit der Schuldenregel des Art. 109 GG die alte und offensichtlich wirkungslose Formulierung aus dem Jahr 1969.

Artikel 115 GG

(1) Die Aufnahme von Krediten sowie die Übernahme von Bürgschaften, Garantien oder sonstigen Gewährleistungen, die zu Ausgaben in künftigen Rechnungsjahren führen können, bedürfen einer der Höhe nach bestimmten oder bestimmbaren Ermächtigung durch Bundesgesetz.

(2) Einnahmen und Ausgaben sind grundsätzlich ohne Einnahmen aus Krediten auszugleichen. Diesem Grundsatz ist entsprochen, wenn die Einnahmen aus Krediten 0,35 vom Hundert im Verhältnis zum nominalen Bruttoinlandsprodukt nicht überschreiten. Zusätzlich sind bei einer von der Normallage abweichenden konjunkturellen Entwicklung die Auswirkungen auf den Haushalt im Auf- und Abschwung symmetrisch zu berücksichtigen. Abweichungen der tatsächlichen Kreditaufnahme von der nach den Sätzen 1 bis 3 zulässigen Kreditobergrenze werden auf einem Kontrollkonto erfasst; Belastungen, die den Schwellenwert von 1,5 vom Hundert im Verhältnis zum nominalen Bruttoinlandsprodukt überschreiten, sind konjunkturgerecht zurückzuführen. Näheres, insbesondere die Bereinigung der Einnahmen und Ausgaben um finanzielle Transaktionen und das Verfahren zur Berechnung der Obergrenze der jährlichen Nettokreditaufnahme unter Berücksichtigung der konjunkturellen Entwicklung auf der Grundlage eines Konjunkturbereinigungsverfahrens sowie die Kontrolle und den Ausgleich von Abweichungen der tatsächlichen Kreditaufnahme von der Regelgrenze, regelt ein Bundesgesetz. Im Falle von Naturkatastrophen oder außergewöhnlichen Notsituationen, die sich der Kontrolle des Staates entziehen und die staatliche Finanzlage erheblich beeinträchtigen, können diese Kreditobergrenzen aufgrund eines Beschlusses der Mehrheit der Mitglieder des Bundestages überschritten werden. Der Beschluss ist mit einem Tilgungsplan zu verbinden. Die Rückführung der nach Satz 6 aufgenommenen Kredite hat binnen eines angemessenen Zeitraumes zu erfolgen.

Fasst man die Art. 109 und 115 GG zusammen, ergeben sich folgende wesentliche Aussagen für den Bundeshaushalt (aufgrund der Übergangsregelung in Art. 143 d Abs. 1 GG sind die Regelungen ab Haushaltsjahr 2011 anzuwenden): Der Haushalt ist grundsätzlich ohne Kredite auszugleichen. Die Kreditaufnahme (mit Schulden in der Zukunft) bedarf der **gesetzlichen Ermächtigung** durch Bundesgesetz und ist nur in folgenden Fällen mit folgenden Grenzen erlaubt:

- Ein **strukturell bedingtes Defizit** darf maximal bis in Höhe von 0,35 % des BIP_{nom} mit Krediten ausgeglichen werden (gilt für den Bund ab 2016).
- **Konjunkturelles deficit spending** ist darin noch nicht eingeschlossen: In konjunkturellen Ausnahmesituationen gelten Ausnahmeregelungen, die eine antizyklische Haushaltspolitik ermöglichen.
- Das Gleiche gilt für „**außergewöhnliche Notsituationen**" wie z. B. Naturkatastrophen.

Problematisch ist bei der praktischen Umsetzung der Schuldenbremse die Berechnung des strukturellen Defizits und dessen Abgrenzung zu konjunkturellen Effekten.

Falls Einnahmen und Ausgaben im Finanzplan der Regierung korrekt kalkuliert sind, wird die Neuverschuldung kontinuierlich sinken, sodass ab 2014 ein praktisch ausgeglichener Bundeshaushalt vorliegt (vgl. M 100). Auch für Bund, Länder und Gemeinden zusammen erscheint eine Haushaltskonsolidierung machbar, wenn die Steuereinnahmen u. a. aufgrund günstiger Wirtschaftsentwicklung ausreichend steigen. Die Prognose des Instituts der deutschen Wirtschaft (vgl. M 101) ist allerdings vorsichtiger als die der Bundesregierung.

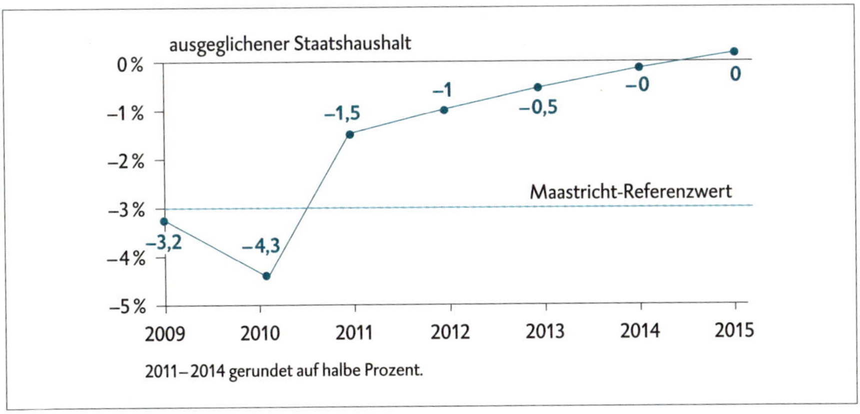

M 100: Die geplante Entwicklung der öffentlichen Haushalte bis 2015

	2010	2011	2012	2013	2014	2015	2016
Staatsverschuldung in % des BIP	82,2	81,1	80,8	79,9	78,6	76,9	74,9
Steuereinnahmen Bund, Länder und Gemeinden in Mrd. €	506,2	546,6	562,7	582,0	605,4	626,0	648,4
Finanzierungssaldo in Mrd. €	–78,1	–48,9	–44,2	–36,4	–24,7	–15,8	–5,2
Finanzierungssaldo in % des BIP	–3,2	–1,9	–1,7	–1,3	–0,9	–0,6	–0,2

2011 bis 2016: Schätzung

M 101: Staatsfinanzen: Konsolidierung ist machbar

In Art. 109 GG werden Bund und Länder auch zur Haushaltsdisziplin im Rahmen der EU-Regelungen verpflichtet. Dazu zählt insbesondere der Stabilitäts- und Wachstumspakt für die Mitgliedstaaten der Währungsunion, durch den folgende Grenzwerte (vgl. M 128) vorgegeben sind:

- Die **Gesamtverschuldung** darf **maximal 60 %** des BIP betragen,
- die **Neuverschuldung maximal 3 % des BIP**.

1.4 Besteuerung

Begriffe/Definitionen

Jeder Staat braucht zur Erfüllung seiner Aufgaben finanzielle Mittel. Haupteinnahmequellen des deutschen Staates sind **Steuern**, **Gebühren** und **Beiträge**.

Gebühren sind die Bezahlung für die Inanspruchnahme staatlicher Leistungen wie z. B. Passgebühren oder Rundfunkgebühren, d. h., es besteht ein direktes Leistung-Gegenleistungs-Verhältnis. Bei **Beiträgen** erhält der Zahler zwar auch einen Anspruch auf eine Leistung, aber nicht im direkten Austausch mit der Zahlung, sondern erst bei Eintritt eines bestimmten Sachverhalts, z. B. Anspruch auf Leistungen im Krankheitsfall. **Steuern** dagegen sind (Zwangs-) Abgaben an den Staat (Bund, Länder, Gemeinden), die an einen Steuertatbestand geknüpft sind und für die es keine direkte Gegenleistung gibt. **Steuertatbestände** sind z. B. Eigentum eines Hundes oder Autos, Einkommen aus unselbstständiger Arbeit, Zinseinnahmen. Je nachdem, ob das Wirtschaftssubjekt, das die Steuer letztendlich trägt (Steuerträger), diese auch an den Staat abführt (Steuerzahler), unterscheidet man direkte und indirekte Steuern.

- Bei **direkten Steuern** sind Steuerzahler und -träger identisch, d. h., die Steuer wird direkt vom Steuerträger an den Staat gezahlt, z. B. bei der Hundesteuer, Kfz-Steuer oder Grundsteuer.
- Bei **indirekten Steuern** ist der Steuerzahler nicht der -träger, d. h., die Steuer wird über eine dritte Instanz indirekt an den Staat abgeführt, z. B. Mehrwertsteuer, Mineralölsteuer, Tabaksteuer.

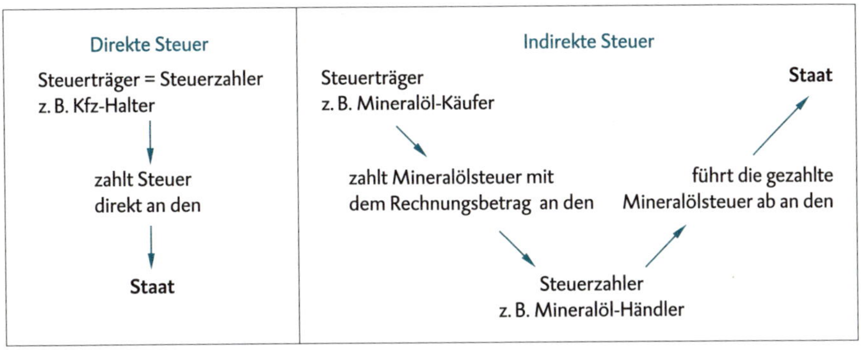

M 102: Direkte und indirekte Steuerzahlung

Ziele der Besteuerung

In erster Linie dienen Steuern der **Finanzierung der Staatsaufgaben** und der damit verbundenen **Staatsausgaben**. Gleichzeitig können über die Besteuerung **wirtschaftspolitische Impulse** gesetzt werden. So kann z. B. zur Konjunkturförderung eine Steuersenkung eingesetzt werden, die Mittel für privatwirtschaftlichen Konsum oder Investitionen freisetzen soll. Darüber hinaus wird die Besteuerung auch für **andere politische Lenkungsimpulse** genutzt, z. B. umweltpolitisch (Energiesteuer), gesundheitspolitisch (Tabaksteuer) oder familienpolitisch (Kinderfreibetrag bei der Einkommensteuer).

Letztendlich erfolgt in der Sozialen Marktwirtschaft über die Besteuerung eine **Umverteilung der Einkommen**. Die sogenannte **Sekundärverteilung** über den Staat wird neben sozialen Gesichtspunkten durch die oben genannten politischen Ziele beeinflusst (vgl. S. 40 unten).

Grundsätze der Besteuerung

Bereits Adam Smith stellte sogenannte **Steuermaximen** auf, die größtenteils bis heute im Steuersystem zu finden sind: Nach Smith sollen Steuerzahler proportional zu ihrem Einkommen zum Steueraufkommen beitragen, wobei die Steuern in Höhe, Zeitpunkt und Art der Zahlung festgelegt und bekannt sein und so bequem wie möglich abgeführt werden sollen. Außerdem sollen

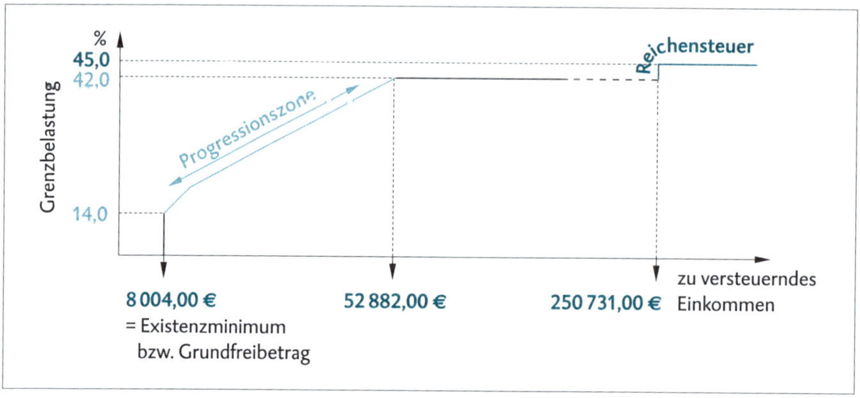

M 103: Steuertarif 2012

Steuern möglichst effizient erhoben werden, d. h., die Differenz zwischen dem, was die Steuerzahler abgeben, und dem, was der Staat für die Öffentlichkeit letztendlich einsetzt, soll möglichst gering sein. Bis auf die „Bequemlichkeit" finden sich diese Prinzipien auch im modernen Steuersystem wieder.

Die Höhe der Steuern soll mit der steuerlichen **Leistungsfähigkeit** variieren, wobei strittig ist, woran diese festgemacht werden soll. Infrage kommen z. B. das Einkommen, das Vermögen oder der Konsum. Je nach der Steuerart wird die steuerliche Leistungsfähigkeit in Deutschland in erster Linie an der Höhe des Einkommens oder des Konsums festgemacht.

Die **Steuergerechtigkeit** wird äußerst kontrovers diskutiert. Die gerechte Verteilung der Gesamtsteuerlast auf die Bürger ist ein grundsätzliches Anliegen. Absolute Gerechtigkeit ist aber unmöglich, da das Gerechtigkeitsempfinden immer von der subjektiven Wahrnehmung bestimmter Sachverhalte abhängt. Man kann z. B. zwischen Leistungsgerechtigkeit und Verteilungsgerechtigkeit unterscheiden. Nach dem Prinzip der **Leistungsgerechtigkeit** sollen Wirtschaftssubjekte mit höheren Einkommen entsprechend ihrer Leistungsfähigkeit mehr für das Gemeinwohl abgeben als Geringverdiener. Auf dieser Basis wird z. B. der progressive Steuertarif in Deutschland gerechtfertigt, der dazu führt, dass höhere Einkommen mit höheren Prozentsätzen besteuert werden (vgl. M 103). 2012 werden Einkommen bis 8 004 € gar nicht versteuert, Einkommen ab 8 005 € mit progressiv steigenden Steuersätzen von mindestens 14 % bis höchstens 42 % (ohne Solidaritätszuschlag und Reichensteuer).

Allerdings wird in diesem Zusammenhang z. T. auch anders argumentiert: Wirtschaftssubjekte, die mehr leisten – sogenannte **Leistungsträger** –, sollten auch ihrer Leistung entsprechend höhere Anteile ihres Einkommens behalten dürfen. Dies widerspricht einem progressiven Steuertarif und wird z. B. da-

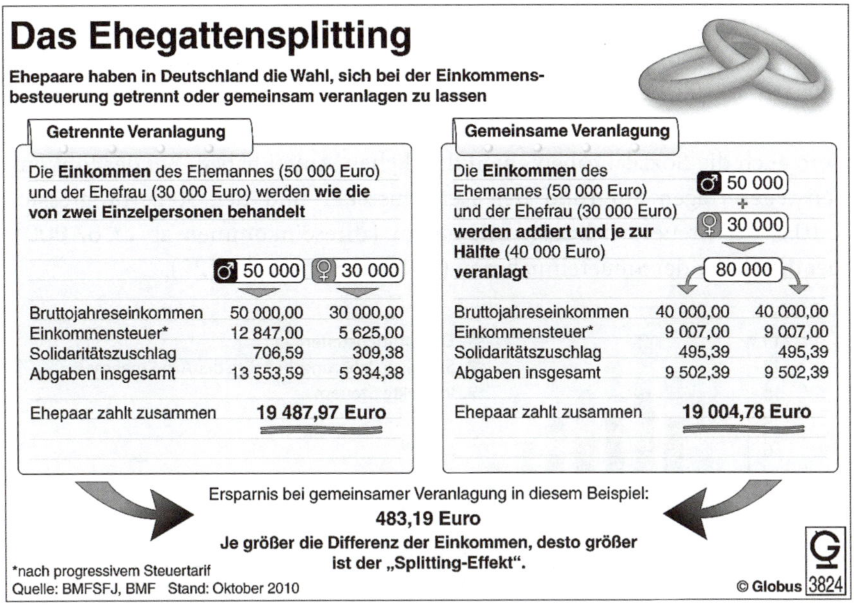

M 104: Das Ehegattensplitting

durch berücksichtigt, dass ab einem bestimmten Einkommen (2012 ab knapp 53 000 € ohne Reichensteuer bzw. ab ca. 250 000 € mit Reichensteuer) der Steuersatz nicht weiter steigt (vgl. M 103).

Einer weiteren Argumentation zufolge ist es leistungsgerecht, wenn Ehepartner und Eltern, die gegenseitig füreinander bzw. für ihre Kinder sorgen und damit eine **gesellschaftliche Leistung** z. B. im Rahmen des Generationenvertrags erbringen, steuerlich weniger belastet werden. Dies geschieht z. B. durch das Ehegattensplitting (vgl. M 104) und Kinderfreibeträge.

Nach dem Prinzip der **Verteilungsgerechtigkeit** müssten im Extremfall des Egalitarismus alle Steuerpflichtigen „gleich" viel zahlen. Aber selbst das kann unterschiedlich interpretiert werden. So kann z. B. der gleiche absolute Betrag (z. B 10 000 € Einkommensteuer für alle) oder der gleiche prozentuale Betrag (z. B. 20 % Einkommensteuer für alle) zugrunde gelegt werden. Darüber hinaus stellt sich wieder die Frage, ob Einkommen, Vermögen oder Konsum besteuert werden sollen.

Während niemand ernsthaft einen einheitlichen absoluten Steuerbetrag für alle Steuerpflichtigen fordert, muss angesichts der Tatsache, dass Deutschland laut der neuesten OECD-Studie vom November 2011 an der Spitze der Staaten steht, in denen die Kluft zwischen Arm und Reich sich am schnellsten ausbreitet, doch die Frage nach der Verteilungsgerechtigkeit gestellt werden.

In Deutschland wird vor allem der sogenannte Mittelstandsbauch beklagt, d. h. der überproportionale Anteil der Abgaben für Verdiener mittlerer Einkommen. M 105 zeigt diesen Mittelstandsbauch deutlich im Einkommensbereich zwischen 20 000 € und 70 000 € pro Jahr, wobei neben den Steuern vor allem auch die Sozialabgaben einen deutlichen Anteil haben. Bei der Einkommensteuer tragen aufgrund der Reichensteuer und der Steuerprogression ca. 10 % der Steuerpflichtigen mit einem Jahreseinkommen ab ca. 67 000 € über die Hälfte der Steuereinnahmen (2010 ca. 54 %; vgl. M 22).

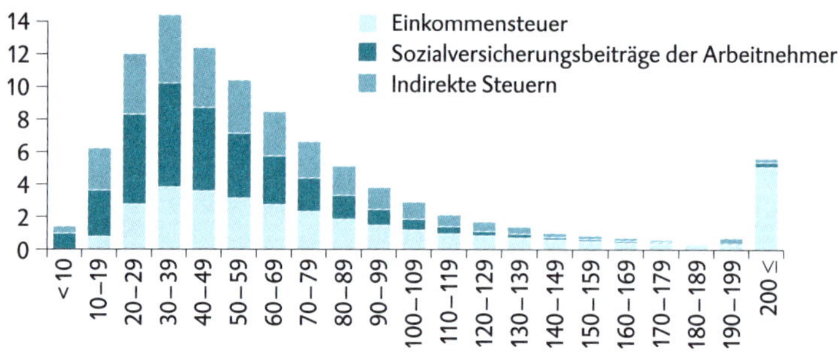

M 105: Finanzierungsanteile nach Einkommen, Angaben in %

Die **Effizienz** ist neben der **Leistungsfähigkeit** und der **Steuergerechtigkeit** der dritte Grundsatz der Besteuerung. Eine Steuer soll

- einen möglichst hohen Ertrag bringen,
- möglichst geringe Erhebungs-/Verwaltungskosten verursachen,
- möglichst keine unerwünschten Nebeneffekte wie Steuerflucht oder -vermeidung haben.

Dem deutschen Steuersystem wird häufig vorgeworfen, eines der kompliziertesten und teuersten Systeme weltweit zu sein. 2004 sollen nach einer Studie des RWI ca. 15 Mrd. € allein für die Steuererhebung angefallen sein. Das entsprach ca. 4,7 % des Steueraufkommens und damit fast dem Vier- bis Fünffachen im Vergleich zu anderen Ländern. Darüber hinaus gibt es zahlreiche Bagatellsteuern, die z. T. weniger als ein Prozent des Steueraufkommens ausmachen und daher grundsätzlich infrage gestellt werden können (vgl. M 106).

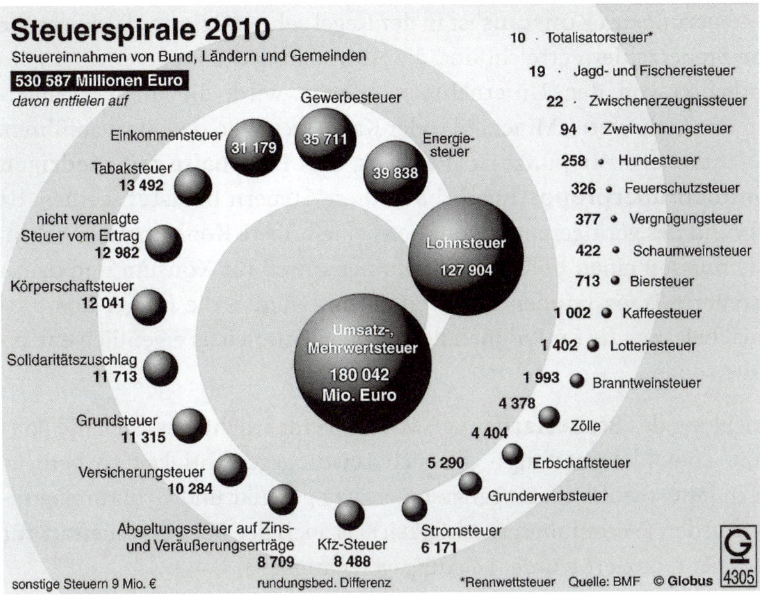

M 106: Steuereinnahmen von Bund, Ländern und Gemeinden 2010

Probleme, Kontroversen und Grenzen der Besteuerung

Ungeachtet der Tatsache, dass Einkommensumverteilung im Rahmen der Sozialen Marktwirtschaft ein allgemein anerkanntes Grundprinzip ist, ist die Ausgestaltung des Steuersystems, dabei insbesondere Gegenstände und Höhe der Besteuerung, ein verteilungspolitisches Dauerthema mit verschiedenen Fragen bzw. Konfliktthemen.

Frage 1: Was wird besteuert? Ist das sinnvoll?

- Besteuert man das **Einkommen** aus Arbeit, Zinsen oder Beteiligungen, berücksichtigt dies zwar die wirtschaftliche **Leistungsfähigkeit**, es stellt sich aber die Frage nach der **Leistungsgerechtigkeit** für Leistungsträger und nach dem Ausgleich für gesellschaftliche Leistungen im Rahmen des Generationenvertrags, z. B. für Familien mit Kindern.
- Besteuert man das **Vermögen** bzw. Kapital ab einer bestimmten Höhe, berücksichtigt dies ebenfalls die wirtschaftliche **Leistungsfähigkeit**; allerdings wird vor dem Hintergrund der **Steuergerechtigkeit** regelmäßig kritisiert, dass die von diesen sogenannten Substanzsteuern Betroffenen **doppelt besteuert** werden: einmal, wenn sie das Geld in Form von Einkommen erwirtschaften und versteuern, und noch einmal, wenn sie das Geld, statt es zu verkonsumieren, in Form von Vermögen ansammeln.

- Die Besteuerung des **Konsums** ist in der Regel sehr **effizient**, da eine breite Basis an Steuerzahlern erreicht und die Abwicklung der Steuererhebung im Wesentlichen von den Unternehmen erledigt wird, die die Verbrauchsteuern wie Mehrwert-, Mineralöl- oder Kaffeesteuer an den Staat abführen. Ein wesentlicher Kritikpunkt ist allerdings, dass **Haushalte mit niedrigen Einkommen überproportional** durch diese Steuern **belastet** werden, da sie aufgrund des geringeren Einkommens eine höhere Konsumquote haben, d. h., sie müssen einen höheren Einkommensanteil für Konsum und damit für besteuerte Transaktionen ausgeben. Damit werden die Bürger überproportional belastet, die im Rahmen des sozialen Ausgleichs eigentlich entlastet werden sollen.

Die Entwicklung des **Steuertarifs** (vgl. M 107) verdeutlicht, dass sich die Politik bemüht, sowohl Verteilungs- als auch Leistungsgerechtigkeit zu berücksichtigen, indem sowohl die Eingangssteuersätze gesenkt und Grundfreibeträge erhöht wurden (Verteilungsgerechtigkeit) als auch der Spitzensteuersatz für Leistungsträger reduziert wurde (Leistungsgerechtigkeit).

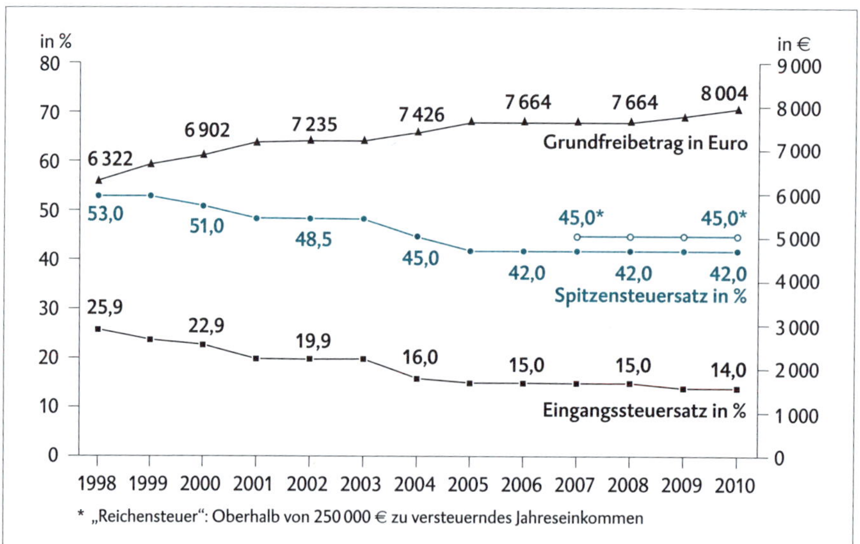

M 107: Entwicklung der Eckwerte im Einkommensteuertarif; für 2012 gelten die gleichen Werte

Frage 2: Wo liegen die Grenzen der Besteuerung?

Eine **ökonomische Grenze** wird durch die sogenannte **Laffer-Kurve** beschrieben (vgl. M 108), derzufolge das Steueraufkommen mit steigender Steuerbelastung zwar zunächst ansteigt, ab einem kritischen Wert aber stagniert und bei weiteren Steuererhöhungen sogar sinkt, da die Besteuerten den Steuertatbestand vermeiden (sie weichen z. B. auf ein anderes Konsumgut aus) oder versuchen, die Steuer zu hinterziehen.

Eine **wirtschaftspolitische Grenze** tritt auf, wenn durch Steuern eine unerwünschte Bremswirkung auf die Wirtschaftstätigkeit (z. B. auf Investitionen, Konsum oder Export) entsteht.

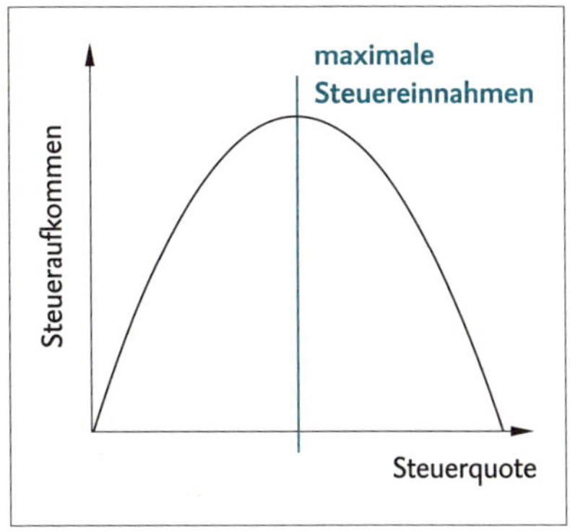

M 108: Laffer-Kurve

Daneben gibt es noch **psychologische Grenzen:** Eine zu hohe Steuerbelastung verursacht Steuerwiderstand bei den Betroffenen und kann zu Steuerhinterziehung oder -flucht führen. Gerade im Zusammenhang mit der Steuerflucht hoch besteuerter Leistungsträger wird dieses Thema regelmäßig diskutiert. Die Position Deutschlands im internationalen Vergleich (vgl. M 109) wird hier regelmäßig als Argumentationsgrundlage verwendet.

Schließlich gibt es **gesetzliche Grenzen**, z. B. das Recht auf Eigentum in Art. 14 GG, die eine übermäßige, einer Enteignung entsprechenden Besteuerung unterbinden. Dazu zählt auch der sogenannte Halbteilungsgrundsatz, eine vom Bundesverfassungsgericht (BVerfG) aufgestellte Faustformel, wonach der Staat dem Bürger nicht mehr als 50 % des Erwirtschafteten wieder abnehmen darf.

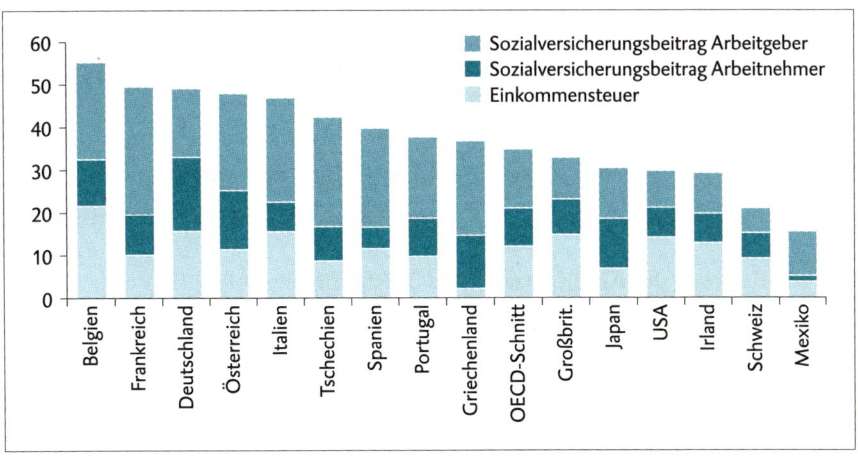

M 109: Single mit Durchschnittsverdienst: Lohnsteuern und Sozialabgaben, Angaben in %

Frage 3: Gibt es Alternativen für die Konsolidierung des Staatshaushalts?

Vor dem Hintergrund einer Staatsverschuldung, die bereits gut 12 % der Staatsausgaben für den Schuldendienst bindet und die angesichts der Regelungen im Grundgesetz (Schuldenbremse) und im Stabilitäts- und Wachstumspakt der EWU-Staaten abgebaut werden muss (vgl. S. 138 ff.), stellt sich die Frage nach Alternativen zu Steuererhöhungen. Neben **Ausgabenkürzungen**, die politisch unbeliebt und häufig schwer durchsetzbar sind, kann nur eine **gute Wirtschaftsentwicklung** auch ohne Steuererhöhungen zu einem steigenden Steueraufkommen führen. Dies war z. B. 2010 und 2011 der Fall, sodass die Neuverschuldung gegenüber dem Haushaltsplan deutlich reduziert werden konnte. Im Herbst 2011 korrigierte das Bundesfinanzministerium die Steuerschätzung für 2011–2015 um ca. 40 Mrd. € nach oben; ca. 16 Mrd. € allein in 2011. Ursache waren im Wesentlichen die höheren Einnahmen aus Einkommen- und Konsumsteuern aufgrund der guten konjunkturellen Entwicklung.

1.5 Wirtschaftspolitische Maßnahmen und deren Wirkung auf den Arbeitsmarkt

In der Beschäftigungspolitik treffen eine Reihe bekannter Größen aufeinander:

- Das Ziel „hoher Beschäftigungsstand" aus dem Stabilitätsgesetz (vgl. S. 23),
- die verschiedenen Ursachen und Formen der Arbeitslosigkeit (vgl. S. 25 ff.),
- daran anknüpfende beschäftigungspolitische Maßnahmen
- und die Forderungen der Tarifparteien (vgl. S. 128 ff.).

Wirtschaftspolitische Maßnahmen zur Förderung der Beschäftigung bzw. zur Bekämpfung der Arbeitslosigkeit zielen

- entweder generell auf einen Anstieg des Wirtschaftswachstums und auf damit verbundene Beschäftigungseffekte ab **(Beschäftigungspolitik)** oder
- sind speziell auf den Arbeitsmarkt ausgerichtet **(Arbeitsmarktpolitik)**.

Systematisierung der Arbeitsmarkt- und Beschäftigungspolitik

Grundsätzlich unterscheidet man bei der Beschäftigungs- und Arbeitsmarktpolitik **konjunkturelle** und **strukturelle** Maßnahmen, je nachdem, ob kurzfristig über Maßnahmen zur Belebung der Konjunktur und damit zur Förderung des Wirtschaftswachstums Beschäftigungseffekte erzielt werden sollen (z. B. Kurzarbeitergeld, Konsumprämien wie die Abwrackprämie), oder ob die strukturellen Rahmenbedingungen verändert werden sollen, um grundlegende Fehlentwicklungen, die zu Arbeitslosigkeit führen, zu bekämpfen (z. B.

Abbau von Subventionen und Förderung des Strukturwandels bei nicht mehr wettbewerbsfähigen Branchen) und langfristig positive Voraussetzungen für Beschäftigung zu schaffen (z. B. durch Flexibilität im Tarif- und Arbeitsrecht).

Welche Maßnahmen ergriffen werden, sollte in erster Linie davon abhängen, ob die Arbeitslosigkeit primär konjunktureller oder struktureller Art ist. Während in den Jahren vor 2008 aufgrund des soliden Wirtschaftswachstums in der Arbeitsmarktpolitik strukturelle Maßnahmen im Vordergrund standen bzw. diskutiert wurden (z. B. Hartz IV, Mindestlöhne, Zeitarbeitsagenturen), ergriff die Regierung im Zuge der Finanz- und Wirtschaftskrise vor allem kurzfristig wirksame konjunkturpolitische Maßnahmen (z. B. Kurzarbeitergeld und Abwrackprämie). Ein Blick in das Konjunkturpaket II von 2009 (vgl. M 76) zeigt aber, dass es trotz des Namens neben den konjunkturpolitischen auch strukturelle Maßnahmen enthält, wie z. B. die Förderung von Qualifizierungsmaßnahmen und Investitionen in Bildung, Forschung und Entwicklung.

Neben den eben genannten Aspekten unterscheidet man außerdem noch zwischen Maßnahmen auf dem **Ersten Arbeitsmarkt** und Beschäftigungspolitik über den sogenannten **Zweiten Arbeitsmarkt** einerseits und zwischen **aktiver** und **passiver Arbeitsmarktpolitik** andererseits.

Der **Erste Arbeitsmarkt** ergibt sich durch **Angebot und Nachfrage** bei gegebenen Rahmenbedingungen in der Wirtschaft (vgl. S. 128 f.). Der sogenannte **Zweite Arbeitsmarkt** beinhaltet die Beschäftigungsverhältnisse, die durch direkte staatliche Intervention entstehen bzw. bestehen bleiben. Diese staatlichen Maßnahmen gehören zur **aktiven Arbeitsmarktpolitik** und umfassen z. B. finanzielle Zuschüsse, Eingliederungszuschüsse für Langzeitarbeitslose, Arbeitsbeschaffungsmaßnahmen, die der Staat finanziell bezuschusst, aber auch Existenzgründungshilfen. Sie richten sich in der Regel gegen strukturelle Arbeitslosigkeit, sind z. T. aber auch konjunkturell oder sogar saisonal orientiert (z. B. Saison-Kurzarbeitergeld in der Baubranche). Außer der finanziellen Subventionierung von Beschäftigung gehören auch die Arbeitsvermittlung, die Förderung der beruflichen Weiterbildung (z. B. Umschulungen) und Mobilitätsförderung (z. B. Bezahlung von Umzugs- oder Fahrtkosten) dazu.

Während die **aktive Arbeitsmarktpolitik** die **(Re-)Integration ins Erwerbsleben** und die **Sicherung von Arbeitsplätzen** zum Ziel hat, dient die **passive Arbeitsmarktpolitik** lediglich der finanziellen Kompensation fehlender Einkommen von Arbeitslosen in Form von sogenannten **Lohnersatzleistungen** wie z. B. Arbeitslosengeld, Kurzarbeitergeld oder Insolvenzgeld. Das Kurzarbeitergeld hat also gewissermaßen eine Doppelfunktion: Sofern es Entlassungen verhindern soll, kann man es – obwohl es eine passive Lohnersatzleistung ist – auch als aktive arbeitsmarktpolitische Maßnahme einordnen.

Stellt man den Zusammenhang zwischen den **Strategien der Tarifparteien** und den **wirtschaftspolitischen Grundkonzeptionen** her, stimmen die nachfrageorientierten Maßnahmen vielfach mit den Forderungen der Gewerkschaften zur Erhöhung der Kaufkraft überein. Die Angebotsorientierung stützt dagegen eher die Interessen der Arbeitgeber, da für Unternehmen förderliche wirtschaftliche Rahmenbedingungen geschaffen werden sollen.

Die Tabelle (vgl. S. 151) gibt einen Überblick über Forderungen und Maßnahmen aus beiden Perspektiven und deren erwünschte Wirkungen, die in unterschiedlicher Quantität und Qualität auch Niederschlag in der aktuellen Beschäftigungs- und Arbeitsmarktpolitik finden. So wurde z. B. Ende 2011 durch das „Gesetz zur Verbesserung der Eingliederungschancen am Arbeitsmarkt" die Finanzierung von Kombilöhnen und Existenzgründerzuschüssen stark eingeschränkt, während Maßnahmen zur Integration junger Menschen in den Arbeitsmarkt deutlich ausgebaut wurden. Die Ursachen für diese Änderungen waren zum einen die veränderte Arbeitsmarktsituation, die nicht mehr von **Massenarbeitslosigkeit** sondern stärker vom **Fachkräftemangel** und vom **demografischen Wandel** geprägt ist, zum anderen eine Reduzierung und **Bereinigung** der Vielzahl arbeitsmarktpolitischer Maßnahmen und nicht zuletzt **Sparbemühungen** zur Konsolidierung des Staatshaushalts.

Mithilfe der Tabelle auf S. 151 und des Kreislaufmodells lassen sich in Kombination mit den Vorkenntnissen zu wirtschaftspolitischen Grundkonzepten Tarifpolitik Wirkungsketten formulieren, z. B. zur idealtypischen Wirkung antizyklischer Haushaltspolitik auf die Beschäftigung (M 110).

Grenzen der Beschäftigungs- und Arbeitsmarktpolitik

Die wesentlichen **Grenzen der Maßnahmen** liegen zum einen in der **grundsätzlichen Kritik** an der jeweiligen tarifpolitischen Strategie (vgl. S. 129 ff.) und an der angebots- bzw. nachfrageorientierten Wirtschaftspolitik (vgl. S. 104 ff., 111). Zum anderen wirken konjunkturelle Maßnahmen nicht bei struktureller Arbeitslosigkeit, sodass eine gründliche **Ursachenanalyse** unerlässlich ist, um **zielführende Maßnahmen** ergreifen zu können.

Die Tatsache, dass sich auch bei der Beschäftigungspolitik **kontroverse Positionen** gegenüberstehen, von denen keine schlüssig belegt oder widerlegt ist, führt dazu, dass je nach politischer Ausrichtung der Verantwortlichen die jeweils aktuelle Politik unterschiedlich ausgelegt sein kann. Vielfach findet sich heutzutage allerdings auch hier eine Art **policy mix**.

Letztendlich stellt die **Finanzierung** staatlicher Maßnahmen angesichts hoher Staatsverschuldung und rechtlich verankerter Sparverpflichtungen ein Grundsatzproblem dar.

Wirtschafts-/Arbeitsmarktpolitische Maßnahmen zur Beschäftigungsförderung/zum Abbau der Arbeitslosigkeit				
	nachfrageorientiert ≈ Position der Arbeitnehmer/Gewerkschaften		**angebotsorientiert ≈ Position der Arbeitgeber** (kosten-/produktivitätsorientiert → Wirkungskette!)	
Beschäftigungspolitik	• Senkung der Abgabenlast für H – Steuern – Sozialversicherung • Mindestlöhne (gesetzlich/tariflich) • Kombilohn (Staat stockt Fehlbetrag zwischen gezahltem Lohn und Existenzminimum bzw. Mindest-/Tariflohn auf; vgl. „Aufstocker“)	→ Kaufkraftargument	• Senkung der Abgabenlast für U – Lohnzusatz-/Lohnnebenkosten – Unternehmenssteuern • Lohnzurückhaltung/-flexibilisierung	→ Lohnstückkosten sinken → Spielraum für Anstieg von Investitionen und Löhnen
	• Arbeitszeitverkürzung	→ mehr Arbeitsplätze bei gleicher Arbeitsleistung	• Arbeitszeitverlängerung • flexible Arbeitszeitmodelle	
	• Übernahme von gesellschaftlicher Verantwortung durch Unternehmen im Sinne der *Corporate Social Responsibility* (gesellschaftliche Verantwortung von Unternehmen, vgl. S. 51 ff.)	→ gegen einseitiges Profitdenken der Unternehmen → für Mittragen gesellschaftlicher Lasten und Partizipation der Stakeholder	• Deregulierung des Arbeitsmarktes – Lockerung des Kündigungsschutzes – Reduzierung der Mitbestimmungsrechte von Arbeitnehmern – Firmentarifverträge statt Flächen-/Branchentarifverträge	→ Erhöhung der Flexibilität und Entscheidungsfreiheit von Unternehmen
Aktive Arbeitsmarktpolitik	• Arbeitsvermittlung/Unterstützung der Arbeitssuche → Zusammenbringen von Angebot und Nachfrage • Mobilitätshilfe → regionale Mobilität von Arbeitnehmern finanziell fördern • Qualifizierung: Weiterbildung/Umschulung → Mismatch zwischen Angebot und Nachfrage beseitigen • Arbeitsbeschaffungsmaßnahmen (ABM) → Arbeitssituation aufrechterhalten • Personal-/Zeitarbeitsagenturen → reguläres Einkommen ohne reguläre Beschäftigung		• Förderung der Selbstständigkeit → Existenzgründungshilfen (z. B. Beratung, Zuschüsse, Steuerfreibeträge, Bürokratieabbau) • Eingliederungszuschüsse z. B. für Langzeitarbeitslose → zeitweise geringere Lohnkosten • Zeitarbeitsagenturen → Flexibilisierung des Beschäftigungsverhältnisses • Abbau der Schwarzarbeit → bis zu 17 % mehr „legaler“ Umsatz	
	Kurzarbeitergeld → kurzfristig → konjunkturell staatliche Investitionen in/Förderung von Bildung/Qualifikation und Forschung und Entwicklung → mittel- und langfristig → strukturell Infrastrukturmaßnahmen und Subventionen zur Förderung des Strukturwandels → mittel- und langfristig/regional, sektoral → strukturell			
GRENZEN / PROBLEME / KRITIK				
• z. T. stehen sich kontroverse Positionen gegenüber → je nach politischer Ausrichtung der Regierung werden unterschiedliche Maßnahmen eingesetzt • generelle Wirkungshemmnisse der Wirtschaftspolitik, z. B. Timing/*time lags*, Dosierung, politische Durchsetzbarkeit, psychologische Hemmnisse etc. (vgl. S. 104 ff., 111) • fehlende Wirkung konjunktureller Maßnahmen auf strukturelle Arbeitslosigkeit • Grundsatzproblem der Finanzierung staatlicher Maßnahmen angesichts ohnehin hoher Staatsverschuldung (vgl. S. 134 ff.)				

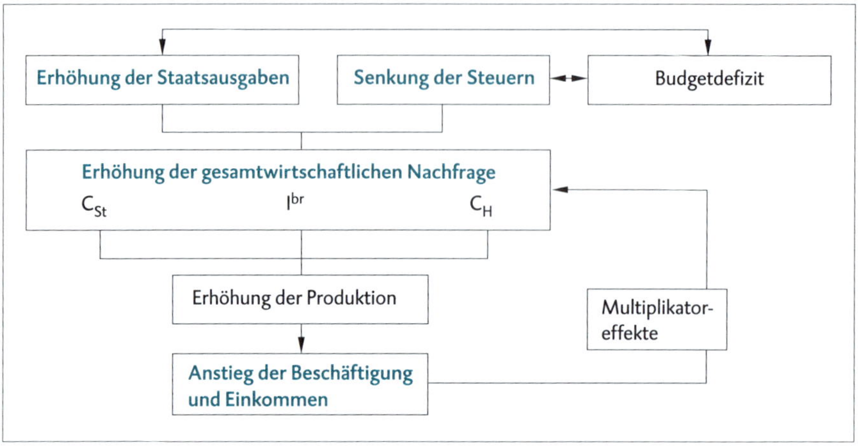

M 110: Idealtypische Wirkungskette der antizyklischen/nachfrageorientierten Wirtschaftspolitik als Beschäftigungspolitik

Aufgaben

1 Beschreiben Sie kurz die zentrale Bedeutung von Beschäftigung und Einkommen für den Einzelnen wie auch für Staat und Gesellschaft.

2 Erläutern Sie das beschäftigungspolitische Ziel in Deutschland und beschreiben und beurteilen Sie die Zielerreichung in den letzten 35 Jahren mithilfe von M 9.

3 Beschreiben Sie die in den Abbildungen M 77 bis M 89 dargestellten strukturellen Ungleichgewichte am deutschen Arbeitsmarkt.

4 Stellen Sie in einem grafischen Modell des Arbeitsmarkts die theoretische Wirkung eines gesetzlichen Mindestlohns über dem Marktlohn dar und erläutern Sie Ihre Darstellung.

5 Diskutieren Sie Mindestlöhne aus wirtschaftlicher, sozialer und politischer Sicht.

6 Stellen Sie die Positionen der Tarifparteien gegenüber. Gehen Sie dabei auch auf die Kritik an beiden Strategien ein.

7 Zeigen Sie mithilfe je einer schlüssigen Wirkungskette, dass sowohl Lohnerhöhungen als auch Lohnzurückhaltung einen positiven Beschäftigungseffekt haben können.

8 Erstellen Sie eine strukturierte Übersicht zu möglichen Maßnahmen der Arbeitsmarkt- und Beschäftigungspolitik. Berücksichtigen Sie dabei angebots- und nachfrageorientierte Maßnahmen.

9 Wählen Sie eine nachfrageorientierte Maßnahme aus und zeigen Sie mit ihrer Hilfe, wie sich zentrale wirtschaftspolitische Maßnahmen auf die Beschäftigung auswirken können. Gehen Sie dabei auch auf die Grenzen antizyklischer Finanzpolitik als Beschäftigungspolitik ein.

10 Nennen Sie fünf Maßnahmen zur Verbesserung der strukturellen Rahmenbedingungen des Arbeitsmarkts.

11 Erstellen Sie eine Übersicht zum Bundeshaushalt, die Einnahmen und Ausgaben gegenüberstellt und die wesentlichen Posten mit ihren Größenordnungen enthält.

12 Geben Sie einen strukturierten Überblick über die Ursachen der Staatsverschuldung und erläutern Sie diese mit konkreten Beispielen.

13 Beschreiben Sie negative Folgen übermäßiger Staatsverschuldung; gehen Sie auf die Sicht der privaten Haushalte, der Unternehmen und des Staates ein.

14 Interpretieren Sie M 99 und teilen Sie die Länder in zwei Gruppen auf: Solche, bei denen die Staatsverschuldung das Defizit dominiert, und solche, die primär andere finanzielle Probleme haben.

15 Beschreiben Sie den Zusammenhang zwischen hoher Staatsverschuldung und Zinsniveau und zeigen Sie, welche Auswirkungen auf die Gesamtwirtschaft dadurch zu erwarten sind.

16 Nennen und erläutern Sie die gesetzlichen Grenzen der Staatsverschuldung für die Bundesrepublik Deutschland.

17 Zeigen Sie mithilfe einer schlüssigen Wirkungskette, dass Steuersenkungen letztendlich zur Konsolidierung des Staatshaushaltes beitragen können.

2 Geld und Währung

2.1 Organisation des ESZB (Überblick)

Das **System der Europäischen Zentralbanken** – kurz ESZB – (vgl. M 112) ist unterteilt in zwei Ländergruppen, die von ihren Zentralbankchefs vertreten werden: Den Mitgliedstaaten der **Europäischen Währungsunion** (EWU), die gemeinsam auch als **Eurosystem** bezeichnet werden, und den **Nichtmitgliedstaaten** (vgl. M 111).

Mit Estlands Eintritt in die Währungsunion 2011 haben 17 der 28 EU-Staaten den Euro als Gemeinschaftswährung eingeführt, d. h., die EZB hat auch die Aufgaben als Zentralbank für diese Länder übernommen. Ihre Nationalbanken fungieren als Exekutivorgane der EZB im Eurosystem.

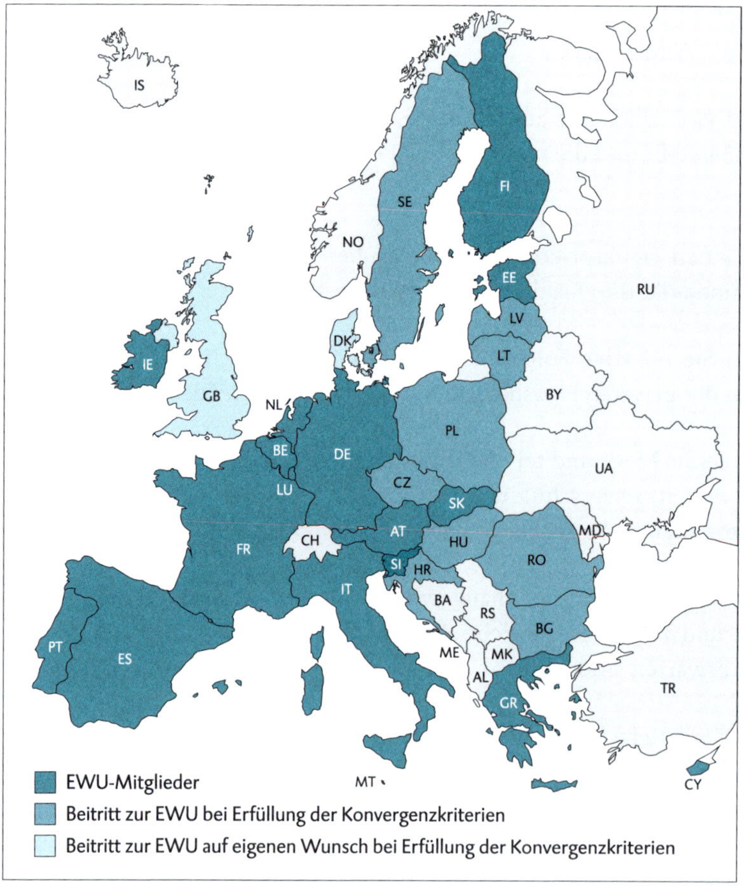

M 111: Entwicklungsstand der Europäischen Währungsunion (Stand Anfang 2012)

Analog zu den zwei Ländergruppen gibt es zwei Gremien im ESZB (vgl. M 112): Den **EZB-Rat**, der aus den Zentralbankchefs aller EWU-Staaten und seinem Direktorium besteht, und den **Erweiterten EZB-Rat**, dem neben den Zentralbankchefs aller EU-Staaten der EZB-Präsident und der Vizepräsident angehören. Das **Direktorium** besteht aus dem EZB-Präsidenten, dem Vizepräsidenten und vier weiteren, vom Europäischen Rat ernannten Mitgliedern und führt die laufenden Geschäfte der EZB. Entsprechend der Besetzung ist der EZB-Rat das oberste Entscheidungs- und Exekutivorgan des Eurosystems, während der Erweiterte EZB-Rat das Bindeglied zwischen den Nichtmitgliedstaaten und dem Eurosystem bildet, solange nicht alle EU-Staaten auch Teil der EWU sind; der Erweiterte EZB-Rat hat keine Entscheidungsbefugnisse im Rahmen des Eurosystems.

M 112: Organisation des ESZB im Überblick

Die EZB führt mit den nationalen Zentralbanken die vom EZB-Rat beschlossene **Geldpolitik** durch und regelt damit auch die Versorgung der Finanzinstitute mit Zentralbankgeld. Daneben hat sie weitere **Aufgaben** wie z. B. die Förderung des funktionierenden Zahlungsverkehrs in der EWU, die Durchführung von Devisengeschäften, die Verwaltung der Währungsreserven, die Genehmigung der Ausgabe von Banknoten und die Unterstützung der Finanzaufsicht.

Ein wichtiges Element des ESZB ist, dass die nationalen Zentralbanken des Eurosystems und die EZB, also auch der EZB-Rat, völlig unabhängig sind von nationalen Weisungen. Diese **Unabhängigkeit** wird unter anderem dadurch sichergestellt, dass die EZB keine Kredite an Mitgliedstaaten vergeben darf. Im Zusammenhang mit der Finanzkrise wurde sie daher scharf kritisiert, da sie seit 2010 auch Staatsanleihen aufkauft und damit im Prinzip indirekt ebenfalls Staatsfinanzierung betreibt, selbst wenn sie die Anleihen nicht direkt von den Regierungen, sondern auf dem Wertpapiermarkt erwirbt.

2.2 Überblick über Ziele und Instrumente der Geldpolitik des ESZB

Ziele

Vorrangiges Ziel des ESZB ist die Gewährleistung der **Preisstabilität** im Euro-Währungsgebiet. Dies ist nach Festlegung der EZB der Fall, wenn der über den HVPI ermittelte Preisanstieg mittelfristig **unter**, **aber nahe 2 %** liegt (vgl. S. 16 ff.). Durch diese Definition wird die erwünschte Preisentwicklung nach oben gegen Inflation und nach unten gegen Deflation eingegrenzt.

Soweit es ohne Beeinträchtigung der Preisstabilität möglich ist, **unterstützt** das Eurosystem als nachrangiges Ziel die **allgemeine Wirtschaftspolitik in der EU**. Bei **Zielkonflikten** (vgl. S. 44) hat das Ziel „Preisstabilität" Vorrang.

Als Basis für ihre Bewertung der **Risiken für die Preisstabilität** beobachtet die EZB als monetäre Größe das Geldmengenwachstum und nicht-monetäre Größen wie z. B. die allgemeine Wirtschaftsentwicklung, Veränderungen auf den Rohstoffmärkten, Wechselkurse oder die Entwicklung von Löhnen und Gehältern (sogenannte **Zwei-Säulen-Strategie**).

Instrumentarium der Geldpolitik

Dem ESZB stehen verschiedene **geldpolitische Instrumente** zur Verfügung (vgl. M 113).[39] Diese lassen sich grob unterteilen in:

- **Offenmarktgeschäfte**
- **Ständige Fazilitäten**
- **Mindestreserve**

Bei den meisten dieser Instrumente ist die EZB quasi die **Bank der Banken**. Das heißt, so wie ein Privatmann bei einer Geschäftsbank einen Kredit für seine wirtschaftlichen Aktivitäten aufnimmt und dabei z. B. Sicherheiten in Form von Immobilien verpfänden muss, verschaffen sich die Geschäftsbanken bei

39 Da die Feinsteuerungsoperationen und die Strukturellen Operationen keine zentrale Rolle spielen, werden sie im Folgenden nicht weiter berücksichtigt.

der EZB gegen Sicherheiten Zentralbankgeld, um wiederum mit ihren Kunden Geschäfte abschließen zu können. Man nennt diesen Vorgang **Refinanzierung**. Umgekehrt können Geschäftsbanken nicht nur Gelder von ihren Kunden zur Anlage bekommen (z. B. Spareinlagen), sondern ihre eigenen freien Liquiditätsreserven auch kurzfristig bei der EZB anlegen.

Die Instrumente der EZB zielen entweder auf die Menge an Liquidität ab, d. h. auf das in der Wirtschaft zur Verfügung stehende Geld, oder auf den Preis für diese Liquidität, ausgedrückt in den Zinssätzen, die für entsprechende Liquidität zu bezahlen sind. Daher unterscheidet man bei der Wirkung der Instrumente nach **Zins- und Liquiditätseffekten** und kann so auch von primär **zinspolitischen** und primär **liquiditätspolitischen** Instrumenten sprechen. Bei letzteren unterscheidet man nochmals zwischen **liquiditätszuführenden** und **liquiditätsabschöpfenden** Geschäften (vgl. M 113).

Geldpolitische Geschäfte	Transaktionsart: Liquiditätsbereitstellung	Transaktionsart: Liquiditätsabschöpfung	Laufzeit	Rhythmus	Verfahren
Offenmarktgeschäfte					
Hauptrefinanzierungsgeschäfte	befristete Transaktionen	–	eine Woche	wöchentlich	Standardtender
längerfristige Refinanzierungsgeschäfte	befristete Transaktionen	–	drei Monate	monatlich	Standardtender
Feinsteuerungsoperationen	• Devisenswaps • befristete Transaktionen	• Devisenswaps • Hereinnahme von Termineinlagen • befristete Transaktionen	nicht standardisiert	unregelmäßig	• Schnelltender • bilaterale Geschäfte
strukturelle Operationen	befristete Transaktionen	Emission von Schuldverschreibungen	(nicht) standardisiert	(un)regelmäßig	Standardtender
	endgültige Käufe	endgültige Verkäufe	–	unregelmäßig	bilaterale Geschäfte
Ständige Fazilitäten					
Spitzenrefinanzierungsfazilität	befristete Transaktionen	–	über Nacht	Inanspruchnahme auf Initiative der Geschäftspartner	
Einlagefazilität	–	Einlagenannahme	über Nacht	Inanspruchnahme auf Initiative der Geschäftspartner	
Mindestreserve: zum HR-Satz verzinste Zwangseinlage der Geschäftsbanken bei der EZB					

M 113: Geldpolitisches Instrumentarium der EZB im Überblick

2.3 Offenmarktgeschäfte

Hauptrefinanzierungsgeschäfte: Verfahren

Hauptrefinanzierungsgeschäfte sind **befristete**, **liquiditätszuführende** Geschäfte **gegen Sicherheiten** (Wertpapiere) auf **Initiative der EZB**. Sie sind, wie der Name sagt, die wichtigsten Offenmarktgeschäfte, da über sie der Großteil (ca. ¾) der Liquidität für die Geschäftsbanken bereitgestellt wird.

Hauptrefinanzierungsgeschäfte beinhalten sowohl **Zins-** als auch **Liquiditätspolitik**. Sie haben eine Schlüsselrolle bei der Steuerung der Zinssätze und der Liquidität am Markt und signalisieren darüber hinaus den **geldpolitischen Kurs** der EZB über den vom EZB-Rat festgesetzten Hauptrefinanzierungssatz. Dieser Zins wird daher auch als **Leitzins** bezeichnet.

Die Abwicklung erfolgt nach folgendem Schema (vgl. M 113): Im wöchentlichen **Rhythmus** bietet die EZB den Finanzinstituten des Eurosystems (in erster Linie Geschäftsbanken) liquiditätszuführende Geschäfte mit einer regulären **Laufzeit** von einer Woche an. Die Abwicklung erfolgt über den sogenannten **Standardtender**, d. h.

- nach einem im Voraus angekündigten Zeitplan (Kalender der Hauptrefinanzierungsgeschäfte),
- innerhalb von 24 Stunden von der Tenderankündigung bis zur Bestätigung des Zuteilungsergebnisses,
- mit allen zugelassenen Finanzinstituten (im Prinzip alle im Euroraum ansässigen Kreditinstitute).

Die Geschäftsbanken müssen zur Teilnahme an diesen Geschäften **Sicherheiten** in Form von Wertpapieren nachweisen, die sie an die EZB verpfänden, wobei im Zuge der Finanzkrise die Qualitätsansprüche an diese Sicherheiten von der EZB drastisch reduziert wurden.

Es stehen zwei Verfahren zur Verfügung: der Mengentender (= Festsatztender) und der Zinstender (= Tender mit variablem Zinssatz). Beim **Mengentenderverfahren** gibt der EZB-Rat einen **Fest-Zinssatz** vor und die Geschäftsbanken geben **Gebote über** den zu diesem Zinssatz **gewünschten Betrag** an Zentralbankgeld ab. Die **Zuteilung** erfolgt durch **Repartierung** des in der Regel zu niedrigen Gesamtbetrags, d. h., jede Geschäftsbank erhält den Anteil, den ihr Gebot an der Gesamtsumme hatte.

Beispiel:

- Die Gebote addieren sich in der Summe auf insgesamt 20 Mio. Euro.
- Geschäftsbank A hatte an diesen einen Anteil von 50 %, d. h. 10 Mio. €; Geschäftsbank B 30 %, d. h. 6 Mio. €; Geschäftsbank C 20 %, d. h. 4 Mio. €.

- Bei 10 Mio. € von der EZB ausgeschütteter Liquidität ergibt sich folgendes Zuteilungsergebnis: Geschäftsbank A 5 Mio. € = 50 % von 10 Mio. €, B 3 Mio. € = 30 % von 10 Mio. €, C 2 Mio. € = 20 % von 10 Mio. €.

Das **Grundsatzproblem** beim Mengentender liegt darin, dass die Geschäftsbanken aufgrund der Repartierung u. U. **stark überhöhte Gebote** abgeben (z. T. bis zum Zehnfachen des tatsächlich gewünschten Betrags), um die tatsächlich benötigte Liquidität zu erhalten. Folglich erhält die EZB **keine sinnvolle Information über den tatsächlichen Liquiditätsbedarf**. Daher gibt es als alternatives Verfahren den Zinstender.

Beim **Zinstender** legt die EZB einen **Mindestbietungssatz** fest und die Geschäftsbanken geben **Gebote über den gewünschten Betrag und den maximalen Zinssatz** ab, zu dem sie die gewünschte Liquidität haben wollen. Die **Zuteilung** erfolgt nach der **Höhe der Zins-Gebote** also quasi wie bei einer Versteigerung: Gebote mit den höchsten Zinssätzen werden zuerst zugeteilt, gefolgt von den Geboten mit den sukzessive niedrigeren Zinssätzen, bis der gesamte Zuteilungsbetrag ausgeschöpft ist. Das kann bedeuten, dass Geschäftsbanken beim niedrigsten akzeptierten Zinssatz (marginaler Zuteilungssatz) nur noch einen Teil des gewünschten Betrags erhalten. Alle noch niedriger Bietenden gehen leer aus.

Beispiel:
- Insgesamt Gebote in Höhe von 12 Mio. €.
- Geschäftsbank A will 5 Mio. € und bietet 1,5 %; Geschäftsbank B 3 Mio. zu 1,4 %; Geschäftsbank C 3 Mio. € zu 1,3 %; Geschäftsbank D 1 Mio. € zu 1,2 %.
- Bei 10 Mio. € von der EZB ausgeschütteter Liquidität ergibt sich folgendes Zuteilungsergebnis: Geschäftsbank A 5 Mio. € Vollzuteilung; Geschäftsbank B 3 Mio. € Vollzuteilung (→ zugeteilte Summe = 8 Mio. €), Geschäftsbank C 2 Mio. € Teilzuteilung (→ zugeteilte Summe = 10 Mio. €, d. h. EZB-Liquidität ist ausgeschöpft) → 1 Mio. € fehlt; Geschäftsbank D geht leer aus.

Der **Vorteil** beim Zinstender ist, dass die Geschäftsbanken aufgrund der **Versteigerungssituation** ihre Gebote dem tatsächlichen Liquiditätsbedarf entsprechend abgeben, d. h. hohe Zinssätze für den tatsächlich erforderlichen Betrag bei dringendem Liquiditätsbedarf bzw. niedrigere Zinssätze bei weniger dringendem Liquiditätsbedarf. Es gibt im Gegensatz zum Mengentender keine überhöhten Gebote, da sie für die Geschäftsbanken unrentabel wären. Die EZB erhält daher **gute Information über den tatsächlichen Liquiditätsbedarf**.

Von Anfang 1999–Juni 2000 wurde der Mengentender eingesetzt, bis Anfang Oktober 2008 der Zinstender. Dann wurde umgestellt auf **Mengentender mit vollständiger Zuteilung**, d. h., es findet keine Repartierung statt, sondern die Geschäftsbanken bekommen alle den gewünschten Betrag. Grund für die Umstellung und die zusätzliche Maßnahme der vollständigen Zuteilung ist, dass das Interbankgeschäft, d. h. das Kreditgeschäft zwischen den Banken, aufgrund der Vertrauenskrise im Zuge der Finanzkrise vollkommen zusammengebrochen ist und sich bis Anfang 2012 nicht ausreichend erholt hat.

Exkurs: Längerfristige Refinanzierungsgeschäfte

Im Zuge der Finanzkrise haben die längerfristigen Refinanzierungsgeschäfte eine deutlich stärkere Rolle erhalten, da es das oberste Anliegen der EZB war, die Liquidität im Bankensystem zuverlässig aufrechtzuerhalten, obwohl dessen wesentliche Grundlage – das Interbankgeschäft – komplett zum Erliegen kam. Um dieses Ziel zu erreichen, bot die EZB neben den regulären längerfristigen Refinanzierungsgeschäften mit dreimonatiger Laufzeit mehrere Geschäfte mit Laufzeiten zwischen sechs Monaten und drei Jahren.

So wurden im Dezember 2011 zwei Geschäfte mit dreijähriger Laufzeit und der Möglichkeit zur vorzeitigen Rückzahlung nach einem Jahr angeboten, die von den Geschäftsbanken stark in Anspruch genommen wurden. Ein Teil des Geldes wurde vermutlich zum Kauf von Staatsanleihen verwendet, um die Zinsdifferenz zwischen dem niedrigen EZB-Zinssatz von nur 1 % gegenüber deutlich höher verzinsten Staatsanleihen als Gewinnmarge mitzunehmen. Dies entsprach in Teilen sicher auch der Intention der EZB, um die Finanzierung der EWU-Staaten sicherzustellen.

Das Verfahren bei längerfristigen Refinanzierungsgeschäften ähnelt dem der Hauptrefinanzierungsgeschäfte stark:

- **Zinssatz:** Hauptrefinanzierungssatz
- **Rhythmus:** monatlich
- **Laufzeit:** drei Monate (Sonderlaufzeiten bis zu drei Jahren; Stand 2/2012)
- Liquidität von der EZB begrenzt (in Sonderfällen unbegrenzt)
- **Ziel:** längerfristige Liquidität für Geschäftsbanken, damit nicht die gesamte Liquidität am Geldmarkt jede Woche umgeschlagen werden muss
- **Standardtender** mit allen zugelassenen Geschäftsbanken (vgl. S. 158)
- **Zinstender** oder **Mengentender** möglich; bis Oktober 2008 Zinstender, im Zuge der Finanzkrise überwiegend Mengentender

Hauptrefinanzierungsgeschäfte: Funktionsweise

Die EZB setzt Hauptrefinanzierungsgeschäfte ein, um über den sogenannten **geldpolitischen Transmissionsmechanismus** die Wirtschaft der EWU-Staaten zu beeinflussen und so ihre Ziele zu erreichen. Dabei geht sie grundsätzlich davon aus, dass das Geldmengenwachstum (vgl. S. 19, 108) ebenso wie andere wirtschaftliche Faktoren einen Einfluss auf die Preisstabilität haben.

Um ihr Primärziel – die Preisstabilität – zu erreichen, versucht die EZB entsprechend, das Geldmengenwachstum zu reduzieren und ggf. andere Inflationsursachen wie die gesamtwirtschaftliche Nachfrage zu beeinflussen. Diese Art von Politik nennt man **restriktive Geldpolitik**. Sie zielt in erster Linie auf eine **monetäre Wirkung** ab, d. h. auf das Bremsen der Geldschöpfung. Dies versucht die EZB über eine Reduktion der Kreditvergabe durch die Geschäftsbanken, indem sie zins- und/oder liquiditätspolitisch die Rahmenbedingungen für die Geschäftsbanken verschlechtert (vgl. S. 162).

Exkurs: Geldschöpfung

Sobald eine Bank Einlagen von Kunden oder Zentralbankgeld zur Vergabe von Krediten verwendet und dieses Geld über Konsum oder Investitionen im Wirtschaftskreislauf bleibt, wieder zu den Banken zurückfließt und wieder für Kreditvergabe verwendet werden kann, wird Buchgeld geschöpft, das es vorher nicht gab. Dieser Vorgang wird dadurch begrenzt, dass nicht der gesamte bei der Bank einbezahlte Betrag auch als Kredit vergeben wird. Ein Teil muss als Mindestreserve (vgl. S. 168 ff.) bei der EZB gehalten werden, außerdem halten Banken immer eine gewisse Liquiditätsreserve für Barauszahlungen an ihre Kunden.

Beispiel: Eine Bank hat 100 000 € als Bareinlagen von Kunden. Davon hebt ein Kunde 30 % (30 000 €) bar ab und die Bank muss 10 % (7 000 €) als Liquiditätsreserve halten (z. B. als Mindestreserve bei der EZB). Es bleiben also 63 000 € übrig, die die Bank als Kredit vergeben kann. Wenn der Betrag über diverse Geschäfte wieder als Einlage ins Bankensystem zurückkommt (z. B. zur Bank B) und nach dem gleichen Schema wieder aufgeteilt wird, bleiben 39 690 € für neue Kreditgeschäfte usw. Aus den 100 000 € Bargeld sind nach zweimaliger Kreditvergabe 202 960 € Bar- und Buchgeld geworden (100 000 + 63 000 + 39 690). Dieser Prozess setzt sich so lange fort, bis kein Geld mehr ins Bankensystem zurückläuft.

Die letztendliche Gesamtgeldmenge lässt sich mathematisch ermitteln durch die Formel:

$$\text{neue Geldmenge} = \frac{\text{ursprüngliche Geldmenge}}{\text{Bargeldhaltungsanteil} + \text{Liquiditätsreservesatz}}$$

Solange die Summe aus Bargeldhaltungsanteil und Liquiditätsreservesatz kleiner als 1 ist, wird Buchgeld geschöpft.

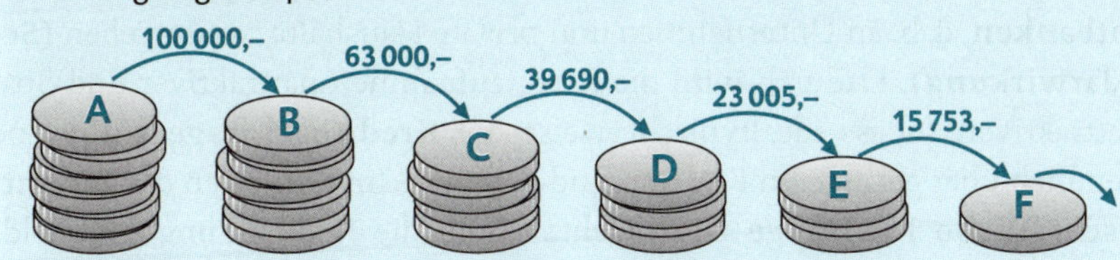

70 % Giralgeld	70 000	44 100	27 783	17 503	11 027
30 % Barauszahlung	30 000	18 900	11 907	7 502	4 726
10 % Mindestreserve	10 000	4 410	2 778	1 750	1 103

M 114: Die Geldschöpfung der Banken und ihre Begrenzung

Sofern Preisstabilität gewährleistet ist, unterstützt die EZB die **Wirtschaftspolitik in der EU**. Bei stabilen Preisen ist in der Regel die konjunkturelle Entwicklung schwach. In diesem Fall versucht die EZB, über die Kreditvergabe die Wirtschaft anzukurbeln **(expansive Geldpolitik)**. Sie zielt in erster Linie auf eine **realwirtschaftliche Wirkung** ab, indem sie die zins- und/ oder liquiditätspolitischen Rahmenbedingungen für die Geschäftsbanken verbessert und darauf setzt, dass dies über den geldpolitischen Transmissionsmechanismus eine Wirkung auf die Unternehmen und Haushalte hat (vgl. S. 163).

Sowohl bei der expansiven als auch bei der restriktiven Geldpolitik verändert die EZB die Höhe des **Hauptrefinanzierungssatzes** (Leitzinspolitik), indem sie den Festzins beim Mengentender oder den Mindestbietungssatz beim Zinstender verändert. Theoretisch kann die EZB über eine Begrenzung der insgesamt zugeteilten Summe an Zentralbankgeld auch liquiditätspolitisch steuern **(Zuteilungsvolumen)**. Darauf wurde seit Beginn der Finanzkrise jedoch bewusst verzichtet, da die Liquidität im Bankensystem eine kritische Größe ist.

Der Hauptrefinanzierungssatz ist der Festzinssatz (beim Mengentender) oder der marginale Zuteilungssatz (beim Zinstender), zu dem sich die Geschäftsbanken bei der EZB refinanzieren können. Diesen Leitzins müssen die Geschäftsbanken also zahlen, wenn sie von der EZB Zentralbankgeld leihen (vgl. M 117).

Restriktive Geldpolitik

Bei der restriktiven Geldpolitik will die EZB die Geldschöpfung begrenzen und damit das Geldmengenwachstum reduzieren, um letztendlich monetäre Risiken für die **Preisstabilität** zu bekämpfen (vgl. M 115). Dies tut sie, indem sie den **Hauptrefinanzierungssatz erhöht** (und ggf. das Zuteilungsvolumen begrenzt). Die **Primärwirkung** ist eine Verschlechterung der Refinanzierungsbedingungen für die **Geschäftsbanken**, da sich die Beschaffung von Zentralbankgeld bei der EZB verteuert. Die Geschäftsbanken werden diese schlechteren Konditionen in Form von höheren Kredit- und Sparzinsen an die **Nichtbanken**, d. h. an Unternehmen und private Haushalte, weitergeben **(Sekundärwirkung)**. Dadurch wird die Kreditaufnahme unattraktiver und Sparen attraktiver, sodass idealtypischerweise die **Kreditnachfrage sinkt** und letztendlich über geringeren Konsum und geringere Investitionen die **gesamtwirtschaftliche Nachfrage** zurückgeht. Durch die Reduzierung des Geldmengenwachstums wird die geldmengeninduzierte Inflation gebremst, durch den Rückgang der gesamtwirtschaftlichen Nachfrage außerdem die nachfrageinduzierte Inflation. Neben dieser monetären Wirkung hat diese Politik einen insgesamt bremsenden Einfluss auf die Konjunktur, was ggf. unerwünscht sein kann. Da die Preisstabilität aber das Primärziel ist, kann die EZB bei deren Gefährdung darauf keine Rücksicht nehmen. Ggf. kann man auch den Staat in die Wirkungskette mit einbeziehen. Dessen Kreditaufnahme ist allerdings durch die Höhe der Kreditzinsen kaum maßgeblich beeinflussbar.

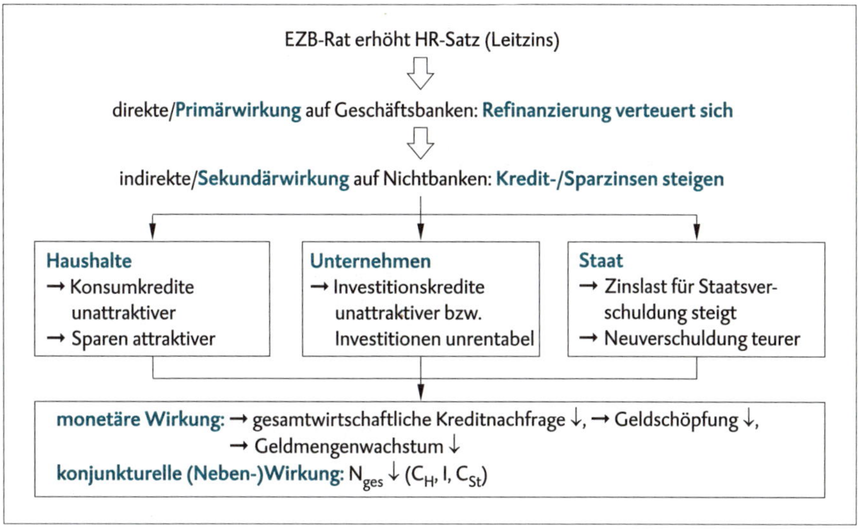

M 115: Restriktive Geldpolitik

Expansive Geldpolitik

Bei der expansiven Geldpolitik will die EZB die Wirtschaftspolitik der EU unterstützen. Es geht hier in der Regel darum, das **Wirtschaftswachstum** anzukurbeln (vgl. M 116). Dies tut die EZB, indem sie den **Hauptrefinanzierungssatz senkt** (und ggf. das Zuteilungsvolumen erhöht). Die **Primärwirkung** ist eine Verbesserung der Refinanzierungsbedingungen für die **Geschäftsbanken**, da diese sich billiger und ggf. leichter bei der EZB Zentralbankgeld beschaffen können. Die Geschäftsbanken werden diese Konditionen als niedrigere Kredit- und Sparzinsen an die **Nichtbanken**, d. h. an Unternehmen und private Haushalte, weitergeben **(Sekundärwirkung)**. Dadurch wird die Kreditaufnahme attraktiver und Sparen unattraktiver, sodass idealtypischerweise die **Kreditnachfrage steigt** und damit über Konsum und Investitionen auch die **gesamtwirtschaftliche Nachfrage** erhöht wird. Dies kann **positive Multiplikatorprozesse** auslösen. Neben dieser erwünschten realwirtschaftlichen Wirkung hat diese Politik ggf. eine Beschleunigung des Geldmengenwachstums zur Folge, weshalb die EZB die Gefahren für die Preisstabilität besonders beobachten muss. Ggf. kann man auch den Staat in die Wirkungskette mit einbeziehen.

EZB-Rat senkt HR-Satz (Leitzins)

⇩

direkte/**Primärwirkung** auf Geschäftsbanken: **Refinanzierung wird billiger**

⇩

indirekte/**Sekundärwirkung** auf Nichtbanken: **Kredit-/Sparzinsen sinken**

Haushalte	**Unternehmen**	**Staat**
→ Konsumkredite attraktiver → Sparen unattraktiver	→ Investitionskredite attraktiver bzw. Investitionen rentabler	→ Zinslast für Staatsverschuldung sinkt → Neuverschuldung billiger

konjunkturelle Wirkung: N_{ges} ↑ (C_H, I, C_{st})
monetäre (Neben-)Wirkung: → gesamtwirtschaftliche Kreditnachfrage ↑,
→ Geldschöpfung ↑, → Geldmengenwachstum ↑

M 116: Expansive Geldpolitik

Wirkungsgrenzen und -hemmnisse der Offenmarktpolitik

Die oben beschriebenen geldpolitischen Maßnahmen können aus verschiedenen Gründen ihre idealtypische Wirkung verfehlen.

- Das **Timing** ist eine kritische Größe. Vergeht durch Verzögerungen zwischen Handlungsbedarf und tatsächlichem Wirken der Maßnahmen zu viel Zeit, kann z. B. in einer inflationären Phase die Inflationsentwicklung so stark an Dynamik gewinnen, dass sie nur schwer in den Griff zu bekommen ist. Wie bei der Wirtschaftspolitik unterscheidet man die *time lags* in *recognition lag, decision lag, action lag* und *efficiency lag* (vgl. S. 104).
- Auch die **Dosierung** ist ein entscheidender Faktor: Zu geringe Zinsschritte verpuffen ggf. wirkungslos, zu große Zinsschritte würgen bei der Inflationsbekämpfung ggf. die Wirtschaft ab bzw. führen bei Zinssenkungen ggf. zu unerwünschten Effekten auf die Preisentwicklung.
- **Attentismus** ist eng verbunden mit der Dosierung: Erwarten die Wirtschaftssubjekte weitere Zinssenkungen, kann es sein, dass ein Zinsschritt nach unten keinerlei Auswirkungen hat.
- **Vorgezogene Käufe** geschehen in der umgekehrten Situation: Erhöht die EZB die Leitzinsen, kann dies in Erwartung weiterer Erhöhungen die Nachfrage stark ankurbeln, da die Wirtschaftssubjekte mit ihrer Kreditaufnahme und der damit finanzierten Nachfrage nicht das Risiko noch schlechterer Konditionen eingehen wollen. Dadurch würde sowohl die geldmengen- als auch die nachfrageinduzierte Inflation weiter angetrieben.

- Die **Zukunftserwartungen** von Unternehmen und Haushalten können die erwünschte Wirkung ebenfalls konterkarieren. Geht es der Wirtschaft hervorragend und werden entsprechend hohe Gewinne und Einkommen erzielt, schrecken auch hohe Zinsen nicht von kreditfinanzierten Investitionen oder Konsumausgaben ab. Umgekehrt wird bei extrem schlechten Zukunftsaussichten mit geringen Absatzchancen und ggf. Angst vor Arbeitsplatzverlust ein niedriges Zinsniveau kaum kreditfinanzierte Investitionen oder Konsumausgaben hervorrufen. In weniger extremen Lagen kann die Wirkung zumindest eingeschränkt werden.
- **Interbankgeschäfte**, d. h. Kreditgeschäfte zwischen Banken mit Liquiditätsbedarf und solchen mit Liquiditätsüberschuss, sind bei der restriktiven Geldpolitik eine der einfachsten Umgehungsmöglichkeiten. Seit Beginn der Finanzkrise ist das Interbankgeschäft allerdings praktisch zum Erliegen gekommen, da durch Bankenkonkurse andere Kreditinstitute hohe Verluste erlitten haben und insgesamt das Vertrauen in der Branche für Geschäfte miteinander fehlt.
- Alle geldpolitischen Maßnahmen bis auf die Mindestreserve sind keine Zwangsinstrumente, sondern haben nur **Anreizfunktion**. Ob dieser Anreiz von den Geschäftsbanken (Primärwirkung) und den Nichtbanken (Sekundärwirkung) umgesetzt wird, ist nicht steuerbar und hängt von zahlreichen anderen Faktoren ab.
- Die **Tarifpolitik** kann entgegen den Stabilitätsbemühungen der EZB durch hohe Lohnforderungen eine Lohn-Preis-Spirale in Gang setzen.
- Eine **unsolide Finanzpolitik** kann die Stabilitätsbemühungen der EZB beeinträchtigen. Dies zeigen auch die zahlreichen Verstöße gegen den Stabilitäts- und Wachstumspakt der EWU.
- **Regionale Disparitäten** im Eurosystem erschweren eine einheitliche Geldpolitik. Vor der Finanzkrise gab es Länder mit dynamischem Wachstum und hohen Inflationsraten neben solchen mit konjunkturellen Problemen und geringer Inflation und wiederum anderen mit Stagflation. Jede Maßnahme wäre für mindestens eines der Länder kontraproduktiv gewesen.
- Bei flexiblen Wechselkursen hat die Geldpolitik eine sogenannte offene außenwirtschaftliche Flanke: Selbst bei solider Geldpolitik im Eurosystem kann **importierte Inflation** durch Devisenimporte aufgrund von Zinsunterschieden oder Exportüberschüssen das Preisniveau anheben (vgl. S. 20, 174).
- Die EZB hat keinen Einfluss auf sogenannte **externe Schocks**. So hat der massive Anstieg der Rohstoffpreise in den letzten Jahren, insbesondere die

Ölpreisentwicklung, das Preisniveau deutlich beeinflusst. Das kann die EZB nicht steuern. Aus diesem Grund erscheinen Entscheidungen der EZB zum Teil nicht nachvollziehbar. So senkte die EZB im Herbst 2011 die Zinsen, obwohl die Inflationsrate über dem Grenzwert von 2 % lag. Da der Anstieg aber wesentlich von externen Schocks bestimmt war, sah die EZB keinen Steuerungsbedarf bzw. keine Steuerungsmöglichkeit über die Geldpolitik.

2.4 Ständige Fazilitäten

Die Funktionsweise der Ständigen Fazilitäten

Neben den Offenmarktgeschäften spielen die Ständigen Fazilitäten eine wichtige Rolle in der Geldpolitik, als **Informationsinstrument** für die EZB und als **Steuerungsinstrument** für den Geldmarkt, d. h. den Markt für sehr kurzfristige Liquidität. Diese Bedeutung hat im Zuge der Finanzkrise noch stark zugenommen, was man insbesondere an den deutlich höheren Summen erkennen kann, die seitdem im Bereich der Ständigen Fazilitäten bewegt werden. Darüber hinaus dienen die Ständigen Fazilitäten der EZB als eine Art Fieberthermometer für die Liquiditätssituation der Banken, da sie den akuten Liquiditätsbedarf oder -überschuss sehr gut anzeigen.

Neben dem Hauptrefinanzierungssatz werden auch die beiden Zinssätze der Ständigen Fazilitäten als **Leitzinsen** bezeichnet. Sie bilden in der Regel einen Zinskorridor um den Hauptrefinanzierungssatz (vgl. M 117).

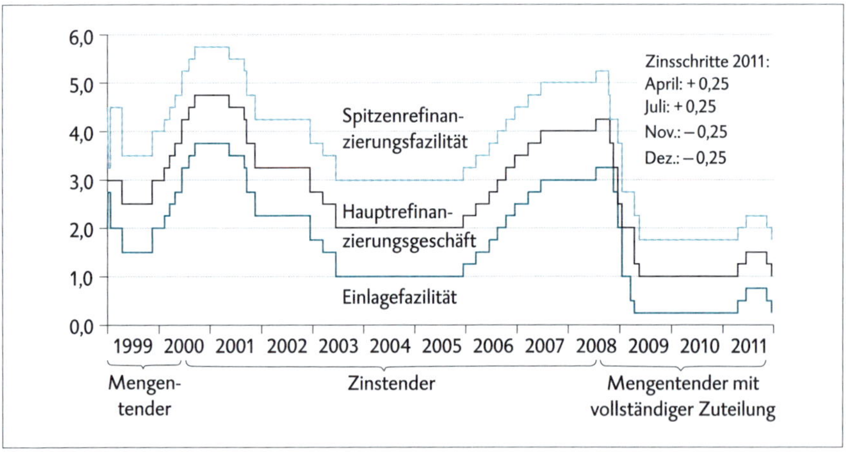

M 117: Entwicklung der Leitzinsen im Euroraum, Angaben in %

Spitzenrefinanzierungsfazilität

Die Spitzenrefinanzierungsfazilität dient dazu, **Spitzen im Liquiditätsbedarf** der Banken abzudecken. Dafür sind allerdings auch **Spitzenzinsen** zu zahlen. Die wichtigsten Eckpunkte dieses Instruments können wie folgt beschrieben werden:

- Mithilfe der Spitzenrefinanzierungsfazilität können sich Geschäftsbanken auf eigene Initiative von der Zentralbank **Liquidität** bis zum nächsten Geschäftstag **(„über Nacht")** beschaffen. Damit können Banken ihren Liquiditätsbedarf also nur extrem kurzfristig decken.
- Sie müssen dafür notenbankfähige **Sicherheiten** haben und einen vorgegebenen Zinssatz – den **Spitzenrefinanzierungssatz** – bezahlen.
- Der Spitzenrefinanzierungssatz bildet im Allgemeinen die **Obergrenze für den Tagesgeldsatz** am Geldmarkt, da die Geschäftsbanken sich anderweitig Geld beschaffen würden, wenn es billiger zu haben wäre, z. B. im Interbankgeschäft. Der Spitzenrefinanzierungssatz ist somit einer der **Leitzinssätze** des Eurosystems.
- Veränderungen des Spitzenrefinanzierungssatzes verändern analog das **Zinsniveau am Geldmarkt** (Markt für sehr kurzfristige Anlagen).
- Darüber hinaus ist die Spitzenrefinanzierungsfazilität für die EZB ein guter **Indikator für die Liquiditätsknappheit** am Geldmarkt: Nur wenn die Geschäftsbanken die Liquidität unbedingt brauchen und sie sich nicht anderweitig beschaffen können, werden sie dieses Geschäft in Anspruch nehmen.

Einlagefazilität

Das Gegenstück zur Spitzenrefinanzierungsfazilität ist die Einlagefazilität, die folgendermaßen funktioniert:

- Die Einlagefazilität bietet den Geschäftsbanken ständig die Möglichkeit, Geld bis zum nächsten Geschäftstag **(„über Nacht")** zu einem vorgegebenen Zinssatz bei der EZB anzulegen.
- Der Zinssatz für die Einlagefazilität bildet die **Untergrenze** für den Tagesgeldsatz am **Geldmarkt**, da die Geschäftsbanken ihr Geld anderweitig anlegen würden, wenn sie höhere Zinsen dafür bekämen, z. B. im Interbankgeschäft. Der Einlagesatz ist damit der dritte **Leitzinssatz** im Eurosystem.
- Die Einlagefazilität ist ein guter **Indikator für Liquiditätsüberschüsse** am Geldmarkt, da die Geschäftsbanken sie nur in Anspruch nehmen, wenn sie freie Liquiditätsreserven haben und diese nicht lukrativer anlegen können.

- Veränderungen des Einlagefazilitätssatzes verändern analog das **Zinsniveau am Geldmarkt** (Markt für sehr kurzfristige Anlagen).
- Im Zuge der Finanzkrise wurde die Einlagefazilität zum Teil in extremer Höhe in Anspruch genommen: Die Geschäftsbanken parkten z. T. einen Großteil des Zentralbankgeldes aus Offenmarktgeschäften in der Einlagefazilität, da sie einerseits zwingend das Liquiditätspolster brauchten, z. B. um auf unvorhergesehene Ereignisse vorbereitet zu sein, und andererseits aus Sicherheitsgründen ihr Kreditgeschäft sowohl mit anderen Geschäftsbanken als auch mit Nichtbanken drastisch einschränkten, sodass immense freie Liquiditätsreserven bestanden.

Die folgende Tabelle zeigt, dass Ende 2011 die Inanspruchnahme der Einlagefazilität ein Vielfaches von 2010 betrug und sogar das Volumen der Hauptrefinanzierungsgeschäfte überstieg. Außerdem wurde die Spitzenrefinanzierungsfazilität vom Volumen her kaum in Anspruch genommen. Dieses Bild passt für nahezu jeden in der Tabelle aufgelisteten Termin 2011. Im Januar 2012 ist die Situation sogar noch extremer: Die Einlagefazilität ist mehr als doppelt so hoch wie die Hauptrefinanzierungsgeschäfte, d. h., es werden sogar umfangreiche Mittel aus den längerfristigen Geschäften hier „geparkt“ (vgl. M 118).

	Hauptrefinanzierungsgeschäfte	Spitzenrefinanzierungsfazilität	Einlagefazilität
2010	179,5	1,9	44,7
2011	238,0	4,4	253,7
09. 08. 2011	171,7	0,1	56,7
13. 09. 2011	135,1	0,3	121,8
11. 10. 2011	193,0	1,5	168,7
08. 11. 2011	196,1	2,8	204,6
13. 12. 2011	238,0	4,4	253,7
17. 01. 2012	169,4	6,0	399,3

M 118: Liquidität des Bankensektors 2010 bis Anfang 2012

2.5 Die Funktionsweise der Mindestreserve

Die Mindestreserve ist eine **Zwangseinlage** der Geschäftsbanken bei der EZB, d. h., sie ist einerseits ein liquiditätspolitisches Instrument und andererseits das einzige Instrument, das nicht nur Anreizfunktion hat. Theoretisch kann die EZB auf alle Anlageformen eine Reservehaltung von bis zu 100 % beschließen, d. h., sie könnte im Extremfall das Geld der Geschäftsbanken komplett aus dem Geldverkehr ziehen. Allerdings nutzt die EZB das Mittel der Mindestreserve nur extrem begrenzt. Bis Mitte Januar waren nur 2 % der Sichteinlagen und der Einlagen mit einer Laufzeit von bis zu zwei Jahren bei der EZB zu hinterlegen. Seit 18. 1. 2012 ist es nur noch 1 %. Die Funktionsweise der Mindestreserve lässt sich folgendermaßen zusammenfassen:

- Die Höhe der zu haltenden Mindestreserve, das **Mindestreserve-Soll**, ergibt sich, indem man den **Mindestreservesatz** auf die **Mindestreservebasis** (derzeit Summe aller Einlagen mit einer Laufzeit von bis zu zwei Jahren) anwendet, wobei die Mindestreservebasis die Summe der einbezogenen Einlagen ist.

Mindestreservesatz · Mindestreservebasis = Mindestreserve-Soll

- Die Mindestreserve bewirkt (theoretisch) eine **Liquiditätsverknappung** bei den Geschäftsbanken.
- Das Mindestreserve-Soll ist nicht täglich, sondern im **Durchschnitt innerhalb einer Mindestreserveperiode** – in der Regel eines Monats – als Guthaben bei der Zentralbank zu halten, sodass die Geschäftsbanken phasenweise das Soll durchaus unterschreiten können, sofern sie es zu anderen Zeiten entsprechend überschreiten. Die Geschäftsbanken können also **kurzfristige Liquiditätsschwankungen** über die Mindestreserve teilweise **abfedern**.
- Die Banken können die Mindestreserveguthaben auch als Arbeitsguthaben für ihren laufenden Zahlungsverkehr nutzen. Die Mindestreserve wirkt deshalb am Geldmarkt als Puffer, der starke Liquiditätsausschläge ausgleicht und die **Zinsentwicklung** verstetigt.
- Bei **Unterschreitung des Mindestreserve-Solls** ist von den Geschäftsbanken an die EZB auf den Betrag der Unterschreitung ein **Sonderzins** zu zahlen, der 2,5 Prozentpunkte über dem durchschnittlichen EZB-Spitzenrefinanzierungssatz während der Erfüllungsperiode liegt, bei wiederholten Unterschreitungen (mehr als 2 Unterschreitungen innerhalb von 12 Monaten) sogar 5 Prozentpunkte darüber. Im Januar 2012 lag der Sonderzins also bei 4,25 % bzw. 6,75 %. Dies versuchen die Geschäftsbanken zu vermeiden. Selbst eine Finanzierung des Mindestreserve-Solls über die Spitzenrefinanzierungsfazilität wäre nämlich billiger.

Zusammenfassender Überblick über Strategie und Maßnahmen der EZB

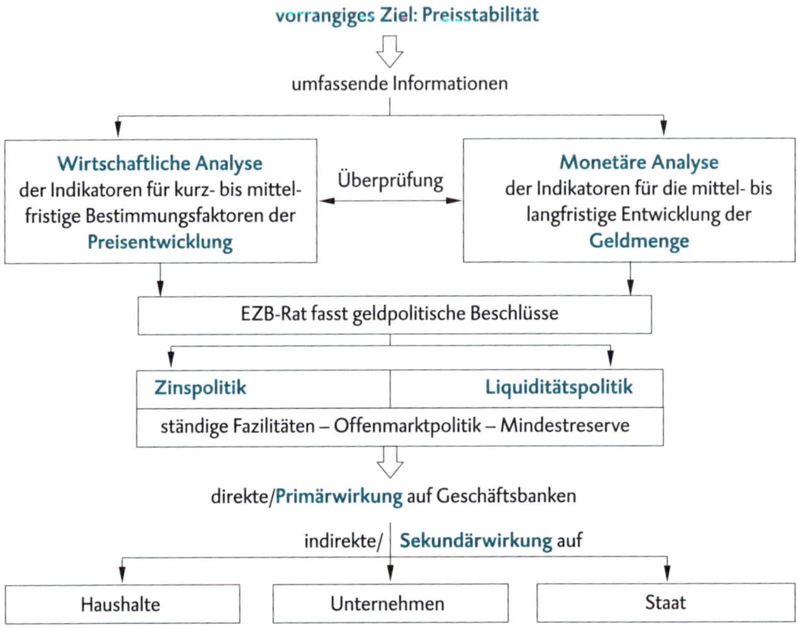

Merke: Soweit das vorrangige Ziel der Preisstabilität erreicht ist, unterstützt die EZB die allgemeine Wirtschaftspolitik in der EWU.

M 119: Die stabilitätsorientierte geldpolitische Strategie: Ziele und Instrumente im Zusammenhang

Aufgaben

18 Beschreiben Sie die Rolle des EZB-Rats im ESZB.

19 Geben Sie einen Überblick über das geldpolitische Instrumentarium im ESZB.

20 Beschreiben Sie die grundsätzliche Funktionsweise des Mengen- und Zinstenderverfahrens und begründen Sie die Entscheidung der EZB, ab Oktober 2008 auf Mengentender mit Vollzuteilung umzustellen.

21 Beschreiben Sie die geldpolitische Vorgehensweise der EZB im Bereich der Hauptrefinanzierungsgeschäfte im Jahr 2011 (vgl. M 117) und begründen Sie mithilfe der Daten in M 6, warum die Entscheidungen seit Herbst 2011im Gegensatz zu den vorherigen Maßnahmen in den Medien als „überraschend“ bezeichnet wurden. Gehen Sie dabei auch auf ihr Wissen zur beabsichtigten Wirkung der Zinspolitik der EZB ein und versuchen Sie eine Erklärung.

22 Erklären Sie, wodurch die Wirkung der Geldpolitik eingeschränkt oder behindert werden kann. Differenzieren Sie dabei – wo erforderlich – nach expansiver und restriktiver Geldpolitik.

23 Erläutern Sie die Funktion der Ständigen Fazilitäten aus Sicht der Geschäftsbanken und aus Sicht der EZB.

24 Erläutern Sie mithilfe der Angaben zu den Inflationsraten im Jahr 2011 (vgl. M 128), vor welchem besonderen Problem die EZB steht, das eine einzelne Nationalbank außerhalb der Währungsunion gar nicht hat.

25 Geben Sie einen Überblick über Ziele, Informationsbasis, Maßnahmen und Wirkung der Geldpolitik.

3 Wechselkurse

Obwohl innerhalb der EWU durch den Euro Wechselkurse keine Rolle mehr spielen, ist die Währungspolitik für die EU und die EZB nach wie vor ein wichtiges Thema. Da z. B. noch immer ca. 60 % der deutschen Exporte in Fremdwährungsländer gehen (vgl. M 133), sind auch die deutschen Unternehmen mit Wechselkursaspekten konfrontiert, wenn die Geschäfte nicht in Euro abgewickelt werden. Selbst wenn eine Abwicklung in Euro erfolgt, können die Wechselkurse ggf. Entscheidungen der Geschäftspartner beeinflussen, sodass auch die deutschen Lieferanten über Wechselkurse, deren Entwicklung und die damit verbundenen Chancen und Risiken informiert sein müssen.

3.1 Grundlagen

Der Wechselkurs ist das Austauschverhältnis zweier Währungen. Dabei unterscheidet man zwischen Sorten- und Devisenkursen. **Devisen** sind ausländisches Buchgeld, **Sorten** dagegen ausländisches Bargeld.

Der heute übliche **Mengenwechselkurs** drückt aus, welche Menge an Devisen man für eine Einheit Inlandswährung ertauschen kann. Ein **Beispiel:** Bei einem Kurs von 1,30 US-$/1€ erhält man für einen Euro 1,30 US-$. Der Mengenwechselkurs entspricht gleichzeitig dem **Außenwert** der Inlandswährung im Ausland, d. h. dem Wert bzw. der Kaufkraft, die diese Währung in dem jeweiligen Austauschland hat (z. B. der Euro in den USA). Der Kehrwert des Mengenwechselkurses ergibt die (früher übliche) Preisnotierung.

Steigt der Mengenwechselkurs des Euro gegenüber dem US-Dollar, erhält man mehr US-Dollar für einen Euro. Steigt der Kurs z. B. von 1,30 US-$/1 € auf 1,35 US-$/1 €, heißt das aus EU-Sicht, dass man 5 US-Cent mehr für einen Euro erhält, bzw. aus Sicht der USA, dass man 5 US-Cent mehr für einen Euro bezahlen muss. Das bedeutet, der Euro ist stärker bzw. teurer geworden, er hat **aufgewertet** und der **Außenwert des Euro** ist in den USA gestiegen. Der Dollar ist im Gegenzug schwächer bzw. billiger geworden, er hat abgewertet, der Außenwert des US-$ ist im Euroraum gefallen.

Eine Währung ist **konvertibel**, wenn sie ohne jede Beschränkung in andere Währungen getauscht werden kann. Der **Wechselkurs als Austauschverhältnis** zwischen in- und ausländischer Währung ergibt sich dann aufgrund von **Angebot und Nachfrage auf dem** Devisenmarkt (vgl. S. 178). Es gibt verschiedene Gründe, warum Devisen auf dem Devisenmarkt angeboten oder nachgefragt werden. Die folgende Übersicht enthält **Beispiele für Angebot und Nachfrage** einer Währung im Austausch zu einer anderen:

Euroangebot	Euronachfrage
Eine Person, die Euro in Dollar umtauscht, bietet Euro an und fragt Dollar nach, weil sie z. B. • in die USA reisen möchte. • Güter aus den USA importiert und in Dollar bezahlen muss. • Wertpapiere in Dollar kaufen möchte. • mit der Währung spekuliert: Sie kauft zu einem günstigen Kurs Dollar, in der Hoffnung, diese später teurer verkaufen zu können. • einen Kredit in Dollar aufgenommen hat, weil momentan dort die Zinsen niedriger sind als im Euroraum, und nun Dollar kaufen muss, um diesen Kredit zurückzuzahlen.	Eine Person, die Dollar in Euro umtauscht, bietet Dollar an und fragt Euro nach, weil sie z. B. • ein Tourist aus den USA ist und im Euroraum Urlaub macht. • Dollar aus Exportgeschäften in die USA verdient hat. • in Euro-Wertpapiere investieren möchte. • mit der Währung spekuliert: Sie kauft zu einem günstigen Kurs Euro, in der Hoffnung, diese später teurer verkaufen zu können. • einen Kredit in Euro aufgenommen hat, weil momentan dort die Zinsen niedriger sind als in den USA, und nun Euro kaufen muss, um diesen Kredit zurückzuzahlen.

M 120: Währungsangebot und Währungsnachfrage am Beispiel Euro – Dollar

3.2 Devisenmarktmodell

Der Devisenmarkt lässt sich wie jeder Markt mithilfe des **Marktmodells** darstellen. Für den Wechselkurs des Euro gegenüber dem Dollar aus EU-Sicht würde dies wie in M 121 aussehen.

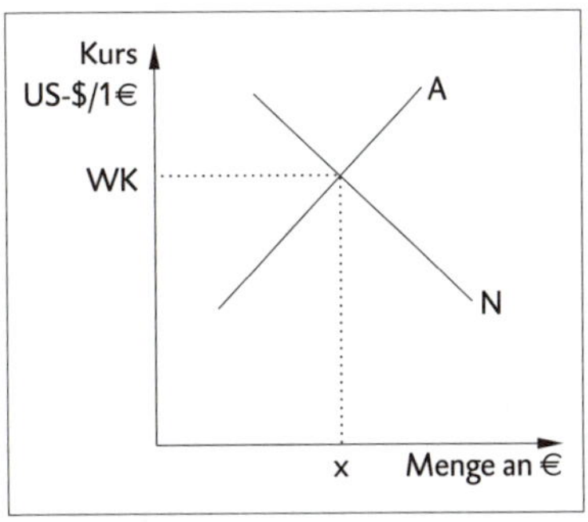

M 121: Wechselkurs US-$/€ aus EU-Sicht

Auf der x-Achse wird die Menge an nachgefragten/angebotenen Euro angetragen, auf der y-Achse der Euro-Kurs in Mengennotierung. Der Schnittpunkt zwischen Angebot und Nachfrage ergibt – lotrecht auf die y-Achse projiziert – den Gleichgewichts- oder Marktkurs des Euro zum US-Dollar.

Veränderungen von Angebot und Nachfrage und deren **Auswirkungen auf den Wechselkurs** lassen sich im Marktmodell gut analysieren. So sinkt bei einem Rückgang der Nachfrage nach Euro *ceteris paribus* der Wechselkurs (vgl. M 122), z. B. wenn aufgrund geringerer deutscher Exporte auch weniger Euro als Zahlungsmittel nachgefragt werden.

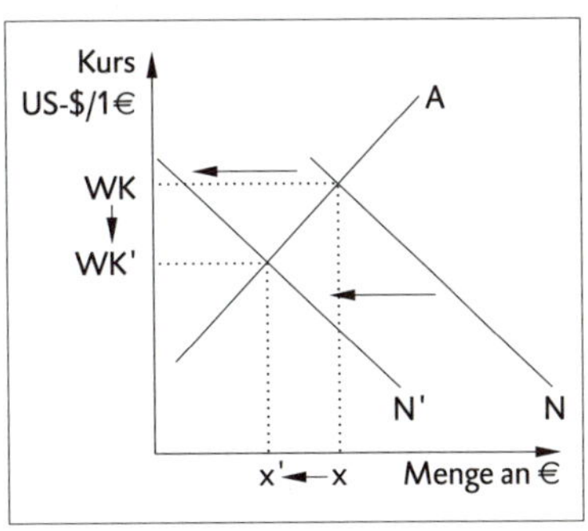

M 122: sinkende Nachfrage führt zu sinkendem Wechselkurs

Das Gleiche gilt, wenn *ceteris paribus* das Angebot an Euro zunimmt, z. B. weil die Anleger das Vertrauen in den Euro verlieren und ihn in größeren Mengen zum Verkauf anbieten (vgl. M 123).

Analog lassen sich auch steigende Kurse infolge einer erhöhten Nachfrage oder eines verknappten Angebots darstellen.

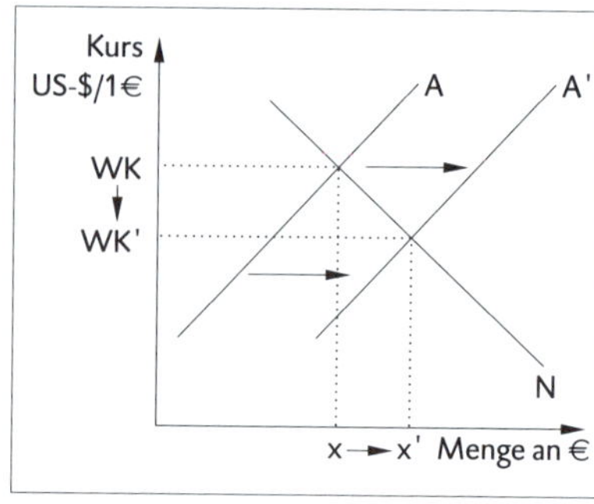

M 123: steigendes Angebot führt zu sinkendem Wechselkurs

3.3 Ursachen und Wirkungen von Wechselkursschwankungen

Der Wechselkurs steht in einer engen Beziehung zu zahlreichen außenwirtschaftlichen Größen. Die folgende Auflistung gibt einen Überblick.

- **Außenhandel:** Übersteigen die Exporte die Importe, ist die Nachfrage nach der Währung des Exportlandes vergleichsweise hoch, da die Güter damit bezahlt werden müssen. Entsprechend hoch ist der Wechselkurs/Außenwert der Exportland-Währung. Ein Exportdefizit führt analog zu einem relativ niedrigen Wechselkurs.
- **Zinsunterschiede:** Ist der Zins im Inland höher als im Ausland, steigt idealtypischerweise die Nachfrage nach der Währung des Hochzinslandes und damit ebenfalls ihr Wechselkurs und Außenwert. Ein niedrigerer Zins als im Ausland bewirkt das Gegenteil. Gerade in der Finanzkrise hat sich aber gezeigt, dass hohe Zinsen allein nicht ausreichen, wenn das Vertrauen in eine Währung nachhaltig erschüttert ist (vgl. auch: psychologische Faktoren).
- **Inflationsunterschiede:** Ist die Inflation im Inland höher als im Ausland, geht das Vertrauen in die Währung des Inflationslandes zurück und die Exporte des Inflationslandes sinken aufgrund der Verteuerung der Produkte. Beides führt dazu, dass die Nachfrage nach der Inflationswährung sinkt und damit ebenfalls der Wechselkurs/Außenwert der Inflationswährung.
- **Erwartungen/psychologische Faktoren:** Ist das Vertrauen ins Inland größer als ins Ausland, steigt die Nachfrage nach der Währung des vertrauenswürdigeren Landes und damit deren Wechselkurs und Außenwert. Gleichzeitig sinkt die Nachfrage nach der Währung des weniger vertrauenswürdigen Landes und entsprechend auch deren Wechselkurs und Außenwert.
- **Kursspekulationen:** Kursbewegungen an den Devisenmärkten sind häufig rein spekulativ verursacht, ohne zugrunde liegende realwirtschaftliche

Ursachen. Durch Mitnahmeeffekte und Trittbrettfahrer können derartige Spekulationen eine starke Eigendynamik entwickeln. So kann eine Währung innerhalb kurzer Zeit starken Schwankungen unterliegen, wenn Spekulanten erst in die Währung investieren und so über die Nachfrage den Wechselkurs nach oben treiben und dann, um ihre Kursgewinne zu realisieren, die Währung wieder auf den Markt werfen, sodass der Wechselkurs durch das erhöhte Angebot wieder fällt. Dass das Spekulationsvolumen der weltweiten Devisenfonds ein Vielfaches der Währungsreserven der Notenbanken beträgt, verdeutlicht die Dimension dieser spekulativen Bewegungen.

- **Direktinvestitionen:** Ist das Inland attraktiver für Direktinvestitionen als das Ausland, dann steigt die Nachfrage nach der Währung des Landes, in das investiert wird, und damit auch deren Wechselkurs und Außenwert.
- **Notenbankinterventionen:** Kaufen Notenbanken die Währung eines Landes, steigt *ceteris paribus* die Nachfrage und damit der Wechselkurs und Außenwert. Verkäufe haben den gegenteiligen Effekt (vgl. S. 179 ff.).

In einem Zwei-Länder-Modell bedeutet der Anstieg des Wechselkurses einer Währung immer das Sinken des Kurses der anderen Währung.

Alle beschriebenen Zusammenhänge gelten *ceteris paribus*. In der Realität treffen zahlreiche Faktoren aufeinander, die sich verstärken/aufheben können.

	Wechselkurs/Außenwert der Inlandswährung **steigt → Aufwertung**	**Wechselkurs/Außenwert** der Inlandswährung **sinkt → Abwertung**
Einflussfaktor	**Ursache**	**Ursache**
Exporte	Güter-/Dienstleistungsexporte steigen im Vergleich zu den Importen	Güter-/Dienstleistungsexporte sinken im Vergleich zu den Importen
Importe	Güter-/Dienstleistungsimporte sinken im Vergleich zu den Exporten	Güter-/Dienstleistungsimporte steigen im Vergleich zu den Exporten
Zinsniveau(-gefälle)	Zinsniveau Inland > Ausland	Zinsniveau Inland < Ausland
Kursspekulationen /-erwartungen	Erwartung Kurssteigerung → Spekulation in Inlandswährung	Erwartung Kursrückgang → Spekulation in Auslandswährung
Inflationsgefälle	Inflation Inland < Ausland	Inflation Inland > Ausland
Direktinvestitionen	Inland > Ausland	Inland < Ausland
psychologische Faktoren	Optimismus für Inland/ Pessimismus für Ausland	Pessimismus für Inland/ Optimismus für Ausland
Notenbankinterventionen	Stützungskäufe der Inlandswährung/ Verkauf von Devisen	Verkauf der Inlandswährung/ Stützungskäufe von Devisen

3.4 Alternative Wechselkurssysteme

Grundsätzliches

Der Begriff **Wechselkurssystem** beschreibt, wie das Austauschverhältnis zwischen verschiedenen Währungen zustande kommt. Dazu zählt auch die Frage, ob und in welcher Weise die Notenbank Einfluss auf den Wechselkurs eines Landes nimmt. Grundsätzlich unterscheidet man zwischen (absolut) starren Wechselkursen, (relativ) fixen Wechselkursen und freien Wechselkursen.

- **Völlig starre Wechselkurse** sind einseitig staatlich festgelegte Kurse, die nicht an Angebot und Nachfrage gebunden sind und nur durch staatliche Entscheidung verändert werden. Dieses Währungsregime gab es vor allem im ehemaligen Ostblock, dessen Länder so u. a. versuchten, über Zwangsumtausch Devisen zu erhalten, um selbst im Außenhandel zahlungsfähig zu sein. Eine der letzten Währungen mit völlig starrem Wechselkurs war bis 2009 der „alte Won" in Nordkorea, der an den Euro gebunden war. Heute werden dort für den Außenhandel allerdings ausschließlich ausländische Währungen wie der Euro oder der japanische Yen verwendet; für den „neuen Won" gibt es nicht einmal einen offiziellen Wechselkurs.
- **Völlig freie bzw. flexible Wechselkurse** sind das andere Extrem. Die Wechselkurse werden in diesem Fall ausschließlich durch Angebot und Nachfrage auf dem Devisenmarkt bestimmt (vgl. S. 178 f.).
- Eine Mischform sind **relativ fixe Wechselkurse**, bei denen orientiert am Marktkurs eine sogenannte Parität als Leitkurs festgelegt wird, um den die Währung innerhalb einer gewissen Bandbreite schwanken darf (vgl. S. 179 f.).

Die Wahl des Währungssystems kann gravierende **Wirkungen** auf die internationale Arbeitsteilung, die Beschäftigung und das Einkommensniveau haben und ist daher eine wichtige wirtschaftspolitische Entscheidung.

Vor allem die Anpassung an internationale **reale und monetäre Schocks** (real: z. B. Ölkrise, Krieg, Erdbeben; monetär: z. B. Finanzkrise, Währungsreform) sowie an geld- und fiskalpolitische Entscheidungen vollzieht sich in den einzelnen Systemen sehr unterschiedlich.

Stellt man sich zu M 124 die Frage, wann der Wechsel von fixen zu flexiblen Wechselkursen stattfand, woran man das erkennt und welche Folgen das für verschiedene Wirtschaftssubjekte und deren Transaktionen hatte, ergeben sich folgende Antworten:

Der **Wechsel** hat 1969 stattgefunden. Das erkennt man daran, dass sich seitdem der Dollarkurs gegenüber der DM stark verändert hat, während er vorher fast 20 Jahre lang bis auf eine Korrektur nach unten praktisch konstant war.

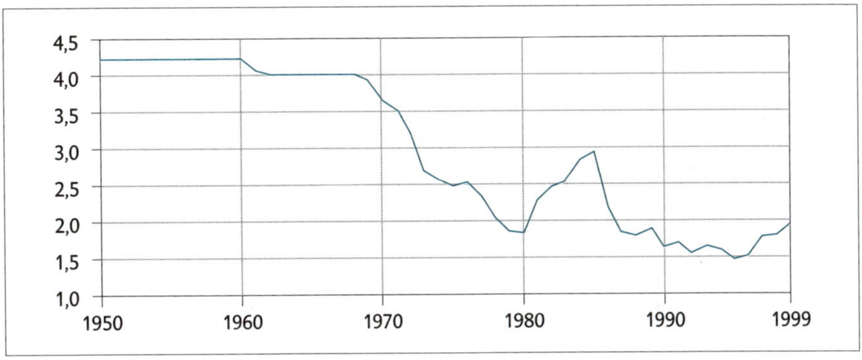

M124: Die Wechselkursentwicklung DM und US-$

Der Wechsel kann verschiedene **Auswirkungen** auf eine Volkswirtschaft haben (vgl. S. 181). Das Kreislaufmodell mit seiner Gliederung in einzelne Wirtschaftssektoren und Ströme kann bei der Analyse der Auswirkungen als Gedankenmodell dienen. Für die **Unternehmen** (Sektor U) gilt, dass Wechselkursschwankungen im Import- und Exportgeschäft auf der Basis von Fremdwährungen zu ähnlichen Schwankungen bei Kosten und Gewinn führen, da die Zahlungswährung umgetauscht werden muss. Nur Geschäfte in der eigenen Landeswährung bleiben davon unberührt. Außerdem beeinflussen Wechselkursschwankungen Angebot und Nachfrage im Außenhandel, da auch die Preise im Außenhandel bzw. die Kaufkraft im Ausland mit den Kursen schwanken. Darüber hinaus können Entscheidungen über Direktinvestitionen oder Geschäfte am internationalen Kapitalmarkt (Auslandskredit oder -anlage) vom Wechselkurs und von damit verbundenen Größen wie Kosten oder Rentabilität beeinflusst werden.

Für die **privaten Haushalte** (Sektor H) gibt es ähnliche Auswirkungen bei Reisen und grenzüberschreitenden Käufen. Ein gestiegener Kurs erhöht die Kaufkraft im Ausland und führt so zu einer relativen Preissenkung für Waren aus dem Ausland und bei Reisen ins Ausland oder anderen Dienstleistungen aus dem Ausland. Bei gesunkenem Kurs verteuern sich diese Transaktionen entsprechend und führen ggf. zu einer sinkenden Nachfrage.

Für den **Staat** (Sektor St) sind in erster Linie Auswirkungen bei Verpflichtungen in Auslandswährung (z. B. Beiträge zu internat. Organisationen; Kosten der Stationierung deutscher Truppen im Ausland), aber auch bei internationalen Geschäften auf Güter-, Dienstleistungs- und Kapitalmärkten festzustellen.

Für den **Finanzsektor** (repräsentiert durch den Sektor VV) eröffnen freie Wechselkurse einen spekulativen Spielraum, den es bei fixen Wechselkursen nicht gibt. Allerdings führen Kursschwankungen nicht nur zu Gewinnchancen, sondern auch zu entsprechenden Kursrisiken, die das internationale Finanzgeschäft einschränken können.

Für die nationalen Zentralbanken bedeutet der Wechsel zwischen relativ fixen und völlig freien Wechselkursen ein z. T. deutlich anderes Aufgabenspektrum in der Währungspolitik: Während bei relativ festen Wechselkursen v. a. Devisenmarktinterventionen zur Einhaltung der Parität eine zentrale Aufgabe darstellen, gilt die Aufmerksamkeit bei freien Wechselkursen v. a. dem Zinsniveau im Vergleich zum Ausland und der Reaktion auf wechselkursbedingte Risiken für die Preisstabilität (z. B. importierte Inflation).

Flexible Wechselkurse

Von einem Wechselkurssystem mit flexiblen Wechselkursen spricht man, wenn die Wechselkursbildung völlig dem **freien Spiel der Marktkräfte** überlassen wird, ohne dass die Zentralbank versucht, durch Interventionen am Devisenmarkt Einfluss auf den Kurs zu nehmen.

Veränderungen von **Angebot und Nachfrage** bewirken einen neuen Wechselkurs. So führt z. B. eine anhaltende Erhöhung der Nachfrage nach Euro (z. B. aufgrund von Exportüberschüssen gegenüber Drittländern) bei unverändertem Angebotsverhalten zu einer Aufwertung des Euro.

Flexible Wechselkurse entsprechen daher dem Prinzip **marktwirtschaftlicher Preisbildung**. Die entstehenden **Wechselkursschwankungen** können allerdings beträchtlich sein. Flexible Wechselkurse bergen **Risiken** für den Außenhandel, da die Unsicherheit der Marktteilnehmer steigt.

M 125 zeigt den Mengenwechselkurs zwischen Euro und US-Dollar aus EU-Sicht. Eine Erhöhung der Nachfrage nach Euro, z. B. aufgrund von Exportüberschüssen oder attraktiven Zinsen im Euroraum, bedeutet eine **Rechtsverschiebung der Nachfragekurve** von N_1 auf N_2, d. h., zum Kurs WK_1 werden nun entsprechend mehr Euro nachgefragt. Da bei einem Kurs von WK_1 aber nur die Menge X_1 angeboten wird, bewirkt der Nachfrageüberhang einen Anstieg des Wechselkurses auf WK_2, d. h., es müssen mehr US-Dollar pro Euro bezahlt werden. Zu diesem höheren Wechselkurs WK_2 stimmen die angebotene und die nachgefragte Euromenge wieder überein.

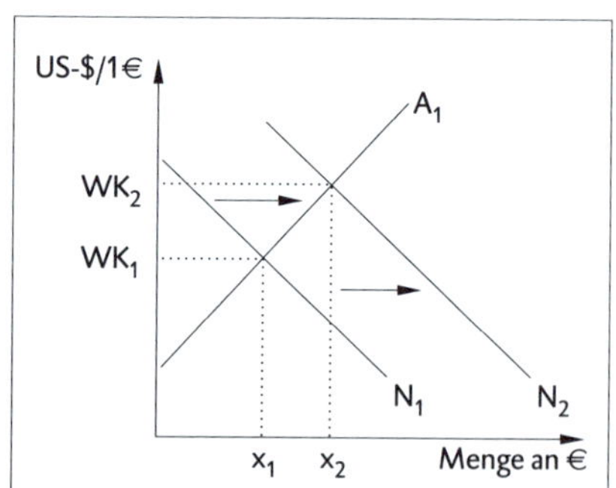

M 125: Nachfrageerhöhung und Wechselkursanstieg

Andere Veränderungen von Angebot und Nachfrage und deren Auswirkungen auf den Wechselkurs im Marktmodell können analog dargestellt werden.

(Relativ) fixe Wechselkurse

Mit flexiblen Wechselkursen sind **Kursschwankungen** und damit wiederum **Risiken für die Außenwirtschaft** verbunden, die bei starker außenwirtschaftlicher Verflechtung eine gesamte Volkswirtschaft stark beeinflussen können (vgl. S. 181). Um diese Risiken einzuschränken, verwenden Länder auch Systeme mit relativ fixen Wechselkursen (*managed floating*).

Bei (relativ) **fixen Wechselkursen** wird autonom oder in zwischenstaatlichen Vereinbarungen ein bestimmtes Wechselkursverhältnis zwischen zwei Währungen festgelegt, das dauerhaft gelten soll. Idealerweise sollte sich dieser Leitkurs, der auch **Parität** genannt wird, am mittel- bis langfristig erwarteten Gleichgewichtskurs auf dem Devisenmarkt orientieren.

Da es schon aus rein technischen Gründen in der Regel unmöglich ist, exakt diese Parität zu erhalten, werden bestimmte **Schwankungsbandbreiten** festgelegt. Im Europäischen Währungssystem (EWS) vor Einführung des Euro galt zur damaligen europäischen Währungseinheit ECU (*European Currency Unit*) z. B. generell eine Bandbreite von ±2,25 %, also insgesamt 4,5 %. Zeitweise wurde diese sogar bis auf ±15 % ausgeweitet. Auch im Nachfolgesystem des EWS, des Europäischen Wechselkursmechanismus II, gilt für die Länder, die dem Euroraum beitreten wollen, eine Schwankungsbreite von ±15 % zum Euro (vgl. S. 183, M 127).

In einem System mit relativ fixen Wechselkursen dürfen die Wechselkurse also nur im Rahmen der festgelegten Bandbreite schwanken. Droht der Wechselkurs aus der Bandbreite auszubrechen, müssen die beteiligten Notenbanken (eine oder mehrere) **intervenieren**, d. h. durch Devisenkäufe oder -verkäufe eingreifen, um den Kurs in der Bandbreite zu halten. Ober- und Untergrenze der Bandbreite heißen daher auch **oberer** bzw. **unterer Interventionskurs**.

In der Regel reagieren die Notenbanken bereits bei einem Erreichen von ca. 75 % der erlaubten Abweichung, da auch bei Devisenmarktinterventionen mit Verzögerungen (*time lags*) zu rechnen ist.

Die Reduzierung der Schwankungen auf eine begrenzte Bandbreite senkt auch Risiken (z. B. Wechselkursverluste) und Transaktionskosten (z. B. Kurssicherungsgeschäfte) internationaler Geschäftstransaktionen. Davon erhofft man sich v. a. die Stimulierung des internationalen Handels, da die Unternehmen bei (relativ) fixen Wechselkursen mit größerer Planungssicherheit agieren können. Reduziert man die Schwankungen auf eine sehr enge Bandbreite, nähert man sich einem System mit einheitlicher Währung (z. B. Euro in der EWU) an.

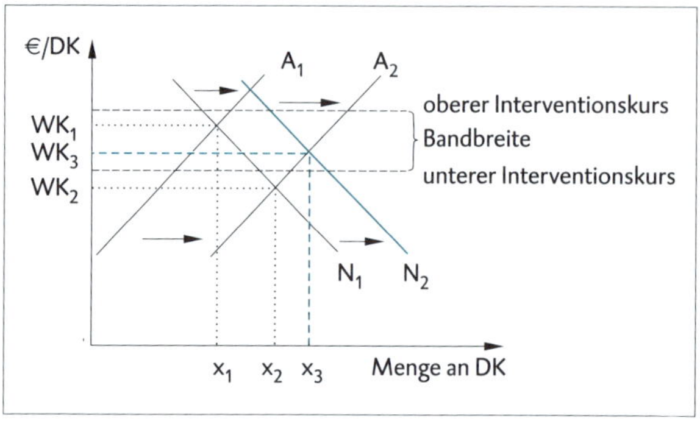

M 126: Veränderung des Angebots bei relativ fixen Wechselkursen

M 126 zeigt den **Mengenwechselkurs zwischen Euro und Dänischer Krone** (DK) aus der Sicht Dänemarks: Steigt das Angebot an DK von A_1 auf A_2, so sinkt der Kurs der DK gegenüber dem Euro von WK_1 auf WK_2. Verlässt der Kurs dabei die erlaubte Bandbreite, d. h., sinkt der Kurs unter den unteren Interventionskurs, müssen die beteiligten Notenbanken intervenieren, indem sie DK aufkaufen, sodass die Nachfrage von N_1 auf N_2 steigt. Dies müssen sie so lange tun, bis der Angebotsüberschuss an DK ausreichend abgebaut ist und der Kurs wieder innerhalb der Bandbreite liegt (WK_3). Die Abwertung der DK würde so auf die erlaubte Schwankungsbreite begrenzt.

Gelingt es trotz Intervention(en) nicht, den Kurs dauerhaft innerhalb der Bandbreite zu halten, weicht die Parität zu stark vom realen Austauschverhältnis der beiden Währungen auf dem Devisenmarkt ab. Es bleibt nur die Option der Verschiebung der Parität, also die **Festlegung eines neuen Leitkurses**, der dem realen Austauschverhältnis der Währungen besser entspricht. Diese Vorgehensweise nennt man **Realignment**. Im Beispiel müsste die Parität der DK auf einen niedrigeren Kurs abgewertet werden, d. h., der Euro würde gegenüber der DK aufwerten.

Flexible versus fixe Wechselkurse: Vor- und Nachteile

Keine Theorie bescheinigt den flexiblen oder fixen Wechselkursen eine absolute Überlegenheit. Lediglich Vor- und Nachteile der beiden Systeme können gegenübergestellt werden. Ein System relativ fester Wechselkurse versucht, die Vorteile völlig freier bzw. völlig starrer Wechselkurse zu verbinden und möglichst viele Nachteile zu eliminieren.

Die folgende Tabelle gibt einen Überblick über die wesentlichen Vor- und Nachteile beider Systeme. Als wesentlicher Vorteil flexibler Wechselkurse gilt der quasi automatische Leistungsbilanzausgleich, der im Kapitel zur Außenwirtschaft (vgl. S. 194) ausführlich dargestellt wird.

Nachteile flexibler WK/Vorteile fester WK	Vorteile flexibler WK/Nachteile fester WK
Kursschwankungen bei flexiblen WK führen zu Risiken bei Außenwirtschaftsgeschäften; diese können nur durch u. U. teure Kurssicherungsgeschäfte abgesichert werden. → Feste WK fördern die Außenwirtschaft durch den Wegfall von Wechselkursrisiken und durch eine sichere Kalkulationsgrundlage für internationale Geschäfte.	Flexible WK ermöglichen einen automatischen Leistungsbilanzausgleich über veränderte Wechselkurse (vgl. S. 194). → Feste WK behindern den Abbau von Überschüssen/Defiziten in der Außenwirtschaft bzw. verstärken diese ggf. sogar.
Devisenspekulationen können bei flexiblen WK die realen Austauschverhältnisse verzerren und den Außenhandel und Kapitalverkehr negativ beeinflussen. → Feste WK schützen aufgrund der Interventionspflicht zumindest bedingt vor WK-Spekulationen.	Unterschiedliche Preisentwicklungen zwischen In- und Ausland tendieren bei flexiblen WK zum Ausgleich (Kaufkraftparität). → Feste WK beinhalten das zusätzliche Risiko der importierten Inflation durch den Zwang zu Devisenankäufen.
Flexible WK zwingen zwar nicht zu einer abgestimmten Geld- und Wirtschaftspolitik, allerdings müssen dafür ggf. Anpassungslasten in Kauf genommen werden, da Zinsen und Preise auch Einfluss auf die Leistungs- und Kapitalbilanz (vgl. S. 192 f.) und auf den Wechselkurs (vgl. S. 174 f.) haben. → Feste WK fördern nicht nur die wirtschaftliche sondern auch die politische Integration durch die verstärkte internationale Verflechtung. → Für „schwächere" Länder kann die erfolgreiche Bindung an eine starke Währung einen Vertrauensvorteil in der Außenwirtschaft bewirken.	Flexible WK ermöglichen eine rein nationale Wirtschafts- und Geldpolitik, da diese nicht auf die Außenwirtschaft und den Leistungsbilanzausgleich achten muss (erfolgt idealerweise automatisch) (vgl. S. 194). → Feste WK zwingen zu einer mit dem Ausland abgestimmten Geld- und Wirtschaftspolitik (z. B. bei Preisstabilität), die ggf. nationale Interessen beschränkt, da zu große Unterschiede zu übermäßigen Überschüssen/Defiziten führen. Dies wurde in der Finanzkrise überdeutlich. → Bei festen WK besteht der Zwang zu Devisenmarktinterventionen, die Notenbanken in der Regel nur kurzfristig durchhalten können.
Eine strategische Abwertung bei flexiblen WK ist theoretisch zumindest zeitweise möglich, um den Export anzukurbeln (Vorteil für die Abwertenden). → Feste WK verhindern derartige Verzerrungen weitgehend (Bandbreite als Grenze), immer vorausgesetzt, dass die Parität marktgerecht gesetzt wird.	Theoretisch könnte bei flexiblen WK durch gezielte Währungspolitik eine Währung (zeitweise) abgewertet werden, um den Export anzukurbeln (Wettbewerbsnachteil für andere). → Bei festen WK sind strategische Abwertungen höchstens innerhalb der Bandbreite möglich.

Das Europäische Währungssystem I und II und die EWU

Das Europa der Nachkriegszeit hat nahezu alle Varianten von Wechselkurssystemen erlebt. So hatten die ehemaligen Ostblockstaaten wie die DDR, Polen oder die Tschechoslowakei staatlich administrierte Festkurse in Verbindung mit Zwangsumtausch und Devisenbewirtschaftung. Im Westen gab es nach dem Zweiten Weltkrieg zunächst ein an den Dollar und damit an den Goldstandard gekoppeltes System (relativ) fester Wechselkurse (System von *Bretton Woods*, benannt nach dem Ort der konstituierenden Konferenz 1944), in dem Schwankungen von maximal ±0,5 % erlaubt waren, also lediglich 1 % Bandbreite. Als die USA aufgrund fehlender Goldreserven ihrer Umtauschverpflichtung in Gold gegenüber den Vertragsstaaten nicht mehr nachkommen konnten, kündigten sie diese Verpflichtung 1971 und das System brach zusammen. 1973 wurde es offiziell außer Kraft gesetzt.

Nach den Turbulenzen der 70er-Jahre sollte das **Europäische Währungssystem** (EWS) wieder monetäre Stabilität in Europa schaffen. Dabei stellte die ECU, ein Währungskorb aus dem gewichteten Durchschnitt der damaligen EG-Währungen, die Referenzgröße dar. Folgende Eckpunkte galten für das EWS:

- Die Teilnehmerländer legten jeweils die Parität ihrer Währung zur ECU fest. Die Verknüpfung dieser Paritäten lieferte ein Netz bilateraler Wechselkurse (sogenanntes **Paritätengitter**) für alle Teilnehmerländer mit einer erlaubten Schwankungsbandbreite von ±2,25 % gegenüber der ECU.
- Zur Stabilisierung der EWS-Wechselkurse dienten Devisenmarktinterventionen in Form von **obligatorischen Interventionen** der beteiligten Zentralbanken bei Erreichen des oberen bzw. unteren Interventionspunktes. Häufig wurde bereits bei 75 % der erlaubten Abweichung eingegriffen, um einem Ausbrechen aus der Bandbreite rechtzeitig gegenzusteuern.
- Dennoch sah das EWS ausdrücklich **Leitkurs-/Paritätsänderungen** bei dauerhaften Ungleichgewichten vor. Da Paritätsänderungen jedoch eine Änderung des gesamten Paritätengitters nach sich zogen, bedurften sie der Zustimmung aller Beteiligten.
- Nach spekulativen Turbulenzen, die u. a. zum Ausstieg der italienischen Lira und des Britischen Pfund aus dem EWS führten, wurde 1993 die **Bandbreite auf 30 %** (±15 %) erhöht, was mehr oder weniger einer Kursfreigabe entsprach.

Seit Beginn der Europäischen Währungsunion **(EWU)** gibt es für **EU-Staaten, die nicht an der EWU teilnehmen**, das sogenannte **EWS II** (auch Wechselkursmechanismus II/WKM II genannt), das in etwa die Regelungen des EWS übernommen hat. Die Teilnahme am EWS II für mindestens zwei Jahre ohne Paritätsänderung und ohne größere Spannungen innerhalb der Bandbreite von ±15 % ist eine der Voraussetzungen zur Teilnahme an der EWU **(Konvergenzkriterium)**. Daneben gibt es drei weitere Konvergenzkriterien (vgl. M 127). Die dazu zählenden Schuldenstandskriterien und das Defizitkriterium beinhalten auch die Grenzwerte für den Stabilitäts- und Wachstumspakt innerhalb der EWU-Teilnehmerstaaten. Aufgrund ihrer Relevanz werden die Konvergenzkriterien nach wie vor nicht nur für EU-Länder außerhalb der Eurozone ermittelt, sondern auch für die EWU-Mitgliedstaaten.

1. Preisstabilität: Inflationsrate ≤ 1,5 % über der Rate der drei preisstabilsten EU-Länder.	**2. Niedrige langfristige Zinsen:** Zinssatz für langfristige Staatsanleihen ≤ 2 % über den Zinssätzen der drei preisstabilsten EU-Länder.
3. Stabiler Wechselkurs: Einhaltung der Bandbreite im EWS II seit mindestens zwei Jahren ohne Intervention.	**4. Solide Staatsfinanzen:** Gesamtverschuldung ≤ 60 % des BIP und jährliche Neuverschuldung max. 3 % des BIP.

M 127: Konvergenzkriterien für den EWU-Beitritt

1998 sah die Situation bei der Erfüllung der Konvergenzkriterien für den Beginn der EWU wie in M 128 aus. 11 Staaten starteten 1999 gemeinsam in die Währungsunion. Vergleicht man dies mit den aktuellen Zahlen, ergibt sich für eine Reihe der mittlerweile 17 EWU-Staaten ein deutlich schlechteres Bild.

	Staatsschulden in % des BIP		Haushaltsdefizit in % des BIP		Inflationsrate in %		langfrist. Zinsen in %	
	1998	2011	1998	2011	1998	2011	1998	2011
Schwellenwert	60 %		3,0 %		2,7 %	3,2%	9,0 %	7,9%
Belgien	**122,2**	**97,2**	2,1	**4,6**	1,6	**3,5**	5,9	4,1
Deutschland	**61,3**	**81,7**	2,7	1,0	1,6	2,4	5,8	1,8
Finnland	55,8	49,1	0,9	1,0	1,1	3,2	6,2	2,3
Frankreich	58,0	**85,4**	3,0	**5,3**	1,2	2,2	5,7	3,2
Griechenland	**106,7**	**162,8**	**4,0**	**8,9**	**5,7**	3,0	**9,4**	**26**
Irland	**66,3**	**108,1**	– 0,9	**10,3**	1,8	1,1	6,6	7,7
Italien	**121,6**	**120,5**	2,7	**4,0**	1,9	2,7	7,5	6,5
Luxemburg	6,7	19,5	–1,7	0,6	1,4	**3,6**	5,9	2,1
Niederlande	**72,1**	**64,2**	1,4	**4,3**	1,9	2,5	5,7	2,2
Österreich	**66,1**	**72,2**	2,5	**3,4**	1,4	**3,4**	5,8	3,3
Portugal	**61,9**	**101,6**	2,5	**5,8**	2,1	**3,5**	6,9	**13,9**
Spanien	**68,3**	**69,6**	2,6	**6,6**	1,9	3,0	7,0	5,4
Estland		5,8		– 0,8		**5,2**		5,8
Malta		**69,6**		3,0		2,6		4,3
Slowakei		44,5		**5,8**		**4,0**		5,2
Slowenien		45,5		**5,7**		1,9		6,7
Zypern		**64,9**		**6,7**		**3,4**		7,0

M 128: Euro-Konvergenzkriterien; hervorgehobene Werte weichen vom Sollwert ab

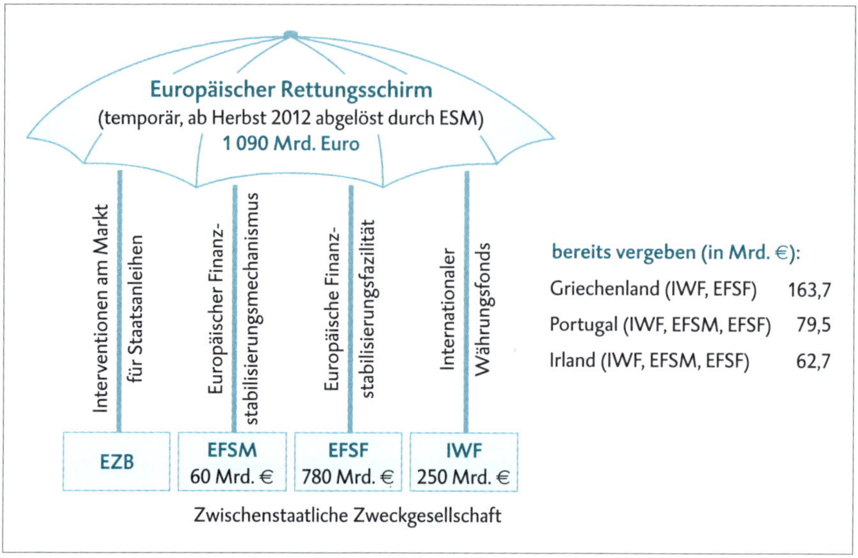

M129: Der Europäische Rettungsschirm und seine Verwendung bis Mitte 2013

2011 und 2012 wurden umfangreiche Maßnahmen zur Stabilisierung der Eurozone beschlossen. Diese richteten sich finanziell zunächst auf die sogenannten PIIGS-Staaten (Portugal, Irland, Italien, Griechenland und Spanien), da diese Länder – mit Abstand angeführt von Griechenland – z. T. massive Probleme bei der Bewältigung ihrer Staatsschulden hatten bzw. haben. Als finanzielle Maßnahme wurde der sogenannte Rettungsschirm aufgespannt, der sich aus dem Europäischen Finanzstabilisierungsmechanismus (EFSM) und der Europäischen Finanzstabilisierungsfazilität (EFSF) sowie Mitteln des Internationalen Währungsfonds (IWF) und der EZB zusammensetzte (vgl. M 129). Ab Herbst 2012 wurden ESFM und EFSF durch den auf Dauer angelegten Europäischen Stabilitätsmechanismus ESM abgelöst. Darüber hinaus soll mithilfe des sogenannten Fiskalpakts die Haushaltsdisziplin der EWU-Staaten deutlich erhöht werden. Dieser wurde bis Mitte 2013 allerdings nur von 13 Mitgliedstaaten eingehalten.[40]

2013 reihte sich außerdem Zypern nach langem Hin und Her hinsichtlich der von der EWU geforderten Reformen in die Liste der Mittelempfänger ein und erhielt ca. 9 Mrd. Euro als Kredit aus dem ESM (vgl. M 130).

40 Quelle: EU Kommission: „Frühjahrsprognose 2013: EU-Wirtschaft erholt sich langsam von sich hinziehender Rezession" http://europa.eu/rapid/press-release_IP-13-396_de.htm

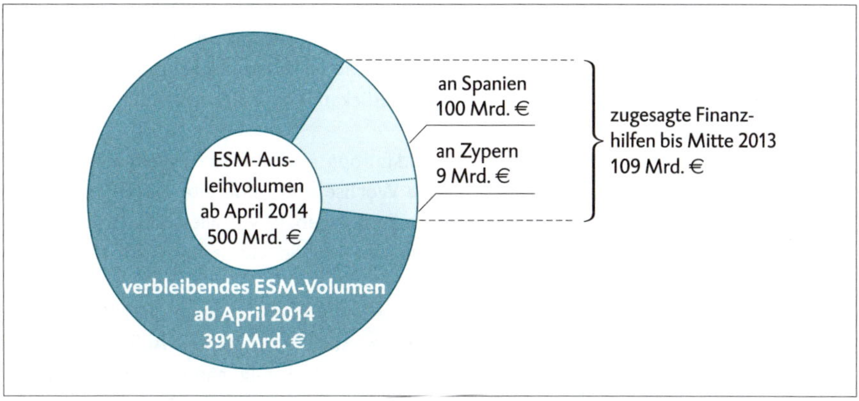

M 130: Das ESM-Ausleihvolumen

Es bleibt abzuwarten, wie die Eurozone diese von der Finanzkrise ausgelöste, aber im Wesentlichen durch grundsätzliche Divergenzen und fehlende Haushaltsdisziplin einiger Euro-Staaten verursachte Krise meistern wird.

Aufgaben

26 Geben Sie einen Überblick über Faktoren, die die Wechselkursentwicklung bei freien Wechselkursen beeinflussen können, und erläutern Sie kurz die Zusammenhänge zwischen dem jeweiligen Faktor und der Wechselkursentwicklung.

27 Beschreiben Sie die grundsätzlich möglichen Wechselkurssysteme mit ihren wesentlichen Merkmalen.

28

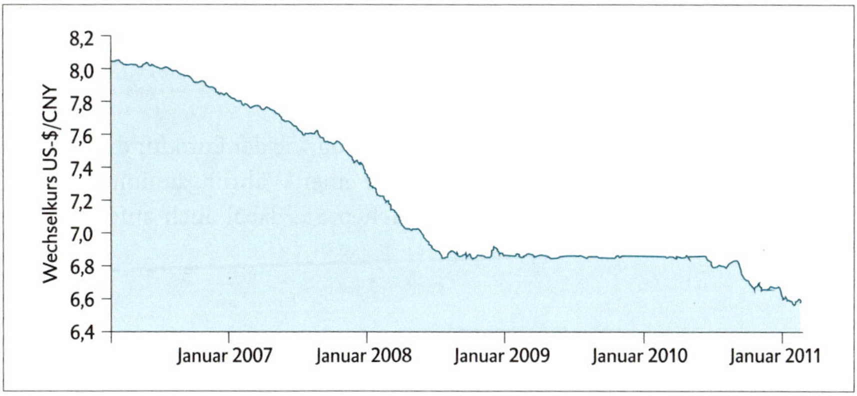

M 131 a: Wechselkursentwicklung USD/CNY

> Seit [???] hat die chinesische Zentralbank die chinesische Währung, den Yuan, faktisch mit einer Bandbreite von 0,5 % an den Dollar gekoppelt. Die Volksrepublik kehrte nach dreijähriger Pause zu der Bindung an die US-Währung zurück, um die Folgen der internationalen Finanz- und Wirtschaftskrise abzumildern.
> Verfolgt man die Tageszeitungen in Amerika und Europa, so finden sich regelmäßig Artikel über die Ungerechtigkeiten, die sich durch die Wechselkursbandbreite der chinesischen Währung gegenüber dem US-Dollar und dem Euro ergeben. Vor allem die Amerikaner geben China – und damit dem unterbewerteten Yuan – die Schuld an ihrem aktuellen Handelsbilanzdefizit.
> Ob diese Schuldzuweisung realistisch ist, bleibt offen. Immerhin haben die USA bereits Deutschland und Japan mit einer ähnlichen Argumentation zur starken Aufwertung der jeweiligen Landeswährungen gezwungen. Der erwünschte Erfolg, nämlich die Reduktion des amerikanischen Handelsbilanzdefizits, blieb jedoch aus. Dennoch ist die chinesische Währung durch die Anbindung an den Dollar derzeit sicherlich unterbewertet, man geht von 25–40 % aus.

M 131 b: Text zum chinesischen Wechselkurssystem

a) Nennen Sie mithilfe von M 131 a und M 131 b die Wechselkurssysteme, die China in den Jahren 2007–2011 gegenüber dem Dollar eingesetzt hat, und begründen Sie Ihre Antwort.

b) Stellen Sie das im Jahr 2009 gültige Wechselkurssystem Chinas gegenüber dem Dollar mithilfe einer Grafik aus der Sicht Chinas dar.

c) Zeichnen Sie in Ihre Grafik zu Aufgabe 28b eine Überbewertung des Chinesischen Yuan (CYN) aufgrund eines hohen Devisenbedarfs in den USA ein. Ergänzen Sie dann die in dieser Situation erforderliche Devisenmarktintervention der chinesischen Regierung. Verwenden Sie für Ihre Zeichnung verschiedene Farben und achten Sie auf eine ausreichend große und übersichtliche Darstellung. Erläutern Sie Ihre Lösung kurz.

d) Stellen Sie Vor- und Nachteile der beiden von China verwendeten Wechselkurssysteme gegenüber.

29 Zeigen Sie, welche Vorteile eine Einheitswährung wie der Euro für die beteiligten Länder hat, und erläutern Sie, warum in einer Währungsunion „Konvergenz" ein unverzichtbares Element ist. Gehen Sie dabei auch auf die Geldpolitik ein.

4 Außenwirtschaft

4.1 Allgemeine Begründung außenwirtschaftlicher Beziehungen

Außenhandel und Globalisierung sind kein Phänomen der Neuzeit. Die Globalisierung begann ausgehend von einem florierenden Handelssystem in Asien streng genommen bereits im 13. oder 14. Jh. In der westlichen Geschichtsschreibung setzt man den Beginn mit der Entdeckung der „Neuen Welt“ durch Columbus 1492 und des Seewegs nach Indien durch Vasco da Gama 1498 gleich. Die zwei wesentlichen Motive für den internationalen Handel waren damals wie heute praktisch identisch:

- die **dauerhafte** oder **zeitweise Nichtverfügbarkeit** von **Rohstoffen oder Gütern** aufgrund von natürlichen Gegebenheiten (Geologie, Klima, Stand der Technik, Grad der Industrialisierung o. ä.) und
- **Kostennachteile** bei der Produktion für ein Land im Vergleich zu einem anderen – bzw. umgekehrt **absolute** oder **komparative Kostenvorteile** für andere Länder aus natürlichen, technischen oder gesellschaftlichen Gründen.

Beispiele: Deutschland hat zurzeit keine erschlossenen Vorkommen von sogenannten Seltenen Erden – metallischen Rohstoffen, die in praktisch jeder modernen Elektronik verarbeitet werden –, während China 2011 95 % des Weltmarkts belieferte. Andererseits kommt aufgrund des technischen Vorsprungs etwa ein Drittel der modernen Medizintechnik aus Deutschland. Während die Produktion von Orangen in Deutschland nur mit aufwändiger Treibhaustechnik und hohen Kosten möglich wäre, hat Spanien aufgrund seiner natürlichen Gegebenheiten einen eindeutigen Kostenvorteil.

Logische Folge solcher Vor- und Nachteile ist die **internationale Arbeitsteilung**, über die bereits Adam Smith und David Ricardo im 18./19. Jh. Theorien aufstellten. Sie führte diesen Theorien zufolge durch **Spezialisierung und Tausch** für alle Beteiligten zu höherem **Wohlstand**, da bei der Spezialisierung auf individuelle Stärken mehr und besser produziert werden kann, als wenn jedes Land alle Güter selbst herstellte – sofern dies überhaupt möglich wäre.

4.2 Bedeutung und Umfang der außenwirtschaftlichen Beziehungen für die BRD

Die Bedeutung der außenwirtschaftlichen Beziehungen für Deutschland lässt sich nur mithilfe der Auswertung statistischer Daten ermitteln. Die wesentlichen Aussagen aus den folgenden Abbildungen lassen sich dann zu einer Gesamtaussage zusammenfassen.

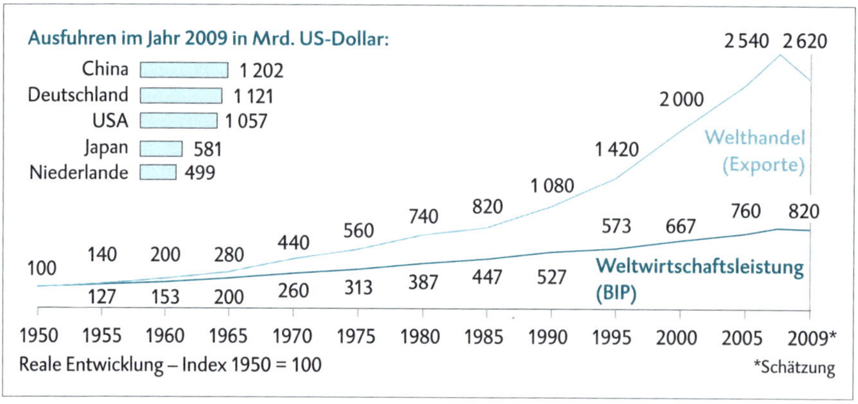

M 132: Entwicklung des Welthandels

Der Welthandel nimmt seit etwa 1965 deutlich stärker zu als die Weltwirtschaftsleistung (vgl. M 132), d. h., der Export-Anteil steigt im Zuge der Globalisierung weit überproportional. Eine Ausnahme ist der Einbruch durch die Finanzkrise 2009. Deutschland war 2009 nach China und vor den USA Exportvizeweltmeister (bis 2008 Exportweltmeister).

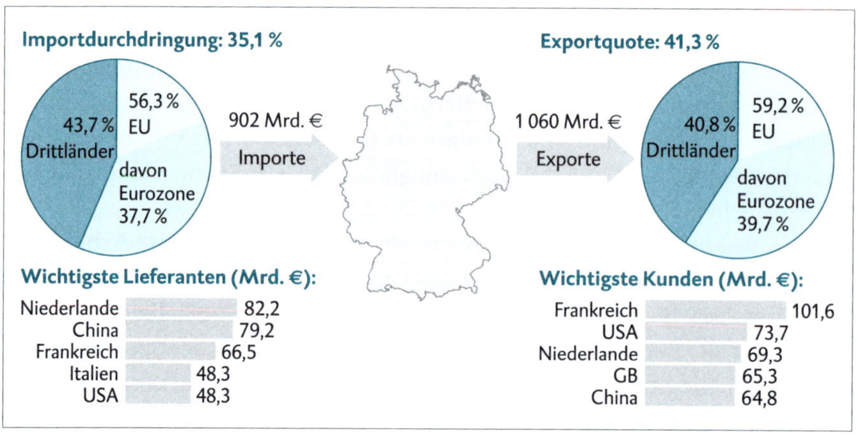

M 133: Deutschlands Handelspartner (2011)

Deutschlands BIP stammt zu etwa 40 % aus dem Export **(Exportquote)** (vgl. M 133). Der Importanteil an der gesamtwirtschaftlichen Nachfrage **(Importdurchdringung)** beträgt dagegen nur etwa 35 %. Weit über die Hälfte der deutschen Exporte gehen in die EU, knapp 40 % in den Euroraum. Dort spielt der Wechselkurs keine Rolle. In Drittländer gehen gut 40 %; in Fremdwährungsländer, wo der Wechselkurs eine Rolle spielt, damit immerhin insgesamt etwa 60 %. Die Importzahlen sehen ähnlich aus, auch wenn die Drittländer hier noch eine etwas größere Rolle spielen.

Addiert man den Wert der Importe und Exporte mit verschiedenen Ländern, war Frankreich 2011 Deutschlands wichtigster Handelspartner (vgl. M 133). Für den Export folgen die USA, die Niederlande und Großbritannien. Für den Import liegen die Niederlande vor China und Frankreich.

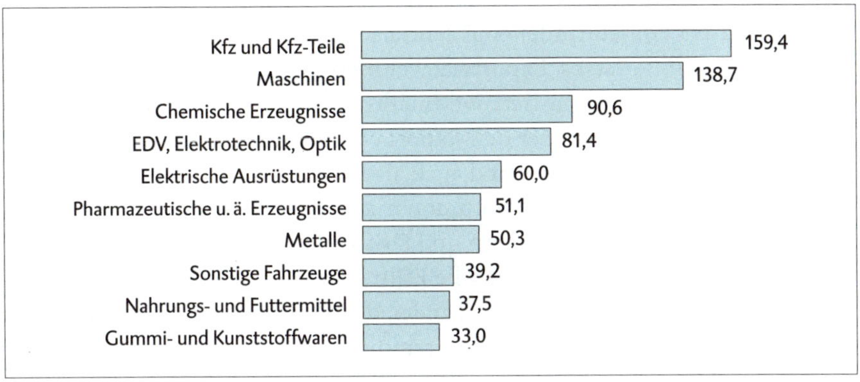

M 134: Deutschlands wichtigste Exportgüter 2010 (Ausfuhr in Mrd. Euro)

Deutschlands Exportschlager sind Kfz und Kfz-Teile, Maschinen, gefolgt von chemischen sowie pharmazeutischen Erzeugnissen und Produkten aus dem Bereich Elektronik/Elektrik (vgl. M 134).

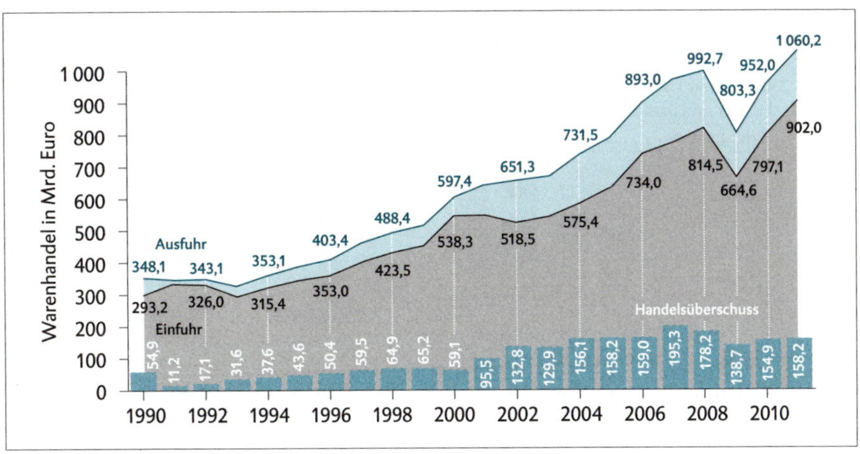

M 135: Deutschlands Warenimporte und -exporte; Deutschland ist traditionell ein Überschussland und dies hat sich durch die Globalisierung und den Euro noch verstärkt.

Deutschlands Güter-Exporte liegen permanent und mit zunehmend größerem Abstand über den Importen, d. h., die Handelsbilanz weist permanent einen Überschuss auf. Außerdem nehmen mit Ausnahme des Krisenjahres 2009 sowohl Importe als auch Exporte nahezu stetig zu. (vgl. M 135).

Zusammenfassung der Bedeutung des Außenhandels für Deutschland: In einer Welt, in der im Zuge der Globalisierung der internationale Handel deutlich stärker zunimmt als die Weltwirtschaftsleistung, spielt auch für Deutschland der Außenhandel eine zentrale Rolle. Trotz seiner verhältnismäßig geringen Größe ist es Exportvizeweltmeister nach China und vor den USA, d. h., nur China exportiert wertmäßig mehr als Deutschland auf dem Weltmarkt. Dabei werden über den Export ca. 40 % des deutschen BIP erwirtschaftet, weshalb man Deutschland auch als Exportnation bezeichnet, obwohl es Länder mit weit höheren Exportquoten gibt (z. B. Belgien). Teilt man den deutschen Export nach EU-Ländern und Drittländern auf, ergibt sich eine Verhältnis von ca. 6 : 4, d. h., weit über die Hälfte der deutschen Exporte gehen in die EU und insgesamt ca. 40 % in Länder der Eurozone. Das bedeutet, dass noch immer ca. 60 % der Exporte in Fremdwährungsländer gehen und daher von Wechselkursschwankungen betroffen sein können. Beim Import sind die Zahlenverhältnisse sehr ähnlich. Allerdings übersteigt der Export Deutschlands permanent und mit zunehmendem Abstand den Import, sodass seit Jahren ein Außenhandelsüberschuss erwirtschaftet wird. Deutschlands Exportschlager sind dabei Maschinen und Kraftfahrzeuge gefolgt von Erzeugnissen aus den Bereichen Chemie/Pharma und Elektronik/Elektrik, wobei Frankreich der zahlenmäßig mit Abstand wichtigste Importeur deutscher Waren ist.

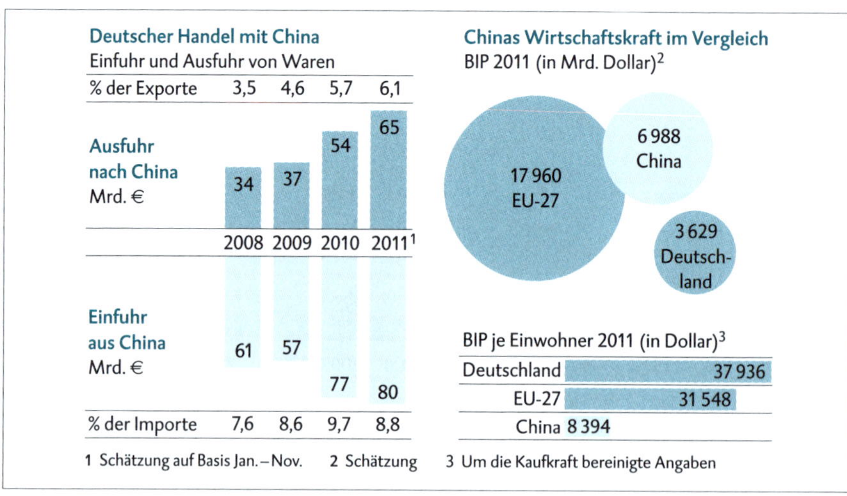

M 136: Deutsch-chinesische Handelsbeziehungen

Aufgrund der hohen Exportquote hat der Export auch konjunkturell eine große Bedeutung. So können vom Export starke Impulse für positive wie negative Multiplikatorprozesse ausgehen (vgl. S. 78 ff.). Zuletzt konnte Deutschland vor allem vom Anstieg der Exporte nach China profitieren, der auch die unmittelbaren Folgen der Finanzkrise abmildern konnte (vgl. M 136). Die Importe aus China stiegen im gleichen Zeitraum ebenfalls deutlich an.

4.3 Ziel in der Außenwirtschaft und Zahlungsbilanz

Das politische Außenwirtschaftsziel laut Stabilitätsgesetz lautet **außenwirtschaftliches Gleichgewicht** (vgl. S. 29 ff.). Vereinfacht kann man dies durch einen Außenbeitrag von Null, also einen Ausgleich zwischen Importen und Exporten von Gütern und Dienstleistungen darstellen. Wenn man genauer ist, muss man die Leistungsbilanz betrachten, die eine Teilbilanz der Zahlungsbilanz ist und noch andere Posten enthält (vgl. M 139).

Die Begründung für dieses Ziel ist, dass dauerhafte Ungleichgewichte zu Zahlungsunfähigkeit und Lähmung der Wirtschaft in **Defizitländern** und zu importierter Inflation in **Überschussländern** führen (*beggar-thy-neighbour*-Theorie, d. h., ihr Wohlstand geht auf Kosten der Defizitländer) (vgl. S. 31).

Demnach müsste der **Außenbeitrag** gleich Null sein bzw. die **Leistungsbilanz** ausgeglichen. Tatsächlich wird dies in Deutschland nie erreicht und auch nicht angestrebt, da Deutschland aufgrund internationaler Verpflichtungen regelmäßig zum Nettozahler wird und zum Ausgleich einen leicht positiven Außenbeitrag von ca. 3 % des BIP anstrebt (vgl. S. 29). Diesen Wert übersteigt der deutsche Außenbeitrag regelmäßig (vgl. M 138), wobei der Leistungsbilanzüberschuss in erster Linie durch den Handelsbilanzüberschuss verursacht wird (vgl. M 137).

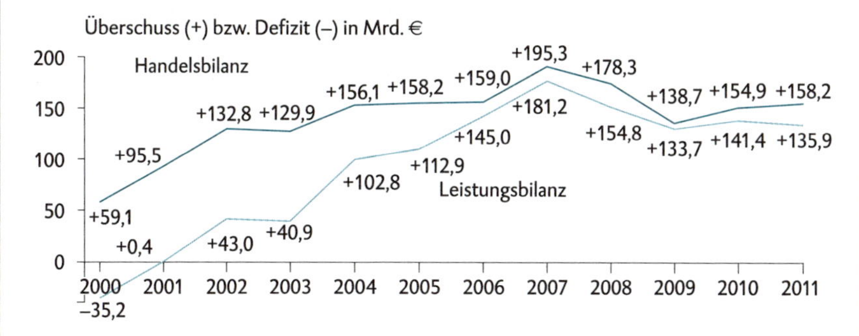

M 137: Deutschlands Handels- und Leistungsbilanz; Überschuss/Defizit in Mrd. Euro

	2010	2011	2012
Griechenland	−11,8	−8,3	−6,1
Portugal	−9,8	−7,5	−5,2
Zypern	−9,3	−8,1	−7,2
Spanien	−4,5	−4,1	−4,1
Italien	−4,2	−3,5	−3,3
Malta	−4,1	−4,7	−4,5
Frankreich	−3,5	−3,9	−4,2
Slowakei	−2,9	−2,8	−2,6
Slowenien	−0,9	−1,4	−1,9
Irland	−0,7	1,2	−6,1
Belgien	2,7	2,0	2,0
Finnland	2,8	2,5	2,5
Österreich	3,2	2,6	2,8
Deutschland	5,1	4,7	4,6
Niederlande	6,7	7,7	8,3
Luxemburg	7,8	7,8	7,6

M 138: Leistungsbilanzsalden in der Eurozone

Der Handelsbilanzüberschuss beruht vor allem darauf, dass Deutschland ein Veredelungsland ist, d. h., es werden relativ günstige Rohstoffe eingekauft (z. B. Aluminium) und in der deutschen Industrie zu hochwertigen Produkten verarbeitet (z. B. Flugzeugteile), die beim Export im Vergleich zum Importpreis der Rohstoffe einen deutlich höheren Preis erzielen, sodass eine wertmäßige Differenz zwischen Export und Import entsteht.

Zum besseren Verständnis dieser Zusammenhänge sollte man **die Gliederung und die wichtigen Positionen der Zahlungsbilanz** kennen und wissen, wie sich die einzelnen Positionen erfahrungsgemäß verhalten. Die Zahlungsbilanz zeigt in Zahlen die außenwirtschaftliche Verflechtung Deutschlands mit dem Ausland, da sie alle Geld- und Güterströme zwischen In- und Ausland wertmäßig als Salden (Summen bzw. Differenzen zwischen In- und Ausland) abbildet und in verschiedene Teilbilanzen untergliedert (vgl. M 139). Die wichtigsten Teilbilanzen sind die **Leistungsbilanz**, die **Bilanz der Vermögensübertragungen** und die **Kapitalbilanz**.

Die **Leistungsbilanz** gliedert sich wiederum in Handels- und Dienstleistungsbilanz (Güter- und Dienstleistungsaustausch mit dem Ausland) sowie Erwerbs- und Vermögensbilanz (Saldo der Erwerbseinkommen und der Einkommen aus Vermögen, z. B. in Form von Zinszahlungen) und Bilanz der laufenden Übertragungen (z. B. Rentenzahlungen an ehemalige Gastarbeiter, die in ihr Heimatland zurückgekehrt sind).

Die **Bilanz der Vermögensübertragungen** wird auch als Schenkungsbilanz bezeichnet und erfasst unentgeltliche, nur einmal bzw. sporadisch auftretende Zahlungen (z. B. ein Schuldenerlass für ein Entwicklungsland).

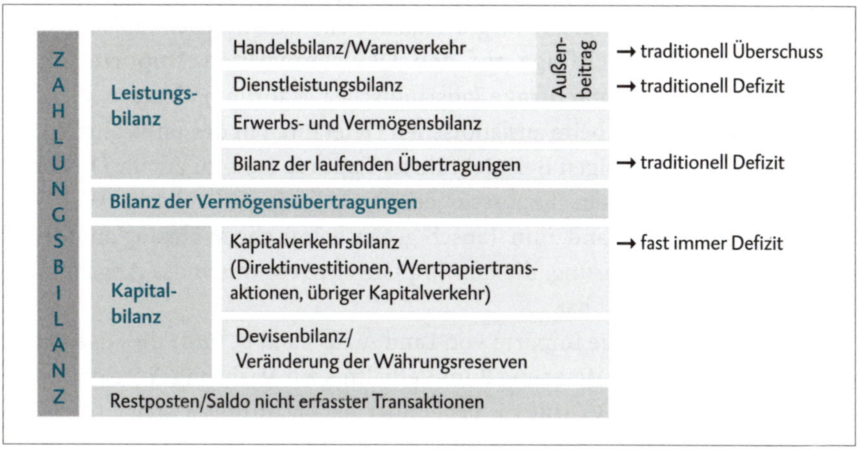

M 139: Zusammensetzung der Zahlungsbilanz

Die **Kapitalbilanz** erfasst in der Kapitalverkehrsbilanz die Kapitalströme zwischen In- und Ausland (z. B. Direktinvestitionen oder Anlage in Wertpapieren) und in der Devisenbilanz vor allem die Veränderung der Währungs- und Goldreserven der Zentralbank.

Für die wirtschaftspolitische Betrachtung werden in erster Linie nur die Leistungsbilanz und die Handelsbilanz sowie der Außenbeitrag verwendet.

4.4 Außenhandel, Leistungsbilanz und Wechselkurs

Zusammenhänge zwischen Außenhandel und Wechselkurs

Außenhandel und Wechselkurse (vgl. S. 172) stehen in einer engen Wechselwirkung. Für ein Zwei-Länder-Modell mit freien/flexiblen Wechselkursen gilt Folgendes: Einerseits kann das **Wechselkursverhältnis** die **Import- und Exportströme** beeinflussen, da sich mit den Wechselkursen der Außenwert der Währungen und damit die real zu zahlenden Preise verändern.

Beispiele: Ein gestiegener Wechselkurs der Währung des Landes A gegenüber Land B ist gleichbedeutend mit einem höheren Außenwert der Währung A und führt dazu, dass Land A verhältnismäßig billiger in Land B einkaufen kann. Umgekehrt ist der Außenwert der Währung B im Land A niedriger und daher sind Waren aus Land A für B teurer. Die zu erwartende Wirkung ist, dass die Importe (M) von A aus B steigen und die Exporte (X) von A nach B sinken.

Für die EU und die USA könnte man aus Sicht der EU daher die beiden folgenden Wirkungsketten in Kurzform schreiben:

- $WK€\uparrow \rightarrow M_{EU}\uparrow$ und $X_{EU}\downarrow$ bzw. $M_{USA}\downarrow$ und $X_{USA}\uparrow$
- $WK€\downarrow \rightarrow M_{EU}\downarrow$ und $X_{EU}\uparrow$ bzw. $M_{USA}\uparrow$ und $X_{USA}\downarrow$

Andererseits ist der **internationale Handel** ein wesentlicher Einflussfaktor für **Angebot und Nachfrage auf den Devisenmärkten**. **Importe** führen stets zu einer **Devisennachfrage** (ausländischer Währung), denn in aller Regel wird der Importeur beim ausländischen Lieferanten in dessen Währung bezahlen. Analog zum obigen Beispiel führen **Exporte** stets zu einem **Devisenangebot**. Der inländische Exporteur erhält als Erlös ausländische Währung und bietet diese im Inland zum Tausch gegen heimische Währung an oder er erhält inländische Währung, die der Empfänger zuvor durch das Angebot seiner Devisen „ertauscht" hat.

Beispiele: Steigen die Importe von Land A aus Land B, führt dies dazu, dass die Nachfrage nach der Währung B im Verhältnis zur Währung A steigt und so der Wechselkurs der Währung B gegenüber der Währung A steigt (Aufwertung von Währung B) bzw. umgekehrt der Wechselkurs der Währung A gegenüber Währung B fällt (Abwertung von Währung A).

Steigen dagegen die Exporte aus Land A nach Land B, steigt die Nachfrage nach der Währung A und führt zu einer Aufwertung der Währung A und einer Abwertung der Währung B.

Für die EU und die USA könnte man daher folgende beiden Wirkungsketten in Kurzform schreiben:

- M_{EU}↑ → N US-$↑ → WK€↓ → Aufwertung des US-$, Abwertung des €
- X_{EU}↑ → N€↑ → WK€↑ → Aufwertung des €, Abwertung des US-$

Diese Zusammenhänge führen *ceteris paribus* theoretisch dazu, dass bei flexiblen Wechselkursen grundsätzlich unerwünschte Leistungsbilanzungleichgewichte quasi automatisch ausgeglichen werden und es auf Dauer zum erwünschten Außenhandelsgleichgewicht kommt.

Theoretischer/automatischer Leistungsbilanzausgleich bei freien/flexiblen Wechselkursen

Wendet man die oben genannten Wirkungsketten auf zwei Länder mit Leistungsbilanzungleichgewicht an, geschieht Folgendes:

Hat Land A gegenüber Land B einen Leistungsbilanzüberschuss, weil mehr aus A nach B exportiert wird als umgekehrt ($X_A > X_B$), dann ist die Nachfrage nach Währung A im Vergleich zur Währung B höher und damit steigt auch der Wechselkurs der Währung A. Der gestiegene Wechselkurs führt dazu, dass der Außenwert der Währung A im Land B steigt und umgekehrt der Außenwert der Währung B in Land A sinkt. Dadurch verbilligen sich relativ gesehen die Importe von Land A aus Land B und werden idealtypischerweise steigen; umgekehrt kann sich B weniger Güter aus Land A leisten, weil diese relativ teurer werden und daher wird der Export aus Land A nach B sinken ($X_A\downarrow$ und $X_B\uparrow$). Im Idealfall werden damit der Exportüberschuss von Land A und das Defizit von Land B eliminiert. Überträgt man dies auf Güter und Dienstleistungen (die anderen Teilbilanzen sind bei dieser Betrachtung ausgeblendet), findet idealtypischerweise ein automatischer Leistungsbilanzausgleich statt.

Das folgende Flussdiagramm beschreibt den **Zusammenhang und seine Grenzen** stichpunktartig.

Ausgangssituation
Zwei-Länder-Modell, freie Wechselkurse und konvertible Währungen; BRD exportiert zunehmend mehr in die USA, als sie aus den USA importiert → $X_{BRD} > M_{BRD}$ bzw. $X_{BRD} > X_{USA}$

Direkte Folge
Handels-/Leistungsbilanzüberschuss in der BRD; Handels-/Leistungsbilanzdefizit in den USA

Dadurch ausgelöste Wirkungskette
→ Nachfrage nach € steigt im Verhältnis zum US-$
→ Wechselkurs/Außenwert des € steigt im Verhältnis zum US-$; Außenwert des US-$ sinkt im Verhältnis zum €

→ USA müssen für Importe aus der BRD mehr € aufwenden → Importe aus der BRD werden teurer
BRD muss für Importe aus den USA weniger aufwenden → Importe aus den USA werden billiger

---

→ Importe aus der BRD werden für USA unattraktiver → X aus der BRD/M in die USA sinkt
für BRD werden Importe aus den USA attraktiver → M in die BRD/X aus den USA steigt

---

→ Im Idealfall wird die Ausgangsdifferenz zwischen X und M ausgeglichen. Die Ursache dafür ist die X-/M-bedingte Wechselkursänderung.

Grenzen des automatischen Leistungsbilanzausgleichs
- Dies funktioniert nur bei freien Wechselkursen und konvertiblen Währungen.
- Der Wechselkurs wird auch von zahlreichen anderen Faktoren beeinflusst (vgl. S. 174).
- Die Handelsströme hängen nicht nur von Wechselkursen ab, sondern auch von Faktoren wie Verfügbarkeit und Qualität der Güter (z. B. Seltene Erden aus China, *Made in Germany*), Präferenzen der Käufer (z. B. Prestige deutscher Automarken), dem allgemeinen Wirtschafts- und Konsumklima (z. B. im Zuge der Finanzkrise).
- Für den Dollar gilt dies in besonderem Maße, da er noch immer einen Sonderstatus auf den Rohstoffmärkten und als Reservewährung hat, sodass er in der Regel überbewertet ist.
- In der Leistungsbilanz sind neben der Handels- und Dienstleistungsbilanz auch andere Teilbilanzen enthalten, die zu Ungleichgewichten führen können.
- Das Zwei-Länder-Modell ist ein theoretisches Konstrukt. In der Realität haben beide Länder Handelspartner in zahlreichen anderen Ländern, mit denen ebenfalls Ungleichgewichte bestehen können.

4.5 Außenhandelspolitik: Freihandel oder Protektionismus

Definitorisches

Außenhandelspolitik bezeichnet alle staatlichen Maßnahmen, die den Austausch von Waren und Dienstleistungen zwischen dem In- und Ausland beeinflussen. Hier stehen sich zwei grundsätzliche Positionen gegenüber: Freihandel und Protektionismus.

Freihandel folgt der Theorie des Wirtschaftsliberalismus (A. Smith, D. Ricardo), die davon ausgeht, dass durch internationale Arbeitsteilung und komparative Kostenvorteile (vgl. S. 187) der Wohlstand aller Beteiligten erhöht wird.

Freihandel bedeutet **freier Austausch** von Gütern, Dienstleistungen und Kapital zwischen verschiedenen Ländern. Das bedeutet, der Staat mischt sich grundsätzlich nicht ein. Die Preise in einem derartigen System folgen der **Preisbildung auf dem freien Markt** durch Angebot und Nachfrage.

Um im internationalen Wettbewerb eines Freihandelssystems mithalten zu können, müssen die einzelnen Länder ihre spezifischen Stärken ausbauen, d. h., **internationale Wettbewerbsfähigkeit** entsteht durch absolute oder komparative Kostenvorteile und Spezialisierung auf die Bereiche, in denen ein Land entsprechende Vorteile hat. So hat z. B. ein Land wie Italien aufgrund seiner klimatischen Verhältnisse klare Vorteile im Weinanbau gegenüber einem Land wie Großbritannien. Umgekehrt hat Großbritannien Vorteile gegenüber Italien im Bereich der Viehzucht, da die großen Weideflächen und das gemäßigte Klima bessere Voraussetzungen dafür bieten. In der modernen industrialisierten Welt entstehen derartige Wettbewerbsvorteile vielfach durch technischen Vorsprung, aber auch durch Produktivitätsvorteile. So ist die preisliche Wettbewerbsfähigkeit Deutschlands in den vergangenen Jahren innerhalb der EWU deutlich gestiegen (vgl. M 17). Dies lag in erster Linie an der zurückhaltenden Lohnpolitik und an der hohen Produktivität deutscher Arbeitnehmer, die direkten Einfluss auf die Lohnstückkosten haben.

Protektionismus (von lat. *protegere* schützen) zielt darauf ab, die heimische Wirtschaft vor der ausländischen Konkurrenz zu schützen, indem mit unterschiedlichen Maßnahmen Exporte erleichtert und/oder Importe behindert werden. Diese Maßnahmen werden in **tarifäre und nicht-tarifäre Handelshemmnisse** (vgl. S. 200 ff.) unterschieden.

Die **Preisbildung** wird durch diese Maßnahmen direkt oder indirekt beeinflusst und der internationale Wettbewerb wird dadurch eingeschränkt, sodass wenig wettbewerbsfähige heimische Unternehmen **künstliche Wettbewerbsvorteile** erhalten bzw. vor der ausländischen Konkurrenz geschützt werden.

M 140: Karikatur Freihandel 1

Während im 18. und bis Mitte des 19. Jh. der Protektionismus vorherrschte, setzte sich ab ca. 1850 in ganz Europa der Freihandel durch. Bereits Ende des 19. Jh. gab es aber bereits wieder gegenläufige Entwicklungen (z. B. Bismarcks Schutzzollpolitik) und die Zeit der beiden Weltkriege war eindeutig protektionistisch geprägt. Seit dem Ende des Zweiten Weltkriegs war ausgehend von den USA der Trend in den westlichen Industrienationen klar die Liberalisierung der internationalen Märkte, die auch eine der wesentlichen Voraussetzungen für die schnell voranschreitende Globalisierung war und ist. Auch die Europäische Einigung basiert auf der Liberalisierung der Märkte, die durch die sogenannten Vier Freiheiten des Binnenmarktes deutlich angeschoben wurde (vgl. M 142): freier Austausch von Gütern, Dienstleistungen und Kapital sowie freie Wohnort- und Arbeitsortwahl von EU-Bürgern innerhalb der EU. Die Einführung einer Einheitswährung wie des Euro verstärkt den Effekt noch, da Wechselkursrisiken und Devisenmarktinterventionen ebenfalls wegfallen.

Maßnahmen im Außenhandel

Die Außenhandelsbeziehungen im 21. Jh. weisen je nach beteiligten Ländern mehr oder weniger stark ausgeprägte Elemente des Freihandels bzw. des Protektionismus auf. So hat sich China im letzten Jahrzehnt sehr stark dem internationalen Handel geöffnet, ohne dass man jedoch von echtem Freihandel sprechen kann. Im Gegenzug haben westliche Länder und auch die EU Handelsbeschränkungen gegenüber China reduziert, ohne sie jedoch völlig abzuschaffen.

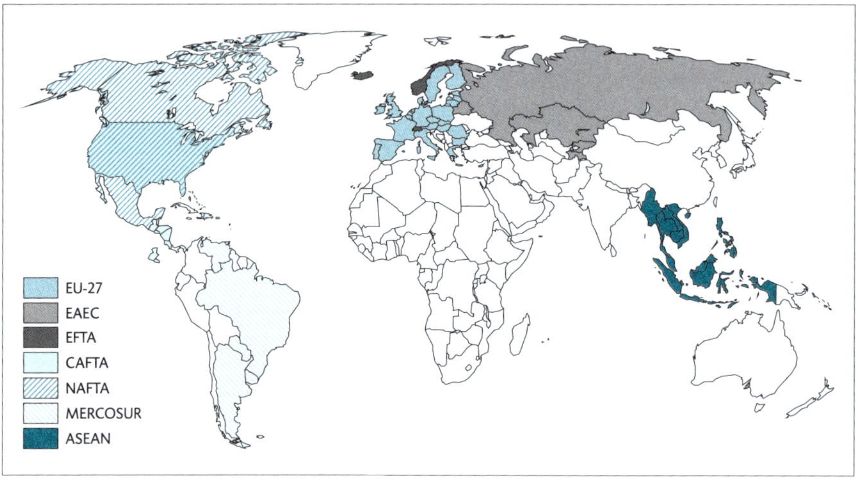

M 141: Freihandelszonen

Gerade in Krisenzeiten werden immer wieder protektionistische Maßnahmen gefordert oder durch die Hintertür eingeführt. So wollte die US-Regierung im Gefolge der Finanzkrise konjunkturpolitische Maßnahmen wie die Vergabe von Staatsaufträgen auf US-amerikanische Unternehmen beschränken. Dies wäre eine klare Beschränkung des internationalen Wettbewerbs gewesen. Da die USA aber Mitglied der World Trade Organisation (WTO) (vgl. S. 199) sind, deren Regularien solche Wettbewerbsbeschränkungen untersagen, wurde sofort internationale Kritik laut und die USA mussten den Ausschluss ausländischer Unternehmen zurücknehmen. Die Abwrackprämie in Deutschland dagegen zielte zwar auf die deutsche Wirtschaft ab; in dem Umfang, in dem ausländische Fahrzeuge bzw. im Ausland produzierte Fahrzeuge verkauft wurden, wurde die Wirkung aber auf das Ausland übertragen, da es keinerlei Beschränkung hinsichtlich der Lieferanten gab.

Neben den Beziehungen einzelner Länder gibt es auch aus mehreren Ländern bestehende Wirtschaftsräume, innerhalb derer besondere Handelsregeln bis hin zu völligem Freihandel gelten, während nach außen, gegenüber der restlichen Welt, andere Regularien bestehen. Beispiele für **Freihandelszonen** nach innen und **Handelsbeschränkungen** nach außen sind die EU oder das *North American Free Trade Agreement* (NAFTA) (vgl. M 141).

Maßnahmen zur Förderung des Freihandels

Maßnahmen zur Förderung des Freihandels sind in erster Linie bilaterale oder internationale Handelsvereinbarungen wie z. B.:

Freier Warenverkehr	Freier Personenverkehr	Freier Dienstleistungsverkehr	Freier Kapitalverkehr
Wegfall von Zöllen und Kontrollen	Wegfall von Personenkontrollen an den Grenzen	EU-weites Angebot von Versicherungsleistungen	Freie Geld- und Kapitalbewegungen
Harmonisierung oder gegenseitige Anerkennung von Normen	Niederlassungs- und Beschäftigungsfreiheit	EU-weites Angebot von Transport, Energie- und Telekommunikationsleistungen	Gemeinsamer Markt für Finanzleistungen
Gewährung eines freien Wettbewerbs	Anerkennung von Abschlüssen	Handwerk, Tourismus	Liberalisierung des Wertpapierverfahrens

M 142: Die vier Freiheiten des Europäischen Binnenmarkts seit 1993

- Bildung einer **Zollunion** durch den Abbau von Zöllen zwischen den Partnern, in der Regel in Verbindung mit einer gemeinsamen Außenzollpolitik gegenüber dem Rest der Welt. Eine der ersten Stufen der europäischen Einigung war eine Zollunion, die bereits 1955 beschlossen und 1968 im Rahmen der Europäischen Wirtschaftsgemeinschaft (EWG) zwischen Belgien, der Bundesrepublik Deutschland, Frankreich, Italien, Luxemburg und den Niederlanden verwirklicht wurde.
- **Freihandelszonen**, d. h. Zonen, in denen neben den Zöllen auch alle anderen Handelshemmnisse abgeschafft werden, sodass Güter ungehindert gehandelt werden können. Die Außenhandelspolitik gegenüber dem Rest der Welt können die Mitgliedstaaten weiterhin selbst bestimmen.
  Aktuelle Beispiele sind die *European Free Trade Association* (EFTA), das *North American Free Trade Agreement* (NAFTA), der *Mercado Común del Sur* (MERCOSUR) und die *Association of Southeast Asian Nations* (ASEAN), die in Kombination mit China seit 2010 die *China-ASEAN Free Trade Area* (CAFTA) und damit die weltweit größte Freihandelszone bildet (vgl. M 141).
- **Gemeinsamer Markt/Binnenmarkt** mit völlig freiem Austausch von Gütern, Dienstleistungen, Kapital und Arbeitskräften. Ein gemeinsamer Markt ist mit oder ohne Währungsunion möglich. Ein Beispiel ist der EU-Binnenmarkt (vgl. M 142), dessen Mitglieder zum Teil auch der EWU angehören.
- Mitgliedschaft in **internationalen Organisationen der Weltwirtschaftsordnung**, insbesondere der WTO (vgl. M 143, M 144), die mit dem Beitritt Russlands 2012 (das Parlament muss spätestens im Juni 2012 zustimmen)

154 Mitgliedstaaten hat und etwa 97 % des Welthandels erfasst. Die zentralen Prinzipien der WTO-Mitgliedschaft sind:

- freier Marktzugang, d. h. keinerlei quantitative Handelsbeschränkungen,
- Inländerbehandlung, d. h. Gleichbehandlung in- und ausländischer Anbieter, keine Vorzugsbehandlung inländischer Anbieter
- Meistbegünstigungsklausel, d. h., Handelsvergünstigungen eines Mitglieds für einen Handelspartner müssen allen anderen WTO-Mitgliedern ebenfalls zugestanden werden.

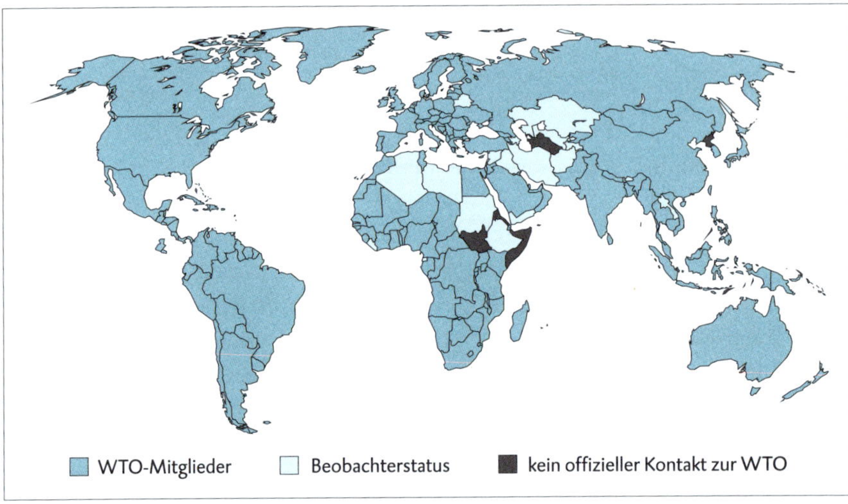

M 143: WTO-Mitgliedstaaten 2012 (Russland mit genehmigtem Beitritt, aber noch nicht ratifiziert)

Der **Freihandel** ist umstritten, insbesondere Globalisierungsgegner und weniger entwickelte Länder kritisieren **unerwünschte Auswirkungen der Liberalisierung** des Welthandels. Auch für die globale Finanzkrise wird die zu starke Liberalisierung der Finanzmärkte als wesentliche Ursache betrachtet. Liberalisierungsgegner sprechen sich daher für protektionistische Maßnahmen aus.

Protektionistische Maßnahmen

Protektionistische Maßnahmen sind alle tarifären und nicht-tarifären Handelshemmnisse. **Tarifäre Handelshemmnisse** basieren auf positiven Steuern (Zölle) oder negativen Steuern (Subventionen) im Außenhandel und beeinflussen direkt die preisliche Wettbewerbsfähigkeit der Güter. Man unterscheidet:

- **Import-Zölle**, die ausländische Produkte künstlich verteuern
- **Exportsubventionen**, die inländischen Unternehmen Exporte zu niedrigeren Preisen ermöglichen

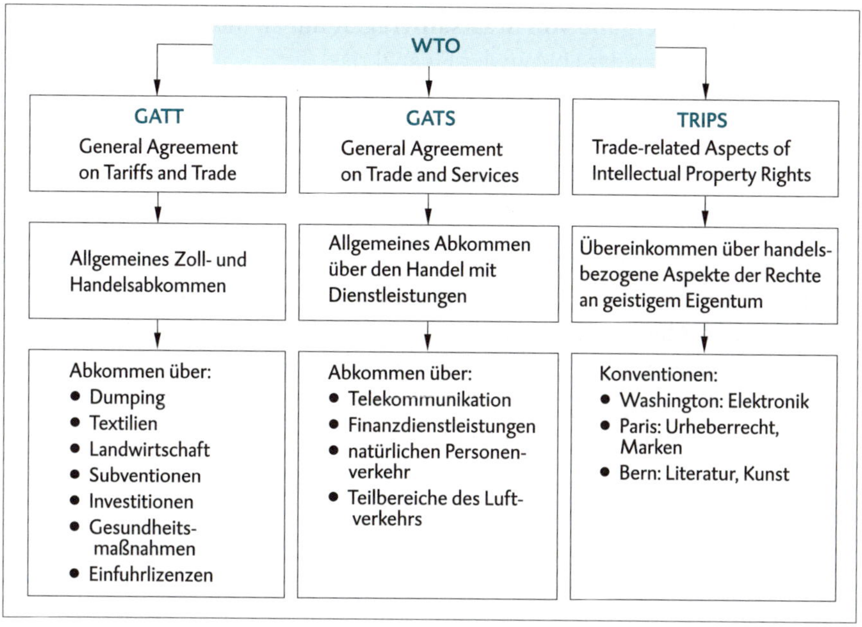

M 144: Die WTO

- Der Extremfall dazu ist **Dumping**, d. h. der Verkauf im Ausland unter dem Preis im Herstellungsland, ggf. sogar unter dem Selbstkostenpreis, mithilfe staatlicher Exportsubventionen.

Nicht-tarifäre Handelshemmnisse sind z. B.

- **Kontingente**, d. h. Importquoten, die Importe mengenmäßig beschränken (z. B. bis 2009 von der EU für Textilien aus China)
- **technische oder Qualitäts-Normen** als Bedingung für eine Importerlaubnis: z. B. Deutsche Industrienorm DIN (BRD), Europäische Normen (EN) in der EU, ISO-Normen der Internationalen Normenorganisation o. Ä.
- **Sozial- und Umwelt-Standards**, z. B. der Nachweis von Produktion ohne Kinderarbeit oder die Verwendung CO_2-freier Treibmittel oder lösungsmittelfreier Farben
- **aufwändige oder diskriminierende Import-Abwicklung** durch Behörden, z. B. in Form von strengen und zeitaufwendigen Sicherheitskontrollen oder Bürokratie bei der Importabwicklung
- **Verpackungs- und Kennzeichnungspflichten**, z. B. Inhalts-, Nährwert-, Gentechnik-Angaben auf Lebensmitteln in der EU

- **privilegierte Vergabe von Staatsaufträgen** nur an inländische Unternehmen (z. B. Versuch der USA in der Finanzkrise)
- **psychologische Beeinflussung** gegen ausländische und/oder für inländische Produkte, z. B. durch Namensgebung (*Freedom Fries* statt *French Fries*) oder Kampagnen zur Regionalisierung wie die Glo*k*alisierungsbewegung (*Think global buy local*; *Buy British*).

Auch wenn sie kein Bestandteil der Handelspolitik sondern der **Währungspolitik** ist, können durch die **Beeinflussung des Wechselkurses**, in Form einer gezielten Abwertung der eigenen Währung, der Export gefördert und der Import behindert werden. Gerade China wird regelmäßig die Unterbewertung der eigenen Währung vorgeworfen, weil dadurch die preisliche Wettbewerbsfähigkeit chinesischer Exporte unangemessen erhöht wird.

Pro und kontra Freihandel oder Protektionismus

Die rasant fortschreitende Globalisierung hat nicht nur die Wirtschaft stärker vernetzt, sondern auch die privaten Informationsnetzwerke. Die Kontroverse über „Freihandel oder Protektionismus" wird einerseits zwischen privaten Organisationen mit politischen Gremien wie z. B. der WTO geführt. Andererseits sind sich selbst die WTO-Mitglieder uneins, in welchem Maß protektionistische Maßnahmen erlaubt sein sollen. Nach der WTO-Konferenz im Dezember 2011 in Genf lautete das Resumée, dass der Prozess der Liberalisierung in einer „Sackgasse" steckt und sich vor allem im Zuge der Finanzkrise zahlreiche Länder wieder dem Protektionismus zugewandt haben, statt Zölle und Subventionen abzubauen. Forderungen an Länder wie China oder Indien, ihre Handelsbarrieren weiter abzubauen, wurden von diesen mit der Gegenforderung nach Abbau von Agrarsubventionen in den USA und der EU beantwortet.[41]

Für beide Positionen lassen sich Argumente finden. **Für Freihandel und gegen Protektionismus** spricht z. B. Folgendes:

- Freihandel erhöht den **Wettbewerb** und fördert damit **Innovationen**, statt veraltete Unternehmen künstlich am Leben zu erhalten.
- Der verstärkte Wettbewerb reduziert die **Preise** für Verbrauchsgüter und Halbfertigprodukte.
- Die **Versorgung** mit national nicht verfügbaren Gütern wird gesichert.

41 Vgl. http://docsonline.wto.org/DDFDocuments/t/WT/MIN11/11.doc

M 145: Karikatur Freihandel 2

- Freihandel sichert langfristig **Arbeitsplätze**, wenn er die internationale Wettbewerbsfähigkeit vorantreibt.
- Die Öffnung der Märkte von Industrieländern für Einfuhren aus **Entwicklungsländern** kann diesen Wachstum aus eigener Kraft ermöglichen.
- Freihandel ermöglicht durch die Spezialisierung auf Kernkompetenzen und die Nutzung absoluter oder komparativer Kostenvorteile die optimale Nutzung der **Ressourcen** und erhöht letztlich den **Wohlstand** aller Beteiligten.
- Protektionistische Maßnahmen provozieren entsprechende Gegenmaßnahmen und können im Extremfall zu einem **Handelskrieg** führen.
- Starke internationale Verflechtungen führen insgesamt zu einem **Friedensprozess** zwischen den beteiligten Nationen.

Für Protektionismus und gegen Freihandel sprechen z. B. die folgenden Argumente:

- Protektion kann einseitige Spezialisierung und damit **Importabhängigkeit** verhindern.
- Protektionismus bietet **Schutz** vor gesundheits- oder umweltgefährdenden Einfuhren und unfairen Handelspraktiken.
- Protektion kann erforderliche **Strukturanpassungsprozesse** in veralteten Branchen verlangsamen und sozial abfedern.

- Sogenannte *infant industries*, d. h. **junge Wirtschaftszweige**, die sich noch im Aufbau befinden, benötigen ggf. zeitweiligen Schutz bis zu ihrer Wettbewerbsfähigkeit.
- Politisch und militärisch wichtige Industrien bleiben erhalten, sodass in diesen Bereichen **Versorgungssicherheit** gewährleistet wird.
- Zölle und Steuern auf Importe sind **Einnahmequellen** für den Staat.
- Völliger Freihandel kostet **Arbeitsplätze** in preislich nicht wettbewerbsfähigen Branchen und führt im Extremfall zu Lohndumping.
- **Sozial- und Umweltstandards** sind erforderlich, um negative soziale Entwicklungen wie Lohndumping oder Kinderarbeit und externe Effekte auf die Umwelt zu reduzieren oder zu verhindern.
- Freihandel, auch im Bereich der Dienstleistungen, gefährdet v. a. **traditionelle Wirtschaftsbereiche** und solche von öffentlichem Interesse und kann zu unerwünschtem „Einheitsbrei" beim Güter- und Dienstleistungsangebot führen.
- Länder mit vorübergehenden oder dauerhaften **Wettbewerbsnachteilen** (z. B. Entwicklungsländer) sind die Verlierer des Freihandels. Die Schere zwischen armen und reichen Ländern geht damit immer weiter auf. Dies ist empirisch nachweisbar (vgl. M 146).
- Freihandelsorganisationen wie die WTO fördern nicht konsequent den freien Austausch von Gütern und Dienstleistungen. Gerade die GATS- und TRIPS-Regelungen führen zu umstrittenen Entwicklungen und haben massive Kontroversen ausgelöst. Der freie Zugang zu Wissen und Dienstleistungen wird aus **ökonomischen Interessen** z. T. sogar eingeschränkt.
- Zu starke wirtschaftliche Verflechtung schränkt die **staatliche Handlungsfähigkeit** deutlich ein (vgl. S. 205 ff.).

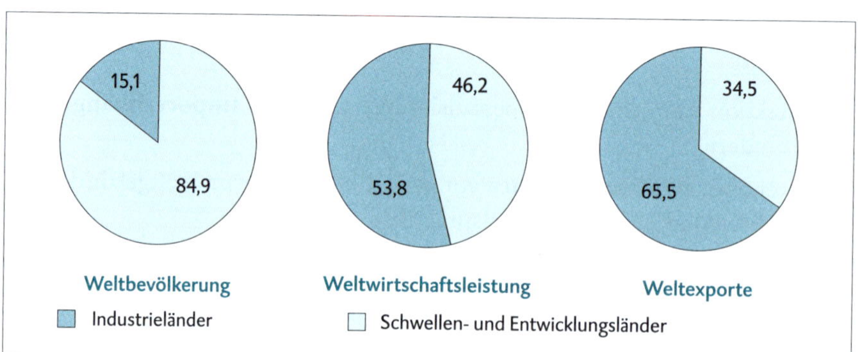

M 146: Die Schere zwischen armen und reichen Ländern geht weiter auf; Angaben in %

4.6 Grenzen nationaler Wirtschaftspolitik in einer globalisierten Weltwirtschaft

Unter Globalisierung versteht man den im Vergleich zur Wirtschaftsleistung überproportionalen Zuwachs (vgl. M 132) des weltweiten Austauschs an Gütern, Dienstleistungen und Kapital durch

- zunehmende Vernetzung in den Bereichen Kommunikation und Verkehr,
- den Zusammenbruch des Ostblocks und die Zunahme marktwirtschaftlicher Systeme weltweit (z. B. GUS-Staaten, schrittweise Öffnung Chinas),
- die zunehmende Liberalisierung der Weltmärkte (Abbau von Handelshemmnissen).

Dadurch ergeben sich neue Chancen auf den Weltmärkten, aber auch mehr Wettbewerbsdruck durch ausländische Konkurrenz. **Nationale Wirtschaftspolitik** stößt bei zunehmender internationaler Verflechtung an ihre **Grenzen**, da man sich nur bedingt gegen die Wirkung der Außenwirtschaft abschotten kann. Dies gilt für nahezu alle Politikbereiche mit Einfluss auf die Wirtschaft:

- **Sozialpolitik**, da es zu Sozialtourismus in Länder mit höheren Standards kommen kann oder zu Sozialdumping, wenn niedrigere ausländische Standards zu Wettbewerbsnachteilen im Inland führen und so ggf. Anpassungsdruck nach unten entsteht.
- **Arbeitsmarkt-/Tarifpolitik**, wenn Sicherheitsstandards, Mindestlöhne oder Sozialstandards im internationalen Wettbewerb oder durch internationale Abkommen angepasst werden müssen bzw. die Wettbewerbsfähigkeit einschränken, z. B. in der EU.
- **Konjunkturpolitik** durch Konsum- oder Investitionsförderung, da die aufgewendeten Mittel über den Import von Konsum- oder Investitionsgütern ins Ausland abfließen können und so die Wirkung im Inland ausbleibt (wie z. T. bei der Abwrackprämie). Das Gleiche gilt, wenn Staatsaufträge aufgrund der Inländerbehandlungsklausel der WTO international ausgeschrieben und auch an ausländische Unternehmen vergeben werden müssen.
- **Fiskalpolitik**, da Steuereinnahmen z. B. durch Steuerflucht ausbleiben (z. B. im Bereich der Quellensteuer) und Staatsausgaben wie Subventionen oder Sozialtransfers ins Ausland abfließen können; aber auch da aufgrund internationaler Abkommen Zahlungen fällig werden (z. B. Beiträge im Rahmen der EU) oder Subventionen nicht mehr gezahlt werden dürfen (z. B. im Agrarbereich).
- **Wettbewerbspolitik**, wenn durch internationale Unternehmenszusammenschlüsse Marktmacht entsteht, die nicht der Kontrolle durch das nationale Wettbewerbsrecht unterliegt.

M 147: Karikatur Globalisierung

- **Stabilitätspolitik**, da diese stark von der EU-Mitgliedschaft beeinflusst wird, z. B. durch den Stabilitäts- und Wachstumspakt in der EWU, und da die immensen internationalen Kapitalströme gerade bei spekulativen Bewegungen durch ein einzelnes Land gar nicht mehr gesteuert werden können.
- **Außenhandelspolitik**, da diese ebenfalls stark durch die Mitgliedschaft in der EU und der WTO bestimmt wird.
- **Geld- und Währungspolitik**, da diese z. B. von Deutschland vollständig an die EZB abgegeben wurde und darüber hinaus stark von den internationalen Finanzmärkten beeinflusst wird.
- **Umweltpolitik**, da negative externe Effekte nicht an Staatsgrenzen haltmachen und zum Teil auch erst durch die Globalisierung ausgelöst werden.

Beispiele für **konkrete politische Themen**, die durch die Globalisierung ausgelöst oder mitbestimmt werden, sind:

- **Soziales:** Rentenalter, Arbeitszeiten, Mindestlöhne, Kinderarbeit
- **Sicherheit:** Sicherheit am Arbeitsplatz, Produktsicherheit, Prozesssicherheit, z. B. in der Atomindustrie
- **Umwelt:** CO_2-Ausstoß, Schadstoffe in Produkten, Gentechnik, Schadstoffe bei Produktion und Transport
- **Finanzmärkte:** Verbot oder Besteuerung rein spekulativer Geschäfte ohne realwirtschaftlichen Hintergrund, verschärfte Bankenaufsicht
- **Schutz nationaler Ressourcen:** Verbot von ausländischen Patenten auf traditionelle Produkte und Verfahren einzelner Länder

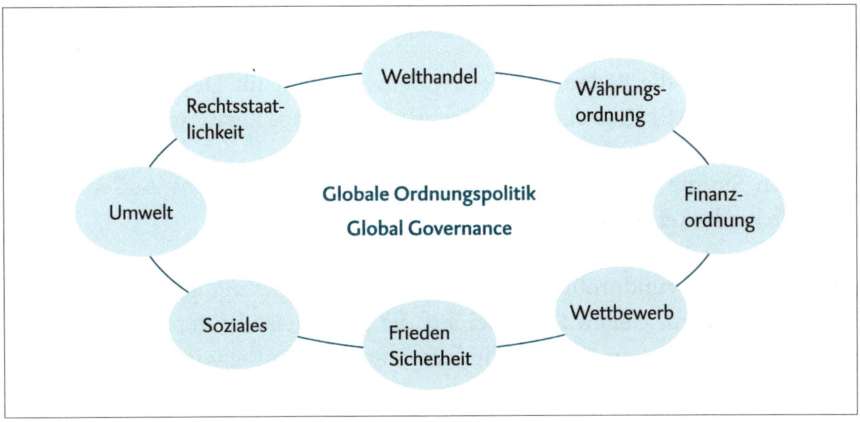

M 148: Global Governance

In einer globalisierten Welt ist jede Politik im Prinzip auch **Standortpolitik**. Steigt die Wettbewerbsfähigkeit durch eine politische Maßnahme, ist dies aus nationaler Sicht von Vorteil; sinkt sie, ist dies von Nachteil. Global kann die Einschätzung aber völlig anders ausfallen. Außerdem hat die Finanzkrise gezeigt, dass es inzwischen **weltwirtschaftliche Entwicklungen** gibt, die sich der Kontrolle durch einzelne Staaten entziehen und die die gesamte globalisierte Welt betreffen. Das bedeutet, dass **Abkommen zur Harmonisierung** von z. B. Sozial-, Sicherheits- und Umweltstandards und dem Schutz nationaler Ressourcen die Globalisierung begleiten müssen, um negative Wettbewerbsauswirkungen zu verhindern. Darüber hinaus müssten theoretisch alle Nationen bei internationalen Problemen zusammenarbeiten, um wirksam gegen unerwünschte Entwicklungen vorzugehen.

Vor diesem Hintergrund wird der Ruf nach einem stärkeren System der **Global Governance** immer lauter, das über bereits bestehende Organisationen wie z. B. die UN, die WTO, die Weltbank und den IWF hinausgeht. Es soll quasi eine **Weltwirtschaftsordnung** geschaffen werden, die insbesondere die in M 148 genannten Bereiche regelt.

Voraussetzung für eine derartige Weltwirtschaftsordnung wäre ein **Minimalkonsens** in diesen Bereichen zwischen allen Ländern. Wie schwer das zu erreichen ist, zeigt die Verhandlungssackgasse in der WTO (vgl. S. 202) ebenso wie die schwierige Konsensfindung in der EU zum Thema gemeinsame Wirtschaftsregierung, bei der gegenüber den über 100 WTO-Staaten nur 28 Länder eine gemeinsame Linie finden müssen.

Aufgaben

30 Beschreiben Sie die Bedeutung der Außenwirtschaft für Deutschland, indem Sie aus M 132 – M 135 jeweils die wesentliche Aussage herausarbeiten.

31 Erläutern Sie die theoretischen Grundlagen und Vorteile des Außenhandels mithilfe konkreter Beispiele.

32 Stellen Sie die Grundproblematik dar, die in der *beggar thy neighbour*-Theorie beschrieben wird. Gehen Sie dabei auf die Sichtweise beider Seiten ein und stellen Sie den Zusammenhang mit dem deutschen Außenwirtschaftsziel her.

33 Geben Sie einen Überblick über den Aufbau und die einzelnen Positionen der Zahlungsbilanz und erläutern Sie, welche Posten traditionell Überschuss- oder Defizitsalden haben.

34 Stellen Sie den Zusammenhang zwischen Außenhandel und Wechselkursen dar und erklären Sie, wie ein automatischer Leistungsbilanzausgleich funktioniert. Zeigen Sie auch Grenzen dieses Mechanismus auf.

35 a) Zeigen Sie anhand von M 130 und M 131 (Aufgabe 28), dass die Wechselkurspolitik Chinas gegenüber den USA seit Sommer 2010 (vgl. M 130) im Idealfall zum Ausgleich des US-Handelsdefizits beitragen kann (vgl. M 131), und geben Sie zwei Gründe an, warum dieser Effekt in der Realität nicht (vollständig) eintreten wird.

b) Erläutern Sie anhand von zwei konkreten Beispielen, wie die USA durch protektionistische Maßnahmen versuchen könnten, ihr Handelsbilanzdefizit mit China zu reduzieren, und welche Grenzen solch eine Politik hat.

36 Arbeiten Sie die wesentlichen Aussagen aus den beiden Karikaturen M 140 und M 145 heraus und stellen Sie diese vor dem Hintergrund der Argumente der Freihandelsbefürworter und -gegner gegenüber. Geben Sie anschließend einen Überblick über weitere Argumente der beiden Gruppierungen.

37 Zeigen Sie, dass der nationalen Wirtschaftspolitik in einer globalisierten Welt vielfältige Grenzen gesetzt sind.

38 Erläutern Sie, was man unter dem Begriff *Global Governance* versteht und wie dieses Konzept die Problematik aus Aufgabe 37 lösen könnte.

Lösungen

Wirtschaftliche Zielsetzungen in der Sozialen Marktwirtschaft

1 Vgl. S. 12

2 Vgl. S. 12 f.

3 Vgl. S. 11 f.

4 Vgl. S. 14

5 Vgl. S. 14

6 Vgl. S. 14 f.

7 Vgl. S. 15 ff.

8 Ein hoher Beschäftigungsstand sichert das Arbeitseinkommen und den Wohlstand großer Bevölkerungsteile und reduziert die Zahl der Menschen, die von staatlicher Unterstützung abhängig sind und am unteren Ende der Wohlstandsskala leben müssen.

Stetiges und angemessenes Wirtschaftswachstum ermöglicht einen hohen Beschäftigungsstand mit dem beschriebenen Effekt und führt idealerweise auch zu wachsendem Wohlstand und höheren Staatseinnahmen, die wiederum die Verteilungsspielräume zur Erhöhung der sozialen Gerechtigkeit erhöhen.

Ein stabiles Preisniveau verhindert, dass Einkommen, die nicht (zeitnah) an die Inflationsentwicklung angepasst werden (z. B. Einkommen aus Zinsen oder staatlichen Transfers), und monetäre Vermögenswerte (z. B. Staatsanleihen) einen Kaufkraftverlust erleiden. Außerdem benötigen Geringverdiener einen größeren Anteil ihres Einkommens für Konsum und sind daher von Preissteigerungen überproportional betroffen, sodass die Schere zwischen Arm und Reich weiter aufgeht.

9 Vorgehensweise:

1. relevante Bild- und Textelemente beschreiben und gleich Bedeutung zuordnen.
2. Interpretation:
   - genau angeben, was/wen der Karikaturist kritisiert/lächerlich macht
   - gezielt Bezug nehmen auf relevante Bild-/Textelemente, Metapher(n) usw.
   - gezielt Hintergrundwissen einbauen

"Super, Mädels! Unser Teppichblocksberg wird jedes Jahr höher!"

Beschreibung und Bedeutung der relevanten Bild- und Textelemente (Bildelemente sind markiert):

- Der Teppich/„Teppichblocksberg“ stellt laut Aufschrift die „Arbeitsmarktstatistik“ dar. *Hinweis: Der Blocksberg ist in Legenden der traditionelle Treffpunkt der Hexen.*
- Die Zettel unter dem Teppich sind Arbeitslosenmeldungen, die nicht offiziell ausgewiesen werden.
- Die Hexen, erkennbar an Hexenbesen und -hut, sind Bundeskanzlerin Merkel, Ministerin für Arbeit und Soziales von der Leyen und eine Putzfrau.
- Die rauchenden Besen sind Hexenbesen, die metaphorisch zum „unter den Teppich kehren“ verwendet wurden, also zum Verstecken von Arbeitslosen (= gelbe Zettel).
- Der Untertitel „Super Mädels …“ bestätigt, dass alle aktiv beteiligt sind.
- Das Victory-Zeichen als Erfolgsgeste steht dafür, dass „Rekordbeschäftigung“ (siehe Sprechblase) erreicht wurde.

Interpretation: Der Karikaturist übt Kritik an der Regierung (Merkel und von der Leyen),

- da sie gezielt und aktiv (rauchende Besen) die offizielle Arbeitsmarktstatistik (Teppich) manipuliert, indem sie Arbeitslose „unter den Teppich kehrt" (Besen, gelbe Zettel),
- weil sie in großem Umfang (großer Teppich-Berg; „jedes Jahr höher") gemeldete Arbeitslose aus der Statistik nimmt, z. B. indem diese in arbeitsmarktpolitischen Maßnahmen „geparkt" werden (z. B. Umschulung, Kurzarbeit, Ein-Euro-Jobs), in den Vorruhestand geschickt oder über private Agenturen vermittelt werden (vgl. M 11).

Wie durch Hexerei ergeben sich daraus so niedrige Arbeitslosenzahlen, dass die Regierung von „Rekordbeschäftigung" sprechen kann (vgl. M 9).

Ggf.: Die Öffentlichkeit, die an das „allwissende Auge" der Arbeitsmarktstatistik glaubt, wird damit getäuscht.

Die reale Situation sieht anders aus: Die Unterbeschäftigungsquote, die u. a. die „unter den Teppich gekehrten" Arbeitslosen enthält, ist ca. 1/3 höher als die statistisch ausgewiesene Arbeitslosenquote (vgl. M 11).

Ggf.: Außerdem sind zahlreiche Beschäftigungsverhältnisse keine regulären Arbeitsverträge, sondern z. B. arbeitsmarktpolitische Maßnahmen, sodass auch die Beschäftigtenzahlen nicht wirklich korrekt sind (vgl. M 11).

10 Nachhaltigkeit kann definiert werden als ein Verhalten, das versucht, Bedürfnisse und Bestrebungen in der Gegenwart zu befriedigen, ohne für künftige Generationen die Möglichkeit zu gefährden, diese Bedürfnisse auch zu befriedigen. Sie kann in drei Bereiche gegliedert werden: ökonomische, ökologische und soziale Nachhaltigkeit. Eine ökologisch nachhaltige Lebensweise beansprucht die natürlichen Lebensgrundlagen nur in dem Maß, wie diese sich regenerieren. So werden z. B. Wälder nur in dem Maß abgeholzt, wie sie auch aufgeforstet werden und nachwachsen können, oder Fischbestände nur so durch Fischfang reduziert, wie sie sich selbstständig reproduzieren können.

Ökonomische Nachhaltigkeit bedeutet, dass eine Generation nicht über ihre Verhältnisse lebt und kommenden Generationen keine Belastungen wie verbrauchte fossile Ressourcen und übermäßige Staatsverschuldung hinterlässt.

Soziale Nachhaltigkeit strebt nach nationaler und globaler sozialer Verteilungsgerechtigkeit, z. B. durch globale Bekämpfung der Armut oder auf nationaler Ebene durch einen fairen Zugang für alle zum Arbeitsmarkt sowie auf internationaler Ebene durch eine auf Selbsthilfe ausgerichtete Entwicklungshilfe für Länder der Dritten Welt. Zur Verankerung in der Verfassung vgl. S. 39.

11 Bei der Einkommensverteilung kann man zwischen Primär- und Sekundärverteilung unterscheiden. M 23 zeigt, dass ab einem Einkommen aus Erwerbstätigkeit von ca. 1 500 € die staatliche Umverteilung greift, indem Höherverdienende Einkommensanteile abgeben müssen und diese an Geringerverdienende umverteilt werden.

Die Primärverteilung erfolgt in erster Linie nach dem Prinzip der Leistungsgerechtigkeit, d. h., höhere Leistung wird auch besser entlohnt. Daneben gibt es noch das Prinzip der Verteilungsgerechtigkeit, das im Extremfall zu einer Gleichverteilung unter allen Wirtschaftssubjekten ungeachtet ihrer individuellen Leistung führt, und das Prinzip der Chancengerechtigkeit, das jedem Individuum entsprechend seiner Begabung gleiche Aufstiegs- und Erwerbschancen zusichert.

- Für Leistungsgerechtigkeit spricht grundsätzlich, dass der persönliche Einsatz eines Menschen angemessen entlohnt werden soll. Allerdings ist die Bewertung dieses Einsatzes durch den Markt häufig „ungerecht", da dieser primär nur Knappheitsverhältnisse wiedergibt. Es stellt sich z. B. die Frage, inwieweit die ausdauernde und geduldige Pflege eines Pflegebedürftigen weniger wert ist als die Arbeit eines Computerexperten. Die Rückführung des Spitzensteuersatzes von 53 % (1998) auf 42 % bzw. 45 % seit 2006 (M 107) folgt z. B. dem Leistungsprinzip, das Höherverdienenden auch einen höheren Anteil an ihren Einkommen lässt.
- Für Verteilungsgerechtigkeit spricht in Deutschland das verfassungsmäßige Prinzip des sozialen Ausgleichs, das bedeutet, dass in einer sozialen Gesellschaft der Staat dafür sorgt, dass Menschen nicht in Armut verfallen, sondern durch ein soziales Netz aufgefangen werden. Dieses wird so finanziert, dass Höherverdienende größere Einkommensanteile abgeben müssen als Geringverdiener. So zeigt z. B. M 22, dass etwa 50 % des Steueraufkommens von den oberen 10 % der Einkommensverdiener getragen werden. Die Grenze der Verteilungsgerechtigkeit ist allerdings erreicht, wo die Belastung der Leistungsträger durch Abgaben im Rahmen der Sekundärverteilung zu Leistungsverweigerung oder Abwanderung führt (daher wurde z. B. der Spitzensteuersatz ab 1998 deutlich gesenkt; vgl. oben) und/oder das soziale Netz zu einer sogenannten sozialen Hängematte wird, in der sich Leistungsunwillige auf Kosten der Gemeinschaft versorgen lassen, da sich Arbeit nicht mehr „lohnt". Diese Gefahr besteht laut M 24 z. B. bei Verheirateten mit zwei Kindern, bei denen Nettoeinkommen plus Kindergeld gerade einmal einen Euro mehr ergeben als Hartz IV und Mietzuschuss.

- Für Chancengerechtigkeit spricht, dass jedem Individuum unabhängig von seiner Herkunft und seinem sozialen Umfeld grundsätzlich die Möglichkeit offenstehen soll, beruflich erfolgreich zu sein und ein hohes Einkommen zu erzielen. Die Realität zeigt jedoch, dass Bildung nach wie vor stark vom sozialen Status des Elternhauses mitbestimmt wird (vgl. M 25), sodass Kinder aus bildungsfernen Schichten seltener ein höheres Bildungsniveau erreichen als z. B. Akademiker-Kinder. Bildung ist allerdings ein wesentlicher Faktor für den beruflichen Erfolg. Außerdem werden in einer Volkswirtschaft eben nicht nur hochbezahlte Führungskräfte gebraucht, sondern auch geringer Qualifizierte, die allerdings auch niedrigere Einkommen beziehen.

Fazit: Absolute Gerechtigkeit ist eine nicht erreichbare Idealvorstellung, da Gerechtigkeit subjektiv immer unterschiedlich empfunden wird. Dies gilt auch für die Einkommensverteilung.

12 *Einfluss auf Gewinn/Rentabilität:* z. B. die Kunden, je nachdem welche Preise sie bereit sind zu akzeptieren, oder der Gesetzgeber, wenn er durch gesetzliche Auflagen z. B. im Bereich Umweltschutz oder Produktsicherheit Kosten hervorruft, die bei gleichbleibendem Ertrag die Rentabilität reduzieren.

Einfluss auf soziale Ziele: z. B. die Belegschaft, wenn familienfreundliche Arbeitsbedingungen wie z. B. ein Betriebskindergarten oder flexible Arbeitszeiten geschaffen werden müssen, um qualifiziertes Personal nicht zu verlieren, oder die Gesellschaft, die im Rahmen der CSR auch von Unternehmern gesellschaftliches Engagement erwartet, wie z. B. die Förderung karitativer Zwecke oder von Schulen und Vereinen im Umfeld des Unternehmens.

Einfluss auf ökologische Ziele: z. B. die Konkurrenz, die ökologisch höherwertige Produkte auf den Markt bringt, z. B. hergestellt aus Materialien aus nachhaltiger Erzeugung, oder der Gesetzgeber, der aufgrund von technischem Fortschritt Auflagen verschärft und so den Unternehmer zwingt, seine ökologischen Ziele entsprechend anzupassen.

13 Bei ewis-services finden sich zum einen Rentabilitätsziele: direkt der „Geschäftserfolg“, der grundsätzlich auch Gewinn und Rentabilität einschließt, und indirekt die „Kundenorientierung“, da nur die von Kunden gewünschten Leistungen auch erfolgreich abgesetzt werden können, sowie die Mitarbeiterzufriedenheit, da zufriedene Mitarbeiter höhere und bessere Leistungen für das Unternehmen erbringen und sich stärker mit seinem Erfolg identifizieren als eine frustrierte Belegschaft.

Soziale Ziele lassen sich indirekt ableiten: „Unternehmenswerte“ und „Verhaltensleitlinien“ deuten auf soziale und ethische Elemente des Zielsystems hin, wie sie z. B. im Rahmen der CSR gefordert werden.

Ökologische Ziele werden nicht explizit genannt. Sie könnten allenfalls auch in den „Unternehmenswerten“ und „Verhaltensleitlinien“ enthalten sein.

14 Die Ziele Mitarbeiterzufriedenheit und Geschäftserfolg sind komplementär, d. h., die beiden Ziele fördern sich gegenseitig, da zufriedene Mitarbeiter in der Regel bessere Leistungen für das Unternehmen erbringen und sich stärker mit seinem Erfolg identifizieren als eine frustrierte Belegschaft. Umgekehrt wirkt der Unternehmenserfolg motivierend für die Mitarbeiter, insbesondere wenn durch Gewinne auch eine Beteiligung am materiellen Erfolg möglich wird.

Geschäftserfolg und Mitarbeiterzufriedenheit können allerdings auch konkurrieren, d. h., sie beeinträchtigen sich gegenseitig, wenn z. B. die Forderungen der Belegschaft kostspielige Maßnahmen erforderlich machen, um eine Abwanderung der qualifizierten Mitarbeiter zur Konkurrenz zu verhindern.

Daneben gibt es noch indifferente Ziele, die sich gar nicht beeinflussen. Dieser Fall ist tatsächlich selten, da nahezu alle Faktoren im Unternehmen mehr oder weniger direkt in Beziehung zueinander stehen. Theoretisch könnten Unternehmenskultur und Kundenzufriedenheit unabhängig voneinander sein, sofern die Unternehmenskultur z. B. im Wesentlichen den Produktbereich unberührt lässt und sich in erster Linie auf die Belegschaft und soziales Engagement richtet. Im Schaubild sind allerdings auch diese beiden Punkte miteinander durch einen Pfeil verbunden, was eine Beeinflussung impliziert.

15 Der Umsatz entspricht dem Preis mal der verkauften Stückzahl und sagt noch nichts über Gewinn oder Ertrag aus, sondern lediglich über den eingenommenen Geldbetrag. Dieser wird in der Betriebswirtschaftslehre auch als Erlös bezeichnet. Bei der Geldanlage spricht man auch von Ertrag.

Gewinn und Jahresüberschuss bezeichnen mehr oder weniger das Gleiche, nämlich die Differenz aus Erlös und Kosten, wobei diese Differenz bei beiden Bezeichnungen einen positiven Wert haben muss. Bei negativen Werten spricht man von Verlust bzw. Jahresfehlbetrag.

Rentabilität und Rendite sind im Gegensatz zu den bisherigen Größen keine absoluten Zahlen, die in Euro ausgedrückt werden, sondern Verhältnisziffern zur Beschreibung des Erfolgs eines Kapitaleinsatzes. Dabei verwendet man die Bezeichnung Rendite eher für Geldanlagen und setzt den Gewinn ins Verhältnis zum eingesetzten Kapital:

$$\text{Rendite} = \frac{\text{Gewinn}}{\text{eingesetzes Kapital}} \cdot 100\ \%$$

Die Bezeichnung Rentabilität wird eher für den Einsatz von Kapital in Unternehmen und damit für den Unternehmenserfolg verwendet, wobei hier der Gewinn zu verschiedenen Größen in Beziehung gesetzt werden kann, z. B. zum Umsatz (Umsatzrentabilität) oder zum Eigenkapital (Eigenkapitalrentabilität ≈ Rendite).

16 M 32 gibt das Jahresergebnis vor Gewinnsteuern deutscher Unternehmen einmal als Index der absoluten Werte (obere Grafik) und einmal im Verhältnis zum Umsatz (untere Grafik) an. Letzteres wird auch als Umsatzrentabilität bezeichnet. Die obere Grafik zeigt, dass sich von 1997–2007 die Gewinne mehr als verdoppelt haben: Der Index liegt 2007 bei ca. 212 Punkten im Vergleich zum Basiswert 100. Diese Entwicklung verlief allerdings nicht kontinuierlich. Bis ca. 2003 schwankte der Wert nach einem zunächst steilen Anstieg und ging von 2001–2003 sogar deutlich zurück um ca. 8 Indexpunkte. Ab diesem Zeitpunkt jedoch bewegten sich die Gewinne steil und stetig nach oben. Erst die Finanzkrise setzte dieser Entwicklung ein jähes Ende, gefolgt von einem ebenso steilen Rückgang, der ab Mitte 2009 aber schon wieder in einen ähnlich steilen Anstieg mündete.

Die Umsatzrentabilität war nach einem kurzen Anstieg von 1997 auf 1998 um ca. 0,4 Prozentpunkte anschließend bis inklusive 2003 rückläufig und daher 2003 wieder etwa auf dem Niveau von 1997. Von da an stieg sie allerdings kontinuierlich bis 2007 von ca. 3,5 auf fast 5,5 %, d. h. um mehr als die Hälfte. Wie bei den Gewinnen ist auch diese Entwicklung durch die Finanzkrise umgekehrt worden, sodass die Umsatzrentabilität 2009 wieder etwa auf dem Wert von 2004 lag, sich ab Mitte 2009 aber wieder schnell erholt hat.

Von 1997–2007 haben sich die Gewinne also nicht nur absolut mehr als verdoppelt, sondern der Anteil, der vom Umsatz letztendlich als Ertrag übrig blieb, ist ebenfalls deutlich gestiegen. Während 1997 pro DM nur ungefähr 3,5 Pfennig Gewinn blieben, wären es 2007 fast 5,5 Pfennig gewesen (allerdings gab es da bereits den Euro). Insgesamt verlief die Gewinnentwicklung ab 1997 nach einigen Schwankungen seit 2003 stetig und deutlich positiv. Durch den Einbruch im Zuge der Finanzkrise wurden zwar sowohl die Gewinne als auch die Umsatzrentabilität wieder deutlich reduziert, beide verloren wieder etwa die Hälfte des vorherigen Zuwachses ab 2003. Ungeachtet dessen lagen beide Werte 2009 noch deutlich über dem Niveau von 1997: Der Gewinn ca. beim 1,5-Fachen und die Umsatzrentabilität etwa beim 1,2-Fachen. Außerdem erholten sich beide Werte bereits ab Mitte 2009 deutlich, sodass Mitte 2010 nahezu das Spitzenniveau von 2007 erreicht wurde, die Finanzkrise also fast spurlos an der Gewinnsituation der deutschen Unternehmen vorbeigegangen ist.

17 Der Begriff „Rendite" bezeichnet eine Kennziffer, die man berechnet, indem man den Gewinn, d. h. den (Zins-)Ertrag ggf. abzüglich auftretender Kosten, ins Verhältnis zum eingesetzten Kapital setzt.

$$\text{Rendite} = \frac{\text{Gewinn}}{\text{eingesetzes Kapital}} \cdot 100\ \%$$

Die Rendite ergibt also immer einen Prozentwert, der den Gesamterfolg bezeichnet. Der Räuber möchte allerdings Geld ausgezahlt haben. Das Geld, das er möchte, ist aber der Ertrag und ggf. sein eingesetztes Kapitel. Eine Kennziffer kann nicht ausbezahlt werden.

18a

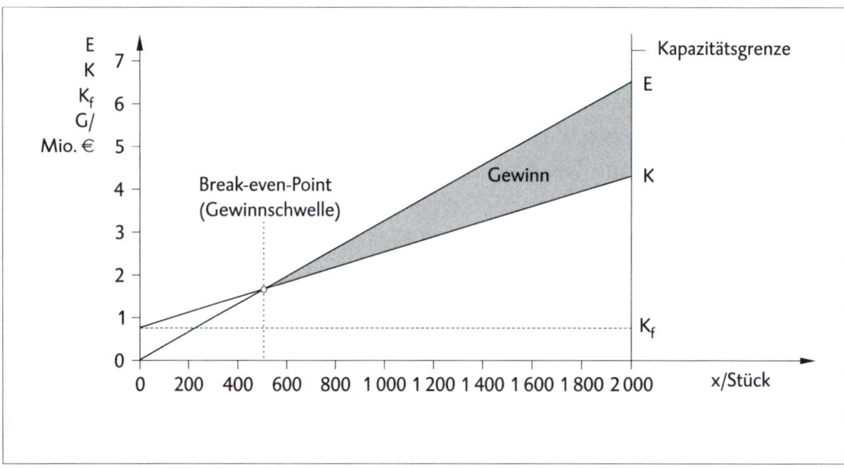

18b Break-even-Point:

$E(x) = K(x)$

$3\,240x = 1\,800x + 720\,000$

$1\,440x = 720\,000 \rightarrow x = \underline{500}$

Der Break-even-Point liegt bei 500 Stück.

Maximal möglicher Gewinn:

$G = E - K$

$G_{max} = G(\text{Kapazitätsgrenze}) = G(2\,000) = E(2\,000) - K(2\,000) = 3\,240 \cdot 2\,000 - (1\,800 \cdot 2\,000 + 720\,000) = \underline{2\,160\,000}$

Der maximal mögliche Gewinn liegt an der Kapazitätsgrenze von 2 000 Stück und beträgt 2 160 000 €.

18c Kurzfristig gilt der Auslastungsgrad von 60 %, d. h., es können 60 % von 2 000 Stück produziert und verkauft werden, das sind 1 200 Stück.

$G(1\,200) = E(1\,200) - K(1\,200) = 3\,240 \cdot 1\,200 - (1\,800 \cdot 1\,200 + 720\,000)$
$= \underline{1\,008\,000}$

Der kurzfristig mögliche Gewinn bei 1 200 Stück beträgt 1 008 000 €.
Die Umsatzrentabilität ist das Verhältnis des Gewinns zum Umsatz.

$$UR = \frac{\text{Gewinn}}{\text{Umsatz}} \cdot 100\ \%$$

$$UR(1200) = \frac{G(1200)}{E(1200)} \cdot 100\,\% = \frac{1008\,000}{3\,240 \cdot 1200} \cdot 100\,\%$$
$$= 0{,}2593 \cdot 100\,\% \approx 26\,\%$$

$$UR(2\,000) = \frac{G(2\,000)}{E(2\,000)} \cdot 100\,\% = \frac{2\,160\,000}{3\,240 \cdot 2\,000} \cdot 100\,\%$$
$$= 0{,}3333 \cdot 100\,\% \approx 33\,\%$$

Die Umsatzrentabilität bei 1 200 Stück beträgt ca. 26 % und liegt damit ca. 7 %-Punkte unter der Umsatzrentabilität am absoluten Gewinnmaximum. Dies liegt daran, dass die Steigung der Erlöskurve steiler ist als die der Kostenkurve, sodass der Stückgewinn für jedes zusätzliche verkaufte Stück höher ausfällt und damit auch der prozentuale Gewinn. Aufsummiert ergibt sich daher ein höherer Anteil des Gesamtgewinns am Umsatz. Beides sind Werte, die nur im Bereich von Luxusgütern erzielt werden. Die durchschnittliche Umsatzrendite in Deutschland lag in den letzten Jahren zwischen 4 und 5,5 % (vgl. M 32).

18d

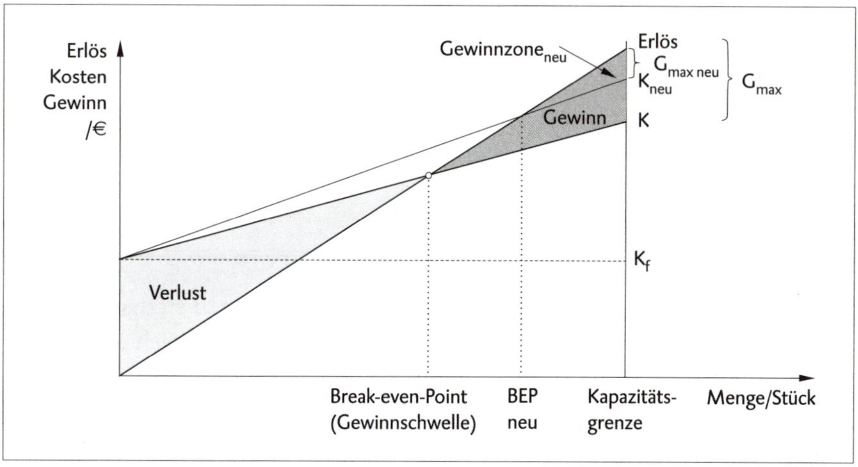

Erläuterung: Die Erzeugerpreise sind 2010 drastisch gestiegen. Da es sich laut Angabe im Wesentlichen um Rohstoffkosten handelt, führt dies zum Anstieg der variablen Kosten und damit zu einem gleichartigen Anstieg der Gesamtkosten, die jetzt entsprechend steiler verlaufen (Steigung nimmt zu; Kosten bei $x = 0$ bleiben gleich). Dies führt dazu, dass der Break-even-Point erst bei einer größeren Stückzahl (BEP_{neu}) erreicht und die Gewinnzone insgesamt kleiner wird ($Gewinnzone_{neu}$). Das Gleiche gilt für den maximal möglichen Gewinn an der Kapazitätsgrenze, da die Kostenkurve (K_{neu}) näher an die Erlöskurve rückt.

18e Ein Rückgang der Fixkosten könnte z. B. durch den Wegfall regelmäßiger Tilgungsraten für einen Investitionskredit entstehen, sobald er komplett getilgt ist. Dadurch würde sich die Fixkostenkurve nach unten bewegen. Dies führt zu einer Parallelverschiebung der Gesamtkostenkurve nach unten um den gleichen Betrag. Dadurch wird der Break-even-Point bei einer geringeren Stückzahl erreicht, die Gewinnzone vergrößert sich und auch der maximal mögliche Gesamtgewinn an der Kapazitätsgrenze steigt, da der Abstand zwischen Erlös- und Kostenkurve um den Betrag der reduzierten Fixkosten zunimmt.

Die Rentabilität steigt ebenfalls: Da in allen Rentabilitätsformeln der Gewinn im Zähler steht, führt ein höherer Gewinn *ceteris paribus* auch immer zu einer höheren Rentabilität.

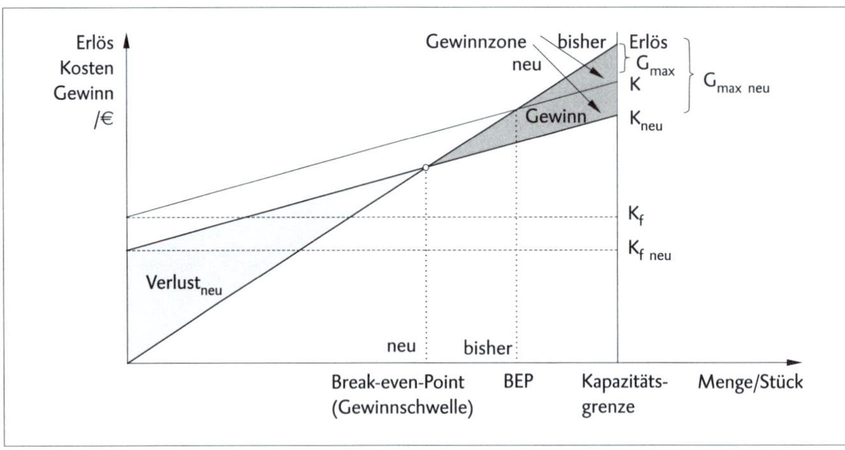

19 Die Ausrüstungsinvestitionen zeigten ab 2005 einen nahezu stetigen und dynamischen Aufwärtstrend bis zur Finanzkrise im Jahr 2008. Nach einem kurzen Plateau im Jahr 2008 stürzten die Investitionen steil bis etwa auf das Niveau von 2005 ab, erholten sich ab Ende 2009 aber auch fast im gleichen Tempo wieder.

Der Einbruch der Investitionen ab Herbst 2008 lässt sich ggf. auf den Einbruch des Exports bereits seit Mitte 2008 und des Geschäftsklimas bereits seit 2007 zurückführen. Letzteres ist eng mit dem Auftragseingang und der Auftragslage verbunden, die als Frühindikatoren (vgl. S. 86 ff.) die kommende Produktion und die damit verbundenen Umsatzerwartungen prognostizieren. Der starke Rückgang des Wirtschaftswachstums Ende 2008/Anfang 2009 kann sowohl Ursache für als auch Reaktion auf den Rückgang der Investitionen seit Herbst 2008 gewesen sein. Die rasche Erholung der Investitionen ab Ende 2009 kann auf den seit Anfang 2009 wieder anziehenden Export wie auch auf die positive Entwicklung am Arbeitsmarkt zurückzuführen sein, die in der Regel mit einer positiven Entwicklung des Konsums verbunden ist. Entsprechend hatte auch die Produktion bereits Anfang 2009 ihren Tiefpunkt überwunden, sodass Ende 2009 die Kapazitäten wieder so weit ausgelastet waren, dass ab Ende 2009 wieder zunehmend Investitionen getätigt wurden. Der Investitionsanstieg wurde sicher auch durch das damals bereits deutlich abgesenkte Zinsniveau unterstützt (vgl. S. 163 f., M 117, Hintergrundwissen).

20 Unternehmerische Ziele lassen sich in Rentabilitätsziele, soziale Ziele und ökologische Ziele gliedern. Darüber hinaus treffen Unternehmer Entscheidungen im Bereich Kosten, Erlös und Investitionen.

Im Magischen Sechseck finden sich folgende Ziele: hoher Beschäftigungsstand, stabiles Preisniveau, stetiges und angemessenes Wirtschaftswachstum, außenwirtschaftliches Gleichgewicht, Erhalt einer lebenswerten Umwelt/Nachhaltigkeit und gerechte Einkommensverteilung.

- *Hoher Beschäftigungsstand:* Investitionsentscheidungen, die zur Kapazitätsausweitung führen, können mit einer Aufstockung des Personals verbunden sein, sodass Arbeitsplätze geschaffen werden. Allerdings können Rationalisierungsinvestitionen auch zu einem Arbeitsplatzabbau führen.
- *Stabiles Preisniveau:* Nutzen Unternehmer ihre Marktmacht aus und erhöhen die Preise, z. B. weil sie aus Rentabilitätsgründen gestiegene Kosten auf die Preise überwälzen, gefährdet dies die Preisstabilität. Durch effektive Rationalisierungs- oder Modernisierungsinvestitionen können allerdings auch die Produktivität steigen und die Stückkosten sinken. Senkt dann der Anbieter aus Wettbewerbsgründen die Preise oder hält sie wenigstens längerfristig konstant, fördert dies die Preisstabilität.
- *Wirtschaftswachstum:* Erweiterungsinvestitionen können über Multiplikatorprozesse (vgl. S. 78 ff.) einen positiven Impuls für das Wirtschaftswachstum setzen. Rationalisierung oder Abwanderung ins Ausland aus Kostengründen können dagegen zu Wachstumseinschnitten führen.

- *Außenwirtschaftliches Gleichgewicht:* Unternehmerische Entscheidungen zu Standortwahl, Direktinvestitionen, Einkauf bei Lieferanten im In- oder Ausland, Absatz der Produkte im In- oder Ausland und Kapitalbeschaffung im In- oder Ausland beeinflussen auch das außenwirtschaftliche Gleichgewicht. Das Gleiche gilt für die Wettbewerbsfähigkeit: Erhalten sich die Unternehmen eine hohe internationale Wettbewerbsfähigkeit, sieht der Außenhandel anders aus als bei einer geringen Wettbewerbsfähigkeit.
- *Umwelt und Nachhaltigkeit:* Ökologische unternehmerische Ziele und Entscheidungen gehen Hand in Hand mit umweltpolitischen Zielen. Andererseits können rentabilitätsorientierte Entscheidungen auch zu ökologisch nachteiligen Entwicklungen führen. Dieses Risiko besteht insbesondere, wenn externe Kosten durch die Umweltbelastung entstehen, die nicht von den Unternehmen selbst zu tragen sind, z. B. der Klimawandel, der durch Raubbau in den Regenwäldern ggf. beschleunigt wird.
- *Einkommensverteilung:* Soziale Ziele und eine gerechtere Einkommensverteilung gehen ggf. Hand in Hand miteinander, z. B. wenn erfolgreiche Unternehmen ihre Mitarbeiter am Erfolg beteiligen. Allerdings kann Erfolgsbeteiligung anstelle fest vereinbarter Löhne auch den gegenteiligen Effekt haben, wenn die Unternehmensentwicklung negativ verläuft. Ähnliches gilt für Leistungslöhne anstelle von Festgehältern. Einseitige Rentabilitätsorientierung zugunsten von Dividenden und Unternehmergehältern (Shareholder-Ansatz) und zulasten der Arbeitnehmerentgelte kann die Schere zwischen Höher- und Geringerverdienenden weiter aufgehen lassen. Andererseits können Investitionen, die neue oder höher qualifizierte Arbeitsplätze schaffen, sowie Investitionen in die Qualifikation der Mitarbeiter, einen positiven Effekt auf das Volkseinkommen und die Einkommensverteilung haben.

Wirtschaftliche Problemlagen

1 Vgl. S. 71 f.

2 *Geringerer Konsum:* Erwarten die privaten Haushalte, dass der Preisanstieg nur vorübergehend ist, verschieben sie Käufe so weit wie möglich in die Zukunft, in der Hoffnung auf sinkende Preise. Dies passiert z. B. regelmäßig auf dem Mineralölmarkt: Wenn aufgrund externer Schocks wie z. B. einer politischen Krise oder einer (Natur-)Katastrophe die Preise wegen Engpässen steigen, man aber von einer Lösung des Problems ausgeht, warten die Käufer lieber ab.

Höherer Konsum: Gehen die privaten Haushalte von dauerhaft steigenden Preisen aus, ziehen sie erforderliche Käufe so weit wie möglich vor, um so wenig wie möglich von dem Preisanstieg tragen zu müssen. Auch dieses Phänomen kennt man auf dem Mineralölmarkt: Gehen die Verbraucher von einem dauerhaften Preisanstieg aus, „bunkern“ sie so bald wie möglich so viel Heizöl wie möglich. Man nennt dies auch vorgezogene Käufe.

3 Ein autonomer Exportschub (X) durch das Ausland (Ausl) führt zu höheren Umsätzen und Gewinnen bei den Unternehmen (U) in der Exportbranche.

→ Die höheren Gewinne können sowohl das Volkseinkommen (Y) erhöhen und damit wiederum den privaten Konsum (C_H) als auch einen Investitionsschub (I^n) bei den Unternehmen (U) auslösen.

→ Beides hat wiederum einen positiven Effekt auf Umsätze und Gewinne in der Konsumgüter- bzw. Investitionsgüterindustrie (U) und so auf das Volkseinkommen (Y). Die Investitionen können außerdem zusätzliche Arbeitsplätze schaffen und so auch positiv auf das Volkseinkommen (Y) wirken.

→ Für den Staat (St) bedeuten höhere Einkommen (Y) und Konsumausgaben (C_H) auch höhere Einnahmen aus direkten und indirekten Steuern (T^{dir}, T^{ind}). Diese können zu höheren Konsumausgaben des Staates (C_{St}) führen und den Multiplikatorprozess weiter verstärken. Unter Umständen erhöht der Staat mit den zusätzlichen Einnahmen auch die Transferleistungen (Z_H) an die privaten Haushalte (H) und erhöht so deren verfügbares Einkommen und damit ggf. den privaten Konsum (C_H). Ggf. erhalten auch die Unternehmen (U) vom Staat höhere Subventionen (Z_U) und können damit wieder investieren (I^n). Sowohl Konsum als auch Investitionen fließen wieder in den Multiplikatorprozess.

→ Sofern Konsum und Investitionen die Nachfrage allerdings bei ausländischen Anbietern (Ausl) erhöhen, steigt lediglich der Import (M). Dies hat keine Multiplikatorwirkung auf das Inland bzw. reduziert diese zumindest. Hier profitiert die Wirtschaft des Auslands.

Ergebnis: Je nachdem, ob der Exportschub letztendlich über Investitionen und/oder Konsum die N_{ges} im Inland weiter erhöht oder nicht, entstehen im Inland positive Effekte für die Wirtschaftsentwicklung. Sofern ein positiver Impuls für das Inland entsteht, kann dieser in der Summe und über einen längeren Zeitraum deutlich höher sein als der ursprünglich auslösende Exportschub. Die Höhe des Gesamteffekts ist u. a. abhängig von der Konsumquote.

4 Vgl. S. 75

5 *Expansiver Effekt:* Durch Konsumprämien wie z. B. die Abwrackprämie oder Steuersenkungen für die privaten Haushalte kann der Staat das verfügbare Einkommen der Haushalte erhöhen, sodass idealtypischerweise deren Konsum steigt. Dies erhöht Umsätze und Gewinne in der Konsumgüterindustrie, die entweder als höheres Volkseinkommen wieder den Konsum stimulieren und damit wieder der Konsumgüterindustrie zugutekommen, oder in den Unternehmen zu Investitionen führen, die Umsätze und Gewinne in der Investitionsgüterindustrie erhöhen mit analogen Ergebnissen für Volkseinkommen, Konsum oder Investitionen. Der Rückfluss in die Konsum- und/oder Investitionsgüterindustrie führt zu einem Multiplikatorprozess. Dieser kann noch durch den Staat verstärkt werden. Er kann über Staatseinnahmen aus direkten und indirekten Steuern aufgrund von höheren Einkommen und Konsum entsprechend seine Staatsausgaben wie staatlicher Konsum oder Transfers an Haushalte oder Unternehmen erhöhen; damit steigen wiederum deren Umsätze, Gewinne, Konsum und Investitionen.

Dieser Verstärkungsprozess bleibt aus, wenn das zusätzliche verfügbare Einkommen entweder gespart oder im Ausland ausgegeben wird, z. B. für Urlaubsreisen oder Importgüter. Im letzteren Fall fließt das Geld ins Ausland ab und kommt der ausländischen Wirtschaft zugute.

Kontraktiver Effekt: Massive Einsparungen des Staates beim Konsum und bei den Transfers an Haushalte und Unternehmen reduzieren einerseits die Umsätze und Gewinne der Unternehmen und andererseits das verfügbare Einkommen der Haushalte und damit deren Konsum. Dies wirkt sich negativ auf die Umsätze und Gewinne in der Konsumgüterindustrie aus und damit wieder auf das Volkseinkommen und ggf. die Investitionstätigkeit der Unternehmen. Dadurch ergeben sich weitere negative Effekte sowohl in der Konsumgüter- als auch in der Investitionsgüterindustrie, negative Multiplikatorprozesse.

Parallel dazu gehen die Einnahmen des Staates aus direkten und indirekten Steuern zurück, sodass ggf. weitere Sparmaßnahmen erforderlich werden, die den Prozess noch verstärken.

Dieser Verstärkungsprozess kommt nicht zustande, wenn Haushalte und Unternehmen ungeachtet der staatlichen Sparmaßnahmen z. B. aufgrund von positiven Zukunftsaussichten weiterhin dynamisch konsumieren und investieren und so die staatlichen Einsparungen kompensieren. Eine weitere Möglichkeit wäre ein Ausgleich durch steigende Exporte, z. B. aufgrund einer besseren Wirtschaftsentwicklung im Ausland.

Hinweis: Andere Maßnahmen können für die Lösung verwendet werden.

6 Expansiver Effekt:
Vorteile: Ein expansiver Effekt fördert Beschäftigung und Wirtschaftswachstum und über das damit geschaffene Volkseinkommen idealerweise auch Wohlstand und soziale Gerechtigkeit. Darüber hinaus können über die höheren Staatseinnahmen die Staatsaufgaben leichter finanziert und im Optimalfall die Staatsverschuldung abgebaut werden.

Nachteile: Wird die Wirtschaft zu stark stimuliert, kann es durch übermäßig wachsende Nachfrage zu Inflation kommen, sodass die Preisstabilität gefährdet ist. Sofern der expansive Effekt stark auf dem Export beruht, kann er auch zu einem außenwirtschaftlichen Ungleichgewicht führen, es sei denn, der Export wird durch entsprechende Importe aufgrund des gewachsenen Volkseinkommens ausgeglichen.

Kontraktiver Effekt:
Vorteile: Ein kontraktiver Effekt ist dann positiv zu sehen, wenn die Wirtschaft zu dynamisch wächst, sodass einerseits Inflationsdruck herrscht und andererseits Kapazitäten und natürliche Ressourcen zu stark belastet werden. Auch eine in solchen Phasen drohende Lohn-Preis-Spirale kann ggf. verhindert werden.

Nachteile: Wird die Wirtschaft zu stark gebremst, kann es durch zu geringe Nachfrage zu einer Rezession kommen, die sich über Arbeitsplatzverluste ggf. selbst verstärkt und in eine Wirtschaftskrise führt. Sinkende Staatseinnahmen haben dann ggf. eine steigende Staatsverschuldung oder Kürzungen im Bereich der Staatsausgaben zur Folge, die die Krise weiter verstärken können.

7 Vgl. Tabelle S. 88

8 Man unterscheidet Früh-, Präsenz- und Spätindikatoren. *Frühindikatoren* laufen der eigentlichen Konjunkturentwicklung voraus und sind daher für die Prognose besonders nützlich. So basiert der ifo-Geschäftsklima-Index u. a. auf den Erwartungen der Unternehmen zur Geschäftsentwicklung und ist daher ein Frühindikator. Er ist relativ zuverlässig, da die Unternehmen die künftige Wirtschaftsentwicklung auf Basis messbarer Größen wie Auftragslage und -eingang beurteilen, die Voraussetzung für künftige Umsätze und Gewinne sind.

Präsenzindikatoren laufen parallel zur Konjunkturentwicklung und zeigen daher die aktuelle Entwicklung an. Der Export und die Produktion sind Präsenzindikatoren. Der Export spielt gerade in der Exportnation Deutschland eine tragende Rolle und macht einen deutlichen Anteil der gesamtwirtschaftlichen Nachfrage aus. Die Produktion ist der direkte Spiegel der Nachfrage und zeigt damit ebenfalls direkt die aktuelle Wirtschaftsentwicklung an. Bei monatlicher oder quartalsweiser Betrachtung ist auch das BIP, die eigentliche Wachstumsmaßgröße, ein Präsenzindikator. Präsenzindikatoren sind zwar in der Regel zuverlässig, haben allerdings keine Prognosefunktion. Der Export hat in Deutschland auf die Binnenentwicklung zwar einen deutlichen Einfluss, kann ihr aufgrund von unterschiedlichen Entwicklungen im In- und Ausland aber auch entgegenlaufen.

Spätindikatoren laufen der wirtschaftlichen Entwicklung hinterher, d. h., sie reagieren erst verzögert darauf. Beschäftigung und Arbeitslosigkeit sind klassische Spätindikatoren. Dies liegt daran, dass z. B. im Abschwung sowohl aufgrund von Kündigungsschutzfristen als auch aufgrund der Wertschätzung des sogenannten *human capital*, d. h. von qualifiziertem und erfahrenem Personal, Entlassungen häufig erst mit deutlicher Verzögerung erfolgen, z. B. wenn das Unternehmen keine Perspektive auf eine zeitnahe Erholung hat. Umgekehrt werden im Aufschwung erst dann neue Mitarbeiter eingestellt, wenn freie Kapazitäten ausgelastet sind, Kurzarbeit abgebaut ist und Überstunden ausgeschöpft sind und das Unternehmen von einem dauerhaften zusätzlichen Personalbedarf ausgeht. Spätindikatoren haben für die aktuelle und zukünftige Wirtschaftsentwicklung keine Aussagekraft, selbst wenn sie wie z. B. die Beschäftigung zuverlässige Indikatoren sind. Die Arbeitslosigkeit verhält sich z. T. atypisch, vor allem wenn sie durch staatliche Maßnahmen beeinflusst wird.

9 *Beschreibung:* Die Wirtschaftsentwicklung in Deutschland lässt sich mithilfe von Konjunkturindikatoren beschreiben. Dabei unterscheidet man Früh-, Spät- und Präsenzindikatoren. Im FAZ-Konjunkturbericht findet sich als Frühindikator der ifo-Geschäftsklima-Index. Dieser zeigt nach einem starken Anstieg seit Anfang 2009 bis Ende 2010 eine kurze Stagnation, Anfang 2011 und dann ab Mitte 2011 einen fast noch steileren Rückgang, der ganz am Ende der Grafik allerdings bereits wieder eine Trendwende anzudeuten scheint, sodass der Rückgang deutlich geringer ausfällt als der vorherige Anstieg. Diese Entwicklung würde darauf hindeuten, dass der starke Aufschwung nach dem Einbruch durch die Finanzkrise seinen Höhepunkt bereits wieder überschritten hat und ggf. in einen Abschwung mündet, für den noch nicht klar ist, wie lange und stark er sein wird. Da der ifo-Geschäftsklima-Index ein Frühindikator ist, sollte diese Entwicklung ab Ende 2011 zum Tragen kommen. Tatsächlich wird dies durch den Präsenzindikator der Produktion bestätigt, dessen Anstieg seit Frühjahr 2009 im vierten Quartal 2011 endet und in einen Rückgang mündet. Das quartalsweise BIP, das sich nach den negativen Maximalwerten Ende 2008/Anfang 2009 deutlich erholt (von ca. – 4 % auf nahezu 2 % Mitte 2010), zeigt aber eine eher uneinheitliche Entwicklung mit mehrfachem Auf und Ab

gegenüber dem jeweiligen Vorquartal. Nach dem Rückgang im zweiten Quartal 2011 steigt es im dritten Quartal aber wieder an. Da das vierte Quartal nicht angegeben ist, lässt sich keine eindeutige Aussage treffen. Die Präsenzindikatoren Investitionen und Export zeigen im abgebildeten Zeitraum einen ungebrochen positiven Trend ab Mitte/Ende 2009, der zu Werten führt, die im Export sogar über den Werten von vor der Krise liegen und auch bei den Investitionen den krisenbedingten Rückgang um mehr als zwei Drittel wieder aufgeholt haben. Ähnliches gilt für die Entwicklung am Arbeitsmarkt, die ab Mitte 2009 durchgehend positiv ist und mit weniger als 3 Mio. Arbeitslosen und über 41 Mio. Erwerbstätigen neue Rekordzahlen erreicht, und dies, obwohl sie als Spätindikatoren gelten. Der allmähliche Anstieg der Verbraucherpreise entspricht einer positiven Wirtschaftsentwicklung, auch wenn er in diesem Zeitraum stark von Rohstoffpreisen beeinflusst war (Hintergrundwissen).

Beurteilung vor dem Hintergrund der wirtschaftspolitischen Ziele: Die Entwicklung von 2009–2011 (soweit dargestellt) zeigt nach der durch die Finanzkrise ausgelösten steilen Rezession eine rasche und deutliche Erholung. Auch wenn beim BIP der Basiseffekt zu berücksichtigen ist, kommen die Werte dem Ziel des angemessenen Wirtschaftswachstums nahe; inwieweit die Entwicklung stetig ist, lässt sich nicht beurteilen. Der Umfang der Erholung ist insgesamt beeindruckend, da bei Wirtschaftswachstum und Produktion nahezu die Ausgangswerte von vor der Krise erreicht werden und auch die Investitionen wieder ein sehr hohes Niveau haben. Am deutlichsten wird das Maß der Erholung am Arbeitsmarkt, der absolute Rekordwerte erreicht, die selbst vor der Krise nicht ansatzweise vorlagen. Da die Krise diese Entwicklung seit 2005 nur kurzfristig unterbrochen hat, spielen hier sicher auch Faktoren wie die demografische Entwicklung eine tragende Rolle (Hintergrundwissen). Ungeachtet dessen ist Deutschland dem Ziel „hoher Beschäftigungsstand" näher als seit einem Jahrzehnt. Zum außenwirtschaftlichen Gleichgewicht kann aus den Daten keine eindeutige Aussage getroffen werden, da nur der Export angegeben ist. Der deutliche Anstieg des Exports und die schwache internationale Wirtschaftsentwicklung (Hintergrundwissen) sollten aber wie üblich für einen deutschen Außenhandelsüberschuss gesorgt haben. Die Preisentwicklung, die mit negativen Werten Mitte 2009 sogar Deflationsängste aufkommen ließ, erreicht im Herbst 2011 Werte von über 2 % und übersteigt damit den von der EZB festgelegten Grenzwert von unter, aber nahe 2 %.

Die tatsächlichen Werte für 2011 (Hintergrundwissen) haben gezeigt, dass die Prognose in diesem Zeitraum zum Teil sogar zu pessimistisch ausgefallen ist. 2011 konnte der BIP-Zuwachs mit 3 % noch einmal einen sehr hohen Wert erreichen. Allerdings beinhalten die Prognosen für 2012 tatsächlich die vom ifo-Geschäftsklima-Index angekündigte deutlich schwächere Entwicklung (Hintergrundwissen). Der Preisanstieg fiel mit 2,3 % wie prognostiziert aus und auch die Entwicklung am Arbeitsmarkt passt zu den prognostizierten Daten. Diese weitgehende Treffgenauigkeit ist tatsächlich eine Ausnahme, da Konjunkturprognosen in der Regel nur eine Trefferquote von ca. 30 % haben (Hintergrundwissen). Die deutliche Abweichung des Wirtschaftswachstums nach oben bestätigt dies. Die Ursachen für die Unzuverlässigkeit können in den Indikatoren selbst, in Fehlern bei der Datenerhebung oder auch in falschen Annahmen im Prognosemodell liegen (vgl. S. 99 f.). Auch externe Schocks lassen sich nicht in Prognosen einkalkulieren.

10 Vgl. S. 112 f.

11 a Laut M 61 befand sich Deutschland Anfang 2009 in einer klaren Rezession. Das zeigt mit minus 4 % gegenüber dem Vorquartal den größten Rückgang seit Gründung der BRD. Damit verbunden sind ein dramatischer Einbruch der Ausrüstungsinvestitionen um ca. 30 Indexpunkte und des Exports um ca. 20 Indexpunkte seit 2008. Auch der extreme Rückgang der Werte bei Produktion und ifo-Geschäftsklima um jeweils mehr als 20 Punkte bestätigen dies. Die Zahl der Arbeitslosen ist nach dem kontinuierlichen Rückgang seit 2005 zum ersten Mal wieder leicht angestiegen (um ca. 400 000) und mit ca. 3 Mio. Arbeitslosen immer noch deutlich von einem hohen Beschäftigungsstand (Arbeitslosenquote von ca. 4 %) entfernt. Der extrem niedrige Anstieg der Verbraucherpreise mit zum Teil deflationären Tendenzen bestätigt die geringe Nachfrage und Wirtschaftsdynamik und liegt mit Werten rund um 0,0 % deutlich unter dem Zielwert der EZB von unter, aber nahe 2 %.

Die Bundesregierung könnte in dieser Situation nachfrageorientiert agieren und versuchen, die Lücken in der gesamtwirtschaftlichen Nachfrage ($N_{ges} = C_H + C_{St} + I^{br} + X$) zu schließen. Die Exportnachfrage ist kurzfristig weitestgehend unbeeinflussbar, sodass nur die anderen Größen zur Verfügung stehen. Eine Möglichkeit wäre eine Erhöhung im Bereich des staatlichen Konsums (C_{St}) durch die vermehrte Vergabe von Staatsaufträgen. Darüber hinaus könnte der Staat versuchen, die private Konsumnachfrage (C_H) anzuregen, indem er z. B. die Steuerbelastung der privaten Haushalte reduziert oder Konsumprämien gewährt. Im Bereich der Investitionen (I^{br}) durch die Unternehmen könnte der Staat durch Investitionszuschüsse oder Subventionen sowie durch eine Reduktion der Unternehmenssteuern einen Impuls setzen.

Die zuletzt genannten Maßnahmen würden weitgehend auch in eine angebotsorientierte Strategie passen, bei der die Rahmenbedingungen für die Unternehmen verbessert werden sollen. Allerdings werden dabei nur solche Subventionen als positiv betrachtet, die Wettbewerb und Innovation fördern. Parallel dazu könnte die Regierung noch Bürokratieabbau und Deregulierung sowie die Flexibilisierung des Arbeitsmarktes vorantreiben und die Unternehmen durch Lohnersatzleistungen wie Kurzarbeitergeld entlasten.

Eine Konsumprämie wie z. B. die Abwrackprämie würde in erster Linie das verfügbare Einkommen der privaten Haushalte erhöhen. Da die Prämie nur bei einem Autokauf zum Tragen kommt, muss der private Konsum erhöht werden, um sie in Anspruch zu nehmen. Dies stellt einen starken Konsumanreiz dar. Die zusätzlichen Autokäufe kommen in Form von gestiegenen Umsätzen und Gewinnen der Automobilindustrie zugute. Dadurch wird der Einbruch aufgrund der Finanzkrise ganz oder teilweise kompensiert, sodass drohende Entlassungen abgewendet und die Faktoreinkommen weiterhin bezahlt werden können. Stabilisiert sich dadurch die private Nachfrage, kann über positive Multiplikatoreffekte der Rezession entgegengewirkt werden.

Eine Investitionsprämie könnte die Unternehmen ungeachtet der negativen konjunkturellen Entwicklung dazu bewegen, ohnehin geplante Investitionen doch durchzuführen. Dadurch würden die Unternehmen der Investitionsgüterindustrie im Bereich Umsatz und Gewinn profitieren und die negative Entwicklung bei der Investitionstätigkeit im Idealfall durchbrochen. Über diese Stabilisierung könnte dann wie oben ein positiver Effekt auf die Beschäftigung und Faktoreinkommen mit entsprechender Multiplikatorwirkung entstehen.

Letztendlich führen ab einem bestimmten Punkt in der Wirkungskette beide Maßnahmen zu einer analogen Wirkung auf die gesamtwirtschaftliche Entwicklung. Lediglich der Impuls setzt an einer anderen Stelle an.

Hinweis: Andere Maßnahmen sind als Beispiele für 11 a bis 11 d möglich.

11 b Unsere Wirtschaftsordnung ist die Soziale Marktwirtschaft mit den Elementen Freiheit auf dem Markt, sozialer Ausgleich und Schutz des Wettbewerbs.

Eine allgemeine Konsumprämie wie die Abwrackprämie ist marktkonform, da sie den Verbraucher nicht bei der Auswahl des Herstellers beeinflusst, sondern lediglich seine Kaufkraft erhöht. Sie fördert allerdings nicht den sozialen Ausgleich, da jeder unabhängig vom Einkommen das gleiche Anrecht auf eine Prämie hat. Ggf. geht die soziale Schere sogar weiter auf, da einkommensschwache Haushalte den erforderlichen Betrag über die Konsumprämie hinaus u. U. nicht aufbringen können, sodass nur einkommensstärkere Haushalte profitieren. Hinsichtlich des Wettbewerbs sind zwar grundsätzlich keine Privilegien in die Prämie eingebaut. Allerdings kann das Verbraucherverhalten zu einseitiger Bevorzugung bestimmter Unternehmen führen. So wurden im Rahmen der Abwrackprämie bevorzugt günstigere Autotypen gekauft.

Eine Investitionsprämie ist wie eine Konsumprämie grundsätzlich marktneutral, sofern sie nur die finanzielle Situation der Unternehmen verbessert. Inwieweit sie Einfluss auf den sozialen Ausgleich hat, ist schwer zu beurteilen. Werden Arbeitsplätze dadurch geschaffen, kann dies einen positiven Effekt haben. Wird allerdings nur die Ertragssituation der Unternehmen verbessert, kann es auch zu einer Umverteilung zugunsten der Bezieher von höheren Einkommen durch Unternehmensbeteiligungen führen. Hinsichtlich des Wettbewerbs kommt es darauf an, ob die Prämie als Globalmaßnahme an alle Unternehmen einer Branche gezahlt wird oder ob es privilegierte Unternehmen gibt. Letzteres würde den Wettbewerb verzerren. Da die Investitionsprämie in der Regel nur an inländische Unternehmen gezahlt wird, erhalten diese auf jeden Fall im internationalen Wettbewerb einen Vorteil.

Fazit: Je nach Ausgestaltung können sowohl angebots- als auch nachfrageorientierte Maßnahmen mehr oder weniger systemkonform sein.

11c Ab dem Punkt, ab dem die Unternehmen und damit Volkseinkommen und Investitionen in der Wirkungskette erreicht werden, läuft die Wirkungskette der idealtypischen Wirkung identisch ab. (vgl. S. 6.)

Lediglich der Impuls, der zur Erhöhung der Umsätze und Gewinne in der Investitions- und/oder Konsumgüterindustrie führt, ist unterschiedlich. So wirken z. B. angebotsorientierte staatliche Investitionsprogramme in Form von Staatskonsum (C_{St}) oder Subventionen (Z_U) direkt auf die Ertragslage der Unternehmen, während nachfrageorientierte Maßnahmen wie Steuersenkungen im Bereich der Einkommensteuer (T^{dir}) oder Konsumprämien wie z. B. die Abwrackprämie zunächst auf das verfügbare Einkommen der Haushalte und über deren Konsum- und Sparverhalten dann indirekt auf die Ertragslage der Unternehmen wirken. Von da an ist die Wirkungskette identisch.

11d Vgl. S. 6

12 In der angebotsorientierten Wirtschaftspolitik strebt man in erster Linie nach der Verbesserung der Angebotsbedingungen, um langfristig Wachstum und Beschäftigung zu fördern. Zu den Maßnahmen zählen z. B. Deregulierung und Bürokratieabbau, Reduzierung der Steuerlast und der Staatsquote, Senkung von Lohnnebenkosten, Förderung von Flexibilität und Qualität des Arbeitsangebots, Sicherung des Wettbewerbs etc. Die nachfrageorientierte Wirtschaftspolitik geht davon aus, dass konjunkturelle Schwankungen auf Schwankungen der gesamtwirtschaftlichen Nachfrage beruhen. Gleichzeitig lehnt Keynes das „Selbstheilungskonzept" des Marktes ab. Laut Keynes soll der Staat im Fall

einer Nachfragelücke gezielt die Nachfrage nach Gütern und Dienstleistungen steigern und dafür eine antizyklische Finanzpolitik einsetzen: In einer konjunkturellen Abschwungphase sollen also z. B. durch Konjunkturprogramme die Investitionstätigkeit der Unternehmer und der Konsum der Haushalte nicht nur angeregt, sondern z. T. sogar durch staatliche Nachfrage ersetzt werden. Die dazu erforderlichen höheren Staatsausgaben werden aus einer Konjunkturausgleichsrücklage oder notfalls auch durch Kredite (*deficit spending*), die in Boomzeiten wieder abgebaut werden sollen, finanziert.

Fazit: Das Konjunkturpaket II enthält Maßnahmen, die sowohl der einen als auch der anderen wirtschaftspolitischen Grundkonzeption entsprechen.

Die Erleichterungen im Rahmen der Einkommensteuer, der Kinderbonus und die Anhebung des Hartz IV-Satzes sowie die Abwrackprämie sind in erster Linie nachfrageorientiert, da sie entweder das verfügbare Einkommen erhöhen oder direkt die private Nachfrage nach Autos finanziell fördern.

Das Kredit- und Bürgschaftsprogramm ist eindeutig angebotsorientiert, da es die Rahmenbedingungen für die Unternehmen verbessert.

Alle anderen Maßnahmen können differenziert betrachtet werden. So wirkt z. B. die Senkung des Krankenkassenbeitrags positiv auf die Kostensituation der Unternehmen, aber auch auf das verfügbare Einkommen der privaten Haushalte. Ähnlich ist es bei der Beschäftigungssicherung: Im Rahmen der Kurzarbeitsregelung wird das verfügbare Einkommen der Haushalte zumindest zum Teil und zeitweise gesichert. Gleichzeitig werden die Unternehmen zum Teil von Lohnkosten entlastet. Die staatlichen Investitionen schließlich erhöhen einerseits direkt die gesamtwirtschaftliche Nachfrage über staatliche Konsum- und Investitionsausgaben (z. B. Städtebau), andererseits verbessern sie die Rahmenbedingungen für Unternehmen (z. B. Infrastrukturmaßnahmen, Investitionen in Forschung und Entwicklung).

13 Die Vorgehensweise in Aufgabe 11 entspricht einer klassischen Lage-Ziel-Mittel-Analyse, da es nach der Analyse der konjunkturellen Ausgangslage 2009 möglich ist, festzustellen, in welchen Bereichen Zielabweichungen vorliegen. 2009 lagen diese vor allem im Bereich des Wirtschaftswachstums und der Beschäftigung, aber auch beim zu niedrigen Preisniveau. Hinsichtlich des außenwirtschaftlichen Gleichgewichts ist keine Aussage möglich, da der Außenbeitrag bzw. Leistungsbilanzsaldo nicht angegeben ist. Im letzten Schritt werden dann Maßnahmen gesucht, die gegen die ermittelten Zielabweichungen wirken sollen; im vorliegenden Fall z. B. eine Konsum- oder Investitionsprämie als Impuls für eine positive Multiplikatorwirkung zur Belebung der Wirtschaft.

Wirtschaftspolitische Entscheidungsfelder

1 *Sicht des Einzelnen:* Für die meisten Menschen im arbeitsfähigen Alter ist ihre „Beschäftigung", d. h. ihre Berufstätigkeit als Arbeitnehmer oder als Selbstständiger, die Grundlage des Einkommens und damit des Lebensunterhalts und der Altersvorsorge. Darüber hinaus ist sie eine Möglichkeit zur Selbstverwirklichung und Quelle gesellschaftlichen Ansehens. Der Verlust der Beschäftigung, d. h. Arbeitslosigkeit, bedeutet immer auch einen deutlichen Einkommenseinschnitt und kann darüber hinaus weitreichende Folgen für die Betroffenen haben, zu denen über die materielle Seite hinaus auch der Verlust der Einbindung in das soziale Leben, geringeres Selbstwertgefühl, fehlende gesellschaftliche Anerkennung und die Beeinträchtigung der Gesundheit zählen (vgl. auch S. 28).

Sicht der Gesellschaft und des Staates: Beschäftigung und die damit verbundenen Einkommen sind die Grundlage der Finanzierung des Staates und seiner Aufgaben über Steuereinnahmen. Außerdem dienen sie der Sicherung des Wohlstands und der Altersvorsorge der Bevölkerung und fördern auch über die Einkommensumverteilung den sozialen Frieden. Es ist empirisch nachweisbar, dass mit hoher Arbeitslosigkeit politische Radikalisierung, steigende Kriminalität und zunehmende soziale Spannungen auftreten und die Schere zwischen Arm und Reich weiter aufgeht.

2 Laut § 1 Stabilitätsgesetz ist das Ziel ein hoher Beschäftigungsstand. Dieser wird in jüngerer Zeit über eine Arbeitslosenquote von weniger als 4 % definiert. Betrachtet man die Entwicklung in den vergangenen 35 Jahren, so kann man feststellen, dass letztmals Ende der 1970er-Jahre der Zielwert erreicht wurde. Die Entwicklung Anfang der 1980er-Jahre zeigte einen deutlichen Anstieg, der zu mehr als einer Verdopplung der Arbeitslosenzahlen führte, aber ab 1983/84 stagnierte und 1989/90 sogar in einen leichten Rückgang der Arbeitslosigkeit mündete. Der Wert war dennoch etwa doppelt so hoch wie im Jahrzehnt davor. Im Gefolge der Wiedervereinigung stiegen ab 1990 die Arbeitslosenzahlen abermals deutlich an und verdoppelten sich noch einmal. Der leichte Rückgang zur Jahrtausendwende war nur vorübergehend und 2005 wurde der absolute Spitzenwert von ca. 13 % und fast 5 Mio. Arbeitslosen erreicht.

Dieser Punkt markiert allerdings auch eine Trendwende. Seit 2006 sinken die Arbeitslosenzahlen mit einem kleinen Einschnitt durch die Finanz- und Wirtschaftskrise 2009 kontinuierlich und 2011 wurden mit einer Quote von ca. 7 % und etwa 3 Mio. Arbeitslosen die niedrigsten Werte seit der Wiedervereinigung erreicht. Vom Ziel des hohen Beschäftigungsstandes und den Arbeitslosenquoten der 1970er-Jahre sind wir allerdings noch deutlich entfernt.

Fazit: Trotz der großen Erfolge am Arbeitsmarkt seit 2006 muss die Beschäftigungspolitik weiterhin ein zentrales Anliegen der Politik bleiben.

3 Vgl. S. 115 ff. Folgende Elemente müssen in der Antwort enthalten sein:
- strukturelle Arbeitslosigkeit gegliedert nach institutioneller, regionaler, sektoraler und personenspezifischer Arbeitslosigkeit
- Langzeitarbeitslosigkeit: Entwicklung und Ursachen
- atypische Beschäftigungsverhältnisse: Entwicklung und Arten
- Zusammenhang zwischen Arbeitslosigkeit und Geschlecht, Alter, Herkunft bzw. Bildung
- regionale und sektorale Verteilung der Arbeitslosigkeit
- Entwicklung der stillen Reserve
- Aufstocker und Mindestlohn

4 Vgl. S. 123 f. (dort grafische Darstellung und Erläuterung).

5 Vgl. S. 123 ff. Folgende Aspekte sollten enthalten sein:

	Pro	Kontra
wirtschaftlich	• volkswirtschaftlicher Impuls durch höhere Kaufkraft • Entlastung des Staatshaushalts • Motivationsschub erhöht ggf. Produktivität	• Abwanderung in Billiglohnländer • Rationalisierungsinvestitionen zum Ersatz menschlicher Arbeitskraft • internationale Wettbewerbsnachteile
sozial	• Verhinderung von Armut • soziale Gerechtigkeit • Anerkennung für Leistung • Abschaffung der Lohndiskriminierung	• Arbeitsplatzverluste führen zu sozialen Nachteilen • große Unterschiede bei tariflichen Mindestlöhnen sind auch sozial ungerecht
politisch	• Mehrheit der Industrienationen hat Mindestlöhne • Vollbeschäftigung unter dem Existenzminimum widerspricht Sozialer Marktwirtschaft	• Tarifautonomie verbietet an sich eine Einmischung des Staates • angebotsorientierte Wirtschaftspolitik spricht gegen gesetzliche Lohnregelungen

Fazit: Eine eindeutige Aussage lässt sich nicht treffen. Vollzeitbeschäftigung, die nicht einmal das Existenzminimum erwirtschaftet, ist in einem sozial ausgerichteten Staat allerdings indiskutabel.

6 Vgl. S. 129 ff.

7 *Lohnerhöhungen:* Wirkungskette über das Kaufkraftargument: Lohnerhöhungen führen zur Erhöhung des verfügbaren Einkommens und damit *ceteris paribus* zu höherem privatem Konsum. Dieser erhöht Umsätze und Gewinne in der Konsumgüterindustrie. Zusätzliche Gewinne können für Neuinvestitionen eingesetzt werden, durch die im Idealfall neue Arbeitsplätze geschaffen werden.

Lohnsenkungen: Wirkungskette über das Produktivitäts- und Kostenargument: Lohnsenkungen bedeuten aus Unternehmenssicht eine Senkung der Lohn(stück)kosten. Diese führt *ceteris paribus* zu höheren Gewinnen. Die höheren Gewinne können für Neuinvestitionen eingesetzt werden, durch die im Idealfall auch neue Arbeitsplätze geschaffen werden.

8 Vgl. S. 151

9 Lösung am Beispiel der Senkung der Abgabenlast für die privaten Haushalte. Die Lösung sollte folgende Aspekte beinhalten:

- Wirkungskette zur Beschäftigung über die Erhöhung des verfügbaren Einkommens (vgl. oben Lösung zu 7)
- Grenzen:
  - grundsätzliche Grenzen der antizyklischen Finanzpolitik wie Timing, *time lags*, Dosierung, psychologische Hemmnisse (vgl. S. 104 f.)
  - Grundproblem der Gegenfinanzierung einer Steuersenkung angesichts ohnehin hoher Staatsverschuldung, ggf. Bezug zum *crowding out*-Effekt
  - fehlender Einfluss auf langfristige Störungen, wie sie z. B. durch regionalen oder technischen Strukturwandel oder die zunehmende internationale Verflechtung im Zuge der Globalisierung entstehen
  - ggf. fehlende Berücksichtigung der Angebotsseite: ohne Investitionsbereitschaft werden auch keine neuen Arbeitsplätze geschaffen; kurzfristige *stop-and-go*-Politik kann hier sogar negativ wirken

10 Lösung, z. B.:

- Reduktion der Mismatch-Arbeitslosigkeit durch Qualifikation von Arbeitsuchenden und Mobilitätshilfen
- Flexibilisierung von Rahmenbedingungen wie z. B. Kündigungsschutz, Tarifvertragsrecht (Möglichkeit zu flexiblen Betriebstarifverträgen), Arbeitszeitregelungen, auch über Zeitarbeitsverhältnisse
- Förderung und Erleichterung von Existenzgründungen
- Förderung des Strukturwandels und der Wettbewerbsfähigkeit in strukturschwachen Regionen oder Branchen
- Infrastrukturmaßnahmen

11 Vgl. M 98

12 Vgl. S. 136 unten

13 Vgl. S. 105, 137 f.; Wirkungskette mithilfe von M 54 a und der Tabelle S. 78 f.

14 Die Abbildung M 99 zeigt für die PIIGS-Staaten und Deutschland deren Haushaltssalden der Jahre 2007 und 2011. Dabei werden die Gesamtsalden angegeben (rechte Spalte) und die Teilsalden, die zum einen durch Zinszahlungen verursacht werden (mittlere Spalte) und zum anderen durch andere Finanzierungsaufgaben (linke Spalte, sogenannter Primärsaldo). Dabei kann man nach ihren Finanzproblemen in den einzelnen Jahren folgende Unterteilung herstellen:

	Hauptproblem: Primärsaldo	Hauptproblem: Zinszahlungen
2007		Griechenland, Italien, Portugal, Deutschland, Irland, Spanien
2011	Irland, Spanien	Griechenland, Italien, Portugal, Deutschland

Außer in Spanien und Irland war und ist also die Zinsbelastung das größere Haushaltsproblem als die sonstigen finanziellen Verpflichtungen. Es gibt sogar mehrere Staaten, die 2011 ohne den Schuldendienst auch ohne neue Kredite ausgekommen wären (Italien und Deutschland). Das bedeutet, dass ausschließlich die Schulden neue Schulden verursachen. Dies birgt die Gefahr eines Teufelskreises bzw. einer sogenannten Schuldenspirale.

15 Vgl. S. 105; Wirkungskette formulieren mithilfe von M 54 a/Tabelle S. 78.

16
- Die sogenannte Schuldenbremse: Art. 109 und 115 GG (vgl. S. 138 ff.)
- Die Schuldenstandskriterien des Maastricht-Vertrags (vgl. S. 140, M 127)

17 Steuersenkungen können die Abgabenlast sowohl der Unternehmen als auch der privaten Haushalte reduzieren. Bei den Unternehmen wird so die Gewinnsituation nach Steuern verbessert, sodass zusätzliche liquide Mittel zur Verfügung stehen. Bei den privaten Haushalten führt die Steuersenkung zu einem höheren verfügbaren Einkommen und *ceteris paribus* zu höheren Konsumausgaben, die die Umsätze und Gewinne bei den Unternehmen in der Konsumgüterindustrie erhöhen.

Die höheren liquiden Mittel bei den Unternehmen (durch Steuersenkung und Konsumanstieg) können entweder als Faktoreinkommen an die privaten Haushalte ausgezahlt oder für Neuinvestitionen eingesetzt werden. Im ersten

Fall wird *ceteris paribus* wieder der private Konsum steigen und die Kette von vorn beginnen. Im Fall von Neuinvestitionen erhöhen sich einerseits die Umsätze und Gewinne in der Investitionsgüterindustrie mit analogen Folgen für die Faktoreinkommen und den Konsum und andererseits werden ggf. die Kapazitäten der investierenden Unternehmen erhöht, sodass neue Arbeitsplätze und dadurch wiederum zusätzliche Faktoreinkommen mit der resultierenden Multiplikatorwirkung geschaffen werden.

Sowohl der erhöhte Konsum als auch die höheren Einkommen führen zu höheren Steuereinnahmen des Staates (T^{ind} aus dem Konsum und T^{dir} auf die Einkommen). Da im Idealfall eine Multiplikatorwirkung einsetzt, deren Effekt ein Vielfaches der ursprünglichen Steuersenkung beträgt, können die zusätzlichen Steuereinnahmen die ursprünglichen Einnahmenverluste aufgrund der Steuersenkung ganz oder teilweise kompensieren. Darüber hinaus sinken die Ausgaben des Staates für Sozialtransfers, wenn die Einkommen der privaten Haushalte steigen und neue Arbeitsplätze geschaffen werden. Verbessert sich die Ertragslage der Unternehmen, können außerdem ggf. Subventionen reduziert werden. Die Ausgaben des Staates sinken also insgesamt.

In der Summe kann der Effekt aus höheren Steuereinnahmen und geringeren Transferausgaben per Saldo die Einnahmenverluste aus der Steuersenkung überkompensieren und so Mittel zur Rückführung der Staatsverschuldung und Konsolidierung des Staatshaushalts freisetzen.

18 Vgl. S. 155; wesentliche Aspekte der Lösung:
- Abgrenzung gegenüber dem erweiterten EZB-Rat
- oberstes Entscheidungs- und Exekutivorgan im ESZB, insbesondere im Eurosystem
- beschließt die Geldpolitik für die Länder des Eurosystems
- wacht über die Preisstabilität im Eurosystem

19 Vgl. M 113

20 *Beschreibung:* Vgl. S. 158 ff.; *Begründung:* Im Zuge der Finanzkrise brach das Interbankgeschäft zusammen, weil die Banken nach der Insolvenz einer Großbank (Lehman Brothers) kein Vertrauen in gegenseitige Einlagen- und Kreditgeschäfte mehr hatten und haben, da es für diese Geschäfte keine Einlagensicherung gibt. Um die dennoch erforderliche Liquidität im Bankensektor sicherzustellen und so zu verhindern, dass Kreditinstitute in großem Umfang wegen Liquiditätsmangel insolvent werden, und um den Banken andererseits eine feste Kalkulationsgrundlage für die Refinanzierungskosten zu geben, stellte die EZB auf den Mengentender, d. h. das Verfahren mit Festzinssatz, um. Die grundsätzliche Problematik der Repartierung analog zum Anteil des Einzelgebots einer Geschäftsbank am Gesamtbetrag der Gebote und die damit häufig stark überhöhten Gebote umging die EZB durch die bis dahin unbekannte Maßnahme der unbegrenzten Zuteilung in Höhe der Gebote (sogenannte Vollzuteilung). Ziel war in erster Linie eine Stabilisierung des Bankensektors und dennoch eine möglichst korrekte Information über den Liquiditätsbedarf der Banken.

21 *Beschreibung:* Im Jahr 2011 hat die EZB die Leitzinsen viermal verändert. Der erste Zinsschritt im April war eine Erhöhung vom historisch niedrigen Zinssatz von einem Prozent, der seit Mai 2009 unverändert gegolten hatte, auf 1,25 %. Dieser Erhöhung folgte drei Monate später im Juli 2011 noch einmal eine analoge Erhöhung um 0,25 Prozentpunkte auf 1,5 %. Diese wurde im November 2011 rückgängig gemacht und im Dezember 2011 wurde der Leitzins wieder auf das Ausgangsniveau vom Jahresbeginn (1 %) zurückgeführt. Die Zinskurve sieht daher im Jahresverlauf 2011 wie ein Podest aus, das auf dem gleichen Niveau endet, wie es begonnen hat.

Begründung: Das oberste Ziel der EZB ist die Preisstabilität im Euroraum. Diese ist nach der Definition der EZB erreicht, wenn die mit dem HVPI gemessene Inflationsrate unter, aber nahe 2 % liegt. Im Jahr 2011 lag der Wert mit 2,3 % bereits zu Jahresbeginn über diesem Grenzwert und stieg weiter an. Der Zinsschritt nach oben war vor diesem Hintergrund nachvollziehbar, da durch eine Verteuerung der Refinanzierung der Geschäftsbanken (Primärwirkung) und die Übertragung dieser Zinserhöhung auf den Kredit- und Anlagemarkt (Sekundärwirkung) idealtypischerweise die Geldschöpfung durch Kreditvergabe an Unternehmen und Haushalte reduziert und so der geldmengenbedingte Inflationsdruck gedämpft wird (monetäre Wirkung). Auf den ersten Blick scheinen die Maßnahmen mit einem gewissen *time lag* auch Erfolg gehabt zu haben, da die Inflationsrate ab Mai wieder bis auf 2,5 % sinkt. Sie lag allerdings nach wie vor deutlich über dem Grenzwert und im September stieg sie dann sprunghaft auf einen Jahreshöchstwert von 3,0 %. Ungeachtet dieses deutlichen und im Jahresverlauf maximalen Anstiegs senkte die EZB Anfang November die Leitzinsen. Dies ist überraschend, da man bei zu hoher und steigender Inflation mit einer restriktiven und nicht mit einer expansiven Zinspolitik rechnet. Auch der zweite Zinsschritt nach unten im Dezember ist überraschend, da das Inflationsniveau unverändert hoch blieb.

Als Erklärungsansatz bleibt nur, dass die EZB davon ausgeht, dass die monetären und damit durch sie beeinflussbaren Inflationsrisiken zurückgingen und der Preisanstieg auf externen Schocks bzw. unbeeinflussbaren Entwicklungen wie z. B. dem Anstieg der Rohstoffkosten beruhte. Dennoch ist es angesichts einer Inflationsrate von 3 % überraschend, dass offensichtlich dem nachrangigen Ziel der Förderung der Wirtschaftspolitik in der Gemeinschaft der Vorrang gegeben wurde, indem durch die Zinssenkungen ein expansiver Kurs eingeschlagen wurde. Die Zinssenkungen führen zu einer verbilligten Refinanzierung der Geschäftsbanken bei der EZB (Primärwirkung) und idealerweise zu einer analogen Verbesserung der Kreditkonditionen für Unternehmen, Haushalte und ggf. den Staat (Sekundärwirkung). Reagieren diese darauf mit einer kreditfinanzierten Erhöhung der Investitionen bzw. des privaten und ggf. des staatlichen Konsums, kann dies einen positiven Impuls für die konjunkturelle Entwicklung setzen und im Optimalfall einen positiven Multiplikatorprozess zur Bewältigung der schwächelnden Wirtschaftsentwicklung in zahlreichen Ländern des Euroraums auslösen (realwirtschaftliche Wirkung). Allerdings bedeutet eine vermehrte Kreditvergabe auch eine erhöhte Geldschöpfung, die über die Erhöhung der Geldmenge zu Inflationsdruck führen kann (monetäre Nebenwirkung). Aus diesem Grund wurde die Zinssenkung angesichts der deutlich zu hohen Inflationsrate als „überraschend“ bezeichnet.

22 Vgl. S. 164 ff.

23 Vgl. Abschnitt 2.4 auf S. 166 ff. Sicht der EZB: Information über Liqui-ditätsknappheit oder -überschuss; Sicht der Geschäftsbanken: Lösung für extremen Liquiditätsüberschuss oder -mangel im kurzfristigen Bereich

24 Die Inflationsraten in der Eurozone sind zum Teil extrem unterschiedlich. Sie weisen eine Bandbreite von 1,1 % (Irland) bis 5,2 % (Estland) auf. Während der erste Wert sogar unerwünscht niedrig ist, da eine Preissteigerung von unter, aber nahe 2 % angestrebt wird, sind 5,2 % mehr als doppelt so hoch wie erwünscht. Für Irland wäre also eine expansive Geldpolitik angemessen, während die Inflation in Estland eindeutig restriktive Maßnahmen erforderlich macht. Der Durchschnittswert von 3,0 % in der Eurozone sagt nichts über solche Extremwerte aus und die großen Abweichungen zeigen, dass eine gezielt auf die Situation einzelner Länder zugeschnittene Geldpolitik durch die einheitliche Geldpolitik der EZB unmöglich ist, sodass es erforderlich ist, die wirtschaftliche Entwicklung der einzelnen Länder stärker aneinander anzugleichen. Dies ist ein zentrales Ziel des Stabilitäts- und Wachstumspakts und des Fiskalpakts.

25 Vgl. M 119; die Lösung kann formuliert werden, indem das Schaubild versprachlicht wird.

26 Vgl. Abschnitt 3.3, S. 174 f.

27 Möglich sind starre, (relativ) feste und freie Wechselkurse; vgl. S. 176 ff.

28a 2006 bis Mitte 2008 schwankte der Wechselkurs der chinesischen Währung gegenüber dem Dollar frei (freie Wechselkurse). Dies kann man daran erkennen, dass der Kurs sich in dieser Zeit stark veränderte. Er sank von gut 8 Yuan pro Dollar auf gut 6,8 Yuan.

Ab Mitte 2008 war der Kurs innerhalb einer Bandbreite von 0,5 % (M 131 b) an den Dollar gebunden, d. h., es bestand ein (relativ) fester Wechselkurs. Die Parität lag bei ca. 6,82 Yuan (M 131 a). Schwankungen waren nur um ±0,25 % erlaubt, also nur um ca. 0,017 Yuan. Bei höheren Schwankungen waren Devisenmarktinterventionen erforderlich. Diese Regelung bestand einseitig vonseiten der chinesischen Regierung, sodass Interventionen auch durch die chinesische Zentralbank erfolgen mussten.

Seit Mitte 2010 schwankt der Kurs offensichtlich wieder frei, da er mit einigem Auf und Ab insgesamt deutlich auf etwa 6,6 Yuan gesunken ist.

28b
28c

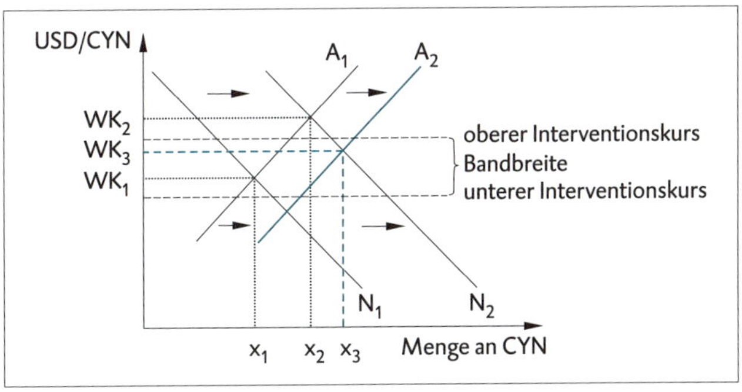

Erläuterung: Durch die erhöhte Devisennachfrage der USA verschiebt sich die Nachfragekurve nach rechts von N_1 auf N_2. Dies resultiert in einem Anstieg des Wechselkurses von WK_1 auf WK_2, sodass der Wechselkurs nach oben aus der Bandbreite ausbricht. Die chinesische Zentralbank wirft daraufhin chinesische Yuan auf den Markt, d. h., sie interveniert in Form von Yuan-Verkäufen, sodass das Angebot von A_1 auf A_2 steigt. Der Wechselkurs sinkt dadurch von WK_2 auf WK_3 und liegt wieder innerhalb der Bandbreite. Die chinesische Regierung könnte auch US-Dollar gegen Yuan kaufen. Dies hätte die gleiche Wirkung, da auch dadurch das Angebot an Yuan auf dem Markt erhöht würde.

28d Vgl. S. 181

29 Eine Einheitswährung hat im Wesentlichen die gleichen Vorteile wie ein System fester Wechselkurse (vgl. S. 181 linke Seite). Dazu kommt noch ein weiterer wesentlicher Vorteil: Die Kosten und der organisatorische Aufwand, die durch den Umtausch von Währungen entstehen, fallen ebenfalls weg.

Aus den Nachteilen der fixen Wechselkurse, vor allem dem fehlenden Ausgleich von Außenwirtschaftsungleichgewichten, ergibt sich allerdings auch die Notwendigkeit zur Konvergenz der beteiligten Staaten, d. h. zur Angleichung der wirtschaftlichen Entwicklung. Für die EWU wurden dazu vier Schlüsselgrößen als Konvergenzkriterien festgelegt, von denen die Punkte 1–3 auch als Stabilitätskriterien der Währungsunionsmitglieder gelten (vgl. M 127).

Eine weitgehend angeglichene Preisentwicklung ist erforderlich, da sonst eine gemeinsame Geldpolitik nicht zielgerichtet möglich ist (vgl. Aufgabe 24 bei Geldpolitik). Außerdem können hohe Inflationsraten einzelner Länder das Vertrauen in die Gemeinschaftswährung insgesamt schwächen.

Niedrige langfristige Zinsen spiegeln das Vertrauen in die Stabilität der Mitgliedstaaten wider: Dauerhaft niedrige Zinsen sind ein Ergebnis solider Staatsfinanzen und hoher Preisstabilität. Beides sind Voraussetzungen für eine allgemein anerkannte Gemeinschaftswährung auch gegenüber Drittstaaten.

Solide Staatsfinanzen sind Grundlage für dauerhaftes Wachstum, geringen Inflationsdruck und niedrige langfristige Zinsen sowie das Vertrauen in die Staatengemeinschaft und damit in deren gemeinsame Währung. Fehlt das Vertrauen in die Staatengemeinschaft, so verliert die Währung gegenüber anderen an Wert und damit an Kaufkraft im Ausland. Die Staatsfinanzenkrise in Europa, von der v. a. die sogenannten PIIGS-Staaten betroffen sind (Portugal, Irland, Italien, Griechenland und Spanien), zeigt, wie stark selbst ein vergleichsweise kleines Mitglied wie Griechenland die gesamte Gemeinschaft hohen Stabilitätsrisiken bis hin zum theoretischen Zerbrechen der Währungsunion aussetzen kann. Hätte Griechenland die Konvergenz- bzw. Stabilitätskriterien konsequent eingehalten, wären weder seine drohende Insolvenz noch die damit verbundenen Lasten für die EWU überhaupt entstanden. Die Krise wurde zwar durch die Finanzkrise ausgelöst. Die Ursachen sind aber in der grundsätzlich fehlenden Stabilität der griechischen Wirtschafts- und Finanzpolitik zu suchen, die bereits seit dem Beitritt des Landes zu regelmäßigen Diskussionen geführt hat. Der Rettungsschirm kann hier nur zur Überbrückung dienen, bis tiefgreifende Reformen zu tatsächlicher Haushaltsdisziplin und echter Konvergenz führen.

Der sogenannte Fiskalpakt aus dem Jahr 2012 soll daher die Stabilitätskriterien noch stärker verankern und ihre Durchsetzung fördern.

30 Vgl. Text bzw. Zusammenfassung auf S. 190

31 Vgl. S. 187

32 Die *beggar thy neighbour*-Theorie beschreibt, wie sich ein Land (das Überschussland) über dauerhafte Exportüberschüsse auf Kosten des Importlandes (Defizitland) bereichert, da permanent mehr Geld ins Exportland fließt als im Gegenzug für eigene Importe ins Ausland. Dies hat negative Folgen für die Gesamtwirtschaft des Defizitlandes, das auf Dauer nicht nur zahlungsunfähig wird, sondern auch abhängig von den Importen des Überschusslandes, da durch die fehlende Nachfrage nach Gütern und Dienstleistungen aus dem eigenen Land die entsprechenden Branchen ihre Kapazitäten zunehmend abbauen und nicht mehr leistungsfähig sind. Daraus folgt ein Rückgang der Beschäftigung und im Extremfall ein kontraktiver Effekt für die Gesamtwirtschaft. Jedoch haben die dauerhaften Überschüsse auch negative Folgen für das Überschussland. Der permanente Devisenzufluss aufgrund der Exportüberschüsse bläht die Geldmenge im Inland auf, sodass es zu geldmengeninduzierter Inflation kommen kann.

In Deutschland wird, um dauerhafte Ungleichgewichte zu vermeiden, laut § 1 des Stabilitätsgesetzes außenwirtschaftliches Gleichgewicht angestrebt, das entweder als ein Gleichgewicht bei den Gold- und Devisenzu- und -abströmen oder als eine ausgeglichene Handels- und Dienstleistungsbilanz definiert werden kann, sodass der Außenbeitrag gleich Null ist. Politisch wird in Deutschland allerdings ein leicht positiver Außenbeitrag angestrebt (ca. 3 % des BIP), da Deutschland in zahlreichen anderen Teilbilanzen als Nettozahler gegenüber dem Ausland fungiert und so ein Ausgleich hergestellt wird (z. B. Zahlungen an internationale Organisationen wie die UNO oder im Zusammenhang mit der EU). In der Realität übersteigt der deutsche Leistungsbilanzüberschuss aber regelmäßig diese Zielgröße, da Deutschland als Veredelungsland und mit einer hohen preislichen Wettbewerbsfähigkeit lange Zeit Exportweltmeister war und seit 2009 nach China noch immer vor den USA Exportvizeweltmeister ist, obwohl Deutschland deutlich kleiner ist als die beiden anderen Länder.

33 Vgl. M 139

34 Vgl. Abschnitt 4.4, S. 193 ff.

35a Anwendung des automatischen Leistungsbilanzausgleichs (S. 194 f.) und seiner Grenzen auf die Situation zwischen China und den USA

35b *Beispiele:* Infrage kommen theoretisch alle protektionistischen Maßnahmen zur Behinderung chinesischer Exporte in die USA in Form von tarifären und nicht-tarifären Handelshemmnissen (vgl. S. 200 ff.).

Grenzen: Da sowohl die USA als auch China Mitglied in der WTO sind, sind offen protektionistische Maßnahmen allerdings weitgehend ausgeschlossen, da freier Marktzugang, d. h. keinerlei quantitative Handelsbeschränkungen, Inländerbehandlung, d. h. Gleichbehandlung in- und ausländischer Anbieter, und die sogenannte Meistbegünstigungsklausel, d. h. das Verbot der Benachteiligung einzelner Handelspartner in der WTO, gelten. Der Einsatz protektionistischer Maßnahmen provoziert außerdem in der Regel auch entsprechende Gegenmaßnahmen, sodass die USA, die in vielerlei Hinsicht von chinesischen Importen abhängig sind, nur sehr bedingt protektionistische Maßnahmen zum Abbau des Handelsbilanzdefizits mit China einsetzen können.

36 Die wesentliche Aussage in der ersten Karikatur ist, dass durch den Freihandel eine bessere Versorgung mit Gütern möglich ist, die sonst ggf. im eigenen Land gar nicht erhältlich wären, und dass dadurch auch die Lebensqualität steigt. Dies entspricht der Position der Freihandelsbefürworter, die argumentieren, dass der Freihandel die Versorgung mit national nicht verfügbaren Gütern ermöglicht und über komparative Kostenvorteile und die Spezialisierung auf nationale Kernkompetenzen den Wohlstand für alle Beteiligten erhöht.

Die wesentliche Aussage der zweiten Karikatur ist, dass die Großunternehmen (corporate America) vom Freihandel profitieren, während die Arbeitnehmer im In- und Ausland das Nachsehen haben. Im eigenen Land, weil durch den Warenimport die heimische Produktion überflüssig wird, dadurch Arbeitsplätze verloren gehen und zur Abwendung der Arbeitsplatzverluste immer mehr Zugeständnisse im Bereich Arbeitsrecht gemacht werden; im Ausland, weil die Produktion in Länder verlagert wird, in denen es weder angemessene Löhne noch rechtliche Regelungen zu Arbeitsbedingungen gibt. Freihandel wird daher als Prozess kapitalistischer Ausbeutung zugunsten der Großunternehmen dargestellt. Dies entspricht der Position der Freihandelsgegner, die u. a. argumentieren, dass der Freihandel Arbeitsplätze in preislich nicht wettbewerbsfähigen Branchen kostet und im Extremfall zu Lohndumping führt. Sie kritisieren, dass ohne Sozial- und Umweltstandards der Freihandel grundsätzlich negative soziale Entwicklungen wie Lohndumping oder Kinderarbeit und externe Effekte auf die Umwelt verursacht. Darüber hinaus sind traditionelle Wirtschaftsbereiche und solche von öffentlichem Interesse gefährdet sowie die damit verbundenen Arbeitsplätze. Weitere Argumente für/gegen Freihandel, vgl. S. 202 ff.

37 Vgl. Abschnitt 4.6, S. 205 ff.

38 Vgl. S. 207.

Stichwortverzeichnis

Abschwung 6, 85, 88, 104, 111, 122
Abwertung 175, 180 f., 194, 202
Angebot, gesamtwirtschaftliches 10, 73, 75 f., 78, 81
Angstsparen 77, 79, 102, 106 f., 112
Arbeitslosenquote 23 ff., 88, 90 ff., 111, 118 ff., 127
Arbeitslosenzahl 23 ff., 88, 91 f., 111, 115 f., 120
Arbeitslosigkeit 23 ff., 87, 90, 96, 101, 111, 113, 115 ff., 127, 129, 136, 143, 148 ff.
Arbeitsmarkt 25 f., 33, 90 f., 96, 106, 110 f., 115 ff., 127, 134, 148 ff.
Arbeitsmarktpolitik s. Beschäftigungspolitik
Arbeitsteilung, internationale 120, 176, 187, 196
Attentismus 22, 77, 164
Atypische Beschäftigungsverhältnisse 47, 92, 117 f.
Aufschwung 85, 87 f., 92 f., 115
Aufwertung 175, 178, 180, 194
Außenbeitrag 29 f., 72, 75, 191, 193
Außenwert 172, 174 f., 193 ff.
Außenwirtschaft /außenwirtschaftliches Gleichgewicht 2, 10, 29 f., 174, 179 ff., 187 ff.

Beschäftigung 23 ff., 33, 44, 78 ff., 87 f., 92, 102, 109 ff., 115 ff., 122, 124, 128 f., 132 f., 148 ff.
Beschäftigungspolitik 24, 115, 117, 121, 148 ff., 205
Besteuerung s. Steuern
Binnenmarkt 197, 199
Boom 85, 88, 103, 105, 113
Break-even-Point s. Gewinnschwelle
Bruttoinlandsprodukt (BIP) 16, 32 ff., 40, 73 ff., 84 ff., 88, 90 f., 93, 96, 108, 138 ff., 183, 188 ff.
Bundeshaushalt s. Staatshaushalt

Crowding out 105, 109, 113, 137

deficit spending 103, 105, 110, 113, 135 f., 139
Deflation 18, 21 f., 79, 109 f., 156
Demografischer Wandel 34, 46, 136, 150
Depression 85 f.
Devisenbilanz s. Zahlungsbilanz
Devisenmarkt 172 f., 176 ff., 197
Dienstleistungsbilanz s. Zahlungsbilanz

EFSF s. EFSM
EFSM 49, 96, 184 f.
Eigenkapitalrentabilität s. Rentabilität
Einkommens(um)verteilung 10, 13, 15, 34, 39 ff., 93, 111, 115, 122, 124, 129, 132, 134, 141, 145
Einlagefazilität s. Ständige Fazilitäten
Erlös 57, 61 ff.
Erwerbs- und Vermögensbilanz s. Zahlungsbilanz
Erwerbstätige 23, 27, 90, 123, 132
Euro 95, 154, 172 f., 179
Europäische Union 36, 48 f.
Europäische Währungsunion (EWU) 16, 49, 148, 154 f., 160, 165, 172, 179, 181 ff., 196, 199
Europäische Zentralbank (EZB) 16 f., 154 ff., 172, 184, 206
Euroraum 16 ff., 154 ff., 166, 172 f., 179, 182, 184, 188, 190, 192

Eurosystem 154 ff., 165, 167, 179, 181 f.
Eurozone s. Euroraum
Export 29 ff., 72, 90, 165, 172 ff., 181, 188 ff., 200 ff.
ESZB 154 f., 156

Finanzpolitik 15, 110, 136, 165, 176, 205
Finanzpolitik, antizyklische 102 ff., 109, 112
Fiskalismus s. Wirtschaftspolitik, nachfrageorientierte
Fiskalpolitik s. Finanzpolitik
Freihandel 196 ff.

Geldmenge 18 f., 20, 30, 107 ff., 138, 156, 160 ff.
Geldpolitik 102, 106 ff., 112, 155 ff., 181, 186
Geldschöpfung 161 f.
Gemeinschaftswährung 95, 156
Gerecht(igkeit) 15, 34, 37, 39 ff., 122, 124, 142 ff.
Geschäftsklimaindex 87 ff., 92
Gewerkschaft 102, 128 ff., 150
Gewinn 18 f., 51 ff., 57, 62 ff., 68 f., 78 f., 88, 92, 129 ff., 165, 177
Gewinnmaximierung 3, 51, 62 f., 99
Gewinnschwelle 62, 64
Gewinnzone 62
Gleichgewichtspreis 61
Global Governance 207
Globalisierung 27, 48 f., 119 f., 187 ff., 197, 200, 202, 205 ff.

Handelsbilanz s. Zahlungsbilanz
Handelshemmnis s. Protektionismus
Harmonisierter Verbraucherpreisindex (HVPI) 16 f., 88, 93, 156
Hauptrefinanzierungsgeschäft/Hauptrefinanzierungssatz 2, 156 ff., 160, 162 f., 166, 168, 170
Haushaltsdefizit 22, 96, 105, 134 f., 139 f., 148, 183
Haushaltskonsolidierung, -sanierung 139 f., 148, 150
Hochkonjunktur 33, 77, 83, 85, 104
hoher Beschäftigungsstand 10, 15, 23 ff., 44, 132, 148

Import 20, 29 ff., 72, 75 f., 90, 133, 165,174 f., 181, 188 ff., 200 ff.
Inflation/Inflationsrate 15 f., 18 ff., 30, 44, 78 f., 91, 104 ff., 129 f., 138, 156, 161 ff., 174 f., 183, 191
Interbankenhandel/Interbankgeschäft 160, 165, 167
Intervention 112, 149, 175, 178 ff., 197
Investition 21 f., 34, 56, 64 ff., 72, 76 ff., 88 ff., 102 ff., 109 ff., 129, 137 f., 147, 149, 161 ff., 175, 193
Investitionshilfe 68 f., 72, 104, 111, 205

Kapazität(sauslastung) 19, 44, 57 f., 60 ff., 65 f., 87 f., 92
Kapazitätsgrenze 57, 60 ff.
Kapitalverkehrsbilanz s. Zahlungsbilanz
Kaufkraft 16, 21 f., 101, 113, 124, 129 f., 133 f., 177
Kaufkrafttheorie 129 f.
Keynesianismus s. Wirtschaftspolitik, nachfrageorientierte
Konjunktur 77, 80 ff., 95, 102, 107, 109, 115 f., 136, 138 f., 148 ff., 162, 191
Konjunkturindikator 86 ff.
Konjunkturpaket, -programm 104, 107, 112, 114, 136, 141, 149
Konjunkturpolitik 26, 109, 112, 115 ff., 148 ff., 198, 205
Konjunkturtheorien 93 f., 96

Konjunkturtief 85, 116
Konjunkturzyklus 26, 81, 83, 85 f., 100, 102 ff., 115 f.
Konsum(ausgaben) 22, 28, 71 f., 76 ff., 90, 93, 124, 129, 137 f., 141 ff., 146 ff., 161 ff., 205
Konsumquote /Konsumverhalten 12, 17, 20, 76f., 89 ff., 93, 102, 107, 124, 134, 137, 146
Konvergenzkriterien s. Maastricht-Vertrag
Kosten 18, 20, 28, 57 ff., 68 f., 93, 130 f., 133, 177, 187, 196, 203
Kreditaufnahme/ Kreditnachfrage/ Kreditvergabe/ Kreditversorgung 93, 103, 105, 109, 113, 134 f., 137 ff., 161 ff., 173
Kreislaufmodell, -theorie 11, 71 ff., 150, 161, 177

Leistungsbilanz s. Zahlungsbilanz
Leitzins 158, 162, 164, 166 f.
Liberalisierung (Welthandel) 48f., 197, 200, 202, 205
Liquidität 157 ff., 165 ff.
Lohnkosten 120, 122, 130 ff., 196
Lohnpolitik s. Tarifpolitik
Lohn-Preis-Spirale 21, 87, 130, 133, 138, 165
Lohnquote 129, 131 ff.

Maastricht-Vertrag, Kriterien 182 f.
magisches Viereck 15, 56
Marktmechanismus 12, 99 ff., 108, 112
Marktmodell 75 f., 123, 173, 178
Marktwirtschaft 12 ff., 44 f., 47 ff., 52, 124 f., 128, 141,145, 178, 205
Marktwirtschaftliche Freiheit 14, 125
Mengentender s. Hauptrefinanzierungsgeschäft
Mindestlohn 27, 49, 117, 120, 123 ff., 149, 205 f.
Mindestreserve 156 f., 161, 165, 168 f.
Monetarismus s. Wirtschaftspolitik, angebotsorientierte
Multiplikator(wirkung) 3, 22, 28, 78 ff., 93f., 113, 129, 163, 191

Nachfrage, gesamtwirtschaftliche 10, 26, 73, 75 f., 78, 81, 102 ff., 112, 115 f., 129, 161 ff., 188
Nachhaltig(keit) 14 f., 37 ff., 45, 55 f.
Nettozahler 191
Neuverschuldung s. Haushaltsdefizit
Nutzengrenze s. Kapazitätsgrenze
Nutzenmaximierung 99
Nutzenschwelle s. Gewinnschwelle

Offenmarktgeschäfte s. Hauptrefinanzierungsgeschäfte
Ölpreis 19, 166

Parität s. Wechselkurssystem
Policy mix 112, 150
Preis(niveau)stabilität 2, 16 ff., 56, 78 f., 107, 130, 156, 160 ff., 178, 181, 183
Preisindex s. HVPI
Privateigentum 14
Protektionismus 164, 196 ff., 202 ff.
psychologische Faktoren 94, 97, 106, 111, 113, 147, 174 f., 202

Realwirtschaft 108, 162 f., 174, 206
Refinanzierung 157, 160
Rendite s. Rentabilität
Rentabilität 51 ff., 66, 68 f., 177
Rettungsschirm s. EFSM
Rezession s. Abschwung

Sachverständigenrat 9f., 90, 92, 109, 116, 120, 127, 134
Schulden 21 f., 105, 135 ff., 148, 182 ff.
Schuldenbremse 135, 138 f., 148
Schutzzoll s. Protektionismus

soziale Gerechtigkeit 15, 45, 47, 124
Soziale Marktwirtschaft 12 ff., 45 ff., 124, 141, 145
soziale Sicherung 28, 34, 41, 47, 122
sozialer Ausgleich 14 f., 28, 41, 47, 54, 111, 113, 145 f.
Sozialpolitik 205
Sozialstaat 14, 77
Sparen 14, 72, 76 f., 101 f., 133, 150, 162 f.
Sparquote 76 f., 93
Spitzenrefinanzierungsfazilität s. Ständige Fazilitäten
Staatsaufgaben 28, 34, 141
Staatsausgaben 28, 78, 107, 110, 135, 141, 148, 205
Staatseinnahmen 45, 101, 103, 113, 124, 134
Staatshaushalt 15, 22, 28, 34, 47, 49, 79, 96, 100 ff., 107, 110, 113, 115, 124, 134 ff., 148, 150
Staatsquote 110, 113, 135
Staatsverschuldung s. Staatshaushalt
Stabilitätsgesetz 15, 103 f., 148, 191
Stabilitätskriterien s. Stabilitäts- und Wachstumspakt
Stabilitäts- und Wachstumspakt 140, 148, 165, 182, 206
Stagflation 106 ff., 112, 165
Ständige Fazilitäten 2, 156 f., 166 ff.
Standort Deutschland/Standortpolitik 46, 207
Steuern/Steuereinnahmen 19, 22, 28, 34, 41 f., 72, 76 f., 101, 103, 109, 113, 115, 130, 134, 136, 139 ff., 204 f.
Stille Reserve 24 f., 121
Strukturanpassung, -wandel 27, 105, 110, 113, 119, 136, 149
Subvention 72, 103, 110f., 113, 149, 200 ff.

Tarifautonomie 14, 125, 127 f.
Tariflöhne 18, 27, 116, 126 f.
Tarifparteien 87, 120, 122, 127, 129 ff., 150
Tarifpolitik 111, 115 f., 120, 122 ff., 127 ff., 131, 133, 150, 165, 196, 205
Tarifverhandlungen 21, 93, 133
Tarifvertrag 87, 125 f., 128, 133
time lag 104, 113, 164, 179
Transferleistung 41, 72, 77, 103, 115, 136
Transmissionsmechanismus 160, 162

Übertragungsbilanz s. Zahlungsbilanz
Umsatz 61, 88, 92
Umsatzrentabilität s. Rentabilität
Umweltpolitik 14, 141, 206
Unabhängigkeit der EZB 156
Unternehmen/Unternehmer 9, 19, 21, 34, 51 ff., 67 ff., 71 ff., 97, 99, 102, 105, 110 f., 113, 124 f., 128 ff., 150, 162 f., 165, 172, 177, 179, 196

Verbraucherpreise 16 f., 88, 91, 93
verfügbares Einkommen 76, 101, 129
Volkseinkommen 22, 56, 71 f., 76, 111, 113, 129, 131

Währung/Währungsrisiko 9, 21, 154 ff.
Wechselkurs 156, 172 ff., 188, 193 ff.
Wechselkursrisiko 178 f., 181, 197
Wechselkurssystem 165, 176 ff., 185, 193 ff.
Welthandel/Weltwirtschaft 188, 190, 200, 205, 207
Wettbewerb 14, 19, 108, 196, 198, 202, 204 f.

Wettbewerbsfähigkeit 30 f., 34, 68 f., 124, 134, 149, 196, 200, 202, 204, 207
Wettbewerbswirtschaft 14
Wirkungshemmnisse 111, 113, 164, 196
Wirtschaftskreislauf s. Kreislaufmodell
Wirtschaftskrise 13, 49, 100 f., 103, 107, 112, 116, 149
Wirtschaftsordnung 12 ff., 47, 199,
Wirtschaftspolitik
– angebotsorientierte ~ 26, 106 ff., 115, 150
– nachfrageorientierte ~ 26, 101 ff., 112, 135 f., 150, 152
Wirtschafts- und Währungsunion 16, 49, 119, 134, 154, 182 f.
Wirtschaftswachstum 10, 15, 32 ff., 44 f., 91, 96, 109 f., 115, 130, 136, 148 f., 163
Wohlstand 14 f., 28, 33 ff., 44 f., 187, 191, 196, 203

Zahlungsbilanz 29 ff., 180f., 185, 190 ff.
Zielbeziehung/Zielkonflikt 44 f., 156
Ziele
– gesellschaftspolitische ~ 14, 45
– Unternehmens- 1, 51 ff.
– wirtschaftspolitische ~ 2, 11, 15 f., 141
Zins(politik) (vgl. Leitzins) 106, 157, 162
Zinstender s. Hauptrefinanzierungsgeschäft
Zweitrundeneffekt s. Lohn-Preis-Spirale

Bild- und Textnachweis

Titel: © Tobif82 – Fotolia.com
M 2: ullstein bild – dpa
M 5: Daten nach: Statistisches Bundesamt, Wiesbaden 2008
M 6: Daten nach: Eurostat, Statistisches Bundesamt Wiesbaden, Deutsche Bundesbank
M 8: Daten nach: Professor Brachinger, Statistisches Bundesamt, Wiesbaden;
M 9: Daten nach: Deutsche Bundesbank
M 10: © Götz Wiedenroth
M 11: Bundesagentur für Arbeit (Hrsg.): Arbeitsmarkt in Deutschland – Zeitreihen bis 2010. Nürnberg
M 12: Bundesagentur für Arbeit (Hrsg.): Arbeitsmarkt in Deutschland – Zeitreihen bis 2010. Nürnberg
M 13: Daten nach: Sachverständigenrat zur Begutachtung der gesamtwirtschaftlichen Entwicklung (Hrsg): Jahresgutachten 2008/2009. Anhangstabelle 17. Und Statistisches Bundesamt, Wiesbaden
M 14: Eugen Spitznagel, Hans-Uwe Bach: Institut für Arbeitsmarkt- und Berufsforschung; http://doku.iab.de/kurzber/2008/kb1408.pdf
M 15: FAZ
M 16: Daten nach: OECD: Wirtschaftsausblick Mai 2011
M 17: Daten nach: Deutsche Bundesbank
M 18: Daten nach: Statistisches Bundesamt, Wiesbaden; Bundesagentur für Arbeit
M 19: Hans Diefenbacher (Heidelberg) und Roland Zieschank (Berlin)
M 21: http://blog.gruenhausenergie.de/nachhaltigkeit-verantwortung-fur-unsere-umwelt/
M 22: Daten nach: Bundesministerium der Finanzen (Hrsg.): Datensammlung zur Steuerpolitik. Ausgabe 2010, S. 33
M 23: © 2009 IW Medien · iwd 2 vom 07. 01. 2009, S.4 – 5
M 24: Manfred Schäfers; www.faz.net/aktuell/wirtschaft/wirtschaftspolitik/einkommen-lohnt-es-sich-noch-zu-arbeiten-14
M 25: Alexander Schulze, Rainer Unger, Stefan Hradil; Projektgruppe Sozialbericht zur Bildungsbeteiligung; www.uni-mainz.de/downloads/02_soziologie_uebergangsstudie_wiesbaden.pdf
M 26: Jens Hartmann, Welt online: www.welt.de/wirtschaft/article10857621/Siemens-will-Klassenbester-auf-der-Welt-werden.html
M 27: Universitäts- und Landesbibliothek Münster, N. Schöpper K12, 057
M 28: Daten nach: Bundesministerium für Arbeit und Soziales (Hrsg.): Nachhaltigkeit in der Finanzierung der Sozialen Sicherungssysteme. Bericht der Kommission.
M 29: Daten nach: Frick, Joachim R./Grabka, Markus M.: Gestiegene Vermögensungleichheit in Deutschland. Wochenbericht Nr. 4/2009 vom 21. Januar 2009. Herausgegeben vom DIW Berlin.
M 30: Bergmoser und Höller Verlag, Zahlenbild 201110
M 31: http://www.ewis-services.com/company-culture/
M 32: Daten nach: Deutsche Bundesbank
M 33: Kai Felmy/F.A.Z.
M 34: SL Marketing und Management; www.streuverluste.de/aktuell/2006-11-23/fuehrung-management-ziele-im-unternehmen.html
M 48: DIHK-Konjunkturumfrage Herbst 2011
M 49: Daten nach: Weltbank
M 50: Christian Hornberg kfw Bankengruppe; www.kfw.de/kfw/de/I/II/Download_Center/Fachthemen/Research/PDF-Dokumente_Investbarometer/KfWI
M 52: Daten nach: Statistisches Bundesamt, Wiesbaden

M 55: Marc Faber: The Gloom, Boom & Doom Report.
M 56: Daten nach: Deutsche Bundesbank
M 58: Daten nach: OECD, Statistisches Bundesamt Wiesbaden
M 60: ifo institut; www.cesifo-group.de/portal/page/portal/ifoContent/N/data/Indices/GSK 2006/GSK2006Container/GSK
M 61: Philip Plickert; www.faz.net/aktuell/wirtschaft/f-a-z-konjunkturbericht-ein-abschwung-kein-absturz-11504496.html
M 62: Rolf Bürkl, GfK; www.gfk.com/imperia/md/content/presse/pk_weihnachten_2011/praesentation_pk_weihnachten-2011-d
M 63: Daten nach: Sachverständigenrat zur Begutachtung der gesamtwirtschaftlichen Entwicklung; Statistisches Bundesamt, Wiesbaden
M 64: Daten nach: Sachverständigenrat zur Begutachtung der gesamtwirtschaftlichen Entwicklung; Statistisches Bundesamt, Wiesbaden 2012
M 65: PdWb, http://www.pdwb.de/nd08.htm
M 66: Daten nach: Statistisches Bundesamt, Wiesbaden
M 67: Daten nach: Eurostat
M 68: ullstein bild – Roger Viollet / Albert Harlingue
M 71: ullstein bild – TopFoto
M 73: Daten nach: Deutsche Bundesbank
M 74: Daten nach: Deutsche Bundesbank
M 75: © University of Chicago
M 76: picture-alliance/ dpa-Grafik
M 77: Daten nach: Sachverständigenrat zur Begutachtung der gesamtwirtschaftlichen Entwicklung (Hrsg): Jahresgutachten 2011/2012, S. 269.
M 78: www.sozialpolitik-aktuell.de/tl_files/sozialpolitik-aktuell/_Politikfelder/Arbeitsmarkt/Datensammlung/PDF-Dateien/abbIV29.pdf
M 79: Daten nach: Sachverständigenrat zur Begutachtung der gesamtwirtschaftlichen Entwicklung (Hrsg): Jahresgutachten 2011/2012, S. 272
M 80: Daten nach: Statistisches Bundesamt, Wiesbaden 2010
M 81: Daten nach: Bayerisches Staatsministerium für Arbeit und Sozialordnung, Familie und Frauen 2012
M 82: Daten nach: Bundesagentur für Arbeit (Hrsg.): Arbeitsmarkt nach Berufen 2011
M 83: www.sozialpolitik-aktuell.de/tl_files/sozialpolitik-aktuell/_Politikfelder/Arbeitsmarkt/ Daten
M 84: Bundesagentur für Arbeit
M 86: Thorsten Schulten; Hans-Böckler-Stiftung; www.boeckler.de/pdf/wsimit_2011_03_schulten.pdf
M 87: Daten nach: Bundesministerium für Arbeit und Soziales: Mindestlöhne im Sinne des Arbeitnehmer-Entsendegesetzes. Stand: 1. März 2012
M 88: Spiegel Online; www.spiegel.de/wirtschaft/soziales/0,1518,806175,00.html
M 89: © Hans Böckler Stiftung 2011 (links); Michael Sander, http://de.wikipedia.org/w/index.php?title=Datei:Arbeitslosigkeit_2010-10.png&filetimestamp=20101102160147, lizenziert unter cc-by-sa-3.0 unported (rechts)
M 90: Institut für Arbeitsmarkt-und Berufsforschung (Hrsg.): IAB-aktuell vom 17. 5. 2011
M 92: Daten nach: Eurostat, Statistisches Bundesamt Wiesbaden
M 94: Daten nach: Statistisches Bundesamt, Wiesbaden
M 95: Welt online; www.welt.de/wirtschaft/article1341027/39_Berufe_und_ihre_woechentliche_Arbeitszeit.html
M 96: Daten nach: Statistisches Bundesamt, Wiesbaden 2011
M 97: Daten nach: Sachverständigenrat zur Begutachtung der gesamtwirtschaftlichen Entwicklung (Hrsg): Jahresgutachten 2011/2012, Schaubild 76
M 98: Daten nach: Bundesministerium der Finanzen: Bundeshaushalt 2012

M 99: Daten nach: Europäische Kommission
M 100: Daten nach: Bundesministerium der Finanzen: Bundeshaushalt 2012
M 101: Daten nach: Bundesministerium der Finanzen, Statistisches Bundesamt Wiesbaden
M 104: picture-alliance/ dpa-infografik
M 105: Rainer Kambeck; Rheinisch-Westfälisches Institut für Wirtschaftsforschung; rwi Projektbericht. Wer trägt den Staat?
M 106: picture-alliance/ dpa-infografik
M 107: Daten nach: Bundesministerium der Finanzen
M 109: Daten nach: OECD Taxing wages report 2011
M 117: Daten nach: Europäische Zentralbank
M 118: Daten nach: Europäische Zentralbank: Monatsbericht 2/2012
M 120: Seidl, Bettina: Wechselkurs. VWL Plus 1/2008. Herausgegeben von der Arbeitsgemeinschaft Wirtschaft und Schule (AWS). Wien 2008
M 128: Daten nach: Europäische Kommission, Eurostat, EWI, Europäische Zentralbank
M 129: Daten nach: Bundesministerium der Finanzen
M 130: Daten nach: Bundesministerium der Finanzen
M 131 b: nach: http://www.sourceit.de/wissen/einkaufen-in-china-wie-wirken-sich-wechselkurse-und-steuer-rueckverguetungen-aus.html; Stabiler Wechselkurs. China bremst Hoffnung auf rasche Yuan-Aufwertung (21. Juni 2010) © Spiegel Online
M 132: Daten nach: WTO, IWF, Statistisches Bundesamt Wiesbaden
M 133: Daten nach: Statistisches Bundesamt Wiesbaden 2012
M 134: Daten nach: Statistisches Bundesamt, Wiesbaden
M 135: Daten nach: Statistisches Bundesamt, Wiesbaden
M 136: Philip Plickert, Christian Geinitz; www.faz.net/frankfurter-allgemeine-zeitung/china-deutschlands-wichtigster-handelspartner-1163
M 137: Daten nach: Statistisches Bundesamt, Wiesbaden
M 138: Daten nach: Europäische Kommission
M 140: © David Brown / cartoonstock.com
M 142: Bayerische Staatsregierung
M 145: Khalil Bendib/corpwatch.org
M 146: Daten nach: IWF 2010
M 147: © Gerhard Mester

Text S. 10: Exkurs: Der Sachverständigenrat; vgl.: Sachverständigenrat zur Begutachtung der gesamtwirtschaftlichen Entwicklung, http://www.sachverstaendigenrat-wirtschaft.de/14.html (19. 3. 2012)
Text S. 17: Exkurs: Harmonisierter Verbraucherpreisindex (HVPI); vgl.: Europäische Kommission, http://ec.europa.eu/economy_finance/focuson/inflation/measuring_de
Text S. 40: Indikatoren zur Nachhaltigkeit; vgl.: Nachhaltige Entwicklung in der Europäischen Union. Fortschrittsbericht über die EU-Strategie für nachhaltige Entwicklung 2009. Zusammenfassung. http://epp.eurostat.ec.europa.eu/cache/ITY_OFFPUB/865-DE/DE/865-DE-DE.PDF
Text S. 144 f.: Argumente für Protektionismus und gegen Freihandel; vgl. www.bpb.de/publikationen/YDP302,2,0,Theoretische_Grundlagen_des_internationalen_Handels.html#art2 (bearbeitet!)

(Bitte blättern Sie um)